MW01317813

PRINCE DE LIGNE

MÉMOIRES

Préface de Chantal Thomas

MERCVRE DE FRANCE

Cette édition a été établie d'après les *Fragments de l'histoire de ma vie* du prince de Ligne (Plon, 1928, 2 vol.). Édition intégrale des 47 cahiers posthumes, établie par Félicien Leuridant à partir de deux sources différentes qui se complètent : le « manuscrit S » (acquis en 1815 par le libraire Cotta de Stuttgart) et le « manuscrit B » (archives du château de Belœil). Le texte adopté pour la publication est celui du manuscrit S. Les passages du manuscrit B qui ne figurent pas dans le manuscrit S sont intercalés, entre crochets, à la place naturellement indiquée par la comparaison des deux textes.

PRÉFACE

Le génie des écarts

«J'aime mon état d'étranger partout.»
CHARLES-JOSEPH DE LIGNE

Un esprit couleur de rose

Rose et argent sont les couleurs de Charles-Joseph de Ligne. Elles conviennent si bien à son humeur que celui-ci estime devoir préciser qu'elles ne relèvent pas de son choix, qu'elles sont celles de sa Maison: «Comme j'ai l'esprit assez couleur de rose, on a été assez bête pour croire que c'est moi qui, comme un parvenu, m'étais donné cette livrée-là.» Le prince a la folie des beaux équipages et des suites fastueuses, il se déplace sur fond de rose, grand et mince, habillé de l'uniforme blanc de l'armée autrichienne. Et même, dans les dernières années de sa vie, lorsque, ruiné par les révolutions des Pays-Bas et de France, en deuil de son fils bien-aimé, il se réfugie à Vienne, le rose continue de l'accompagner. Rose est la petite maison du Mölkerbastei qu'il loue à un bourgeois, et roses persistent à être ses pensées, malgré les peines et les épreuves.

Le prince croyait au pouvoir des couleurs: «Je voudrais qu'on s'attachât plus aux couleurs qu'on ne le fait. Elles ont, j'en suis sûr, beaucoup plus d'analogie et d'autorité sur nos sens qu'on ne se l'imagine. Je parie que les habitants d'une ville peinte en blanc et rose, en vert, en jaune, et petit bleu seront beaucoup plus gais que ceux d'une ville impériale de Souabe, où tout est noir. » Ligne n'était pas architecte, il n'a pas réalisé son idéal de ville multicolore. Mais l'on perçoit encore des traces de son sens du bonheur, et de son heureuse organisation de l'espace, dans son château de Belœil, en Belgique. « Quelle belle existence était la mienne à mon superbe Belœil », écrit-il dans ses *Mémoires*. Dès le premier salon où sont exposés, à côté des portraits de Voltaire et de Rousseau, des objets chers à Charles-Joseph de Ligne, on peut rêver le charme de son existence et de sa personnalité, et, à détailler de plus près ses objets, se faire une idée de sa diversité, de sa riche curiosité, des amitiés qu'il suscitait. Une épée à garde et pommeau d'or, qui lui a été offerte par Catherine de Russie, évoque l'homme de guerre — et l'homme de Cour, qu'il fut avec autant de succès à Vienne, à Versailles, à Moscou. Tandis qu'une écritoire de bois, cadeau de Frédéric de Prusse, nous rappelle l'écrivain qu'avec une constance et un sérieux rares dans sa carrière, le prince de Ligne s'est attaché à être.

En quittant cette première pièce du château, on entre dans la chambre du prince de Ligne, couleur framboise, dont les fenêtres ouvrent sur les jardins à la française (avec le grand bassin et la statue de Neptune, et beaucoup plus petits, le bordant, le bassin des Dames, le bassin aux Glaces...) et sur le parc à l'anglaise, création de Charles-Joseph (avec sa ruine, son parc aux Daims, son temple de Morphée...). Ligne a mené une existence cosmopolite, dont le cœur était en son domaine natal. Après avoir perdu Belœil, et avec cette intelligence du bonheur et de l'esthétique selon laquelle il construit sa vie, tout en donnant l'impression de faire comme si elle lui advenait de l'extérieur, le prince de Ligne recrée, près de Vienne, un « petit Belœil ».

L'amour de la gloire

Ligne est d'abord, passionnément, un homme de guerre. Orphelin de mère à l'âge de quatre ans, il grandit dans un milieu à dominante masculine. Il s'exalte aux anecdotes de son oncle sur le prince Eugène et aux récits des batailles de Charles XII, Turenne, Condé, qui sont ses héros. À treize ans, il se désole de ne s'être pas encore battu. Il a la folie de l'héroïsme. Il est impatient de s'illustrer dans des combats furieux et que la renommée de ses hauts faits soit immortelle. En devenant adulte, et même dans la vieillesse, il conserve aussi vifs ces fantasmes de gloire, cette ardeur guerrière. Par elle, Ligne s'inscrit dans la tradition d'une noblesse féodale, fière, souveraine sur ses terres, et qui ne conçoit d'autre activité que la guerre.

Il y a, au château de Belœil, un portrait de Claude-Lamoral II, père de Charles-Joseph, qui illustre bien cet idéal et cette vision du monde. Le seigneur de Belœil est revêtu de son armure. Il nous fixe d'un regard dur et autoritaire. Il est clair que commander et se battre sont les deux passions de son existence. Fort de ses nombreux titres : prince de Ligne et du Saint Empire, prince d'Amblise et d'Épinoy, chevalier de la Toison d'or, grand d'Espagne, feld-maréchal, il reconnaît pour vocation de faire régner sur sa famille, sur ses gens, sur ses soldats un ordre strict. Il terrifie son fils, sur qui il exerce une sévérité implacable. « Mon père ne m'aimait pas. Je ne sais pas pourquoi, car nous ne nous connaissions pas », note avec laconisme Charles-Joseph. Cette absence d'amour lui semble un phénomène de génération et aussi quelque chose qui ne dépend pas de lui, un comportement devant lequel il doit s'incliner sans protester. Il y a souvent chez Ligne une suspension volontaire du jugement, un point où il lui semble inutile de s'expliquer, de se justifier, ou de chercher à comprendre. Un tel détachement est tout à fait opposé à la véhémence de Jean-Jacques Rousseau, à son énergie affective et intellectuelle, qui jamais ne lâche prise sur un événement avant qu'il ne soit entièrement dominé par son discours.

L'envers de la tyrannie exercée par Claude-Lamoral est un sens réel du devoir. Celui-ci se traite lui-même avec la dureté qu'il impose aux autres. Héritier des mêmes titres légués de mauvais gré par Claude-Lamoral, Charles-Joseph les illustre très différemment. Il reprend, dans une pure tradition ancestrale, la prééminence du goût de la guerre. Mais il la teinte de l'esprit mondain propre au siècle des Lumières, et de l'esprit de fantaisie qui le caractérise. Son sens militaire est inséparable d'un amour du paraître, d'une avidité à séduire tout à fait étrangers à l'austère morale paternelle.

Dans les portraits de Charles-Joseph de Ligne, qui toujours porte à une oreille un anneau d'or, il y a quelque chose de souple, de mobile, de gracieux. Il est au bord du sourire et, dans ses yeux, qui n'intiment aucun ordre, s'indiquent un flottement, une disponibilité à la distraction, à regarder ailleurs... Le prince de Ligne a fait l'éloge des gens distraits. Il est lui-même porté à l'être. Il raconte que pendant sa visite à Voltaire, et alors qu'il a compris que celui-ci apprécie davantage les bons auditeurs que les bons interlocuteurs, il est tout à coup saisi d'une distraction. Ému par la présence de deux belles servantes suisses, « nues jusqu'à la ceinture », qui lui proposent de la crème, il n'entend plus rien de ce que lui dit Voltaire. Celui-ci, furieux de cette inattention, réagit aussitôt : « Il s'interrompit, et prenant, en colère, leurs beaux cous à pleines mains, il s'écria : "Gorge par-ci, gorge par-là, allez au diable". » Ce rappel à l'ordre est inutile avec le prince qui, « gorge par-ci, gorge par-là », suit le chemin imprévisible et zigzagant de son désir. Il est celui qui s'écarte — de la suite du discours commencé, de la réponse ou du comportement attendus, de la règle prescrite, de la loi du père, de sa *ligne* droite. *Mes écarts,* titre d'un recueil de réflexions de Charles-Joseph de Ligne, vaut pour toute son entreprise littéraire, en même temps qu'il dit, au plus juste, son sens de la liberté.

La guerre apporte au prince de Ligne l'excitation de la mort proche. Il ne s'agit pas, pour lui, d'une fascination morbide, mais d'une sensation de fièvre, d'urgence. « Pendant la guerre on est si pressé de vivre qu'on est pressant. On est nommé, on est attendu dans la capitale, on y plaît même avant d'arriver. » Cette rapidité à saisir chaque instant comme s'il était le dernier est cultivée par le prince de Ligne, même en temps de paix, et même quand il doit renoncer à la carrière militaire. C'est alors la vieillesse qui permet au prince de jouer, pour toute rencontre, la carte de *la dernière fois*. Ultime ruse de l'hédonisme : Ligne utilise le handicap de l'âge pour maintenir le rythme pressé, et pressant, de ses plaisirs !

La guerre plaît au prince de Ligne, parce qu'elle correspond à une accélération de son existence. Il aime aussi la sensualité diffuse de la vie militaire, la beauté des hommes, l'élégance des uniformes. Le regard de Ligne est également sensible à tous les prestiges de la séduction. Il est attentif au bien-être de ses soldats (Charles-Joseph, au contraire de son père, est une figure exemplaire de la bienveillance, de la générosité, de l'amour paternels) et s'enchante, tel un styliste, de la coupe et de la couleur de leur habillement — ou de celles de détachements étrangers. Pendant son voyage en Crimée (1786-1787) en compagnie de Joseph II et de Catherine de Russie, il ne tarit pas d'admiration : « Quand je trouve des détachements de Circassiens beaux comme le jour, dont la taille, enfermée dans des corps, est plus serrée que celle de madame de Lauzun ; quand je rencontre ici des Mourzas mieux mis que la petite Choiseul aux bals de la reine, des officiers cosaques avec plus de goût que mademoiselle Bertin pour se draper, et des couleurs dans les meubles et les vêtements aussi harmonieuses que celles que risque madame Lebrun dans ses tableaux, — je suis d'un étonnement à n'en pas revenir. » (Bachzisarai, 1er juin 1787.)

Comme le montre cette lettre à la marquise de Coigny, Ligne passe indifféremment, et sans changer de style, d'un camp militaire à la Cour de Versailles. Les deux lieux, en son esprit, sont parfaitement compatibles. Il y transporte les mêmes critères d'élégance, le même souci de coquetterie, la même faim d'amusements. Ses camarades de combats abordent le feu de la bataille comme une soirée à l'Opéra. Durant la guerre russo-turque de 1787-1792, le prince trace ce portrait d'un nouvel ami, Roger de Damas : « Il est étourdi comme un hanneton au milieu des canonnades les plus vives et les plus fréquentes, bruyant, chanteur impitoyable, me glapissant les plus beaux airs d'opéra, fertile en citations les plus folles au milieu des coups de fusil, et jugeant néanmoins de tout à merveille. La guerre ne l'enivre pas, mais il y est ardent d'une jolie ardeur, comme on l'est à la fin d'un souper. » Nuance fine entre *ardeur* et *ivresse*, mais à laquelle, sans doute, le prince de Ligne tenait : il était passionné de stratégie militaire (il a écrit sur ce sujet plusieurs textes), et était loin de confondre la guerre avec une partie de plaisir. Même si l'on peut affronter la première d'une humeur joyeuse, on doit aussi y faire preuve de vertus spécifiques. Mais ces vertus guerrières, le courage par exemple, n'ont d'attrait pour lui que comme manifestations d'une souveraine désinvolture : « Je ne me plains pas de quelques coups de fusil qu'on me tire quelquefois, par gaieté, quand je me promène... » (lettre à l'empereur Joseph II, écrite en novembre 1789 de Belgrade). Que se passerait-il si on lui tirait dessus *par calcul* ? Cela lui plairait beaucoup moins. Ligne pardonne tout, aime tout, à condition de n'y pas suspecter l'application d'un plan, le succès d'un système.

De tels « principes » ne favorisent pas l'idée fixe d'une ambition. La carrière militaire du prince de Ligne, qui fut toujours fidèle aux intérêts de l'Autriche, est erratique, entrecoupée d'années de paix, durant lesquelles le prince assouvit sa frénésie de société. Les guerres auxquelles il participe ne comblent pas son désir de gloire, malgré les victoires qu'il y remporte. Le prince de Ligne, encore très jeune, s'engage dans la guerre de Sept Ans. Fait colonel de son régiment, il annonce la nouvelle à son père. Celui-ci lui répond, avec son amabilité coutumière : « Il était déjà assez malheureux pour moi, monsieur, de vous avoir pour fils, sans avoir celui de vous avoir pour colonel... »

Il prend part à la guerre de succession de Bavière (1777-1779). En 1778, il mène vers la victoire l'avant-garde autrichienne de l'armée du maréchal Loudon.

Enfin, il est général d'artillerie, sous les ordres de Potemkin (dont la personnalité sauvage, bizarre, mais géniale le fascine) pendant la guerre russo-turque. On le trouve à Élisabeth Gorod, à Novo-Gregori, au siège de Oksakov. Il a un rôle décisif dans la prise de Belgrade en 1789. Les nombreuses lettres qu'il envoie pendant cette campagne sont étonnantes de vie, d'acuité, de trouvailles littéraires. Elles témoignent de son talent d'observateur et de sa disposition à savoir tirer parti de tout pour son bonheur de vivre, et d'écrire : « Voulez-vous que je vous fasse pitié ? Nous n'avons pas d'eau. Nous sommes mangés de mouches. Nous sommes à cent lieues d'un marché. Voulez-vous que je vous fasse envie ? Nous faisons une chère excellente. Nous ne buvons que du vin, et du bon. Nous nous couchons quatre heures après dîner. Nous avons ici trois des plus belles femmes de l'empire qui sont venues voir leurs maris. Nous nous réveillons pour prendre des glaces et du sorbet excellent. » (lettre au comte de Ségur, du camp devant Oksakov, le 2 juillet 1788.) Le prince, dans son optimisme, n'oublie pas qu'il existe des lieux plus enviables pour déguster des glaces. Vienne, par exemple. Mais il doit attendre encore deux ans pour que Joseph II l'autorise à y revenir. Ce délai correspond à un temps de disgrâce, Joseph II suspectant, à tort, le prince de complicité dans la révolte des Pays-Bas. L'empereur reviendra sur son erreur. Le prince, qui s'accuse de ne pas avoir assez pris au sérieux cette punition, ne lui en garde pas rancune.

Il est beaucoup plus amer du silence qu'on oppose à son projet, proposé à Catherine de Russie, d'une coalition totale contre la France de la Révolution, pour sauver « la religion des rois ». Et plus tard, il supporte mal de ne pas être admis à reprendre du service pour lutter contre Napoléon. Il assiste, impuissant, et avec douleur, à l'écrasement des troupes autrichiennes. En chef de guerre, il éprouve une admiration certaine pour Napoléon. En aristocrate, partisan convaincu de la royauté de droit divin, il considère avec une sorte d'horreur ce « fléau » des temps modernes, qui « fait des promotions de souverains comme de régiments... » Au printemps 1810, à l'occasion des fêtes de mariage entre Napoléon et l'archiduchesse d'Autriche Marie-Louise, à laquelle celui-ci, suprême dérision, a fait envoyer un contrat de mariage calqué sur celui du Dauphin Louis de France et de Marie-Antoinette, le prince de Ligne a l'occasion d'approcher de plus près l'empereur des Français. Il précise son jugement : « Il a bien l'air d'un homme de guerre, de fermeté et de calcul, plutôt que de génie, dont il n'a jamais les écarts. »

Le prince de Ligne regarde avec étonnement une telle âpreté de conquête — lui qui s'est situé dans la sphère du jeu et de l'inconséquence, et que son état de perpétuelle irresponsabilité fait se comparer lui-même « aux favoris, aux maîtresses et aux confesseurs ». Il appartient à un univers où la question des formes l'emporte sur celle des buts recherchés, où il importe d'abord d'affirmer une liberté supérieure à tout système, même à celui que l'on se serait fixé.

Une étrange distance

Ce culte de l'écart contre la conduite de « fermeté et de calcul » qui s'efforce d'éliminer les hasards de l'inspiration, l'impulsion du moment, le caprice, fait du prince un marginal à l'égard de toute carrière possible — celle d'homme de guerre, comme celle d'homme de cour. Ou d'homme de lettres.

C'est pourquoi un jour où, en méditation sur les bords de la Mer Noire, il réfléchit sur le mouvement de son existence et essaie de comprendre pourquoi il a passé tant d'années à jouer le courtisan, malgré son peu de penchant pour cet état, il conclut que c'était seulement emportements d'amitiés, complicités de plaisirs. Il partage ainsi, pendant dix ans, son temps entre la vie de famille de Belœil et celle de courtisan à Versailles, à cause du tendre attachement qu'il éprouve pour Marie-Antoinette. Sans cesse en compagnie des puissants de son temps (ses amis les plus proches sont Marie-Thérèse d'Autriche, qui est pour lui, dans sa jeunesse, une figure maternelle, son époux, François de Lorraine, dont il est compagnon de plaisir, Joseph II, Frédéric de Prusse, Catherine de Russie, Marie-Antoinette, le comte d'Artois, madame du Barry, dont il est longtemps l'amant), il ne songe jamais à les mettre aux services de l'ambition. « Je me suis trouvé au milieu des intrigues sans m'en douter », note-t-il à la fin de sa vie, avec innocence. Il se console très vite de l'échec de ses prétentions sur le trône de Pologne et fréquente les Cours pour leurs agréments, pour les curieux personnages qu'on y fréquente. Il n'a pas de visée politique. Il pratique les rois en dilettante, comme des objets d'étude et, quelquefois, de drôlerie. Un de ses grands talents de société est celui d'imitateur. Ligne se réveille une nuit au milieu d'un cauchemar. Il est en train de rêver que Louis XVI, furieux des imitations trop réussies que le prince fait de lui, a décidé de l'exiler (le prince était aussi excellent dans l'art d'imiter les écritures. Il aurait pu être un grand faussaire.) « C'est une vie charmante pour moi que celle de Versailles, vraie vie de château », écrit-il lors d'un séjour auprès de la reine Marie-Antoinette ; mais il pourrait l'écrire de toutes les Cours où il passe... Il voyage au gré de ses attachements, ne croit pas aux frontières, adore la langue française, la seule, d'après Ligne, en laquelle on sache rire. Il liera le déclin de la Cour de Vienne dans les années 1800 au fait que l'on commence d'y parler allemand.

La cour n'a jamais été pour lui une façon de parvenir. D'ailleurs, à quoi voudrait-il parvenir, puisqu'il a déjà tout ce qu'il désire ? Avec, de surcroît, la bonne grâce et l'intelligence de savoir désirer ce qu'il a. Face à la sérénité d'une telle complétude, le monde semble agité d'une nervosité incompréhensible. L'un des bienfaits à lire le prince de Ligne est cet effet de calme qu'il nous communique.

Dans ses relations aux femmes, le prince fait preuve d'un égal détachement, qui ne se confond ni avec la froideur ni avec l'indifférence, mais l'empêche de s'abîmer dans le mal d'aimer. Le prince est passionné de galanterie. Il se déclare toujours amoureux. Une telle continuité le rend peu propre à souffrir les tourments de l'absence. Les femmes se succèdent dans sa vie à un rythme pressé, et pressant. Le prince ne croit qu'aux amours réciproques. Il a pour règle de ne jamais perdre de temps à essayer de séduire quelqu'un qui ne le désire pas. En tous domaines, il a horreur de se donner la peine. Ses amours se déroulent sous le signe de la facilité. « Toute la volée des femmes de ce temps-là, écrit-il, était aussi galante que belle. » Et il ajoute, nous expliquant pourquoi il n'a guère fréquenté les prostituées ni la mauvaise compagnie : « on ne m'en a pas laissé le temps dans la bonne compagnie... ». Ligne ne conçoit pas l'idée romantique d'une femme unique, dont la perte fasse sombrer dans une mélancolie définitive. Pour lui les femmes sont indéfiniment désirables et toujours remplaçables. Elles s'appellent l'une l'autre, par jeux de différences, ou bien dans la logique d'une ressemblance : pour se consoler du départ d'une amie, Ligne commence une histoire avec son presque sosie. N'y a-t-il donc aucune figure féminine qui fasse relief dans la mémoire amoureuse du prince ? « En repassant l'histoire de ma vie, je trouve que les trois fois que j'ai le plus aimé et été aimé, c'était malheureusement en même temps... »

Le prince, on l'a compris, a la passion des commencements.

Pourtant le prince de Ligne ne se veut pas libertin. Il se montre hostile au système de libertinage et condamne l'œuvre célèbre de son contemporain, partisan du duc d'Orléans pendant la Révolution française, le général Choderlos de Laclos : « Qui n'a pas pitié, dans *Les Liaisons dangereuses*, écrit Ligne, de la bêtise de facilité de la petite pensionnaire Cécile... ? Et qui n'a pas horreur des moyens du vicomte de Valmont ? » Cette prise de position est-elle dissimulation hypocrite de la part de Ligne, qui fut toute sa vie occupé à séduire ? Nullement, car elle ne se justifie pas au nom de la vertu mais de la débauche ! L'apologie de la débauche par le prince, au premier abord paradoxale, s'inscrit dans sa vision du monde, et dans son éthique personnelle.

Le libertinage, essentiellement philosophe et athée, implique une fidélité rigoureuse à ses principes, une immoralité réfléchie. Alors que la débauche, et c'est cela qui plaît à Ligne, est, selon sa formule, « un excès », un débordement, une rupture dans l'emploi du temps. On fait une débauche pour se distraire de ses occupations ; « le libertin s'en fait une occupation ».

Il y a dans la débauche quelque chose d'instinctif, de spontané, la soudaineté des lubies, une violence scandaleuse, outrée, qui se double d'une totale insouciance vis-à-vis de la morale admise. Le débauché ne la conteste pas ; le temps d'assouvir son désir, il s'en écarte. Les débauchés ont le goût de la provocation, de l'éclat. À l'inverse des libertins qui s'efforcent d'être prudents, d'agir en secret : « Ils se cachent pour assouvir leurs infâmes plaisirs. Le débauché met de l'air aux siens. » Ce que le prince de Ligne écrit sur les débauchés peut de lire comme une sorte d'autoportrait en homme de plaisir. L'univers hédoniste du prince est en effet splendidement aéré.

À partir de Belœil, sa vie se déroule de fête en fête, de château en château, entre Bruxelles, Versailles, Vienne, et, en 1785, Moscou. La volupté et la joie de vivre auxquelles, avec une totale insouciance, le prince sacrifie l'essentiel de son énergie et de sa fortune, font de son existence une suite d'éblouissements.

Enfant, il assiste aux fêtes grandioses que son père donne au château de Belœil : batailles navales sur l'étang de Neptune (on construit, pour l'occasion, un fort en son milieu), mascarades de Chine, de l'Olympe... Plus tard, dans les fêtes qu'il donne lui-même, Charles-Joseph choisit personnellement les airs et compose les programmes. Il monte ainsi une étonnante mascarade de la Tour de Babel. Il utilise également les ressources des hivers nordiques. Comme la reine Marie-Antoinette, et pour le même plaisir de glisser sans effort, en touchant à peine le sol, il adore les courses de traîneaux : « Je dirai en passant, écrit-il dans son recueil de souvenirs, que j'ai eu une fois cinquante-quatre traîneaux à Anvers qui, avec ma musique du régiment habillée à la turque et mes deux würsts aux flambeaux, avaient très bon air. Partout, comme on peut s'en douter, soupers, bals magnifiques et dix mille personnes qui nous suivaient sur les bords du canal. » À la Cour de France, il assiste aux « trois semaines de fêtes enchanteresses à Chantilly », aux « spectacles et séjours de Villers-Cotterêts », aux « voyages magiques de l'Île-Adam »... Il voit « les délices du Petit Trianon, les promenades sur la terrasse, les musiques de l'Orangerie, les magnificences de Fontainebleau, les chasses de saint Hubert, les voyages de Choisy, Marly », etc.

Le prince est encore plus transporté par la démesure, la beauté baroque des fêtes qui accompagnent le voyage de Catherine de Russie sur la Mer Noire. C'est un déchaînement ininterrompu de couleurs, de chants, de danses, de cavalcades, de feux d'artifice et d'illuminations, qui culmine dans la dimension cosmique d'une « représentation du Vésuve ». À force de nuits étincelantes, le prince craint de devenir lampion !

Mais ce voyage, véritable provocation politique à la Turquie, est suivi d'une déclaration de guerre de sa part. Et le brillant des Cours, après la cassure de 1789, va sans cesse se ternissant. Le prince trouve aux fêtes qu'il traverse un air funèbre : « La Palatine Potocka m'a donné une fête charmante, mais plus belle à décrire qu'à voir. Son jardin illuminé par quatre cents vases ou lampes d'albâtre avait plutôt l'air d'un cimetière avec des revenants... » Le prince se désole de ce progressif obscurcissement de la vie mondaine. Pour lui, aux yeux de qui monde et mondanité ne font qu'un, la fin du monde est proche. Le monde sans l'esprit de société n'est rien. Il équivaut à un désert mortel. L'horreur du prince de Ligne pour un monde où l'on ne s'amuse pas, ou pour une scène mondaine vide, est telle qu'il n'en supporte pas la représentation. Il va jusqu'à détester les tableaux de paysage, où il n'y a aucune figure humaine ; il avoue avoir vendu pour presque rien un Salvator Rosa, parce qu'il ne montrait que des déserts. Et certains tableaux de Claude Lorrain, en dépit de leur beauté, lui font une impression de désolation : « Je n'aime pas même quelques Claude Lorrain où il n'y a que des paysages sans figures... » Et il poursuit, sans transition : « Qui sont les gens qui amusent ? Quand est-ce qu'on s'amuse ? »

Ligne et Casanova

Cette éternelle question, aux accents enfantins (Catherine II définissait son ami comme « une tête originale qui pense profondément et fait des folies comme un enfant »), le prince ne renonce jamais à la poser. On imagine sa joie lorsque, au cours d'un séjour estival chez son neveu le comte de Waldstein, il fait la connaissance du bibliothécaire de ce dernier : Giacomo Casanova. L'aventurier vénitien, comprenant que pour lui le temps des voyages, de la séduction et des exploits de charlatan était passé, a trouvé refuge dans ce château en Bohême. Il est partagé entre l'exaspération d'une existence sédentaire et solitaire, animée de ses mille querelles avec les domestiques du château, et la fièvre d'écrire.

Le prince de Ligne rencontre en Casanova, âgé de dix ans de plus que lui (Casanova approche alors soixante-dix ans), une sorte de double de lui-même. Un être tout aussi avide de fêtes et de divertissements, adorant l'illusion du paraître, les fastes de la parure, et n'évaluant les événements qu'en fonction des plaisirs qu'ils procurent. Quelqu'un qui, comme lui, a le génie des écarts, est étranger partout et nulle part, et n'a cessé d'être le metteur en scène et l'acteur inspirés de sa vie. Cet Aventuros, avec « ses grands yeux, son nez singulier, et le teint rembruni de son pays... » dont il nous trace un portrait d'une vivacité et d'une précision quasi amoureuses, le ravit. Cette compréhension immédiate qu'il a de l'extraordinaire personnalité de Casanova n'exclut pas la reconnaissance d'une différence fondamentale : celle de la naissance — et c'est encore pour le prince de Ligne un motif d'admiration supplémentaire. Il comprend que ce qu'il y a de barbare, de bizarre, d'irascible, de brigand chez Casanova, et qui tranche avec son imperturbable sérénité, avec son aimable paresse et ses manières policées, est lié au défi de Casanova : vivre la vie d'un aristocrate, s'autoriser tout, obtenir tout, sans aucun privilège de naissance. « Je suis fier, disait-il, parce que je ne suis rien », rapporte Ligne de son ami.

Indissociable de la complicité de plaisirs, de l'admiration et de l'affection réciproques qui les unit, il y a l'intérêt mutuel qu'ils portent à leur travail d'écrivain. Et celui-ci compte pour beaucoup dans le ton des lettres du prince à son « cher Casanova », son « cher Jacques », son « Jacomius ». « Mes puces grandissent et sautent de joie de trouver notre cher Casanova, cet été ici, à la porte de la cour-manège... » (dans une lettre de 1795, trois ans avant la mort de Casanova). Ou bien : « La poste part et mes puces meurent d'envie de vous sauter au cou... »

Ligne, qui a lu attentivement par rapport à son propre projet autobiographique les *Mémoires* de Saint-Simon, les *Confessions* de Rousseau, les *Mémoires* de Besenval, de Madame d'Oberkirch, etc. suit chapitre après chapitre la rédaction par Casanova de l'histoire de sa vie — ouvrage monumental qu'il entreprend à la suite de son vaste roman de « science-fiction », l'*Icosaméron*. Ligne prodigue ses conseils : « Vous vous êtes si bien trouvé de n'être pas châtré, pourquoi voulez-vous que vos ouvrages le soient. Laissez l'Histoire de votre vie comme elle est », et son enthousiasme : « Adieu, mes deux chers Casanova ; j'aime autant celui d'à présent que celui de trente-six ans ; et si j'étais femme, je vous le prouverais. » Il ne cache pas ses (rares) moments de déception : « Vous me convainquez comme physicien habile. Vous me subjuguez comme métaphysicien profond, mais vous me désobligez comme antiphysicien timide, peu digne de votre pays. Pourquoi avez-vous refusé Ismael, négligé

Pétrone et avez-vous été bien aise que Bellisse fût une fille. »

Ni Casanova ni Ligne, en dépit de l'oubli dont s'efforce de les punir l'histoire littéraire (sans doute pour leur faire expier un plaisir de vivre, qu'ils eurent, de surcroît, l'audace de redoubler par celui de l'écrire), ne sont des écrivains amateurs. Ils n'ont pas recours à l'écriture tardivement, pour se distraire de l'ennui de vieillir. Ils ont conçu toute leur existence, dans son étourderie, et son inconséquence, à la fois comme sujet de rire et comme motif d'écrire. Il y a chez eux un programme d'écriture, qui reprend, en les organisant, même si c'est pour en souligner le désordre, tous les événements de leur vie. Tous, ou presque tous, si l'on en croit ce regret de mémorialiste que formule le prince de Ligne : « Si ce n'était pas alarmer la société où l'on est dénoncé comme un homme dangereux, j'aurais écrit tous les soirs tout ce qui se disait et se faisait. »

En fait, Ligne a écrit, non tous les soirs, mais toutes les matinées, depuis son réveil jusqu'à trois heures de l'après-midi, l'heure de son déjeuner. Il écrivait volontiers au lit, dans une de ses fastueuses robes de chambre « ... de satin couleur de feu avec des perroquets brodés en or, perchés sur une quantité de petits arbres brodés en vert ».

On ne s'étonne pas, si l'on considère la régularité de cette discipline d'écriture et le refus souvent exprimé par le prince de se relire, du nombre de volumes publiés de son vivant : plus de trente volumes, touchant aux sujets les plus divers : la stratégie militaire, l'art des jardins, des réflexions morales et philosophiques, des recueils de correspondance et de souvenirs. Ils sont peu lus jusqu'au moment où Madame de Staël, en professionnelle de la littérature, a l'idée de publier des extraits de cette œuvre volumineuse. C'est le recueil des *Lettres et pensées du Maréchal Prince de Ligne* qui paraît en 1809 et reçoit un succès immédiat. En deux ans, le livre est réédité cinq fois à Genève et à Paris, et il est traduit en allemand et en anglais. Le prince est infiniment reconnaissant à sa « protectrice », son « introductrice » dans le monde littéraire. « Je vous remercie encore mille et mille fois de m'avoir tiré de la poussière de Dresde et du monde qui sans vous ne saurait pas que j'existe. On peut faire des rois, mais vous seule pouvez faire d'un mot, ou d'une ligne, des réputations », écrit-il plaisamment à madame de Staël.

Une mémoire au présent

Lorsque le prince écrit ses mémoires posthumes, il leur donne une forme fragmentaire qui renvoie à la place qu'il occupa dans son époque, et, plus secrètement (mais les deux sont liés) au fonctionnement même de sa mémoire, à son rapport singulier au temps. Il raconte sa vie par fragments, parce qu'il la sait indifférente au sens de l'Histoire et à toute vision supérieure ; Ligne est conscient de sa position marginale — une subtile, mais réelle marginalité, puisqu'elle s'accomplit au cœur même de l'événement et de ses lieux de décision. « Condé, Turenne, Eugène pouvaient écrire l'histoire de leur vie, mais tous ceux qui n'ont pas une grande part à ce qui se passe dans le monde peuvent tout au plus en écrire quelques fragments pour s'amuser et quelquefois amuser les autres en leur rappelant celui qui n'existe plus. » Étranger à la chronologie de l'Histoire, parce qu'il n'a pas participé à son avènement, Ligne se refuse aussi à établir sa propre chronologie, à se structurer dans le temps. Il écrit au hasard de ses associations d'idées, mêlant indistinctement le plus proche et le plus lointain. Les souvenirs qu'il nous livre sont atemporels. Ils ont pour seule scansion le hors-temps de la fête, les instants éblouis. Au contraire de Chateaubriand pour qui « les plaisirs de la jeunesse reproduits par la mémoire sont des ruines vues au flambeau », Ligne ignore la mise en profondeur et les effets de perspective et d'éclairage d'une plongée dans le passé. La mémoire du prince de Ligne n'est jamais nostalgique. Il use de son pouvoir de reproduction non pour creuser le gouffre des années disparues, mais pour les faire ressurgir dans la diffraction d'un jeu de miroirs.

Le prince n'aime pas les chiffres ; il dépense sans compter et veut ignorer le nombre de ses années : « Il ne tient qu'à moi d'être vieux. J'ai de quoi. Mais j'ai dit : je ne le suis pas, et cela me réussit... Je me dis aussi : je ne veux pas mourir, je ne sais comment cela réussira. »

Cela n'a pas réussi. Le prince de Ligne est mort le 13 décembre 1814, exténué par le tourbillon de fêtes et de cérémonies suscitées par le Congrès de Vienne. Il est mort, mais son écriture nous le restitue dans l'éclat d'un éternel présent, dans l'instant où il apparaît sur la scène du Monde, « jeune, extravagant, magnifique, ayant toutes les fantaisies possible... »

CHANTAL THOMAS

MÉMOIRES
DU PRINCE DE LIGNE

Une de mes préfaces pour mes « Posthumes »

C'est un mort qui parle: si c'était un mourant ce serait différent. On met son opinion sur la religion sur le compte de la faiblesse de sa tête, on lui fait brûler ses œuvres scandaleuses et on ne sait ce qu'il a pensé, ni ce qu'on doit penser de lui.

J'aime bien mieux qu'un trépassé comme moi, bon vivant et mal vivant, assure, en bonne santé, qu'on ferait mal d'imiter ses actions et ses pensées trop libres. Qu'on s'en amuse si l'on veut, mais qu'on déplore ensuite ses dérèglements de corps et d'esprit.

Le sermon d'un mauvais sujet, qui croit cependant tout ce qu'il doit croire, fait plus d'effet que celui d'un saint.

Je ferais peut-être mieux de jeter au feu toutes ces bêtises qu'on va lire, mes Comtes immoraux *et bien des légèretés sur la religion, mais on verra partout qu'elle perce et qu'elle doit triompher dans le cœur de tous les hommes sensés.*

« Faites votre profession de foi », dit un capucin à un pauvre malade. Cela prouve-t-il beaucoup dans cet état où il est mort de peur avant, et en attendant qu'il meure de maladie ? Peut-on ajouter foi à sa foi ?

J'aime mieux, en bonne santé, chanter la palinodie de mes erreurs et demander pardon à Dieu, de toute la tendresse de mon âme, pour toutes les fois que je l'ai offensé.

Que les sots par air et faute de réfléchir brûlent éternellement. Tant pis pour eux, mais je sauverai au moins les gens d'esprit en leur représentant que Bossuet, Fénelon et Racine ont été bons chrétiens et bons catholiques. Je sauverai peut-être les gens du monde en leur représentant que, par mon exemple, on peut s'y sauver, qu'ils n'ont qu'à désavouer leurs erreurs, s'y arracher plus tôt que moi par une meilleure conduite et ne pas rougir de leur juste croyance que messieurs du bel air appellent crédulité. Tiédeur, indifférence, respect humain, paresse m'en ont fait négliger les pratiques. J'en demande aussi pardon et je conseille de s'en faire un régime fort aisé en se fixant une heure pour les remplir sans y manquer un seul jour.

Si l'on est dévot on les répétera et on en sera plus heureux. Si l'on n'est que religieux, cinquante ou soixante jours dans l'an pour le sacrifice de la messe et un pour celui de son amour-propre aux pieds d'un bon prêtre, ne doivent, en réalité, point gêner.

Dites-vous à vous-même, mes enfants, mes amis, mes gens, à qui j'ai donné si mauvais exemple, mes chers lecteurs, que si celui qui s'est si bien amusé dans sa vie, comme vous le verrez ici, vous dit de vous convertir, vous pouvez le croire. Si d'un côté il fait le mal de vous scandaliser, de l'autre il fait bien en gagnant votre confiance. Il vous dit : « Voilà de mauvaises mœurs, mais ayez-en de meilleures. Respectez les mœurs, les dogmes, les institutions, les commandements. Ne vous moquez de rien, n'interprétez rien. Ne soyez pas des pourceaux d'Épicure, ayez de la force sur vous-mêmes. Si vous n'en avez pas plus que moi, demandez-en pardon comme moi.

À quelques plaisanteries près, trop faciles à faire sur les choses sacrées, vous n'en serez pas moins gais. Quelques moments involontaires de remords, des instants de crainte d'une éternité malheureuse, ne vien-

dront pas même troubler vos plaisirs. La guerre, la chasse, les spectacles, les fêtes, les ouvrages en littérature, en bâtiments, en jardins et la conversation vous en procureront. Toutes les aventures de filles et de femmes sont si faciles : tant de sots et de magots en ont qu'en vérité cela ne vaut pas la peine de se damner.»

Au lieu de jeter du ridicule sur les croyants et les bien-vivants, qu'on en fasse tomber des averses sur les impies ou demi-impies, indévots, sots plaisants ou négligents comme moi, et puisse Dieu ne pas punir,

Des plaisirs passagers pleins de trouble et d'ennui,
Par des tourments affreux éternels comme Lui.

LIGNE.

Tœplitz, ce 1er mai 1797.

Préface pour mes « Posthumes »

Je n'entendrai pas les reproches de mes lecteurs de ce qu'il n'y a point d'ordre ni de dates dans tout ceci, puisque je n'y serai plus.

J'ai quelquefois écrit ce que je me suis rappelé, quelquefois ce que j'ai vu, fait, dit ou pensé dans le moment. C'est plus commode pour eux que pour moi : on peut ouvrir ce livre-ci, le fermer quand on veut et n'en prendre qu'à son aise.

Tout ce que je puis faire pour qu'on mette à peu près chaque chose à sa place, c'est que mon enfance, mes maîtres, mes petites bêtises, sont jusqu'à 1751. Ensuite des chasses, des fêtes de mon père et deux voyages à Vienne jusqu'en 1755. Ensuite mon mariage, la guerre de Sept ans et des quartiers d'hiver de solitude dans des villages ou de plaisirs à Prague et à Vienne. Des voyages et des dettes jusqu'à la mort de mon père en 1765. Des aventures, des amours, des courses, des fêtes, des jardins, des ouvrages jusqu'en 1775. Beaucoup de Versailles et d'intimité de société de la reine jusqu'en 1778. Deux campagnes avec un grand état à l'armée jusqu'en 1780. Voyage en Russie, intimité de la société de Catherine II, affaires politiques, succès sérieux, succès frivoles encore à Versailles jusqu'en 1784. Espèce de guerre de l'Escaut et de deux campagnes. Entre la Cour et Paris pour la dernière fois. Voyage en Crimée 87, 88, 89. Guerre turque. En 1790 presque guerre de Prusse, restes de fièvre de Hongrie. Deux voyages aux Pays-Bas. Passe-droits, injustices, ma montagne, philosophie, mes ouvrages et ensuite, je ne sais pas moi-même : tout ce que Dieu voudra !

Que les amateurs de la chronologie s'arrangent là-dessus comme ils le voudront, mais que leur importent des détails minutieux et suivis d'un être passablement distingué à la vérité, mais devenu insignifiant ? Condé, Turenne, Eugène pouvaient écrire l'histoire de leur vie, mais tous ceux qui n'ont pas une grande part à ce qui se passe dans le monde peuvent tout au plus en écrire quelques fragments pour s'amuser et quelquefois amuser les autres en leur rappelant celui qui n'existe plus.

Par la même raison que je voudrais, en qualité de paresseux, qu'on me laissât dans mon lit, si j'y meurs, au lieu de me porter Dieu sait où, je désire que quelque officieux ne veuille pas mettre plus d'ordre à ces espèces de souvenirs et les laisse aussi comme ils sont.

CAHIER PREMIER

Un homme de ma chancellerie, mon secrétaire allemand nommé Leygeb, un peu minutieux quand il s'agissait de ce qu'il croyait devoir me faire honneur un jour, avait écrit et daté tout ce qui m'est arrivé : je l'ai trouvé dans ses papiers après sa mort. Mais je n'aime point les chiffres, ni pour le temps, ni pour l'argent, puisque cela me rappelle deux dépenses dont l'une est encore bien plus précieuse que l'autre, et ne me souciant point d'une exactitude toujours fatigante, j'en mettrai quelquefois, peut-être par hasard, dans ces souvenirs qui deviennent quelquefois des confessions ;

[Il est bien tard pour mettre des dates à ce qui m'est arrivé et qui d'ailleurs n'est pas fort intéressant pour les amateurs de mes posthumes, s'il s'en trouve.]

*

Leygeb dit, et moi aussi à la vérité, qu'il a lu sur un vieux parchemin que nous descendons d'un roi de Bohême, et sur une tombe, je ne sais où, de Charlemagne, par un certain Thierry d'Enfer.

Il dit encore que des généalogistes nous donnent la même tige que la maison de Lorraine et que d'autres prétendent que nous sommes une branche de celle de Baden. C'est l'avis aussi de l'électeur de ce nom qui me l'a dit lui-même.

Il est vrai que nos armoiries sont absolument les mêmes et nos livrées aussi, à l'exception qu'au lieu du rouge et du cramoisi qu'ont ceux qui portent le même blason, nous avons la couleur des roses. C'est ainsi qu'on a des bleus et des verts de différentes nuances pour différencier les familles qui ont l'azur et le sinople.

Comme j'ai l'esprit assez couleur de rose, on a été assez bête pour croire que c'est moi qui, comme un parvenu, m'étais donné cette livrée-là. Mais dans les tableaux de bataille de l'hôtel de Ligne, on voit la même couleur, ainsi que dans des cérémonies, ambassades, prises de possessions, etc., à la suite de mes vieux grands-parents. Quand à l'origine dont je viens de parler, il faut bien qu'il y ait quelque chose de tout cela car mon père était diablement fier ; et puis ce qui me ferait croire qu'il y a du Charlemagne et du Vitikind dans notre sang, c'est que nous avons la Toison depuis quatre siècles et que nous sommes princes d'Empire depuis plus de deux[1].

*

Nous avons tous été braves, à ce qu'il me semble, de père en fils, même les bâtards qui avaient le rang de gentilshommes et se faisaient gloire de s'appeler ainsi.

J'ai vu une tombe *le Bâtard de Ligne tué en Afrique* ; beaucoup de pères et oncles tués à la guerre. Mon bisaïeul qui avait assez de mérite à ce qu'il me paraît, empoisonné à cause de cela en Espagne où il était président de guerre du Conseil de Castille, vice-roi de Sicile, gouverneur général du Milanais, etc., souvent battant et quelquefois battu à la guerre, et pris à la bataille de Lens à la tête de l'infanterie après avoir fait des merveilles[2].

Avant tout cela beaucoup de tournois, de blessés, de combats à outrance dans les premiers siècles de chevalerie, des croisades, etc.

Ma bisaïeule, princesse de Nassau, belle-fille de la Lorraine, nièce de Henri III, et mon grand-père morts subitement à la chasse à Baudour, dans les bois, en attendant un sanglier à leur poste. J'ai raconté je crois, ailleurs, l'histoire du Grand Diable.

En tout cas la voici.

Un de mes grands, grands et très grands-oncles s'appelait le *Grand Diable de Ligne*[3]. C'était un vrai diable car il avait un sérail dont les restes existent encore à une lieue de Belœil où il mettait les femmes et les filles de ses voisins. Ces manières-là ne plurent point à la Cour quoique Charles V ne fût pas fort scrupuleux. Il demanda la Toison. On ne la lui donna pas. Son frère aîné, d'ailleurs, l'avait et les parents de sa femme qui était Philippotte de Luxembourg ne lui rendaient pas service, au contraire. Il attacha un loup à une corde en or et alla ainsi à la Cour. « Qu'est-ce que cela veut dire ? lui dit-on, quand il y parut. — C'est, répondit-il, un loup destiné à manger les moutons. » Il sortit bien vite après cette déclaration-là, comme on peut s'en douter, donna cet ordre qu'il appelait la cordelière à ses premiers vassaux, leva des troupes dans ses terres, se mit au service de Henri VIII, prit Tournay pour lui et en reçut le nom et la principauté de Mortagne.

*

Un autre de mes grands-pères contrariés par les États de la même ville de Tournay, assemblés à l'hôtel de ville, en grimpa à cheval les escaliers armé de toutes pièces. Cette apparition très chevaleresque lui fit obtenir dans l'instant ce qu'il voulait.

*

Un autre grand et très grand-père ayant été en négociation avec les Hollandais dans le temps de la grande révolution eut peur que le gouverneur de Lillo, qui se rendit au grand Alexandre Farnèse[4], cent ans précisément jour pour jour avant celui que je l'investis, en 1784, et lorsqu'il défilait avec sa garnison, il fit semblant d'entrer dans une sainte fureur catholique et lui passa son épée au travers du corps. Je ne dis pas cela pour son honneur, mais pour faire connaître les mœurs du temps. C'est même la seule mauvaise action que j'ai apprise sur le compte de mes parents. S'attend-on à ce qui en arriva ? On sait qu'à présent on ne peut à aucun service gronder un inférieur, encore moins se fâcher devant un supérieur. Le prince de Parme lui dit : *troppo colera signor principe !* et puis il ne fut question de rien.

*

Je perdis un joli enfant de neuf ans, je crois, qui s'appelait François[5]. Il aurait été aussi beau que Louis. J'en parle dans mes œuvres imprimées.

*

On appelait aussi le *Grand Diable de Ligne*, parce qu'on savait qu'il y en avait eu un dans notre maison, une de mes sœurs qui faisait enrager d'abord son couvent, puis mon père, puis son chapitre[6].

Mon père lui dit un jour : « Mon fils sera tué à la guerre, car vous avez un visage d'héritière. » Je ne l'ai presque point vue, ni mon autre sœur non plus, guère moins laide, prévôte du chapitre d'Essen, toute bonne à ce qu'on dit[7].

Un jour, mon père envoya la première dans sa chambre en pénitence. Elle ne veut pas y aller. Mon père, pour la faire sortir, la traîne avec le fauteuil où elle était et accroche à la porte, et la tête insubordonnée lui dit : « Je savais bien que vous étiez mauvais père, mais vous êtes aussi mauvais cocher. »

*

[Mon père qui dépensait des millions pour créer Belœil et des millions dans Belœil où il donnait quelquefois des fêtes superbes et tenait l'état d'un roi, grondait ses gens quand ils présentaient un verre de vin au curé ou au capucin qui venait prêcher le carême. Il disait tout haut : « La bière suffit pour ces gens-là. » C'était bizarrerie car il avait réellement de la noblesse dans ses manières et dans ses actions. Il avait été d'une bravoure distinguée dans la guerre de Succession et à la bataille et au siège de Belgrade. Colonel très jeune, obligé à capituler devant la citadelle d'Anvers, il dit au commandant : « Au moins l'ennemi n'aura pas mes drapeaux ! » et il les emporta sur ses épaules et puis les cacha dans ses fourgons[8]. Il avait de grandes idées. On le voit, aussi bien que son goût, dans les ouvrages qu'il a laissés.]

*

[Mon père ne m'aimait pas. Je ne sais pourquoi, car nous ne nous connaissions pas. Ce n'était pas la mode alors d'être bon père ni bon mari. Ma mère avait grand peur de lui. Elle accoucha de moi en grand vertugadin, et elle mourut de même quelques années[9] après, tant il aimait les cérémonies et l'air de dignité.

Un jour, en voyage, nous voilà embourbés près de Cronstadt. Il me donna un soufflet : je n'avais seulement pas soufflé.

Une autre fois dans son jardin à Closterneubourg, où il faisait travailler, ses ouvriers renversent une statue. Il me donne un grand coup de canne, à la vérité avec une belle pomme d'or guilloché.

Je recevais souvent de lui quelque marque d'attention en injures et pronostics que je serais un sujet détestable. Sa mort cependant fit sur moi un grand effet. Il m'avait chassé de chez lui. Il demeurait à la campagne. Je revenais de la guerre, et ne le vis que deux ou trois fois entre ces deux événements. Mais alors on ne se rappelle que les bonnes et grandes choses.

Il avait une grande élévation et était aussi fier en dedans qu'en dehors. Il se croyait un Louis XIV et en était un presque en jardins et magnificences, qu'il remplaçait quelquefois comme je l'ai dit plus haut par de petites avarices comiques.]

*

[Le prince Ferdinand[10], mon oncle, était maréchal comme lui et s'était distingué aussi à Ramillies, Audenarde, Malplaquet, etc. Mais il était dévot et minutieux. Il avait quelques bonnes qualités. Par exemple, il ne contribua pas peu à nourrir mon goût pour la guerre ; il m'en parlait souvent et m'envoyait sans cesse à ses dragons ou faisait venir chez moi ceux qui avaient pris quelques étendards ou qui s'étaient le plus distingués. Je dis le plus, car c'est encore aujourd'hui, et c'était déjà alors, un régiment de héros.

Il m'avait si bien inspiré sa haine pour les Français que j'ai été longtemps à les abhorrer. Le duc de Croy[11] fut le premier militaire de cette nation qui vint chez nous après la prise de Bruxelles. Je ne le vis pas de sang froid.

Elle avait un peu passé, mais apparemment elle est revenue plus forte que jamais. C'était un pauvre Amilcar et je fus un pauvre Annibal car je ne prévois pas pouvoir leur faire du mal.]

*

L'année de ma naissance ma paraît extrêmement incertaine, puisque peu ou point baptisé[12], ou légèrement peut-être par l'aumônier du régiment de mon père, j'ai perdu un procès qui dépendait de mon extrait baptistère qu'on n'a pas trouvé. Ce que je sais c'est que je suis né avant l'année 1740, et qu'à peine j'entendis parler du prince Eugène, mort il n'y avait pas longtemps, que je voulais, disais-je, tout petit que j'étais, le remplacer.

Ce fut la première pensée que je me rappelle. La seconde qu'on faisait la guerre dans ce temps-là et que cela me montait la tête. Je me souviens que l'on parlait devant moi de la bataille de Dettingen où Ligne-Infanterie et Ligne-Dragons avaient fait des merveilles[13].

J'entendis le feu de la bataille de Fontenoy[14] et je vis celui des sièges de Mons, Ath, Saint-Ghislain. J'étais à celui de Bruxelles où mon père et mon oncle furent faits prisonniers de guerre[15].

Quoique très petit encore, je me souviens d'avoir vu des dragons de Ligne venir se faire récompenser par mon oncle le prince Ferdinand, en sortant des coups de fusil.

*

Je me souviens que les premiers vers que j'ai sus étaient d'une strophe de l'ode de Rousseau sur la bataille de Peterwardin, à laquelle je pensais d'autant plus que nous sommes de la même maison :

Arenberg dont le courage
De ces monstres pleins de rage
Soutient le dernier effort,
D'un air que Bellone avoue
Les poursuit et les dévoue
Au triomphe de la mort.

Oh oui ! me disais-je, Bellone avouera aussi mon air, et je m'en donnais déjà.

*

Je me souviens d'avoir vu une embuscade de partisans français dans un bois où ils attendaient des housards de Belsenay et de Caroly, et que le chef dit au cocher de mon père, qui conduisait le würst où j'étais, de passer bien vite. La princesse de Chimay, que mon père aimait, tout au moins, était avec nous.

Moyennant cela j'étais élevé à la guerre et à l'amour d'autant plus que M. l'abbé du Verdier, ex-jésuite, mon précepteur, en avait aussi pour la même femme. Au moins, mon père le crut. Les vers qu'il faisait pour elle, où il y avait des allégories qu'il ne comprenait pas, le rendirent jaloux. Il lui supposa ensuite un autre amour de mauvais exemple pour une Nanette Couteaux, fille du bailli de Baudour, et le renvoya.

*

Il me semble en vérité avant cela que j'ai été amoureux de ma nourrice et que ma gouvernante a été amoureuse de moi. Mlle Ducoron, c'était son nom, me faisait coucher toujours avec elle, me promenait sur toute sa grosse personne, jouait avec moi de bien des façons et me faisait danser tout nu.

*

En attendant qu'on trouvât un autre précepteur, qu'on devine ceux entre les mains de qui l'on confia mes neuf ou dix ans : les pages de mon père. C'étaient deux barons de Hayden qui sont morts officiers d'état-major de mon régiment il n'y a pas bien longtemps. Le dernier y servit comme capitaine en même temps que je l'étais.

Sachant bien qu'ils ne pouvaient m'apprendre que l'exercice, car ils étaient déjà au régiment, ils venaient de Mons pour cela, et le baron Charles me montrant comme il fallait bien viser au cœur, m'ajusta, tira avec un fusil chargé de trois balles (car il avait été à la chasse au loup et l'avait cru déchargé), et me manqua, l'amorce seulement ayant pris feu. Je grandissais. J'exerçais. J'allais à l'affût avec un petit fusil et à la pluie sans chapeau. On m'apprenait à n'avoir peur de rien. Je tombai une fois du würst entre les roues et presque sous les pieds des chevaux et je n'eus ni crainte, ni mal.

*

Encore un petit mot sur M. du Verdier. C'était un bel homme sans préjugés à ce qu'il me parut, lorsque j'appris qu'il en avait. Apparemment que sa princesse ou celle de mon père, ou sa Nanette avaient quelquefois des caprices, car il me fouettait souvent, légèrement à la vérité ; et il était longtemps sans frapper.

*

Des femmes ayant passé à un abbé élégant, de là en attendant aux pages devenus officiers, me voici à un bon prêtre qui s'appelait l'abbé Frevaques. Ce fut le seul de mes précepteurs qui croyait en Dieu. C'était un vrai curé de campagne. Il disait son bréviaire, dessinait, allait tirer ou prendre des cailles, me faisait porter sa poudre et son plomb et ramasser son gibier. On trouva que mon abbé ne m'apprenait rien qu'à apporter : on le renvoya chez lui.

*

On eut encore recours au collège de Louis-le-Grand. Les successeurs des Porée, des Bouhours, des Bourgiaud me choisirent un de leurs excellents sujets. Il n'attaqua pas mes mœurs directement, mais sa négligence à laisser traîner ses livres me rendit bientôt aussi habile que lui. Je trouvai dans un tiroir *les amours du Père de la Chaise, Thérèse philosophe* et *le Prince Apprius* en manuscrit, dont M. Duport du Tertre (c'est le nom de mon gouverneur) était lui-même l'auteur. Ces ouvrages firent beaucoup de bien à mon esprit, très peu à ma croissance. Mon dernier abbé chassait : j'apportais, je grandissais. Son successeur écrivait : je lisais. Je fus deux ans sans grandir. Mais que de choses à la fois s'élevèrent dans mon âme. Elle était trop petite pour les contenir. Mon gouverneur s'en aperçut. Je devenais inquiet, paresseux, distrait. La nature commençait à m'expliquer une partie de mes réflexions et de mes lectures. Je n'en pouvais faire d'applications que sur moi-même. M. du Tertre, père du garde des sceaux des premiers temps honteux de la France, m'accabla d'ouvrages. Il travaillait à l'*Histoire des conspirations, conjurations et révolutions de l'Europe*[16], ouvrage excellent que l'on connaît. Je devins son copiste. Il me consultait presque comme Molière consultait sa servante. Je profitais beaucoup. On accusa M. du Tertre auprès de mon père de vouloir faire des gens de lettres et des églogues dans le village où il trouvait quelques bergères à son gré.

*

Me voici de nouveau dans d'autres mains. Un chevalier des Essarts, gentilhomme bien borné, brave officier revenant de la guerre de Bohême et de Bavière qu'il racontait toujours, se chargea de me donner une éducation dont il avait besoin lui-même. [À peine savait-il qu'il y avait eu un Alexandre et un César. Mais je dévorais Quinte Curce et les *Commentaires* que je trouvai dans une vieille bibliothèque du château de Baudour et je croyais devenir ce qu'ils étaient.] Le siège de Prague[17], la sortie, l'escalade me tournaient la tête. [Cela me remit dans mon ardeur militaire.] Je croyais devenir tout au moins un maréchal de Saxe.

Il n'avait qu'un seul livre, les fables de Phèdre, et me les faisait apprendre par cœur, allait se promener à cheval. Une fois qu'il voulut me rosser pour n'avoir pas assez de mémoire, je lui sautai à la figure. J'allai chercher ma petite épée pour me battre avec lui. On me sépara de ce pauvre mentor ignorant et colère. C'est, après mon second abbé, celui dont j'ai fait le moins de cas.

Cependant pendant ses cavalcades et surtout son exercice de manège[18] (car il était officier de cavalerie), je m'échappais quelquefois et voulus, sans pouvoir réussir, mettre en pratique avec les petites filles de mon âge la théorie de mon gouverneur précédent. Mais, maladroit dans les expériences que je voulais faire, je fus forcé de retourner à celles qui ne dépendaient de personne que de moi.

*

Les jésuites et la cavalerie ayant si mal répondu aux intentions de mon père pour faire de moi un petit prodige, il se jeta dans un parti tout opposé. Un successeur des Arnauld, des Pascal, aussi éclairé, aussi enthousiaste, aussi éloquent, aussi sublime que la meilleure compagnie de Port-Royal, fut choisi pour mettre la dernière main à mon éducation. La dernière, disait-on, mais que de mains s'en mêlèrent encore !

Il s'appelait M. Renault de la Roche-Valain, était grand disputeur, profond théologien et appelait le prédicateur du village *un corbeau croassant dans l'église de Dieu*. Celui-ci avait beaucoup de crédit sur l'esprit de mon oncle, petit maréchal fort borné : celui-là fut accusé d'être janséniste.

Je vois encore deux ânes chargés de Saint-Augustin, de quelques autres Pères de l'Église et de la Bible, arriver avec le gardien du couvent d'Ath[19] pour confondre mon gouverneur. Il eut raison : il n'en fallut pas davantage pour qu'il eût tort. La cabale me priva d'un homme rempli de lumières. J'avais été moliniste sans le savoir avec mes deux jésuites qui m'avaient entretenu de Mme Guyon[20], de Fénelon et du quiétisme. J'étais devenu janséniste de même avec mon ex-oratorien qui ne me parlait que de Bossuet et me donnait à lire le catéchisme de Montpellier, l'*Ancien Testament* de Mézanguy[21], l'*Histoire des Variations*[22], etc. Les premiers m'avaient rendu savant sur Molina et Molinos[23]. L'abbé dont j'ai parlé, le seul qui crût en Dieu, m'avait donné à lire Marie d'Agréda[24] et Marie Alacoque[25], et, avec toute mon érudition ecclésiastique, je ne savais pas un mot de la religion.

On s'en aperçut parce que j'avais quatorze ans et qu'on parla de me faire faire ma première communion. J'allai apprendre tout, depuis la création jusqu'aux mystères, chez le curé du village. Il me dit qu'il n'y comprenait rien non plus que moi. Je crus au christianisme dont on ne m'avait jamais parlé et je fus dévot pendant quinze jours.

*

Mon père craignant que toutes ces controverses ne m'eussent gâté l'esprit eut encore recours à l'armée française pour former mes mœurs et ma religion. Il se ressouvint que le chevalier des Essarts avait été déiste et moi aussi par conséquent avec lui. Il demanda à un chevalier de Saint-Maurice, qui était capitaine des houzards de la Morlière, s'il était déiste aussi. Celui-ci lui assura que non. Il le prit pour mon gouvernement. Le chevalier ne mentait pas, car il était athée et nous voilà athées, ou plutôt ne pensant à rien de tout cela.

Il pensait bien plus à moi qu'à Dieu. J'étais à la vérité fort joli. Le chevalier des Essarts m'avait trop peu aimé. Le chevalier de Saint-Maurice m'aimait trop à ce qu'on disait. Nouveaux caquets, murmures, plaintes, accusations dans la maison. Voilà encore mon vieux petit oncle en train. Ce n'étaient plus les écrits de Saint-Augustin qu'il fallait avoir pour confondre mon gouverneur: c'étaient les miens et ceux de M. de Saint-Maurice. Pour en avoir il le mène à la campagne d'où il se doute qu'il m'écrira. Il intercepte sa lettre qui, à la vérité, était extrêmement tendre. Il y avait des plaisanteries sur sa bosse et sur une vierge renommée dans le pays, où il l'obligea d'entendre la messe chemin faisant[26]. Me voilà encore sans gouverneur.

*

Les occupations de tous ceux que j'avais eus auprès de moi ne m'avaient fixé à aucune. Celle de l'histoire était pour moi un objet continuel de travail. J'étais fou d'héroïsme. Charles XII et Condé m'empêchaient de dormir. Il me semblait que je devais l'emporter sur eux. Je me pâmais sur Polybe, je commentais les *Commentaires* de Folard[27]. On parlait de guerre. J'avais fait promettre à un M. de Chaponais, capitaine dans Royal-Vaisseaux, de garnison à Condé, de m'engager dans sa compagnie. Je serais déserté de chez mon père et, sous un nom inconnu, je me faisais déjà un bonheur inexprimable de n'être reconnu qu'après les faits les plus éclatants.

*

Au lieu de ce beau projet, un gouverneur beaucoup plus sage que les autres, et qui malheureusement ne donnait aucune prise sur lui, arriva pour me morigéner. Il seconda mon goût pour l'étude ; il la partagea de manière à la faire fructifier et me donna pour délassement celle de mes auteurs militaires, parmi lesquels je commençai à prendre parmi eux la place, quoique très mince, que j'occupe encore.

M. de La Porte (c'est le nom de ce gouverneur) fut le troisième ex-jésuite que j'eus auprès de moi. Il m'apporta du collège Louis-le-Grand toute cette fleur d'humanités, de littérature et d'urbanité qui fait le charme de ma vie, et formant mon âme en même temps que mon esprit il acquit d'autant plus de droits à ma reconnaissance que je crois que si je valais quelque chose, ce serait à lui que je le devrais.

*

J'ai eu de bien bonne heure quelques petits doutes, mais M. de La Porte me rendit un peu plus catholique, et tant pour la santé du corps que de mon âme, me fit naître même quelques scrupules. Mon docteur de l'Église avait eu du goût pour sa blanchisseuse. Saint-Maurice... je l'ai déjà fait entendre. Mais M. de La Porte, par principe et hypocondrie peut-être, était de bon exemple. Cela fit que lorsque j'avais couru après une lingère qui s'appelait Marie-Anne, je demandais moi-même à aller à confesse et que je trouvais toujours trop peu de chose la pénitence de M. le curé.

*

Avant cela (c'était sous le règne de l'abbé Fervaques), je me rappelle l'usage que je fis de ma petite épée. Je la regardais tant que des polissons de mon âge se mirent à rire. Je m'en aperçus et songeant à la vengeance je voulus l'assurer par la dissimulation. Je dis : « Monsieur l'abbé, me permettez-vous d'aller, pour un petit besoin, dans ce grand hangar qui sert d'asile aux daims ? » C'était dans le parc de Bruxelles que cela se passait[28]. J'y fus bientôt suivi : c'est ce que je voulais. J'y fus bientôt hué : c'est ce que je ne voulais pas. Ma petite épée se tire. On se jette sur moi. Je pique. Je ne suis pas assez fort pour percer. On l'est assez pour me culbuter. Cette première petite colère était de la rage. Je me relève. On m'entoure, on me menace, on rit, ce qui est bien pis. Je donne des coups à droite, à gauche. Je pare vingt coups de poings ou plutôt je les tiens suspendus sur mon visage. Enfin, il m'en tombe un sur le derrière de la tête qui m'étourdit au point que mes petits camarades des rues, avec qui je jouais à la porte de l'hôtel quand je pouvais m'échapper, sont vainqueurs et cassent la coquille de ma petite épée pour gage de leur triomphe.

Plus furieux encore lorsqu'ils me rendent mes armes faussées, démontées, mais humilié, craignant d'autres coups de la part de M. l'abbé, je lui fais une petite histoire. C'était ma première bataille, mais non mon premier mensonge. Je lui dis que quelques daims chassés par les polissons (car on pouvait les avoir vus) m'avaient culbuté et que le désordre où mon épée et moi nous nous trouvions en était la suite. Et l'abbé, pensant vraisemblablement à autre chose, ne m'en demanda pas davantage.

*

J'étais coquet et gourmand et je vois qu'on ne se corrige de rien. On habillait les enfants à la houzarde avant de les habiller ridiculement en beaux messieurs. Je me regardais sans cesse au miroir. Je me trouvais aussi joli que tout le monde me le disait. Je volais tout ce que je trouvais à manger et, en servant la messe, ce qu'on m'obligeait à faire tous les jours, je buvais souvent le vin des burettes. Je ne m'en corrigeai que pour ne pas faire gronder ceux qu'on soupçonnait de n'y en avoir pas mis.

*

Ce n'était pas par impiété car j'ai toujours eu assez d'imagination pour être dévot de temps en temps, à l'article près des devoirs à en remplir. Quand il m'en prenait même des accès un peu plus forts je m'abstenais pendant huit jours des péchés qu'on commence, quand on a été précoce comme moi, à treize ans.

Mon premier confesseur me les apprit en me demandant si je les commettais. J'y ajoutai celui de l'orgueil en le priant de lire ma confession où j'avais fait la plus belle écriture qu'on puisse voir.

*

Une femme qui avait assez de pouvoir sur l'esprit de mon père — dont je trouvai, soit dit en passant, des lettres et des réponses d'amour de la fille d'un lieutenant-colonel de Teutschmeister nommé Mayer à quatre-vingt-quatre ans, — lui dit de me mener à un bal du théâtre.

Deux petits masques s'emparent de moi. C'était du feu pour mon cœur et mes sens. J'étais hors de moi. On me serrait, m'agaçait, me tourmentait, me caressait, m'inspirait. Heureusement pour mon innocence, M. de La Porte me découvre et vient me tirer du plus charmant des précipices. Mais que de pensées, de désirs, de désordre dans ma tête et dans mon âme !

Il me fut impossible d'étudier de deux jours. Je dis que j'avais une migraine affreuse (quoique je n'ai guère menti dans ma vie que lorsqu'ainsi, dans ce moment-là, cela était accessoire), je restai couché deux fois vingt-quatre heures, mais hélas ! je n'y dormis pas.

*

Il n'y eut que l'amour d'offensé dans ceci. Mais voici deux offenses à l'amour-propre dans un jour, c'est bien pis.

Mon père ayant dans sa loge la princesse de Hornes qui venait de se marier, aussi belle qu'aimable, craignant que je n'en devinsse amoureux, ne veut plus que j'y aille. Mon gouverneur aimait la comédie. « Eh bien, lui dit mon père, vous irez sur les bancs du théâtre. » Il y en avait alors partout comme on sait. Quelle grande spéculation ! Ils devaient s'apercevoir l'un et l'autre que de voir de si près des actrices charmantes et de ne rien perdre de ce qui était un peu instructif dans les jolis opéras à vaudevilles m'avancerait beaucoup, entre autres *la Chercheuse d'esprit*[29]. Une mine expressive, quelque gaieté dans un couplet, une attitude dans un ballet me transportaient comme on peut s'en douter. Je fais semblant d'être obligé de sortir, je m'arrête dans les coulisses, j'y trouve une danseuse, une demoiselle Grégoire dont je croyais (étant déjà fat alors) que les beaux yeux se tournaient quelquefois vers moi. Je lui fais ma déclaration. Elle se met à rire. D'abord interdit, puis confus, je me dis : « Au moins cette sortie dans la coulisse me servira pourtant à quelque chose. »

Le duel de M. de Turenne à neuf ans m'avait tourné la tête. J'en avais lu d'autres de jeunes dans des mémoires. « J'ai treize ans, disais-je, et je ne me suis pas encore battu ! » Un officier de trente ans au moins veut entrer sur le théâtre pour s'asseoir sur un banc. Je lui marche sur le pied. « Ce petit prince est maladroit, dit-il. — Non, lui dis-je, c'est bien exprès, car vous m'avez regardé d'un air… » Il se met à rire comme Mlle Grégoire, et voilà que dans un quart d'heure je suis traité deux fois comme un enfant.

*

Pour m'essayer on me faisait aller tout seul, pendant la nuit, dans le jardin de l'hôtel de Ligne, où l'on me faisait croire qu'il y avait des voleurs, et je me mis une fois en embuscade plus de deux heures, derrière un gros arbre, l'épée à la main.

L'envie que j'avais eu de m'en servir au théâtre

avait déplu à mon gouverneur mais point du tout à mon père.

*

C'est à un âge plus avancé qu'on peut voir les nuances du cœur dans celui qui l'est le moins. Je me souviens d'avoir eu des désirs et une espèce de passion dans cet espace de quatorze à quinze ans. Les premiers m'étaient inspirés par les beaux yeux de Mme de Los Rios, qu'on rencontre ici, presque encore belle à plus de soixante ans, et la seconde par une demoiselle de Luzani. Mon Dieu que j'étais embarrassé et rougissant à la fois, et que je fus triste en la quittant, la première fois que je quittai Vienne.

*

Je me souviens que je m'étais fait colère pour avoir bon air à ce que je croyais. Un jour qu'on m'avait versé avec mon gouverneur sur la route de Paris, de sens froid (car plutôt j'avais envie de rire), je tire encore ma petite épée et je me mets à jurer et à rosser les postillons qui se mirent à rire et conseillèrent qu'on me corrigeât de ce faux emportement, ce qui arriva par plusieurs jours de pénitence.

*

Quelle mémoire j'avais! J'apprenais cent vers dans une demi-heure, et Voltaire lu à la dérobée, Jean-Baptiste Rousseau, La Fontaine, Boileau et Racine, que l'on me permettait de lire, me restaient tous dans la tête.

*

L'amour pour Alexis dans Virgile, pour Ligurinus dans Horace, me donnaient bien à penser ; de même que les *Novimus et qui tu* de Virgile, le *Cur aliquid* d'Ovide et le *Qua calet nunc juventus omnis* d'Horace[30].

Un M. de Rodoan, mon camarade de manège, un enseigne qui monta ma première garde avec moi, et puis un prince Menzikoff m'apprirent plus là-dessus ensuite que je n'en voulus savoir.

*

À mon premier quartier d'hiver, au château d'Ansembourg, toute la famille devint amoureuse de moi, excepté le père et le capucin, son aumônier.

*

Quel plaisir j'eus à une petite bataille que je livrai à un chasseur qui voulut prendre mon fusil parce que j'étais sur le terrain de son maître ! Nous nous couchâmes en joue. Je lui fis peut-être pitié, car je n'avais pas seize ans, et je l'obligeai à la retraite.

*

À cet âge je faisais des extraits, des réflexions et des projets sur tous les livres de guerre que je trouvais. J'avais déjà des paquets d'ouvrages militaires de ma façon que j'ai changés et rechangés bien des fois depuis.

Entremêlant tout cela des Mémoires de Sully et de Mlle de Montpensier et des traductions qu'on me faisait faire de Salluste, Velleius Paterculus, Justin, etc., je pris du goût pour l'application qui ne m'a jamais abandonné, et je sus fort bien, avec quelques autres ouvrages, l'histoire ancienne et moderne.

*

Quinte Curce et Charles XII me rendaient fou de la gloire. Condé et Eugène, dont je savais par cœur les actions, étaient mes héros par excellence.

*

On ne pouvait m'apprendre que ce que j'aimais et on découvrit l'impossibilité de m'enseigner la physique, la chimie, les mathématiques (excepté ce qui suffit pour les fortifications), l'astronomie et même l'arithmétique. Je n'ai jamais pu apprendre un jeu de cartes, ni d'échecs, ni de trictrac.

*

Dans les cinq ou six mois que je passais à Belœil et les trois ou quatre à Baudour, j'apprenais singulièrement la chasse et l'économie. Celle de mon père, qui ne voulait pas que je tirasse ma poudre aux moineaux, l'engagea à me la faire acheter ainsi que mon plomb et à me payer quatre sous chaque pièce de petit gibier que je rapportais à la maison, un petit écu pour un sanglier ou un loup.

*

Je n'eus pas d'autre argent que celui que je gagnai ainsi jusqu'à mon mariage. Il s'était aperçu que lorsque je tirais plus de pièces qu'il n'en fallait pour la cuisine, je les enterrais de peur d'être grondé, ou que je les faisais vendre aux garnisons françaises dont je n'étais qu'à deux, cinq ou six lieues, et c'est ainsi qu'il y mit ordre.

*

Je le suivais à la chasse à courre. Un jour, le sanglier fit tête dans le fourré. Mon père me voit mettre en joue. Il croit le distinguer. Il tire. C'était le meilleur de ses chiens. Il s'imagina que c'était une malice de ma part et me donna pour pénitence d'aller à la chasse pendant quinze jours sans fusil. Quelle fut ma rage, le lendemain, de voir un sanglier passer presque entre les jambes de mon cheval, sauter un canal et tomber, sans pouvoir le tuer !

*

Ma constitution et mon caractère se formaient par les injures du temps et celles dont mon père me régalait souvent.

Il me mena à Vienne par Paris qui m'enivra par son tapage, ses spectacles et la gaieté de tout ce que je voyais et entendais.

Avant d'arriver à Ulm pour nous embarquer nous sommes arrêtés en Souabe (et ce qu'il y a de singulier, près de mon Edelstetten que j'ai eu quarante ans après pour mon indemnité), dans une forêt où il y avait un capitaine de voleurs nommé Federbusch avec sa bande. Me voilà au comble de la joie. Mon père, en vieux général, fait ses dispositions, prend sa canne qu'il m'avait donnée un instant auparavant sur les épaules parce que, étant embourbés, et lui en colère, je m'étais mis à rire. Je tire encore ma petite épée, M. de La Porte son couteau de chasse à manche vert, le chevalier de La Morlière son sabre. (C'était un capitaine de grenadiers de son régiment qu'il avait pris pour lui, ou pour moi, par dignité.) Nous voilà tous en bataille. Ce n'était qu'un chariot qui barrait le chemin !

*

Mon père qui avait fait travailler dans le château et parc de Dormans qui lui appartenait, en Champagne[31], où nous nous étions arrêtés une quinzaine de jours, nous fait débarquer dans sa maison à Clösterneubourg. Dans l'instant cinquante ouvriers dans le jardin, grottes, ermitage, bassins rétablis. Oh ! par exemple, je suis bien là-dessus son digne fils.

*

Nous voici à Vienne. Il me mène à la cour et pendant qu'il est chez l'impératrice, l'empereur me fait entrer chez lui, me traite à merveille, me caresse et me fait entrer dans l'antichambre où mon père arrivait. Furieux fort aisément il me gronde d'être où il ne peut entrer que des chambellans. « C'est précisément ce qu'il est, dit François Ier[32]. J'ai voulu vous en faire la surprise. »

*

Ma joie à ce nom ! Homme de cour à quinze ans ! Et puis, me disais-je tout de suite, M. de La Porte, quoique je l'aimais beaucoup, ne peut pas être chambellan. Je serai à la cour, aux églises, sans lui. Quel plaisir ! Quel honneur ! Il n'y en a pas tant à l'être à présent, mais alors...

D'ailleurs j'en ai été le plus jeune, ainsi que des généraux et des chevaliers de la Toison d'or. Ce qui fait qu'à présent, j'en suis à peu près le plus ancien.

*

On est plus ou moins bête à cet âge, et toujours important, ce qui en est une suite. Je ne faisais pas un dessin (j'en trouve tous les jours) ou je n'écrivais pas une ligne qu'il n'y eût : Charles de Ligne, chambellan.

*

J'ai parlé de mon confesseur, du prince Apprius, de Marie-Anne et de deux masques. Eh bien, en nous retournant de Vienne par Munich, la nature m'apprit le reste, avec une servante de *l'Ours noir*, dans un petit coin de la maison qui n'est point bon à être nommé.

*

Nous voilà de retour à Belœil et Baudour où ma chambellanie ne m'empêcha pas d'être traité comme un enfant. À peu près la même vie qu'auparavant, mais beaucoup de fêtes. Les deux cours du prince Charles et de la princesse Charlotte de Lorraine y venaient passer un mois tous les ans.

Une de ces fêtes entre autres m'amusa infiniment. On fit bâtir un fort dans le grand étang où, sur des barques, l'on pouvait communiquer en baissant le pont-levis. Il était défendu par des Mores et attaqué par des sauvages. C'est ce qu'ils firent en poussant des cris inhumains. Les armes des assiégés étaient des pompes, celles des assiégeants des seringues. Le fort fut emporté malgré les renforts des chaloupes. Deux capucins auparavant ayant voulu le voir de près, le commandant de la place les retint pour aumôniers, disait-il. Rien n'était plus plaisant de voir les révérends pères sortir mouillés comme des canards.

*

Une mascarade de l'empereur de Chine fut encore très magnifique et très plaisante. Je me fourrais dans tout cela mouillé et grondé, à l'une de ces fêtes, et une grande pipe cassée entre les dents, à l'autre.

*

Quand, plus jeune encore, je me battais avec les enfants des capons[33] de Sainte-Gudule ou les garçons du village avec qui je jouais à la balle après avoir juré ou disputé, j'étais pris sur le fait, je ne pouvais pas avoir de pénitence plus forte que celle de perdre un temps que je trouvais déjà alors si précieux et que je vois perdre à tant de gens. On me faisait copier des « privilèges » à la fin des livres et des « approbations ».

*

Le premier homme tué que j'ai vu, c'était à une chasse aux loups. J'en tuai un et un chasseur qui en tua deux autres tue en même temps un homme du même coup, qui était posté au crochet d'une route. Quatre loups et lui restèrent sur la place[34].

*

Doit-on croire aux pressentiments et aux rêves ? Je n'en sais rien. J'ai eu de faux pressentiments à Hochkirch et à Oczakow que j'y serais tué et pour Charles à Belgrade et à Ismaël. Mais pour les rêves en voici deux, dans deux nuits consécutives, qui ont eu leur effet. J'avais quinze ans, et depuis ce temps-là, je n'en ai pas eu un signifiant.

J'ai eu un oncle sans le savoir. Il était l'aîné de mon père, beau comme le jour, brave comme César, amoureux comme un chat. Apparemment qu'il fut fidèle comme un chien, car il voulut épouser la demoiselle de ses pensées. C'était une créature charmante, de condition même, un peu, à ce que je crois, mais point assez pour que nos parents l'approuvassent. On le contrarie, il se fâche, il quitte le service où il s'était distingué. On se fâche, il quitte le monde. On le désapprouve encore plus, il s'enferme dans un couvent. On est furieux, il remet tous ses biens à mon père et ne se réserve que le troisième étage du petit hôtel de Ligne, un aumônier, un valet de chambre et pour meubles une chaise et un crucifix. Je ne sais pourquoi ce secret fut si bien gardé.

Le grand hôtel de Ligne ayant essuyé plusieurs bombes pendant le siège de Bruxelles, mon père, tout maréchal qu'il était, enfermé et surpris dans la ville fit aller toute sa famille et ses gens dans le petit hôtel parce qu'il était un peu moins exposé. Trois boulets de canon y entrèrent cependant par la porte un jour que j'étais à la fenêtre au-dessus.

J'avais sept ou huit ans. Je ne sais pas ce qui me poussait toujours à grimper tous les jours au corridor où logeait mon oncle l'inconnu. On m'arrêtait. J'allais jouer ailleurs et je n'y pensais plus.

Six ou sept ans après, je dis en me réveillant à M. de La Porte, mon gouverneur, que mon oncle était mort. Je ne connaissais que celui qui s'appelait le prince Ferdinand et je lui dis : « Le Prince Ferdinand est mort aujourd'hui à cinq heures du matin. » J'appris deux jours après l'existence et la mort du solitaire : et je vous assure qu'il n'y a rien de plus vrai dans le monde[35].

*

Le lendemain je rêve que je vois partir mon gouverneur et que mes gens ont ordre de me retenir pour que je ne m'attendrisse pas trop en le voyant monter en voiture. M. de La Porte s'était brouillé avec mon père. Un mois après, jour après jour, ce que j'avais rêvé arriva. Et voilà comme on voit deux rêves bien extraordinaires qui se sont exécutés à la lettre.

M. de La Porte se raccommoda avec lui. Son absence ne fut pas de longue durée.

CAHIER II

Je puis dire avoir vu souvent la mort de près. Je ne parle pas de la guerre et de ceux qui étaient tués à côté de moi et même sur moi, car j'en secouai un une fois pour qu'au mois il tombât à terre, mais je parle de vingt accidents.

Par exemple au siège d'Oczakow le feu prit par une bougie, de nuit, aux rideaux de mon lit et à une couverture. Presque étouffé de fumée et commençant à sentir la chaleur à mon visage je me levai bien vite.

Outre trois ou quatre chutes de cheval où je restai sans connaissance, presque mort sur mes reins que je crus cassés, j'en fis une en voiture près de la machine de Marly où je roulai jusqu'à la Seine. Trois laquais derrière ma berline (où je tombai sur le corps de Mme de Nieukerke[36], la plus belle femme de Paris, dans ce temps-là, et presque du monde) en sort morts.

*

Ce qu'il y a de singulier c'est que le maréchal Lacy[37] pensa perdre ses deux meilleurs amis à cinq cents lieues de distance l'un de l'autre, à la même heure, le même jour et de la même façon.

C'était un 23 de mai que je manquai de sortir du monde à pareil jour que j'y suis entré, car c'était celui de ma naissance.

Cet autre était le prince de Dietrichstein[38] qui sauta, dans le royaume de Naples, de sa voiture parce que ses chevaux avaient pris le mors aux dents ; et j'en fis autant entre Strasbourg et Lunéville parce que, mon postillon étant descendu mal à propos, mes chevaux s'en allaient au diable.

Je connaissais la poste pleine de précipices : au grand galop dans une descente ils m'y conduisaient. Je m'élançai malheureusement sur un de ces tas de pierres qui sont sur les chaussées. Je me fendis la tête à la même place que Dietrichstein, et de même l'on me crut mort pendant quelque temps. On le saigna, m'a-t-on dit, pour le faire revenir à lui. On m'en aurait fait autant, mais il n'y avait pas de chirurgiens où j'étais à deux lieues à la ronde.

*

J'ai été noyé deux fois : une dans le grand étang de Moritzbourg[39] où, polissonnant avec d'autres jeunes gens de l'armée, une grande cruche d'eau que jetèrent sur ma tête ceux qui voulaient m'empêcher d'aborder, me fit tomber. Un de ces messieurs qui savait nager se jeta après moi et me tira du fond de l'eau où j'étais près de suffoquer.

Je fus bien du temps à reprendre connaissance et rendre toute l'eau que j'avais prise.

*

Une autre fois, à une terre au maréchal de Bathyany[40], en Hongrie, pour me mener moi-même dans une petite barque sur la Scytha, j'y saute. Elle se tourne parce que je lui fais perdre son équilibre, et me voilà au fond de la rivière.

La peur, la douleur de la suffocation me fait par hasard, je ne sais comment, en me débattant contre la mort apparemment, donner du pied contre le gravier, de manière à me faire revenir de l'eau. Le prince de Nassau Usingen[41] qui était de cette partie de plaisir de campagne, entend le bruit que je fais en tombant et me tend une rame que j'ai assez de présence d'esprit et de force encore pour saisir et je suis rendu à la vie et à la société très désappointée de ma triste aventure.

*

Je donnai une fois une course de traîneaux très risqueuse sur le canal où il y avait déjà un pied d'eau sur la glace qui était en plein dégel. Quoique couverts d'eau nous-mêmes par les pieds de nos chevaux au grand galop, le plaisir d'avoir entre les rênes, ou plutôt entre nos bras, l'objet que nous aimions, nous faisait passer sur les dangers et les inconvénients.

*

À propos de cela je dirai en passant que j'ai eu une fois cinquante-quatre traîneaux à Anvers qui, avec ma musique du régiment habillée à la turque et mes deux würsts aux flambeaux, avaient très bon air.

Partout, comme on peut s'en douter, soupers, bals magnifiques et dix mille personnes qui nous suivaient sur les bords du canal.

*

Un jour, car c'était si bien le jour que le soleil fut cause de l'accident, à une course de pousse-culs, c'est-à-dire de petits traîneaux guidés, d'une vitesse énorme, par des patineurs, j'en choquai un autre ou plutôt le visage d'un particulier qui y était, et le mien fut tellement brisé que mon nez, un œil, presque une oreille, et tout mon côté droit furent tellement déplacés que je n'avais plus la forme humaine. J'étais sans connaissance et tout en sang. On craignait le contrecoup. Mes chairs reprennent aisément, on en fut quitte pour la peur, mais je fus six semaines sans pouvoir sortir.

*

J'ai essuyé une tempête sur la mer Adriatique, où chacun croyait périr, et j'en fus encore plus près sur le Bog, en Tartarie. L'eau engloutit la nacelle qui tenait à notre barque avec les trois hommes qui y étaient.

*

[Sans amour, point de galanterie. Sans galanterie, point de fêtes. C'est ce qui en a procuré beaucoup de ma part, pendant deux hivers à Bruxelles. Il fallait que je m'amusasse moi-même à amuser le public pour passer quelque temps aux Pays-Bas, car j'ai presque toujours été à Paris ou plutôt Versailles, ou Vienne ou à la chasse, à l'exercice et des revues dans mes terres. Quelle heureuse position ! Elles étaient dans mon gouvernement militaire et civil. Je pouvais être dans vingt heures à Paris, à Londres et à Spa.]

J'étais pair, maréchal et sénéchal, grand bailli, président des États, capitaine général de la province du Hainaut autrichien. Outre cela lieutenant général, employé et commandant et j'y avais mon régiment.

*

La vie que je menais à mon cher Belœil où des guerres, des voyages et d'autres plaisirs m'empêchaient d'être autant que je l'eusse voulu, était fort heureuse. J'allais lire sans être presque habillé dans mon île de Flore[42] où mon bateau volant retiré me sauvait des importuns et d'où j'allais à mes ouvriers. Je revenais me baigner dans mes jolis bains à côté de ma chambre. Je me couchais et me rendormais ou écrivais dans mon lit, à l'ordinaire jusqu'à trois heures et demie que je dînais avec une douzaine d'officiers de mon régiment.

Je les menais à la chasse ou à l'exercice à Mons, d'où j'en ramenais autant après y avoir laissé ceux-là. On tourmentait les jeunes, on écoutait les vieux, on respectait les dévots quand par hasard il s'y en trouvait. Je les renouvelais de même quelquefois à la parade et quelques bergères, faneuses, moissonneuses ou filles ou sœurs de bailli, grande noblesse du village, me dédommageaient de celle de la ville.

*

Que de jouissances pures on goûte à la campagne ! Je crois voir encore l'étonnement de ce pâtre de mes bruyères qui, ayant mis une grosse pierre dans son chapeau pour que le vent ne l'emportât pas pendant son sommeil, y trouva en se réveillant deux écus de six francs qu'Angélique[43] y avait mis. Qu'on juge de sa surprise et de sa joie. Combien de fois ne se frotta-t-il pas les yeux ? Et puis sa petite prière à Dieu en guise de remerciements...

*

Et un jour que l'orage m'obligea de m'arrêter dans une cabane dans ma forêt. Une bonne paysanne fit asseoir celui de mes gens qui était avec moi parce qu'il était galonné et, me laissant debout, me dit : « Messieurs, vous êtes peut-être du château ? Dites-moi donc où je puis voir notre seigneur. Quand il est à Baudour, je le cherche à Mons ; à Belœil quand il est à Mons. Comment faire pour le voir ?... » Et puis l'on se doute bien des choses agréables que j'entendis...

*

Charles avait donné à cinq de ses gens d'écurie le nom de *Brûle-pavé*, de *Mors-aux-dents*, de *Ventre-à-terre*, de *Grand-train* et de *Casse-cou*. Quelle drôle d'idée ! Il en avait toujours de si gaies.

*

Pour donner une idée de ma pauvre tête sans arrêt, toujours occupée du moment présent auquel j'ai toujours tout sacrifié, je promis un jour (qu'étant à l'armée, je voulus arriver de bonne heure à un château où j'étais amoureux, dans le comté de Glatz), à mon postillon de renoncer à une rente de huit ducats qu'il payait à mon père pour une maison, lorsque je serais maître de mes biens.

Il creva presque mes chevaux pour cela, mais j'arrivai à la minute que je lui avais prescrite pour pouvoir embrasser mon objet dans sa chambre avant de nous mettre à table ; et je lui tins parole.

*

La première fois que je fis le beau, c'était à une mascarade de l'Olympe (j'avais dix-huit ans), où le prince Charles[44] me donna le rôle de Mars. On crut que cela m'irait bien quoique je fusse bien mince, mais la véritable raison c'est qu'il était amoureux de ma Vénus et qu'il ne me craignait pas.

*

Je fus Apollon une autre fois. Sans être celui du Belvédère j'étais plus à ma place. Ces deux superbes habits m'allaient à merveille, à ce qu'on dit. J'avais trop peu d'adresse, de hardiesse, trop de délicatesse, de tendresse, de sagesse pour profiter alors des avantages qui malheureusement ne reviennent plus. Les fatigues des guerres et des plaisirs les diminuent d'une étrange manière. On m'aimait sans que je m'en aperçusse et j'aimais sans qu'on le remarquât.

*

N'était-ce pas une profanation et comment me l'a-t-on passée ? J'ai donné la tour de Babel en mascarade. La décoration pareille à la figure de la Bible, le nombre et l'habit des ouvriers, outre ceux de la société qui y travaillait aussi, me coûta prodigieusement. Le premier coup d'œil enchanta les deux mille spectateurs, car c'était au grand théâtre de Bruxelles que tout cela se passait. La musique qui exprima ensuite la confusion des langues, confirmée par celle de notre danse qui commença tout de suite, en descendant à la course de notre tour, fit aussi le plus charmant effet[45].

*

J'aimais alors, j'étais aimé et je le savais. Sans cela ni fêtes ni galanteries. Je donnai ensuite la mascarade des miquelets dont les habits, la musique et la danse qui peignaient des victoires de guerre et de chasse dans les montagnes étaient marquées au coin du goût, de la gaieté et presque de la gloire. On quittait, on reprenait les armes de la manière la plus brillante ou la plus agréable. Je choisissais les airs et faisais moi-même tous les programmes.

*

[Une autre fois une noce de village, déjeuner dans le bois, que sais-je, vingt choses dont je ne me souviens pas.

Il y avait vingt femmes à Bruxelles plus jolies les unes que les autres, surtout Mmes d'Arenberg, de Horn, de Maldeghem, de Los Rios, d'Ayrolles, d'Herzelles, d'Hust, etc., aux fêtes dont j'ai parlé. Quand on s'aperçut que je commençais à devenir un peu dangereux, en tirant au sort on trichait et l'on ne me donnait que celles dont on se souciait le moins.]

*

Voici une grande preuve de ma raison dans tous les temps. Personne ne réfléchit plus que moi après ce qui arrive et moins auparavant. Quelle pauvre tête peut-on dire souvent. M. de Lacy, pour savoir des nouvelles de l'ennemi, crie sans se flatter de réussir à une vedette, housard prussien : « Dix ducats si tu désertes ! » Le voilà au galop. En essuyant un coup de carabine de son voisin il nous arrive. Il dit ce qu'il sait. Lacy le paie. Ses nouvelles ne valaient pas cela, mais qu'en faire ensuite ? Le général me propose de le prendre à mon service. Il volait, sabrait tout le monde. Il était si dangereux que lorsque je revenais la nuit à mon camp, j'étais obligé de le faire marcher devant moi et d'avoir la main sur un pistolet. Je n'ai jamais su renvoyer personne. Heureusement il tua un *Marquetender*[46]. Il déserta et j'en fus ainsi débarrassé.

*

Ma folie des beaux équipages a bientôt passé. Mais j'ai eu pendant plusieurs années deux nègres, deux coureurs et quatre housards. Après avoir renoncé au reste, j'ai toujours eu autant de housards pendant toutes mes campagnes, et j'impatientais l'empereur Joseph lorsque je passais devant lui, au grand galop, pour exécuter un de ses ordres, avec outre cela un officier d'ordonnance de chaque bataillon de grenadiers et de Croates et des régiments de housards du corps d'armée que je commandais. Il n'avait qu'un vilain palefrenier derrière lui et j'avais plus de vingt personnes à ma suite.

*

Par avarice, pour ne pas perdre un habit superbe que j'avais fait faire à un de ces housards qui s'engagent trop dans une escarmouche, je l'allai retirer du feu et m'exposer à être fait prisonnier de peur qu'il ne le fût.

*

Une femme que j'aimais et qu'une sorcière ne connaissait pas plus que moi était allée la consulter. La femme de chambre Joséphine me dit : « Madame va rentrer. » Je me mets dans son fauteuil et je l'attends. Elle rentre, elle m'y trouve et jette un grand cri. « Qu'avez-vous, lui dis-je ? — Ah ! mon Dieu ! me répond-elle, la vieille femme m'a dit : "Méfiez-vous d'un homme en frac noir que vous trouverez à votre place, en rentrant chez vous. Il cherche à vous avoir et vous l'aimez même un peu. Je suis bien aise de vous l'apprendre." »

*

L'impératrice Marie-Thérèse avait bien eu envie de me trouver coupable dans les amours de mon ami le prince Louis de Wurtemberg[47] et de l'archiduchesse Marie. Elle m'aurait exilé très maternellement comme Sulkowsky et la princesse de Lamberg. Elle me trouva confident passif et rien de plus, mais point actif pour remettre des lettres ni faire d'autres commissions. Elle sut au contraire que je me moquais de ses œillades et des gros soupirs qu'il poussait à côté de moi, dans le parterre, en bas de la loge de sa belle.

*

Quand tout cela fut découvert, mon prince fit chercher de la mort aux rats. Je lui dis, ayant intercepté son ordre chez l'apothicaire : « Je veux bien que vous fassiez mourir ceux qui sont dans votre tête, mais je ne veux pas que vous vous fassiez mourir. » Je sauvai son empoisonnement mais non son mariage qu'il fit ensuite par dépit et qui était bien pis encore.

*

Cela me rappelle un autre empoisonné et l'effet de ces maudits drames noirs. Un jeune homme échauffé des suicides qu'il trouva dans un [...] où j'assistais en sortit pour aller faire le sien tout comme un autre. Il était contrarié par ses parents qui, comme de raison, voulaient l'empêcher d'épouser une chanteuse de l'Opéra. Je le suis. Je trouve sa porte fermée et sur le bruit qu'il entend il crie d'une voix sépulcrale: « J'ai deux pistolets à la main pour celui qui la forcera. » Je prends le passe-partout de la maison et un gros domestique que je culbute sur lui avec la porte et ses pistolets. Je le ramasse et avec une écuelle de beurre fondu que je lui fais avaler par force, je lui sauve la vie et la raison.

*

Il y avait plus de cent étrangers logés tant dans le château de Belœil que celui de Baudour, et des chasses superbes où je cherchais des dangers à la mort du cerf, aux hallalis dans les étangs.

Un jour qu'une cinquantaine d'indiscrets français des garnisons voisines se trouvèrent à un déjeuner et un rendez-vous de chasse, je voulus les en punir et les faire culbuter en galopant et me laissant suivre par eux, au travers d'une garenne. J'y réussis, mais j'en fus puni moi-même car je fis un panache dans un trou de lapin, où l'on me laissa un quart d'heure sans que personne vînt me ramasser.

*

Voilà cet accident et en voici d'autres encore dans le genre de ceux dont j'ai parlé et qui m'ont mis bien près de ma fin. Deux fois, le pied dans l'étrier, traîné dans une terre labourée, une entre autres où je voyais pendant plus de quatre minutes les fers de mon cheval toujours ruant à une ligne de ma cervelle prête à sauter, et le corps disloqué à chaque sillon.

La première était à la chasse, la seconde à la guerre. Un cheval entier que je montais s'amouracha, la veille de la bataille de Kolin[48], de la jument d'un dragon de Ligne à qui je parlais, trouvant ce brave régiment en marche, du grand événement du lendemain. Pour le sauver je tirai mon cheval sur moi puisque, par ses mouvements passionnément voluptueux, il était très près de terre, et le culbutant lui-même ainsi, je crus qu'il se relèverait, me laissant là. Mais ma botte lui resta attachée jusqu'à ce que, à force de ruades, de galopades et de secousses, elle se sépara de mon pied, me laissant presque mort sur la place.

*

Je dégringolai un jour vingt-cinq marches d'un escalier de pierre dans une maison sur le Graben et restai à peu près mort quand je fus au bout. Je n'eus pas longtemps la force de crier. Ne pouvant pas me ramasser ni me lever, je crus mes deux jambes cassées. J'en souffris bien longtemps et ne pus marcher de six semaines. Sans les bains de Baden j'en souffrirais encore.

*

J'étais déjà officier général lorsque j'eus la petite vérole que je gagnai par bonté d'âme et légèreté d'esprit (motif de beaucoup de mes actions de toute ma vie), du prince Auguste d'Arenberg[49] qui avait la fureur de m'embrasser sans savoir si elle était d'une nature inquiétante.

Un jour qu'ayant été administré j'étais seul avec une sœur de la Charité qui me gardait, je lui demandai si j'en reviendrais : « Cela n'est pas vraisemblable, me répondit-elle, quand on a plus de vingt ans. Mais nous avons au couvent des espèces de corps de fer pour tenir tranquilles dans leur lit ceux qui, avant de mourir, entrent dans le délire. Si vous passez quatre jours, avec un mois de souffrance et un mois de patience vous en serez quitte. Prenez trois tasses de thé, au nom de la Sainte-Trinité. Je vais souffler dessus, en croix, trois fois de suite. »

*

Bien résolu d'être de bonne foi, ne voulant pas mentir, je fis, en baissant la tête, à tous les péchés de l'examen de conscience que me lisait le Père Félicien, l'aveu de presque tous, de peur de manquer un que j'avais commis, et n'ayant pas la force de parler.

*

Que j'ai vu du haut et du bas dans les fortunes et les manières ! J'ai eu bien des généraux et même quelques ministres dans mon antichambre, à Vienne ; dans le temps de ma faveur auprès de la favorite à Versailles et à Pétersbourg. Mais quand j'ai été assez heureux pour rendre service, on ne m'en a pas voulu à la vérité et c'est beaucoup, mais j'ai remarqué qu'on n'a jamais eu l'air de s'en souvenir. Si j'avais eu celui de me le rappeler, au lieu de gens sans mémoire ou peut-être ingrats, je m'en serais fait des ennemis mortels.

CAHIER III

[Mon père ne me parlait jamais. Il me fait monter en voiture, me mène à Vienne et me marie. J'arrive dans une maison où il y avait quantité de jolies figures épousées ou à épouser : c'est ce que je ne savais pas. On me dit de me placer à table à côté de la plus jeune.

J'appris par mes gens qu'il s'agissait de mariage pour moi. Mais quand je pensai, au sortir du dîner, à tout ce que j'avais vu, je ne savais pas si c'était mon beau-père, ma belle-mère, une tante, ou les jeunes petites personnes qui m'étaient destinées.

Huit jours après j'épousai. J'avais dix-huit ans et ma petite femme en avait quinze[50]. Nous ne nous étions rien dit. C'est ainsi que se fit ce qu'on prétend être la chose la plus sérieuse de la vie. Je la trouvai bouffonne pendant quelques semaines, et ensuite indifférente.]

*

[Je ne me souviens plus si ce fut par air ou par goût pour la chasse que j'y allai à six heures du matin après la première nuit de mes noces. Il est vrai que ma belle-mère était venue nous réveiller pour nous faire changer de chemise, à la nouvelle épousée et à moi, de peur que si les anciennes tombaient, disait-elle, entre les mains de mauvaises gens, on n'y trouvât de quoi jeter un sort. Je m'aperçus bien que la famille dans laquelle j'étais entré n'était pas grande sorcière. J'avais passé une nuit affreuse parce que toutes les matrones m'avaient mis sous mes oreillers des petits paquets de reliques qui étaient descendus et m'avaient cassé les reins.]

*

[J'avais déjà bien souffert la veille, à la cérémonie du mariage où, après la bénédiction du curé du village d'Autriche ou presque de Moravie, on dit les litanies. On y paraît en robe de chambre et la mienne était, au milieu de l'été, de satin couleur de feu, avec des perroquets brodés en or, perchés sur une quantité de petits arbres brodés en vert. Quel fut mon étonnement lorsque mon père, avec un air de satisfaction et jouissant de la surprise, me fit passer les bras dans cette vieillerie avec laquelle je lui avais vu essuyer plus de cinquante accès de goutte! Mon père, en revanche, avait l'air du marié et ne portait que des habits brodés sur toutes les coutures. Il m'avait fait faire, à la vérité, une pluie d'argent pour les fiançailles et une pluie d'or pour le jour du mariage.]

*

Le baron de Spitael[51], lieutenant-colonel du régiment de mon père dont il avait été page autrefois, nous accompagna dans mon deuxième voyage à Vienne, comme son gentilhomme et mon premier ou second gouverneur.

M. de La Porte me quitta le lendemain de mon mariage. Cela me fit une peine que je ne puis exprimer. Il s'en retourna avec mon père qui le laissa en France avec une pension trop modique à mon gré. Je fis alors la première dette de ma vie! C'était douze cents ducats pour acheter un petit terrain dans l'Agenais, sa patrie, où il mourut peu de temps après.

*

Nous étions venus sur le Danube, comme autrefois, après avoir passé encore à Paris, où l'on ne me laissait pas la moindre liberté. Et mon père, après avoir encore travaillé à Dormans, travailla en passant à ses deux hôtels de Nancy et ensuite encore à Clösterneubourg.

Mais je m'en retournai de mon côté avec ma femme après les fêtes de Feldsperg[52] et les magnificences de notre oncle le prince Joseph Ventzl de Liechtenstein.

*

Sa sœur, la princesse de Saxe-Weissenfels[53], veut nous voir à Dresde. Nous y passons. Elle dit qu'elle me défraiera à l'hôtel de Pologne. J'y prie à dîner et à souper tous les jeunes Saxons et Polonais de mon âge, de très jolies femmes aussi. Je crois que cela lui a diablement coûté !

*

Ah ! j'oubliais ma première infidélité : en passant par Prague, à l'hôtel de Waldstein, une femme de chambre d'une Mme de Nostitz. J'étais marié depuis trois semaines.

*

Moins enfant, ne me souciant plus d'être un homme de cour, j'étais fier d'être devenu un homme de guerre. Je voyageais en uniforme complet. J'allais partout aux parades. Je faisais l'entendu.

Quelques jours après mon arrivée à Vienne, et avant mon mariage, espace très court, je fus fait capitaine dans le régiment de mon père, malgré lui et tous les Liechtenstein. Et déjà alors, ne voulant avoir obligation ni faire tort à personne, je pris la compagnie d'un ancien officier à qui j'en laissai les gages. Il vécut encore vingt ans. On m'a fait lieutenant-colonel et colonel avec les mêmes qui étaient de ne pas en avoir, et je n'en eus que lorsque je fus lieutenant-général, ayant pris de même, comme général-major, la brigade d'un autre à qui j'aimai mieux laisser ses appointements que d'en demander à la cour. C'est-à-dire que je fis toutes la guerre de Sept Ans et servis treize ans, sans en avoir un sou.

*

Pardon de cette digression. Me voilà de retour à Bruxelles. J'y suis amoureux et maladroit. J'y fais des étourderies et des gaucheries. Le carnaval le plus brillant. Mascarades que donne le prince Charles. Je suis Mars à celle de l'Olympe. Je crois que c'est d'un heureux augure, car on parla de guerre. On m'envoie à ma garnison. Je monte ma première garde : c'est le plus beau jour de ma vie.

*

La guerre se déclare : et le second plus beau jour de ma vie, je me crois plus que tous les demi-dieux de la Fable. Je marche fièrement à la tête de ma compagnie par un temps, un froid, une glace inconcevable. J'y fais dessus une chute terrible avec mon cheval. Je fais mes embarras, ne me couche point pour veiller à la désertion ou courir après les déserteurs. Et je passe le reste de l'hiver dans mon cantonnement des Ardennes où des chevreuils, des loups et des fêtes au château d'Ansembourg, où l'on se ruinait pour me faire honneur, m'amusèrent infiniment.

*

J'étais plus impertinent qu'insolent. Je crois que si j'avais eu un peu plus d'expérience et moins de cette timidité mêlée quelquefois à un peu de hardiesse maladroite, les demoiselles du château s'en seraient mieux trouvées encore.

Je fus un peu plus audacieux avec une religieuse de Marienthal[54] et je n'ai point appris qu'elle s'en soit mal trouvée.

*

C'est la mort de mon père qui, malgré les changements prodigieux de ma situation, me frappa infiniment. Ce qui fit sur moi cependant plus d'effet et me coûta des larmes, ce fut sa mort de son vivant, c'est-à-dire lorsqu'un jour il me chargea d'une affaire et me parla presque pour la première fois de sa vie, en me disant que cela me regardait plus que lui, puisque... Ce «puisque» me fit fondre en pleurs. Il ne m'aimait pas. Je ne sais pas pourquoi il ne voulut pas me connaître.

*

Quand je fus fait colonel de son régiment, je lui en donnai part. Voici ce qu'il me répondit : « Il était déjà assez malheureux pour moi, monsieur, de vous avoir pour mon fils, sans avoir celui de vous avoir pour colonel. » Je lui répliquai dans une lettre respectueuse : « Monseigneur, l'un et l'autre ne sont pas ma faute, et c'est l'empereur à qui Votre Altesse doit s'en prendre pour le second malheur. »

Il avait exigé que je lui écrivisse, ainsi que ses autres colonels. Il ne m'avait jamais donné de bonnes paroles ni écrit pour me dire qu'il était content de l'honneur que j'avais fait à son nom et à celui du régiment. Il n'avait point pris part à ma petite vérole et m'avait chassé de chez lui les deux fois que j'avais essayé de le voir pendant le court espace de la guerre jusqu'à sa mort.

*

Il avait prévu, disait-il, que je ferais des dettes. Cela était aisé puisqu'il ne me donnait pas le sou.

Quatre juifs : Hertz et Ruhe, Schimmelknhe, un Lévy (dont la fille était belle comme le jour) et Brandeiss eurent pitié de moi, ainsi que cette charmante et aimante israélite. Et, à six pour cent, au risque de tout perdre si j'étais tué, je ne leur devais que deux cent mille florins à la mort de mon père, après avoir tenu le plus grand état à l'armée, donné beaucoup, assez joué et assez voyagé.

*

J'en reviens à ce moment. On ne se rappelle que les bonnes choses qu'on a vues ou dont on a entendu parler. Je me ressouvenais qu'il avait été brave à la guerre et avait l'air d'un grand seigneur à la cour, et que je l'aurais aimé tendrement s'il avait voulu.

*

L'impératrice Marie-Thérèse s'amusait elle-même de la peur que j'avais de lui et vint me dire un jour que je riais et faisais rire les dames de la cour : « Le voilà ! »

Ma terreur amusa tout Schœnbrunn. Et pendant un voyage à Laxembourg où l'empereur m'avait demandé à lui, je courus tant à pied et à cheval, je jouai, je déjeunai, je goûtai et je m'amusai tant que j'eus un accès terrible de fièvre. L'empereur ayant peur lui-même de mon père me renvoya à lui, en ville, où l'on vit que c'était le commencement de la rougeole. Il chercha mes gens au cabaret et alla lui-même à l'écurie me faire atteler sa voiture où il voulut que son chambellan de service m'accompagnât.

*

Soit pour dire quelque chose sur mon compte, soit par malice de ceux qui ne m'aiment pas ou maladresse de ceux qui m'aiment, on raconte cent histoires de moi qui n'ont pas le sens commun. On m'en raconte tous les jours à moi-même et je suis trop paresseux pour dire qu'elles ne sont pas vraies.

J'ai fait des réponses qu'on prétend être charmantes et qui ne valent pas le diable ; des saillies reparties, espiègleries, plaisanteries qui doivent faire mourir de rire. J'ai joué des tours si piquants, j'ai donné des coups de patte à des généraux quand j'étais jeune et aux souverains quand j'ai été plus âgé. Enfin, je dois avoir dit et fait de si jolies choses qu'il n'y a que quelques gens de goût qui ne m'en soupçonnent pas.

*

Ceci n'est ni bon ni mauvais et peut passer plutôt pour industrie que pour plaisanterie. J'ai fait toute la guerre de Sept Ans sans le sou, ainsi que je crois avoir dit. Mon père [qui ne s'était pas donné la peine de faire ma connaissance ne faisait pas grand cas de moi], après mon mariage, essaya de me donner quelque chose, mais je dépensais dans une semaine ce qu'il me donnait pour un an, et alors il ne me donna plus rien.

Je partis de Prague pour Vienne, après je ne sais quelle campagne, en poste calèche et, étourdi alors, à la vérité comme on ne l'a jamais été, je n'avais pas pensé seulement que je n'avais pas de quoi payer la première poste. Je passai heureusement un général Émeric Esterhazy[55] qui faisait le même chemin. Je dis au premier maître de poste que mon valet de chambre le paierait, qu'étant pressé j'allais en chaise et me faisais suivre de mon équipage. Je le prévins que c'était un drôle de corps et que, quand il mettait sa pelisse, il s'imaginait être un général de houzards. Ce qui fut dit fut fait. On arrête partout mon homme. Il se fâche, il assure qu'il est un grand seigneur lui-même, hongrois de nation, houzard de profession. Chaque maître de poste, se souvenant de moi, porte la main à la tête et dit en riant à ses postillons et aux badauds qui s'attroupent toujours : « Voilà déjà sa folie qui commence, mais point d'argent, point de chevaux ! »

M. d'Esterhazy paya ; j'arrivai et, à la vérité, il fut bien servi.

*

On n'est plus jeune à présent. On préfère le genre Caton au genre catin. Ce n'est pas que j'ai donné dans celui-ci. On ne m'en a pas laissé le temps dans la bonne compagnie, et d'ailleurs je n'ai jamais aimé la mauvaise. Il m'est arrivé très peu d'histoires de filles et aucune de mauvais goût. Mais au lieu des pédants de dix-huit ans auxquels le siècle s'est monté, les officiers du régiment de Ligne que je commandai à vingt et un ans, étant tous du même âge que moi, nous faisions à la vérité beaucoup de train. Comme par exemple, dans un quartier d'hiver à Dresde, de nous promener avec des chaînes, faire les revenants, changer les enseignes des boutiques, faire des contredanses de chaises à porteurs quand nous trouvions des gens qui se faisaient porter en sortant d'un grand souper ; crier au feu, seringuer ceux qui se mettaient aux fenêtres, abattre les tentes, etc. En m'amusant à ceci j'entendis un jour bander un pistolet de la part d'un officier qui n'aimait pas les plaisanteries.

Ce sont quelques-unes de ces gaietés bruyantes de tapage et d'étourderie dans les rues et les camps, vis-à-vis des amis, et quelquefois aux avant-postes, vis-à-vis des ennemis, qui ont donné lieu aux bêtises qu'on m'a prêtées.

En voici une, par exemple, qu'on m'a rappelée. Je ne me souviens plus si elle est vraie, en tout cas cela n'est pas bien drôle. On dit que je fis passer de dîner tous les officiers du corps d'armée où j'étais. Je fis le caporal d'ordonnance pendant la nuit. J'invitai tout le monde chez les généraux qui ne dînaient jamais chez eux. On les attendit. On crut qu'ils allaient revenir. Il n'y eut que le maréchal Lacy, qui ne comptait avoir qu'une douzaine de personnes, qui en vit arriver soixante. Il s'imagina que c'était la faute de ses aides de camp qui avaient, chacun mal à propos, invité ses amis. Ceux-là ne savaient point, disaient-ils à quoi pensait le maréchal d'avoir invité tant de monde. Chacun était mal à son aise, mal nourri, mal servi, et de mauvaise humeur. Et les autres officiers qui avaient attendu quittèrent à quatre heures la tente des généraux en disant que c'étaient des vilains et des impertinents.

*

C'est encore ainsi que, parmi les choses vraies ou fausses et qu'on ne dit que pour se faire rire soi-même et oublier bien vite, je dis (peut-être que cela est vrai) le jour où je trouvai toute la cour de Louis XV sens dessus dessous parce qu'on avait exilé la comtesse de Grammont[56] pour avoir passé devant Mme de Barry en lui donnant un coup de vertugadin : « Voilà ce que c'est que d'en avoir un et de n'avoir pas de considération », (c'est ainsi qu'on nomme une espèce de panier).

À propos de cela, la maréchale de Luxembourg[57] qui y était me dit qu'il n'y avait que trois vertus en France : vertu choux, vertu bleu et vertugadin.

*

À propos de mauvais bon mot, je me rappelle celui-ci, car il déjoua prodigieusement le prince de Prusse[58] et fit du bien à l'empereur qui craignait un peu que celui-ci n'eût des succès à Saint-Pétersbourg. Le jour qu'il se fit recevoir mal à propos de l'Académie des sciences, où il faisait extrêmement chaud, il eut un évanouissement et je dis à l'impératrice qui me demanda comment avait été la réception : « Le prince s'est trouvé *sans connaissance* au milieu de l'Académie. »

Comme je n'avais que lieu de me louer de lui, je me permis une petite trahison. Je vis que ce diable de mot courait : je courus aussi après lui et je prévins le prince royal de Prusse en lui racontant que j'avais dit qu'il s'était trouvé mal au milieu de l'Académie sans connaissance. Cela fit qu'on se moqua les uns des autres. Tout le monde fut content et moi aussi. Et plus encore l'impératrice que je fis confidente de cette perfidie innocente et qui pensait de même sur son Académie et sur le prince qui l'ennuyait considérablement.

*

Lorsque je baisai la main, à Barczizaraï, à l'impératrice avec tous les Mourzas tartares, à son entrée en Tauride, où tous ceux qui avaient des terres firent cette cérémonie, l'empereur qui avait de l'humeur de la première nouvelle de la révolte des Pays-Bas qu'il reçut ce jour-là, me dit presque avec aigreur, en me prenant pas ma toison : « Vous êtes, je crois, le premier chevalier de l'Ordre qui ait baisé la main d'une impératrice de Russie avec des Tartares. » Je lui répondis qu'il valait mieux pour lui et pour moi que je fusse ce jour-là gentilhomme de Crimée que gentilhomme flamand.

*

J'ai fait attendre des empereurs et des impératrices, mais jamais un soldat. J'aime bien mieux attendre moi-même les troupes que d'arriver trop tard.

Un jour que pour mieux courir après une femme que j'aimais et que j'arrêtai trop longtemps sur les escaliers de la cour, l'impératrice Marie-Thérèse attendit plus d'une heure inutilement, elle se fâcha et me fit dire de venir tous les jours dans son antichambre m'annoncer au chambellan de service, qui ne me ferait entrer que lorsqu'elle m'aurait prouvé que c'était moi qui étais fait pour attendre. Je prenais du papier et de l'encre, j'écrivais dans son antichambre, tous les matins, pour ne pas perdre mon temps jusqu'à ce que le chambellan me dît de revenir le lendemain. Enfin, au bout de deux semaines de cette pénitence publique, elle me fit entrer et lorsque je croyais avoir la tête lavée, l'impératrice me fit la meilleure mine du monde et me dit : « Savez-vous que je vous ai fait colonel pendant notre petite brouillerie ? J'entends mal mes intérêts : vous m'avez fait tuer la campagne de 1757 une compagnie, vous allez celle-ci me faire tuer un régiment ! Ménagez-vous pour mon service et pour votre personne et la mienne. »

*

D'humeur de n'avoir pas eu à la mort de mon père son régiment et sa toison, j'écrivis à M. de Neny[59] que l'impératrice appelait par plaisanterie mon ministre auprès d'elle : « Né dans un pays où il n'y a pas d'esclaves, je saurai porter ailleurs mon petit mérite et ma fortune. » Elle lut cette lettre et furieuse de cette phrase elle fit venir Monsieur son fils, le maréchal Lacy, le prince Venzl Liechtenstein mon oncle, pour tenir conseil de guerre sur mon compte. L'empereur, plus dur encore qu'il l'a été ensuite et qui se faisait dur par système, proposa de me congédier au lieu de l'être, car, disait-il, « c'est nous qui le serions si nous le prenions au mot. Prenons l'avance et renvoyons-le. » Mon oncle, pour faire le romain à mes dépens, proposa de me mettre dans une citadelle, pour m'apprendre à mettre le marché à la main à mes souverains. « Et vous, Monsieur le maréchal, dit l'impératrice ? — Je serai plus sévère, répondit-il, que l'empereur et le prince. Ces deux châtiments ne sont pas assez forts pour son crime. Ligne va arriver… — Pour nous braver, dit-elle, apparemment. — Il faut que Votre Majesté tourne la tête quand il lui baisera la main et qu'elle ne lui dise pas un mot dans les trois mois qu'il compte rester à Vienne. » C'est ce qu'elle fit, avec tant d'affectation, que je crois l'avoir vue une fois au moment d'en rire elle-même.

Je consentis à être employé, ce dont je ne me souciais pas trop pendant la paix et lorsque, au risque de lui faire tourner encore la tête ou les talons, je la remerciai d'avoir eu une brigade et une garnison, au lieu de la mine foudroyante et d'un propos piquant ou piqué, si elle faisait tant que de me parler, elle me dit : « C'est à moi à vous remercier de ce qu'après m'avoir voulu sacrifier votre vie pendant la guerre vous voulez bien me sacrifier votre liberté pendant la paix. »

*

Le même M. Neny dont j'ai parlé me dit un jour que l'impératrice lui avait fait des plaintes de ce que je n'allais jamais à la messe.

Je le priai de lui représenter que si mes parents, moins heureux que les siens, ne leur avaient pas été toujours si fidèles depuis deux cents ans, nous serions dispensés d'y aller[60]. Ce n'était pas de quoi la satisfaire. Aussi le premier jour que j'allai chez elle pour lui faire je ne sais quelle recommandation, elle me reprocha mon peu de religion. Je ne pus m'empêcher de lui dire qu'au moins le peu que j'en avais était bien tourné, puisqu'on ne pouvait pas me reprocher d'être hypocrite, et que j'étais meilleur chrétien que ceux qui lui disaient que je ne l'étais pas. J'avais le grand jour devant moi et il me faisait mal aux yeux. L'impératrice crut que je pleurais. Je n'eus pas la bonne foi de l'en dissuader. Elle me dit : « Vous avez bon cœur et j'espère encore votre conversion. Restez dans mon cabinet. Je ne veux pas qu'on vous voie sortir de chez moi avec l'air malheureux. » Cette fois-là je manquai de pleurer de reconnaissance. Au lieu de cela je me mis à rire en sortant et à raconter tout ce qui s'était passé.

L'impératrice le sut encore, ainsi que bien d'autres légèretés qui la fâchaient un moment maternellement, mais qu'en grande souveraine elle m'avait bientôt pardonné.

*

Comment aimerais-je les pays de la liberté ? J'ai eu une petite maladie en Angleterre de la maîtresse d'un évêque. J'ai été violé à Venise par la mère du doge qui avait soixante-dix ans. J'ai été lapidé en Suisse pour un coup de fouet qu'un de mes gens donna à un charretier qui m'embarrassait près de Schaffhouse. Et j'ai été assassiné, battu, abîmé, en Hollande, pour un coup de canne qu'un misérable prince polonais donna, sans que je m'en sois aperçu, à un fiacre qui nous serrait trop contre la muraille.

Je sortais d'un musico[61], le premier de douze au moins que nous étions. Un homme vint à moi, deux m'arrivèrent de côté et un quatrième en dos. Voyant qu'ils m'en voulaient, je cassai ma canne sur la tête du premier. Mais les autres me tombèrent sur le corps à coups de plat de sabre. Je fus enlevé, repris par un de mes camarades de voyage qui, pour cela, blessa un de ces sbires que j'avais si bien pris pour des voleurs (étant bien sûr de n'avoir rien fait qui pût me brouiller avec la justice d'Amsterdam), que je jetai une vingtaine de ducats à ceux qui me trouvèrent collé près d'un mur, excédé, fatigué de mon premier combat. J'en livre un second à coups de poing. Je succombe bientôt. Mes poings sont liés. Je suis chargé de fers, traîné par les cheveux, souvent au bord du canal où des barques attachées les privaient du plaisir de voir le bond que je ferais dans l'eau. Je leur dis dans un hollandais que la peur et le besoin m'apprirent dans ce moment que j'étais parent du prince d'Orange[62]. Ils redoublèrent de coups sur la tête, les bras et les cuisses, toujours avec ces petits sabres de police ; et m'enlevant de terre, en même temps que d'autres ouvraient une porte de fer, ils me jetèrent dans un trou où je n'osai pas remuer, croyant que c'était un antre de voleurs et qu'il y avait une trappe pour me faire tomber dans l'eau de ces canaux.

Je ne fus rassuré sur le genre des brigands à qui j'avais eu affaire que lorsqu'on ouvrit, sous le bruit de cent clefs, mes verrous pour me confronter avec celui d'entre eux qui avait été blessé. J'entendis ouvrir, pas bien loin de moi, un autre cachot où l'on avait enfermé un Français qui avait été avec moi. Le blessé le reconnut. Il avoua être le blesseur. On lui dit : « Comment avez-vous été blessé vous-même ? » Il avait le bras enveloppé de linges et je ne pus m'empêcher de rire en lui entendant répondre avec emphase : « D'une arme qu'un homme d'honneur ne nomme jamais ! » On nous fit passer tous les deux dans un petit corps de garde aussi indigne que le juge à grande perruque noire. Et lorsque celui-ci me demanda mon nom, je la lui arrachai presque en faisant tomber son chapeau et lui disant : « Gueux que tu es, pour que je te l'apprenne, voici par où je commence ! » Et puis rossant et poussant à la poutre une douzaine de ces sbires qui m'entouraient, je trouvai une force incroyable dans ma colère et assez d'hollandais pour leur dire : « Assassins que vous êtes, mon nom fit jadis trembler votre infâme république[63]. Écrivez cela, misérables que vous êtes ! » Mes manières agréables firent effet. Le capitaine de la garde bourgeoise et le juge délibéraient s'ils me lâcheraient lorsque mon bon homme d'hôte arriva pour me réclamer, ayant appris comme tout s'était passé. Cela avait fait une alarme générale car il y avait plus de quatre cents de ces gueux-là pour nous prendre, c'est-à-dire trois seuls qui nous étions défendus (et encore séparément) et huit ou dix qui se laissèrent conduire en prison comme des agneaux.

J'allai porter mes plaintes à un grand bailli qui me reçut, ainsi que je le traitai, comme un chien. Je fus sur le point de gâter mes affaires qui jusque-là avaient été fort bonnes, aux coups près, car j'avais eu raison. On me dit qu'on casserait les uns, qu'on chasserait les autres. On me fit des excuses. Moi je me fis saigner et me promis bien de ne jamais retourner dans ce maudit pays de canards, de canaux et de canailles, ainsi qu'a dit un voyageur.

*

Voici pourtant une république où je me souviens d'avoir été traité d'une manière charmante. Désiré, désigné par la Pologne pour y avoir l'indigénat, je fus le seul qui, de vingt-cinq candidats, l'obtins. Trois seuls opposants se présentèrent. Ils manquèrent d'être sabrés. La main que mit un nonce à son sabre entre autres, avec des menaces si hautes, manqua de faire dissoudre la Diète et faire couper la tête peut-être à mon trop zélé partisan. Je parlai à ces messieurs qui, en faveur de cette acquisition qu'ils trouvaient eux-mêmes honorable pour leur patrie, demandaient chacun celle d'un de leurs amis. Comme il se trouva que l'un était ministre autrichien, l'autre ministre prussien et le troisième colonel russe, je m'élançai, contre l'usage, dans la salle des nonces ; j'embrassai les moustaches de ces trois orateurs : cela m'électrisa car je devins orateur moi-même. Je leur dis en latin :

« Ne craignez-vous pas de passer pour mauvais Polonais, de protéger des sujets trop immédiats, trop rapprochés des trois cours qui ont partagé votre malheureuse patrie ? Je n'en ai pas une si directe que ces messieurs. Je suis de plusieurs pays à la fois : je veux être du vôtre ! » Je leur pris la main. Je les caressai et un *sgoda*[64] général, qui fit trembler la salle trois fois, la fit presque tomber au bruit des applaudissements universels. Ce fut un des plus beaux moments de ma vie.

CAHIER IV

J'ai vu dans leur brillant les pays et les cours où l'on ne s'amuse plus. Par exemple celle du dernier Saxon, roi de Pologne, ou pour mieux dire du comte de Brühl[65]. J'ai vu les dernières magnificences de ce satrape qui, pour faire cent pas à cheval, était accompagné de cent palatins, starostes, castellans, cordons bleus et de quantité de princes alliés à la maison de Saxe.

J'ai vu Louis XV encore avec un air de grandeur de Louis XIV et Mme de Pompadour avec celui de Mme de Montespan.

*

Comme Schœnbrunn et Laxembourg étaient brillants et agréables alors ! François Ier aimait les fêtes sans apprêt, les femmes et les jeunes gens.

Il m'habilla, un jour, en dame de cour et l'impératrice présida à ma toilette. On voulut faire croire à un épouseur que c'était celle qu'il avait demandée en mariage. Je fis mille folies. J'embrassais tout le monde. Comme il était grand maître de cuisine, il marcha à la tête de cinquante marmitons qui imitaient sur leurs casseroles une musique turque et prit en flanc, sur le chemin d'Etzendorff où nous allâmes souper, la troupe ou le groupe qui m'entourait. Le Grand Écuyer, en corps de réserve avec cinquante palefreniers, tomba à grands coups de fouet sur la cuisine. On me défendit et tout finit par substituer à ma place, après tous les simulacres de combats, la véritable qui arriva très décemment avec la *Frauen Hoffmeisterin* pour demander tout ce que cela voulait dire, et gronder son amant de ce qu'il avait pu la croire dévergondée comme moi[66].

*

J'ai vu trois semaines de fêtes enchanteresses à Chantilly, des spectacles et des séjours de Villers-Cotterêts où tout ce qu'il y avait de plus aimable était rassemblé. J'ai vu des voyages magiques de l'Île-Adam[67]. J'ai vu les délices du Petit Trianon, les promenades sur la terrasse, les musiques de l'Orangerie, les magnificences de Fontainebleau, les chasses de saint Hubert, les voyages de Choisy, Marly, etc., et j'ai vu tout diminuer et périr tout à fait.

*

J'ai vu jusqu'aux beaux restes des beaux jours de la Lorraine qui ne tombait pas de bien haut mais qui, enfin, existait encore du temps du petit roi Stanislas qui avait hérité de l'affabilité, de la bonhomie et des joies de l'ancienne cour des ducs de ce pays-là.

*

J'ai vu les dernières magnificences de l'Europe où dans un climat glacé Catherine II avait réuni le luxe asiatique à celui de Louis XIV, des Perses, des Grecs, des Romains et des Mille et une nuits.

J'ai vu Potsdam, Sans-Souci et la gloire, le règne militaire, une cour auguste et quartier général sévère à la fois.

J'ai vu tomber avec le prince Charles de Lorraine les Pays-Bas et une jolie cour gaie, sûre, agréable, polissonne, buvante, déjeunante et chassante. Et pour prouver seulement que je vois tout dépérir, toutes les grandes et petites cours de l'empire disparaître, jusqu'à la plus mince, par le manque de considération, même celle du dernier prince de La Tour[68] qui, quoique ridicule, n'en était pas moins magnifique.

*

J'ai vu disparaître les fêtes du duc Charles de Wurtemberg, la galanterie, le spectacle français et tous les plaisirs sociables de la cour du dernier margrave de Bayreuth.

Le luxe et l'étiquette de Bonn et de Mayence, la

sûreté et la bonhomie de la cour de Carlsruhe. Mannheim, Munich, Erlangen et Stuttgard, la cour de l'archiduchesse, jusqu'à celle de Liège (c'est tout dire), brillante sous deux princes de Bavière, ont été les séjours des fêtes, des plaisirs et de la plus grande représentation. Je les ai vu aussi disparaître.

*

De même encore je n'ai vu nulle part remplacer en Europe toutes les grandes maisons des grands seigneurs qui finissaient d'avoir des pages, des gardes, des gentilshommes, et avaient cependant encore grand air en valets, en chevaux, en assemblées, en tables ouvertes et quelquefois en divertissements.

*

Lorsque je fus envoyé à Versailles porter la nouvelle de la victoire et de la prise de 17 000 Prussiens à Maxen[69], le roi me fit vingt questions saugrenues et aux autres aussi, comme au curé de Saint-Germain, s'il y avait eu beaucoup de morts pendant l'hiver. « Mauvaise année », répétait-il dix fois, en portant cette phrase à tous ceux qui étaient à son lever. Il demanda à notre ambassadeur Stahrenberg[70] le temps qu'il faisait à Vienne et s'il y avait beaucoup de vieillards et au nonce comment étaient vêtus les pages du pape.

*

Quel fut mon étonnement lorsque, après la ronde de révérence qu'on me fit faire chez tous les individus de la famille royale, on me conduisit chez une espèce de seconde reine qui en avait bien plus l'air que la première qui était une vieille Polonaise mal élevée. Celle-là était cette Mme de Pompadour que j'ai nommée plus haut.

*

Mme de Pompadour me dit cent mille balivernes politico-ministérielles et politico-militaires. Elle me fit deux ou trois plans de campagne et puis me dit avec emphase : « Vous voyez, monsieur, ce que nous faisons pour vous, n'en êtes-vous pas touché ? — Je vous jure, madame, lui dis-je, que je n'en sais rien. — Nous vendons notre vaisselle, m'a-t-elle dit, pour soutenir votre guerre. » Et puis ne s'avisa-t-elle pas de me dire : « Je suis mécontente de vos femmes de Prague. — Et moi aussi, madame, lu répondis-je, je l'ai été très souvent. — Elles sont mal élevées, ajouta-t-elle ; comment ne font-elles pas mieux leur cour aux sœurs de Mme la Dauphine ? »

Il n'y avait rien à répondre à une pareille bêtise, et je me retirai.

*

Le roi me donna une bague superbe que je mis en gage le même jour, tant je me moquais de tout, dans ce temps-là, et me pressais de vivre, voyant que la guerre était vive et ayant peur de n'avoir pas assez de plaisir avant de mourir. Je vendis, en arrivant à Vienne, à l'impératrice, la tabatière que le roi m'avait donnée. Il y avait son portrait entouré de diamants. Je les lui abandonnai avec la boîte, mais je conservai le portrait. Elle en eut de l'humeur et je lui en donnai bien davantage en lui faisant dire (car la négociation dura plus d'un an) que j'étais d'autant plus décidé à le garder que c'était le gage de la dernière victoire que ses armées avaient remportée. Nous venions d'être battus à Torgau[71].

*

Jeune, extravagant, magnifique, ayant toutes les fantaisies possibles, j'avais fait tout plein de lettres de change à Paris, ne sachant pas ce que c'était et voulant seulement avoir de l'argent. Étourdi comme on ne l'a jamais été, elles arrivèrent presque en même temps que moi chez mon père que je quittai bien vite pour m'en retourner à l'armée. D'ailleurs je n'avais pas le temps de m'arrêter longtemps chez lui. Il me reçut fort mal à son ordinaire, et me demanda si je n'avais pas été bien étonné et charmé de sa générosité de m'avoir envoyé cinquante louis... « Certainement, lui dis-je, j'en ai eu assez même pour payer la poste jusqu'ici. » Il est vrai que je n'y avais ajouté que trois ou quatre mille louis que j'avais dépensés à toutes les folies possibles. Je cachai tant que je pus mes deux coureurs roses, mes houzards et mes nègres : mais mon père tous les jours en rencontrait un sur son chemin.

*

Qu'on s'imagine ce que j'éprouvai lorsque quittant Paris, ce lieu de féerie, pour voir mon père à Baudour, où je le retrouvai dans une grande salle mal éclairée, pendant l'hiver, avec la goutte et deux merles pour rôti. Il me dit qu'il allait toujours au balcon de l'Opéra, que c'était ce qu'il y avait de plus noble. — Et moi aussi, lui dis-je, à côté de l'ambassadeur de Naples. — C'est fort bien, me répondit-il, je connais la place.

Au lieu de cela il n'y a sortes d'extravagances que je n'allasse faire tous les jours avec Létorières[72] et autres jeunes gens de mon âge aux trois spectacles où l'on se donnait soi-même en spectacle, car il y avait encore des bancs sur le théâtre.

*

Qui a pu voir tous les jours l'infortunée reine sans l'adorer ? Je ne m'en suis pourtant aperçu qu'un jour qu'elle me dit : « Ma mère trouve mauvais que vous soyez si longtemps à Versailles. Allez passer quelques jours à votre commandement[73]. Écrivez bien des lettres à Vienne pour qu'on sache que vous y êtes : et revenez. »

Cette bonté, cette délicatesse et plus encore l'idée de passer quinze jours sans la voir m'arracha des larmes que sa jolie étourderie d'alors, qui la tenait à cent lieues de la galanterie, l'empêcha de remarquer. Comme je ne crois pas aux passions qu'on sait, pour trente-six raisons, ne pouvoir jamais devenir réciproques, ces quinze jours me guérirent de ce que je m'avoue ici à moi-même pour la première fois, et que je n'aurais jamais avoué à personne, de peur qu'on se moquât de moi.

*

Jugez comme ce sentiment, qui a fait place à la plus vive amitié, aurait éclairé celui de cette charmante reine, si elle en avait eu pour quelqu'un ; et avec quelle horreur je lui ai vu donner à Paris, et de là, dans toute l'Europe, grâce aux infâmes libelles : le duc de Coigny, M. le comte d'Artois, M. de Lambertye, M. de Fersen, le prince Georges de Darmstadt, le duc de Dorset, M. Conway, milord Strativen, quelques autres Anglais aussi sots que lui, deux ou trois Allemands bien bêtes, etc.[74].

*

Ai-je vu dans sa société quelque chose qui ne fût pas marqué au coin de la grâce, de la bonté et du goût? Elle sentait un intrigant d'une lieue. Elle détestait les prétentions de tout genre. C'est pour cela que toute la famille de Polignac et leurs amis, c'est-à-dire Valentin Esterhazy, les Coigny, le baron de Bésenval, Vaudreuil, Édouard Dillon, puis Ségur et moi, lui étaient agréables[75].

*

Dans le temps de la grande jeunesse de la reine et de la comtesse Jules, un jour que je leur faisais la chouette au billard elles se disputèrent et elles se battirent pour savoir qui des deux était la plus forte. La reine prétendait que c'était elle. « C'est que vous faites la reine, disait son amie. — Brouillez-vous, leur dis-je, croyez-moi. — Eh bien, si nous nous brouillons, dit l'une, qu'est-ce que vous ferez? — Oh! je pleurerai bien, dit l'autre, je pleurerai, je pleurerai, mais je m'en consolerai parce que vous êtes une reine. »

C'est ce que sa conduite a prononcé dans d'autres temps plus sérieux. Elle détestait la cour et n'y restait que par attachement et par reconnaissance. Il n'y a jamais rien eu de plus vertueux et de plus désintéressé que tous ces Jules.

La comtesse Diane était celle qui mettait un peu plus de piquant dans la société. Il y en aurait fallu peut-être un peu davantage. De peur de faire des histoires, de donner lieu aux caquets, il y avait un peu trop de monotonie.

*

La brouillerie causée par des amis trop ardents et des ennemis trop éveillés du baron de Breteuil et de

M. de Calonne a fait le malheur de la France, et par conséquent de l'Europe. Je me suis mis vingt fois à leurs genoux pour raccommoder l'excellente tête de l'un et l'esprit pénétrant, quoique trop léger, de l'autre, dont la réunion était nécessaire pour rendre l'administration excellente et la société de la reine aussi agréable et franche qu'elle l'avait été pendant cinq ans.

Le roi, dont j'espérais quelquefois un peu de mérite, que je protégeais pour ainsi dire, dont je cherchais souvent à élever l'âme par quelque conversation intéressante au lieu de ses propos de fou ou de chasseur, aimait beaucoup à polissonner. Les coups tombaient toujours sur les Conflans, les Coigny, Adhémar, Esterhazy et les amis des Jules, c'est-à-dire des Polignac, que j'appelle toujours de même malgré leur duché dont ils ne se souciaient pas.

La reine était parvenue à le corriger de cela. C'était aux couchers que Sa Majesté se plaisait à nous tourmenter. Il y avait cependant une espèce de tact au milieu de ces jeux grossiers.

Un jour qu'il nous menaçait de son cordon bleu qu'il voulait jeter au nez de quelqu'un, en y accrochant ceux qui, comme moi, ont des anneaux aux oreilles, le duc de Laval[76] se retira. Il lui dit : « Ne craignez rien, monsieur, cela ne vous regarde pas. »

Un autre jour, qu'il m'étrangla presque par une grosse gaieté, je me fâchai un peu et je dis : « Le roi me touche, Dieu me guérisse. » Cela n'a duré qu'un ou deux ans et souvent, devant le monde, il témoignait de la considération à ceux qui en méritaient. Je l'ai vu corriger une ou deux fois brusquement des gens qui se plaçaient devant moi.

*

[Créqui[77], grand frondeur, me disait un jour: « Voulez-vous savoir ce que c'est que ces trois frères: un gros serrurier, un bel esprit de café de province, un faraud des boulevards. »

Ces deux titres-là étaient la caricature de ce qu'étaient Monsieur, qui avait beaucoup de mémoire et de connaissances et fameux et facile aux citations, et M. le comte d'Artois, qui tirait parti de sa figure et faisait quelquefois le joli prince français, ce qui lui allait fort bien, car il a autant de grâce que de bonté et de sûreté dans la société.]

*

J'ai été si indiscret, si imprudent, si fat même quelquefois, lorsque j'étais jeune et encore jusqu'à présent, aimant tant à faire rire, sans cependant être méchant ni dangereux, que je ne conçois pas comment je n'ai pas eu vingt affaires. J'en ai été bien près, au moins autant de fois, et ceux qui avaient à se plaindre de moi finissaient par me faire des excuses ou dire ce qu'on dit ordinairement quand on n'a pas envie de se battre: « N'est-ce pas, monsieur, que vous n'avez pas une envie directe de m'offenser? »

*

Une seule fois enfin, Jean Palfy[78] m'ayant fort déplu parce qu'il avait publié que j'étais revenu de la guerre en mauvais état de santé (dans un vilain genre qui empêcha une femme sur laquelle j'avais des vues de me prendre), je lui dis qu'il en avait menti. Il me dit qu'il était général et que je n'étais que colonel. Je lui répondis que c'était une raison de plus pour l'envoyer promener puisqu'il n'avait pas mérité de l'être. « C'en est de trop, me dit-il. —

Non, point assez, lui dis-je, et comme je n'ai rien à faire aujourd'hui et qu'il n'y a point de spectacle, venez avec moi où je vous mènerai. — Non, me répondit-il, mais demain, à neuf heures, chez moi. — C'est faire le général, lui dis-je, mais soit. »

Joseph Colloredo[79] qui était présent, désolé de me voir une histoire qui pouvait avoir de grandes suites, écrit au maréchal Lacy : « J'ai l'honneur de donner part à Votre Excellence que l'étourderie de Ligne vient de *lui procurer une affaire.* » Le maréchal entend que ce *lui* le regarde et passe une très mauvaise nuit, croyant que je lui avais fait par étourderie quelque tracasserie dans sa société. Il répondit à Colloredo de venir lui dire ce que c'est. Rassuré sur son compte, il veut l'être sur le mien et se rend chez Jean Palfy pour voir s'il n'y avait pas moyen d'arrêter son courroux. Il y serait peut-être parvenu, mais j'arrive avec mon témoin le prince de Nassau-Usingen[80]. Je crois que M. de Lacy est là par hasard. J'attends qu'il parte. Je trouve mon homme botté, éperonné, ganté et, après un moment de silence, M. de Lacy lui dit : « Au reste, Monsieur le comte, si c'est votre dernier mot, je vais fermer le verrou. Commencez. » Je le regarde, étonné de voir un témoin comme celui-là, qui par amitié pour moi risquait autant, étant déjà *Feldzeugmeister,* et perdu à la cour si l'affaire eût éclaté.

Je me dessine et je mets l'épée à la main. Je casse celle de M. de Palfy en je ne sais combien de morceaux, car je poussais comme un diable et le tenais serré contre la muraille. Il parait de même et sabrait quelquefois, ce qui, de peur d'être marqué au visage, me mit si fort en colère que je ne voyais pas son désarmement et sa petite égratignure ; et je l'aurais cloué à son mur sans la canne du maréchal qui fit baisser mon épée. « J'en prendrai une autre pour recommencer, dit Palfy. — Et moi, dit le maréchal, je me servirai de la mienne pour vous en empêcher si vous en avez envie. » Je m'y opposai. Le maréchal ne demandait pas mieux que de devenir belligérant au lieu d'auxiliaire, mais voyant que j'exigeais la préférence pour continuer, il voulut que nous finissions.

*

J'ai toujours été aimé des vieilles femmes. Mmes du Deffand, de Villars, de Luxembourg, de Mirepoix, en étaient la preuve.

En voici une autre. Mme de Cosel[81], si célèbre dans la Saxe galante[82], qui, pour avoir voulu tuer par jalousie son auguste amant Auguste II, avait été enfermée au vieux château de Stolpen, m'avait pris en amitié. Elle me racontait que, pouvant en sortir à la mort de son roi, c'est-à-dire au bout de vingt ans, elle y était restée plus de trente ans après puisqu'elle ne connaissait plus personne et qu'elle y mourrait bientôt. Elle me dit qu'ayant eu le temps d'étudier toutes les religions elle avait pris la juive. Elle m'exhorta à en faire autant. Elle me donna même pour cela un abrégé de la Bible, avec ses notes en gros crayon rouge, la dernière fois que je la vis, en m'annonçant ce présent de manière à me faire croire que c'était le plus gros de ses diamants qu'elle allait me chercher. Je lui demandai si ce roi Auguste était si fort qu'on le disait. « Hélas ! non, me dit-elle. Je ne m'en suis guère aperçue. Il buvait beaucoup et je passais souvent les nuits à le dégriser à force de verres d'eau. »

Elle me raconta l'arrivée de Charles XII à Dresde, si connue dans l'histoire. Mme de Cosel était comme on est en sortant du lit d'un roi, comme d'un simple particulier. Auguste de même, et il était entré avec elle dans son arsenal où il faisait ses tours de force et de poignet où résidait sa vigueur. On frappe à la porte. Auguste dit: « Entrez », et Charles l'embrasse et lui dit: « Bonjour mon frère (en latin)... »

Mme de Cosel s'approcha du roi pour lui conseiller de faire arrêter ce frère visiteur. Charles s'en aperçut peut-être, ou d'ailleurs n'aimant pas les femmes, il fit une mine qui engagea Auguste à faire signe à Mme de Cosel de se retirer. Elle le fit en lâchant un regard furieux au roi de Suède, désolée de ce que le roi de Pologne ne tirerait aucun parti de cette entrevue qui étonna toute l'Europe. Elle me raconta cent choses intéressantes, me recommanda de ne point boire ni jouer et de quitter les grandes aventures de cour et d'armée, où l'on ne pourrait jamais longtemps être heureux, dès que j'aurais la somme de gloire qu'elle me prédisait. Ensuite avec le plus grand sens froid et cependant beaucoup d'intérêt, elle me dit: « C'est aujourd'hui vendredi. Il est près de sept heures. Mon sabbat va commencer. Vous partez dans quelques jours, je ne vous verrai plus. Dans trois ans vous perdrez la meilleure de vos amies qui vous dit dans ce moment-ci adieu pour toujours. »

Je m'attendris, elle m'embrassa, je partis. Elle ne tint que trop parole et m'écrivit une lettre quelque temps avant, peu lisible, encore moins intelligible où elle renfermait des sens mystiques ou magiques que le diable seul aurait pu débrouiller, et je ne la revis plus.

*

[Ah! quel quartier d'hiver que Ratkovicz[83]! Chassé de Vienne pour une affaire de plaisir avec une femme et d'honneur avec son mari, me voilà dans une petit village avec quelques hommes de ma compagnie, reste de ce qui avait été tué en 1757 et une si grande mortalité qu'il ne resta que moi et le curé qui ne trouvait plus personne pour lui répondre à la messe.]

*

[Je menai un Irlandais nommé Bulter souper chez la margrave de Bayreuth[84], par où notre colonne marchait. « Que pensez-vous de cette guerre, lui dit-elle et de ce que deviendra le roi de Prusse. — Je crois, madame, dit Bulter, qu'il est f... — Monsieur, j'en serai fâchée, dit la margrave, car c'est mon frère. — En ce cas-là, madame, répondit-il, c'est moi qui le suis ».]

*

[Je reçus fort bien à mon camp d'exercice le roi de Danemark[85] et lui donnai bal, illumination, etc. Il demanda à une demoiselle pour danser avec lui et elle lui répondit : « Mon roi, je suis prise », c'est-à-dire qu'elle était engagée.]

*

[Je donnai sur le canal de Bruxelles à Anvers, à la princesse de Bouillon que je croyais aimer et dont seulement j'avais envie, une des plus belles fêtes que j'ai vues. L'eau était de feu tant il y avait de barques illuminées pour ma société, mes gens, plusieurs bandes de musiciens, les curieux qui étaient bien mis et mon yacht au milieu de tout cela. Plus de dix mille personnes nous accompagnaient par terre jusqu'au cabaret de Marly où je donnai une autre fête terrestre et puis de là jusqu'à notre retour en ville.]

*

[Toutes les classes, depuis ce qu'on y appelait les *Capons* jusqu'à Son Altesse Royale lui-même furent reçues et traitées à merveille en bals, lampions, buffets, *gogaille* ou *gogaie* (je ne sais pas comment cela se dit, encore moins comment cela s'écrit), au sujet de l'inauguration de la statue de notre bon prince Charles de Lorraine[86]. Bœuf rôti avec des poulardes, etc., dans son corps, enfin tout ce qui me faisait aimer la bonne canaille avant que la mauvaise et grande canaille fît la Révolution.]

*

[Une autre plus intéressante et plus selon mon cœur. Elle dura tout l'hiver qui fut horriblement froid, c'est-à-dire que dans mes remises dont j'ai parlé ailleurs à l'occasion des bals que j'y donnais, il y avait des grands brasiers pour les pauvres, du pain et de la soupe. L'hôtel ne désemplissait pas. Que de bénédictions ces bonnes gens me donnaient sans cesse ! C'est peut-être à eux que j'ai dû toute ma vie tant de bonheur, excepté...]

[Grand dîner de deux cents couverts à l'hôtel de Ligne à Bruxelles pour tous les soldats de Ligne-Infanterie et de Ligne-Dragons qui avaient fait la guerre de Sept Ans. Toute ma famille et moi et les gens de bonne compagnie les servaient à table.]

*

[Un autre dans ce genre à cent et six capons à une seule table, servis comme des princes.]

*

[Le mariage de Charles ! Plus de trois mille hommes de mes terres à pied, en houzards, en ouhlans, tirant ou cavalcadant. Outre cette troupe armée et uniformée, troupe de comédie aussi pour mon joli théâtre de Belœil où nous avons joué bien des fois en société à tous les voyages que j'y ai faits. Les fêtes à celui-là durèrent quinze jours. Il y avait des régates sur l'eau comme à Venise, des joutes, des combats, des jeux, des courses, des tentes, à boire et à manger partout. Les houzards et les ouhlans entrèrent si bien dans l'esprit de leur rôle qu'ils pillèrent mon vivandier, ce qui me coûta très cher.]

*

[En 1780, je pars, je ne sais quel jour du mois de mai ou juin, pour Vienne, Prague, Dresde, Berlin, Pétersbourg, Varsovie, Cracovie, où j'avais affaire, Mogylany qui m'appartient presque, Léopold et Brünn où j'étais amoureux.

J'oublie de dire que c'est de Paris et de la rue de Bourbon[87], de chez la duchesse de Polignac, qui venait d'accoucher et chez qui j'avais dîné avec la reine. Je leur promis d'y retourner à la même heure six mois après, et j'ordonnai mon carrosse de remise et mon laquais de louage en conséquence. Je les retrouvai à la même place et je tins parfaitement parole, quoiqu'il y eût bien des événements depuis ce temps-là, entre autres la mort de l'impératrice-reine.]

*

[À propos de cela je déplus à celle de France bien innocemment. Je ne comptais pas, comme elle était en pleureuse pour sa mère, la voir en public pour la première fois[88]. Un de ces officieux, de ces gens qui voient et entendent de travers, me trouve chez la comtesse Diane où je débarque de Versailles, pendant le grand couvert de la reine.

— Elle vous sait arrivé, me dit-il, et trouve mauvais que vous n'y alliez pas tout de suite.

J'ai la bêtise de le croire. J'y vais. La reine se met à pleurer devant toute la cour assistant au dîner du dimanche à l'ordinaire et me dit en sortant de table : Vous deviez épargner cette scène publique à ma délicatesse, et puis vous n'êtes pas assez autrichien pour ignorer les usages de ce pays-ci. Je lui dis comme cela s'était passé, et cet orage passa comme bien d'autres, quand on vit dans le cercle des tempêtes.]

*

[L'empereur Joseph soupa plusieurs fois chez moi et y fut extrêmement aimable. Il me pardonna d'y arriver plus tard que lui parce que certaine aventure me faisait oublier les heures.

Ce fut quelques semaines après que je fis son inauguration à Luxembourg. J'eus beaucoup de succès aussi à celle que l'on fit de lui en Flandre, et je donnai plusieurs fêtes dans tous les genres qu'on a déjà vus à l'hôtel de Ligne, à l'archiduchesse Marie-Christine et au prince Albert. De même aussi au grand-duc et à la grande-duchesse de Russie.]

*

[En 1782, je fis mon entrée à Tournai à la tête de mon régiment, en prenant possession à la place des Hollandais qui furent obligés d'en sortir. Je reçus la défense d'aller servir au siège de Gibraltar dont j'avais escamoté la permission qui me fut retirée comme celles de servir en Corse, à l'armée du maréchal Romanzoff et en Amérique que j'avais presque obtenues.]

*

[Il faisait mauvais temps. Ségur et moi nous sortions de chez Mme de Polignac. Point de fiacre, personne pour nous en chercher. — Faisons semblant de nous battre lui dis-je ; une patrouille du guet passera, on nous arrêtera, on fera venir un carrosse pour nous mener chez un commissaire.

Nous mettons l'épée à la main, nous faisons un cliquetis épouvantable, et puis : « Êtes-vous mort ? — Êtes-vous blessé ? »

Le guet passe, a peur de nous apparemment, ne nous arrête pas et nous eûmes outre la fatigue de devoir aller chez nous à pied, encore celle de la bataille.]

*

[J'oublie de dire qu'en 1784 j'avais écrit des espèces de mandements à tous mes curés, dans mes terres, à l'occasion de la guerre de Hollande, deux ans auparavant, pour en avoir des recrues à force d'argent. J'en ai eu deux cents et les treize cents étrangers que j'enrôlai dans trois semaines, pour qu'ils fussent aussi de belle taille, me coûtèrent plus de deux mille ducats. J'aurais été bien attrapé si je n'avais pas connu la très ingrate maison d'Autriche : aussi tant de coups de fusils que j'ai essuyés pour elle, tant pour mon honneur et tant d'argent dépensé pour mon plaisir ou faste ou bienfaisance à l'armée.]

*

[Mais ce que j'ai regretté c'est d'avoir trop exposé ma santé en suivant trop mon chien de zèle. Les inondations des Hollandais, le mauvais air de leurs marais où je passais tant d'heures, et l'espèce de peste dans la guerre des Turcs, jointe aux pieds dans l'eau de la tranchée, m'ont mis deux fois aux protes de la mort. Ai-je raconté comment je gagnai cette diable de fièvre ? Car sans cela je crois que mon incroyable constitution m'en aurait préservé.]

*

[On m'a dit qu'on avait fait ce chronogramme à Bruxelles, au milieu des feux de joie en ma faveur :

ViVe Lo U Don ViVe De Ligne
BelgraDe est Va NCVe.

Hélas ! ce fut *un* 14 de juillet que je vis mourir Loudon. Bien plus hélas ! encore deux ans après, un autre 14...]

*

[Mes deux voyages de Coblence, ce que me dit le roi de Suède. Mon aventure d'un de mes Turcs avec le gentilhomme français. La voici :

Cadet de houzards émigré il trouva mauvais qu'Osman lui cria de dessus le siège de ma voiture de quitter la chaussée. Il lui dit des injures, s'anime, lui donne un coup de sabre qui ne lui fend que la manche de sa capote et un peu la peau. Osman lui fait avec le sien une entaille dans la joue qui en devient un peu pendante. Il vint à ma portière me la présenter en me disant : « Le sang d'un gentilhomme français ! » Je lui dis qu'il devait respecter ma livrée et les voyageurs. Il se fâche. Je me fâche. Je veux descendre. On m'en empêche. Je lui dis de venir me trouver à Aix-la-chapelle où je vais coucher. Il n'en fait rien.]

CAHIER V

Ai-je parlé de la mère du doge, à Venise ?[89]. Voici ce que c'est. Une vieille Gradenigo s'est avisée de tomber subitement amoureuse de moi. J'avais beau me dérober à son empressement. Mes rigueurs ne firent qu'irriter sa passion. Un jour, ou plutôt un soir, je la trouve cachée dans les rideaux de mon lit. Je criai comme un diable. Je me cachai moi-même où je pus dans la maison et la signora fatiguée de me chercher inutilement s'en retourna rendue gagner sa gondole et son palais.

Le lendemain, un peintre français qu'elle se permettait, pour une grosse somme de *scudi*, vint me dire que je le ruinais et me prier de partir. Je lui accordai volontiers sa demande puisqu'un diable de sigisbée, par sa vigilance, m'empêchait d'avoir la très belle femme d'un noble qui me disait : « Je ne sais pas pourquoi elle ne quitte pas pour vous Monsieur un tel. » Peut-être à la vérité qu'il s'imaginait que je me contenterais d'essuyer avec mon mouchoir, comme ce monsieur, les lèvres de cette dame lorsqu'elle avait pris son chocolat.

*

Une belle Anglaise que je trouvai en arrivant à ma garnison, commença mon genre d'aventures. Il y eut dans le cours de celle-ci une grille de parloir qui fut limée ; un rendez-vous à un bal masqué à dix lieues de là ; retour à ma garnison à franc étrier en domino et bahutte à la vénitienne pour n'être pas reconnu, ce qui fit l'effet contraire ; des soirées entières à attendre pour entrer dans le couvent, masqué en femme ; des lettres, des jalousies de sa part, des désespoirs de la mienne ; un mari qui arrive pour la chercher ; un rendez-vous pour me battre avec une espèce de rival, un petit prince de Sulkowsky polonais.

[Enfin je me jetai ainsi dans les grandes manières].

C'était une des plus belles créatures que j'ai vues. J'ai encore ses billets dont le style, quoique mauvais français, était bien passionné. Un jour que j'avais une cape à l'anglaise pour entrer au couvent, tous les polissons du quartier me suivirent et huèrent ma mascarade ; mais ce qui fut plus plaisant encore, c'est que le jour que j'attendis le monsieur qui s'était donné des airs sur le compte de ma belle Anglaise, il vint après deux heures, accompagné de trois ou quatre de ses amis, me faire des excuses, des pardons, des amitiés et me proposer un excellent souper que je n'aurais jamais eu sans cela.

Il ne fallut rien moins que le plaisir de partir pour ma première campagne pour me faire oublier cette céleste, naïve, aimable et sensible créature[90].

*

La gloire commença, dès ce moment, à être la rivale de l'amour dans mon cœur. Que je serais heureux si elle m'avait aussi bien traité ; mais hélas ! elle est si difficile à saisir. J'en ai eu quelquefois la petite joie, mais une belle et bonne jouissance, pas encore ! C'est une petite phrase de modestie car j'ai eu quelques beaux moments à la guerre.

*

Tout ce qui m'est arrivé en passion ou passade d'un peu intéressant se trouve dans un autre ouvrage sous des noms supposés. C'est une espèce de confession qu'on m'a demandée. Je ne raconterai plus rien ici dans ce genre qu'une seule petite histoire et encore par la raison que c'est la seule fois que j'ai été discret.

J'arrivai trop tard, un jour à dîner, chez le roi de Pologne. En voici la raison. « Sire, lui dis-je, une de vos plus belles sujettes en est la cause. Son secret sera bien gardé, car il m'est impossible de me souvenir de son nom qui est de cinq ou six syllabes diaboliques à prononcer. »

*

J'ai voulu toujours faire mieux ou plus ce que j'ai vu faire aux autres. J'ai bu et j'y ai réussi, car jamais on n'est parvenu à m'enivrer, mais au jeu je me suis trouvé mal de cette espèce de petit amour-propre. Il est vrai qu'un soir, en revenant de la chasse avec le vieux duc d'Orléans[91] tout fatigué et endormi, j'ai gagné trente mille ducats et ne pouvais me réveiller que lorsque quelque vieille femme qui pontait au trente et quarante me tirait le bras pour lui payer un écu de six francs qu'elle me trichait. Mais jeté par ce succès dans les grandes aventures du jeu du hasard, je perdis bientôt le double de ce que j'avais gagné, et, après avoir joué d'un coup huit mille ducats et fini la soirée en en perdant sept mille, j'ai quitté pour toujours le plus sot des plaisirs.

*

Un jour que je jouais aux barres tout nu avec tous les jeunes gens de mon régiment, bons enfants, braves, jolis garçons, tous à peu près de mon âge et aussi étourdis, le maréchal Daun[92] nous trouva ainsi et ne put s'empêcher de rire, d'autant plus qu'il savait, qu'une heure auparavant, je m'étais fort joliment conduit à l'affaire d'Adelsbach.

D'ailleurs je l'avais accoutumé, lui et les plus graves de nos généraux, à nos manières. Une dispute s'éleva au jeu : il s'agissait d'avoir touché ou demandé barre. Une voix s'élève et prononce que j'ai tort. Je m'imagine que c'est celle d'un des deux ou trois témoins qui étaient là et dont je faisais très peu de cas. Je dis qu'on en a menti et que c'est tout au moins un sot qui a si bien parlé. Hélas ! ce n'en était pas un, mais un brave garçon de mon régiment qui venait toujours avec moi se promener aux coups de fusil, très gaiement, aux petites affaires d'avant-postes. La partie finit. Lui seul, de tous les jeunes gens qui soupaient tous les jours chez moi, n'y vint pas. Je lui en fis demander la raison. Il me fit dire qu'il avait la migraine. Je me couche, et en me remuant je fais tomber une lettre qui était sur mon chevet. Je la lis avec empressement. Je la trouve très bien écrite, pleine de sensibilité et d'honneur, une écriture contrefaite, un bel et bon cartel, une bonne place prise dans un petit bois que je connaissais, à mille pas en avant du camp, pas de signature. Je cours vite chez mon petit officier, je lui lis la lettre. Il me dit : « Vous irez sûrement. » Je lui réponds : « J'espère que vous n'en doutez pas, mais le diable m'emporte si je me souviens pourquoi et si je me doute qui c'est. N'est-ce pas lui, ajoutai-je, un tel ou un tel de notre régiment ? Ce sont de mauvaises têtes. Diable, le premier est gaucher et me fait des armes à merveille. Je me vengerai des bottes qu'il me donne avec son fleuret. Je dîne demain au régiment de Saxe-Gotha, voulez-vous y venir avec moi. Je serai de retour pour six heures, car c'est à six heures que j'ai affaire ? — Oui, me répondit-il, et si vous voulez un second, un témoin, j'y irai avec vous. — Non, lu dis-je, avec un officier qui écrit si bien, cela ne sert qu'à mettre un autre dans l'embarras, et souvent ainsi les affaires se savent et son empêchées. À demain matin. »

Je me lève, je le mène avec moi. Je le consulte, chemin faisant, sur une épée que j'ai empruntée, valant mieux que nos épées uniformes. Il rit et me remercie du soin que je prenais de moi. Il me dit tout en marchant : « C'est bien singulier que vous ne vous souveniez pas de celui que vous avez offensé. — Non, sûrement, lui dis-je, je suis mauvais joueur et chicaneur en diable. J'aurai eu tort et je suis sûr que mon homme ne sait ce qu'il dit en me mandant qu'il veut regagner mon estime qu'il a apparemment perdue. — Il est clair, me répond-il, que c'est un premier mouvement qui ne regardait pas un de vos amis. — Pour cela non, lui dis-je, mais puisqu'il le veut… »

Nous arrivons, nous dînons et en nous retournant pour que je sois bien à six heures à mon petit bois, il se jette à moitié à mes genoux, moitié à mon cou, il me dit en pleurant : « Pardonnez à un peu de susceptibilité, une exagération de sentiments que vous avez semés dans mon cœur. » Je m'attendris, je le louai, le blâmai, je ris et lui pardonnai bien aisément.

*

[Voici encore des traits du portrait de l'impératrice de Russie : c'est un mélange d'âme et de bon sens, d'élévation et d'énergie. Voilà les quatre colonnes qui soutiennent le grand colosse qu'elle gouverne. Elle n'a pas la conception facile : il ne faut jamais lui faire une plaisanterie bien fine, elle l'entend souvent à rebours ; il faut qu'elle soit simple comme elle et comme elle en fait.

Sa Majesté est un peu susceptible : si on a effarouché une fois son amour-propre d'impératrice, soit du côté de la guerre ou des finances, ou même de son climat, elle n'est plus à son aise, et, loin de se venger, même d'une offense réelle, elle diminue seulement de sa familiarité et l'on a de la peine à y rentrer. Elle a une bonhomie si extraordinaire qu'après un grand travail qu'on a cru être pour un traité d'alliance ou de partage de l'Europe et de l'Asie, il se trouve que c'est pour les affaires d'un de ses amis qu'elle veut engager à ne plus faire de dettes. Elle ne fait pas un pas et ne dit pas un mot que ce ne soit pour le bien général ou particulier.

Elle a tous les goûts sans avoir de goût, bâtiments, tableaux, etc., elle n'entend à rien...]

*

[Encore une chose qui prouve sa raison dont je me souviens. Lorsque je fus chargé de lui faire un plan pour concerter les opérations de nos armées avec les siennes : « Écrivez, me dit-elle, à l'empereur que c'est ainsi qu'on finit toujours par brouiller les alliés. On ne peut jamais fixer au juste, et surtout de si loin, l'exactitude des engagements. On se plaint toujours les uns des autres. Nous avons le même but. Que chacun y aille à sa façon. Ce que chacun fera pour son intérêt servira à celui de l'autre. Je suis sûre de son amitié : il est sûr de la mienne. Voilà tout mon plan. »

Par principe, pour qu'elle ne soit pas entraînée dans la conversation, soit parce qu'elle craint l'ennemi (qui est tout ce qu'elle redoute le plus), elle ne permet pas de lui parler d'affaires. Tout doit passer par ses ministres qui ne sont que des canaux pour aller à son océan de sagesse, car c'est sa tête qui est son cabinet. L'impératrice n'est jamais plus grande que dans les revers. Et elle donnerait le dernier de ses diamants, le dernier pouce de son immense domination, et sa vie plutôt que de faire, je ne dis pas une bassesse, mais une démarche qui ne fût pas honorable.

Ses lettres sont, non pleines de logiques et

d'idées... agréables sans être parfaitement écrites. Et c'est en elle qu'on peut remarquer sur tous les points la différence de l'exaltation à l'exagération.]

*

Ce qui prouve que l'impératrice Catherine n'a pas su le genre d'horreur dont on l'a accusée, c'est qu'un jour, en plaisantant, elle nous dis : « Étranglons M. Narischkin[93]. » Elle s'est doutée peut-être qu'on la croirait auteur de la mort de Pierre III[94], car lorsqu'on vint la lui annoncer, chez le comte Panin[95], où elle était, elle se trouva mal. Et ce ne pouvait pas être de désespoir de la perte d'un homme qu'elle avait détrôné, qu'elle aurait fait enfermer le lendemain, mais qu'elle n'avait point ordonné de faire périr. Tous les gens de ce fou à qui j'ai parlé à Oranienbaum[96], racontent toute l'histoire à qui veut l'entendre. Mais un mauvais sujet comme M. de Rulhières[97], des Masson[98], des Chantreau[99] et autres ont voulu piquer la curiosité et intéresser la méchanceté de toute l'Europe, de même par la mort du prince Ivan[100] et celle de la grande-duchesse. C'est par amour pour la vérité, et pour que rien ne troublât le plaisir que j'avais d'être toute la journée avec elle, que j'ai éclairci tous ces faits. Il n'y avait qu'à voir l'impératrice, l'entendre et savoir l'histoire de sa vie, pour être sûr de sa bonté, justice et douceur inaltérable.

*

Amant de l'impératrice de Russie est une charge de cour. Je les ai presque tous connus. Le premier est un Soltikoff, le deuxième le roi de Pologne, le troisième Orloff, le quatrième Baziliskoff, le cinquième Potemkin, le sixième Sabatovsky, le septième Soritsch, le huitième Rimskoi-Korsakoff, le neuvième Landskoi, le dixième Jermolow, le onzième Mamonoff et le douzième Zouboff[101].

*

Ils sont aides de camp, ne se donnent point d'air vis-à-vis d'elle, et très peu ou point longtemps vis-à-vis des autres. Il n'y a pas la plus petite indécence, ni même une prédilection en public [et l'impératrice ne se permet pas dans ses propos, ni ne permet jamais la moindre légèreté sur les mœurs et la religion]. J'ai quelquefois été juge des procès entre l'impératrice et Mamonoff. Cela ne pouvait qu'être très agréable pour moi. Je faisais plus de plaisir à Catherine en la condamnant que si je lui avais donné raison. L'amitié du prince Potemkin pour moi m'engagea à en inspirer à Mamonoff pour lui. Un jour que la dispute fut plus sérieuse et qu'il prenait son parti en disant : « Le prince peut dire à Votre Majesté ce que le général de Louis XIV lui disait : "Je vais combattre vos ennemis et je vous laisse au milieu des miens." » Je savais que j'avais tort. On ne peut avoir aucune vertu quand on se mêle d'affaires. C'est horrible à dire, mais elles doivent exclure la morale et la reconnaissance. D'ailleurs, ne pouvant pas être assez sûr que le prince ferait autant de sottises, et me ressouvenant qu'il m'aimait, je le soutins alors, bien mal à propos.

*

Je crois avoir dit que l'impératrice entendait quelquefois de travers. Après une victoire de le *Te Deum*, c'est l'usage, en Russie, qu'un ministre du cabinet lise à haute voix la relation de la bataille, avec le nom des tués, des blessés, et de ceux qui se sont distingués. L'affaire heureuse et singulière de Kinburn[102] qui me fit partir le lendemain pour l'armée, procura dans l'instant cette cérémonie. Elle dura longtemps. L'impératrice en traversant, pour en revenir, la salle où on lui baise la main, dit à M. de Ségur[103] : « Je vous demande pardon de vous avoir tant fait attendre. » En flatteur aimable et de bon goût, il lui dit : « Madame, j'ai pris mon parti, quoique avec peine, car ce sera insupportable, nous allons avoir des ennuis tous les jours. » Pour cette courtisanerie qui voulait dire qu'il s'attendait sans cesse à des victoires, l'impératrice me dit : « Avez-vous vu l'humeur du comte de Ségur ? Ces Français-là ne peuvent pas s'accoutumer à mes succès. » En vain je voulus la dissuader. Avec l'air de la plus grande présence d'esprit, elle n'écouta pas ou comprit peut-être que je lui donnais raison.

Il n'était pas heureux en compliments. Un jour qu'on parlait de Pierre Ier et que je dis, sans esprit mais avec vérité, qu'elle valait mieux que lui, Ségur le lui disait avec la plus grande finesse. « Vous avez raison, lui dit-elle, monsieur le comte, de dire qu'on ne peut pas nous comparer. » Il se donnait au diable et moi je n'en pouvais plus de rire.

*

À propos de flatterie, l'empereur me disait un jour pendant notre charmant voyage avec elle : « Vous me faites jouer, messieurs, un mauvais personnage. Je veux flatter, moi, tout comme un autre, mais il n'y a pas moyen. D'abord mon cher ambassadeur le comte de Cobenzl[104] va à bras raccourcis et lui casse le nez à grands coups d'encensoir. Vous (en s'adressant à moi), qui lui en donnez sans qu'il y paraisse, comme si cela vous échappait, vous n'allez pas mal votre train. M. de Ségur va le sien, en madrigaux et en chansons et jusqu'à ce diable d'Anglais, M. de Fitz-Herbert[105], avec un air distrait ou d'humeur, ou de peu exagéré, ses flatteries n'en sont que plus piquantes. »

*

[Pour donner une idée de la familiarité toujours majestueuse cependant de Catherine II et des drôles d'idées qui lui passaient par la tête, elle nous dit un jour à dîner: « Pourquoi ne se tutoie-t-on pas ? Cela n'est pas poli de ne pas se tutoyer : puisqu'on tutoie Dieu en lui parlant c'est une marque de respect. » Cela fut extrêmement gai. Le grand Eugène Narischkin, dont toute la personne est une farce, y allait à bras raccourcis, et lui criait : « Que feras-tu aujourd'hui ? » ce qu'il n'avait pas osé dire ni par « Vous », ni par « Votre Majesté ». J'y mettais plus de modération et soutins le même genre de plaisanterie en lui disant d'un ton respectueux : « Ta Majesté veut-elle bien ? » ou par exemple : « que pense Ta Majesté ? » etc.]

*

[Après avoir traversé le lignes et les déserts de Pérécop, où nous sentîmes tout d'un coup des bouffées de chaleur, nous nous trouvâmes lancés sur une pente dure et extrêmement rapide ; les seize petits chevaux tartares en purent soutenir le char brillant dans lequel nous fîmes notre entrée en Crimée. L'impératrice qui ne craint jamais rien ne voulut pas qu'on essayât de les arrêter. Je la regardai dans le moment qu'il y avait le plus à croire que nous allions périr. Je regardais aussi l'empereur qui faisait bonne mine à mauvais jeu. Nos seize chevaux se culbutèrent tous les uns sur les autres, ce dont je m'étais douté. Et cela nous sauva la vie.

Quelle différence, me disais-je en moi-même, c'eût été pour toute l'Europe ! Soixante millions d'habitants dans une minute étaient près de changer de maître. J'entendis des Allah ! Allah ! bien touchants de notre escorte tartare qui invoquait le Ciel pour conserver les jours de sa nouvelle souveraine.]

*

Le grand-duc de Russie, avec qui, ce qui est singulier, j'étais aussi bien qu'avec sa mère et à qui je reprochais toujours de ne point s'en rapprocher assez, puisqu'il prend toujours vis-à-vis d'elle l'air d'un courtisan disgracié, me disait du mal de sa nation, prétendant qu'on ne faisait qu'attraper l'impératrice, et croyait que tout ce que nous avions fait et vu en Tauride n'était qu'une fable. Je lui dis : Il y a eu de l'escamotage, mais il y a eu beaucoup de réalité. Comment voulez-vous d'ailleurs, monseigneur, qu'une femme puisse tout approfondir par elle-même et aller regarder derrière la toile. — Sans doute, me répondit-il, cela est impossible. C'est pour cela que ces gueux de Russes ne veulent être gouvernés que par des femmes.

La grande-duchesse baissa les yeux et nous fûmes tous les trois, pendant un quart d'heure, aussi embarrassés l'un que l'autre après que cela lui eut échappé.

*

Il eut la colique qui le tint à fond de cale dans la barque avec laquelle je le menai dans les villes de mon commandement des côtes maritimes de la Flandre autrichienne, au milieu d'une foule immense qui nous accompagnait sur les bords. Sa folie, qui commençait, lui fit croire que je l'avais empoisonné par ordre de sa mère.

*

Époque trop signifiante dans l'histoire de ma vie, dussiez-vous me coûter autant de larmes en l'écrivant que lorsque je l'appris et que j'en verse lorsque j'y pense, ce qui arrive hélas ! tous les jours, je ne puis vous passer sous silence, mais je passerai vite à d'autres objets. Voici le premier et le plus malheureux événement de ma vie. Tout ce que j'ai le plus aimé, les deux tiers de moi-même, le plus parfait des êtres, me fut enlevé. Les papiers publics qui retentirent de ses éloges, car jamais perte ne fut mieux sentie dans toute l'Europe et même chez les Turcs m'a dit leur ambassadeur, ont assez dit comment. Je vois toujours l'endroit où le maréchal Lacy m'apprit que mon pauvre Charles n'existait plus. Je vois mon pauvre Charles lui-même m'apportant tous les jours, à la même heure, son heureux et bon visage sur le mien. Je ne puis point dire que j'ai été bien malheureux, car cela annoncerait que tout est passé, mais, sans un ange du Ciel, ma Christine, je le serais tous les jours davantage, chaque jour serait un poids de plus. C'est le 25 septembre 1792, un vendredi, que j'appris cette affreuse nouvelle qui m'eût fait désirer la fin de mon existence, si une autre plus précieuse que la mienne, celle de ma parfaite Christine n'y était pas attachée.

CAHIER VI

J'ai eu le plaisir d'être souvent têtu avec les souverains qui sont quelquefois despotes dans leurs plaisanteries. M. le comte d'Artois à Fontainebleau voulut me faire aller à la chasse du sanglier avec lui. « Demain, à sept heures, me dit-il. — Non, monseigneur, d'abord c'est de trop bonne heure et puis la reine veut que j'aille jusqu'à la Croix de Toulouse, à cheval avec elle. — Je ne le veux pas. — Cela ne s'en fera pas moins. — Tu viendras avec moi. — Non, monseigneur. — Je t'en donne ma parole d'honneur. — Et moi la mienne que cela ne sera pas. »

Le lendemain, à six heures, grand tapage à ma porte. Le jeune prince l'attaque. Je la défends. Il appelle nos amis communs. Je me barricade. Il enfonce, me tire de mon lit, chante victoire, m'habille lui-même et m'emporte presque jusqu'au cheval qui m'était destiné ; et au moment qu'il monte sur le sien et qu'il me voit le pied dans l'étrier, je m'échappe. Il se jette presque à bas, me poursuit. Je me cache. Il me passe. Je ne sais où je vais. Je traverse les cuisines du roi où vingt marmitons avec autant de broches me donnent la chasse, me prenant pour un empoisonneur de Sa Majesté. Je traverse un cercle de porteurs qui me prennent pour un assassin et se mettent en campagne après moi avec leurs grands bâtons de chaise.

Le jeune prince prend le change. J'ai le temps de me reconnaître. Je monte au théâtre. Je me couche sous une rangée de coulisses couchées à terre. Je suis trahi par des ouvriers qui en descendent. M. le comte d'Artois m'y trouve, découvre mes pieds, veut me tirer par là de ma cachette. Je les tire de ses mains, je m'élance de l'autre côté et, en voulant me lever de l'autre côté des coulisses, j'y rencontre un grand diable de clou qui, me déchirant toute la joue droite, me met tout en sang. Le prince s'en désole, me console, m'embrasse cent fois et va à sa chasse et à ses sangliers.

Je me mets bien du sel dans ma plaie. Je l'arrose

d'eau-de-vie. Je prends mon mouchoir. Je trouve la reine qui m'attendait et je monte à cheval avec elle. C'est ainsi que, quoique j'en souffrisse beaucoup, car il faisait un froid terrible, je soutins la parole d'honneur que j'avais donnée.

*

C'était à de semblables promenades à cheval, tout seul avec la reine, quoique entourés de son fastueux cortège royal, qu'elle m'apprenait mille anecdotes intéressantes qui la regardaient et tous les pièges qu'on lui avait tendus pour lui donner des amants. Tantôt c'était la maison de Noailles qui voulait qu'elle en prît le vicomte. Tantôt la cabale Choiseul qui lui destinait Biron[106] *qui depuis... mais alors il était vertueux.*

La duchesse de Duras[107], quand elle était de semaine, nous accompagnait à cheval, mais nous la laissions avec les écuyers, et c'était une étourderie de la reine et l'un de ses plus grands crimes, puisqu'elle n'en faisait point d'autres que de négligence à l'égard des ennuyeux et ennuyeuses qui sont toujours implacables.

*

Toutes ces promenades du bois de Boulogne, de Verrières, indépendamment des chasses, étaient trop jolies pour qu'on ne les enviât pas. C'est de même qu'on nous a gâté nos charmantes et innocentes nuits de la terrasse de Versailles qui avaient l'air de bals d'Opéra. Nous écoutions des conversations, nous faisions et essuyions des méprises. Je donnais le bras à la reine. Elle était d'une gaieté charmante. Nous avions quelquefois de la musique dans les bosquets et à l'orangerie où il y a pas bien haut, dans une niche, un buste de Louis XIV. M. le comte d'Artois lui disait quelquefois : « Bonjour, grand-papa ! » Un soir, de concert avec la reine, je devais me placer derrière la statue pour lui répondre, mais la crainte qu'on ne me donnât point d'échelle pour descendre et qu'on ne m'y laissât toute la nuit me fit abandonner ce projet. Il y avait quelquefois dans tout cela plus d'intrigue de cour que d'amour.

M. le duc de Guignes[108] fut de l'une plutôt que de l'autre. Il donnait quelquefois, dans nos promenades du parc, le bras à Madame et à Mme la comtesse d'Artois et voulait donner, disait-on, son cœur à la reine ou le prendre. Bien des raisons enfin, et des méchancetés firent tomber encore ce passe-temps, car apparemment qu'il est dit qu'on ne peut jamais s'amuser à la cour.

*

Nous eûmes ensuite des bals de la Saint-Martin, à la salle de la comédie de Versailles, où il n'y avait que la famille royale et la troupe de Mlle de Montensier[109]. On trouva que c'était trop bonne et trop mauvaise compagnie, quoiqu'il y eut pourtant en société avec nous tout ce qui composait la maison du roi et des princes. Un masque adressa des vers à la reine : ce qui n'était pas une histoire en fit une. Voilà encore ce plaisir réformé.

La reine, après cela n'étant plus si jeune, crut pouvoir jouir des bals de l'Opéra aussi tranquillement que la dernière femme de son royaume. Elle ne fut pas plus heureuse là qu'ailleurs, car en vérité je pourrais prouver qu'à commencer par la mort de cinq ou six cents personnes le jour de son mariage[110] avec le meilleur, mais avec le plus laid et le plus dégoûtant de tous les hommes, je ne lui ai jamais vu une journée parfaitement heureuse. Ces bals de l'Opéra ne furent que le signal d'une nouvelle persécution. La reine, pour n'être pas reconnue, ce qu'elle était toujours pour nous et même pour les Français qui la voyaient le moins, s'adressait aux étrangers pour les intriguer ; de là mille histoires et mille amants : Anglais, Russes, Suédois et Polonais.

*

Je n'aimais pas qu'elle y allât d'abord à cause de cela, et puis à cause du lendemain. Elle n'était jamais ennuyeuse qu'alors, car elle avait tant de choses à raconter des masques et de ce qu'elle avait dit et qu'on lui avait dit, que cela m'était insupportable. Si nous avions voulu en faire autant, cela aurait été plus piquant que ses soi-disant aventures.

*

Je me trouvai tout à coup brouillé avec la reine, sans m'en douter, pour je ne sais quelle gaieté que je m'étais permise, à ce qu'elle a dit ensuite, sur l'empereur ou la reine de Naples. Je me suis mis derrière sa chaise, au pharaon, chez Mme la princesse de Lamballe[111], à mon ordinaire et, avec la confiance que j'ai toujours, ne croyant jamais qu'on soit mécontent de moi. Elle ne me parla pas. Je crus que c'était à force d'être bien avec elle. Je lui parlai. Elle me répondit sèchement. Je ne m'en aperçus pas. Mme de Lamballe me le rappela après le jeu. Elle en était plus effarée que moi et, comme elle était aussi bonne que jolie, elle me promit d'en savoir la raison. Elle me l'apprit le lendemain.

Il y avait bal à Paris. J'espérai y avoir une explication avec la reine. Elle s'était aperçue que j'avais été extrêmement triste toute la journée, car sa bonté, son amabilité, sa grâce, la douceur de sa société m'avaient fait renoncer à Paris depuis plusieurs années. La reine dit à Mme de Simiane[112] de se faire passer pour elle, lui dit une partie de notre brouillerie et s'en alla en lui disant que je serais une bonne pratique. Je donnai là-dedans, Mme de Simiane me montra ses belles mains qui pourtant ne l'étaient pas autant que celles de la reine : ce furent ses lettres de créance. Je m'agitai, pleurai, je crois, et me justifiai avec une chaleur incroyable. Elle me dit que nous serions aussi bien qu'auparavant. Je lui représentai qu'on ne pouvait jamais se fier aux rois et aux reines et que j'avais peur qu'elle ne la fît encore le lendemain et que, pour me rassurer, je la conjurais de se pincer le petit bout de l'oreille droite toutes les fois que je me pincerais la mienne, pendant le spectacle de la ville, à Versailles, où je me mettais toujours au pied de sa loge. J'eus beau me déchirer l'oreille, la reine ne s'occupait pas de la sienne. J'eus occasion de lui parler de cela en sortant. Elle crut que je devenais fou et cela la fit tant rire qu'elle oublia bien vite sa fâcherie qui d'ailleurs n'avait pas été bien forte. Et puis, de la gaieté il n'y a qu'un pas à l'indulgence. Les gens qui rient pardonnent toujours : à plus forte raison une jeune reine charmante.

*

Qui croirait que c'est quelqu'un qui aimait la reine et tous les Jules avec la même amitié qui a donné lieu, par une étourderie, à tout ce qu'on a dit sur son soi-disant goût pour les femmes. À Fontainebleau, il s'éleva tout à coup un orage sur leur liaison. Le chevalier de Luxembourg avait fait un grand projet pour éloigner la duchesse de Polignac dont il craignait la bonne petite tête et le cœur excellent, et gouverner la reine. Celle-là lui dit un jour : « Nous ne nous aimons pas encore assez pour être malheureuses si nous nous séparons. Je sens que cela arrive déjà. Bientôt je ne pourrai plus vous quitter : prévenons ce temps-là. Laissez-moi partir de Fontainebleau. Je ne suis pas faite pour la cour, tout le monde en sait trop ici pour moi. » Ses chevaux étaient mis. La reine pleure, l'embrasse, lui prend les mains, la conjure, la presse, se jette à son cou. La porte était entrouverte. M. le comte d'Artois voit ce tableau en entrant. Il se met à rire, sort en disant : « Ne vous gênez pas ! » et raconte à tout le monde qu'il a dérangé deux amies.

*

Je n'écrirais pas tout cela si l'on devait me lire à présent, mais dans cent ans, ces petites choses qui ont l'air d'être des riens, font plaisir. J'en juge par celui que me font les souvenirs de Mme de Caylus[113], les mémoires de la mère du Régent[114] et toutes les petites histoires de Saint-Simon et cinquante auteurs d'anecdotes de la cour de France de ce temps-là. Il y en a cent que j'ai oubliées qui vaudraient peut-être mieux que tout cela.

*

Après une tournée charmante que je fis avec M. le comte d'Artois à Rocroy, à Spa, etc., il devint malade à Belœil où je lui sauvai peut-être la vie en déterminant la saignée. On a dit beaucoup de bien de moi de ce que je lui avais préparé des fêtes qui me coûtèrent plus de cinquante ou de soixante mille francs sans lui en parler, puisqu'il ne pouvait pas en profiter.

Il devait y avoir une fête militaire dans le camp, d'une superbe compagnie de mon régiment que j'avais fait venir pour sa garde ; une naumachie et des musiques, des chansons et des spectacles de tous les genres et tous différents, dans différentes parties du jardin ; marionnettes dans un bosquet, parade dans un autre, etc., etc.

Il n'y eut qu'une illumination de mes temples, îles, bosquets, corbeilles et arbres de tout mon parc dans le genre des Champs-Élysées, de l'Opéra, et à boire et à manger sur toutes mes pelouses pour quelques milliers de curieux. Le reste ne put pas avoir lieu. Moi-même je ne profitai pas de ce beau spectacle de la nuit qui en avait fait un jour d'argent puisque l'on ne voyait pas un seul lampion. Je ne quittai pas le prince et m'en allai avec lui à Versailles, de Belœil, dans seize heures, dès qu'il fut en état de se mettre en voiture.

*

Comme les fêtes de convalescence sont aussi ennuyeuses que la maladie, la comtesse Diane voulut lui en donner une à Montreuil pour le faire enrager. La reine, de moitié dans la trahison, y mène M. le comte d'Artois qui tremble en arrivant. Le duc de Polignac et Esterhazy, masqués en amour, se jettent sur lui et le tiennent presque garrotté dans un fauteuil sous son portrait fait à la diable, où il y avait cette devise ingénieuse : Vive monseigneur comte d'Artois ! Le duc de Guiche[115], en Génie, lui tenait, je crois, la tête. Le duc de Coigny me précédait et chantait : *V'la l'Plaisir ! V'la l'Plaisir !* J'en avais l'habit et deux grandes ailes qui ne finissaient pas, semblables à celles de ces grands chérubins des paroisses de villages. La reine, Mmes de Polignac, de Guiche[116] et de Polastron[117] étaient en bergères. De Lisle[118] en berger avec un mouton. Nous lui chantâmes des couplets aussi bêtes que le jeune prince sur son trône où il se démenait comme un enragé. Les miens étaient remplis de fadeurs sur son visage ou d'autres traits faits pour l'impatienter. Je n'ai jamais rien vu de meilleur goût que cette fête de mauvais goût qui déjouait toutes celles qu'on donne ordinairement et il n'y avait rien de si gai que les prétendus témoignages de respect et d'amour que nous rendions au prince qui, par ses mines, nous donnait au diable et n'avait pas su d'abord si nous n'étions pas de bonne foi.

*

À propos de ce voyage de Rocroy, tout à coup, en allant de là à Spa, je rencontrai, au point du jour, une cinquantaine de paysans armés. Je crus que c'étaient des voleurs. M. le comte d'Artois n'avait pas d'armes ni moi non plus. Au moment que nous le regrettions cinquante vivats nous rassurent. C'était une bande de mes fidèles sujets qui avaient mauvaise mine, mais bon cœur, qui m'attendaient à la frontière de mon petit comté souverain d'Empire que je ne savais pas être sur mon chemin. Terre souveraine située dans l'Entre-Sambre et Meuse, à quatre kilomètres de Mariembourg. Ils me menèrent régner sur mon rocher où il me fallut enrayer ma voiture tout le temps que je m'arrêtai pour recevoir les hommages du clergé et du magistrat; et puis je continuai ma route.

*

La reine était charmante à attraper et il y avait du plaisir à lui tendre des pièges pour l'embarrasser. Si l'on interprétait quelques-unes de ses paroles en libre ou en méchant, elle se fâchait, riait, rougissait et en était encore plus aimable. Un jour une femme de la cour qui avait un amant officier aux gardes lui donna un bal. Elle voulut que l'orchestre jouât tout de suite un air gai. Je lui conseillai de demander celui dont les paroles commencent : *Dans les gardes françaises j'avais un amoureux*. Je risquai cela puisqu'à la cour, où tout le monde est toujours dans l'ivresse, il n'y a personne qui soit assez de bon sens froid pour faire des applications, car j'aurais été désolé de faire une méchanceté à cette femme et à la reine. Je l'alarmai, je m'en amusai et cela me suffit.

*

Il m'est souvent arrivé de taquiner l'empereur Joseph. Mais il y avait bien des ressources avec un homme aussi aimable et qui avait des qualités si supérieures. Deux ou trois fois, entre autres à Prague, chez Mme de Vallis[119], je lui dis quelques vérités assez dures devant tout ce qui composait la société. Il y avait du haut et du bas dans sa manière de me traiter. Cependant j'ai toujours découvert de sa part de la considération pour moi lorsque quelque caprice, ou peut-être quelque caquet, l'empêchait de me témoigner de l'amitié.

*

Lorsque l'empereur Léopold[120], grâce à deux personnes qui se disent mes amis, me fit un passe-droit à Francfort en ne me faisant pas maréchal, je lui demandai en allemand, par la voie du Conseil de guerre, et de la manière la plus sèche et la plus outrageante pour lui, la démission de tous mes emplois. Il en fut alarmé, mais ce qui lui fit encore plus d'effet, c'est qu'il crut que c'était pour le braver que moi, qui ne danse jamais, je dansai ce jour-là comme un perdu, par hasard, en sa présence, à un bal chez l'ambassadeur de Naples. Je fis bien plus sans m'en douter. Louise Hardegg[121] m'étant venue prendre à la galopade, comme il arrive souvent de prendre dans les spectateurs celui qui s'y attend le moins, je jetai mon épée à terre avec un fracas énorme de bruit de ses chaînes, presque aux pieds de l'empereur. Je ne pensais seulement pas à lui. C'était de gaieté, puisque je venais d'apprendre que mon cher Charles me revenait d'Ismaël, chargé de gloire, avec une blessure qui n'était pas dangereuse. L'empereur fut furieux et cependant, ayant sucé en Italie le lait de la dissimulation, se contint assez pour m'assurer, le jeudi d'après, qu'il allait me faire maréchal dimanche.

Je ne le suis pas et cela m'est égal. Et pour le faire bien sentir à la cour, je n'y parais plus qu'aux jours de cérémonies d'obligation pour mes deux Ordres de la Toison et de Marie-Thérèse et en uniforme de mon régiment, puisque je n'ai pas voulu porter depuis quatorze ans celui d'officier général. Il est taché, dis-je à ceux qui m'en demandent la raison, mais comme je ne le suis pas, je me suis fait archiduc, puisque ceux qui ne sont pas généraux ne portent de même que l'habit de colonel.

*

À propos de cette démission, qu'on lise ces deux lettres-ci. La première est digne d'Henri IV. Pour m'engager à la reprendre il aurait peut-être tenu parole cet empereur Léopold s'il avait vécu, mais l'empereur François est...

À la vérité il a fait maréchaux depuis, moins anciens que moi, dont deux entre autres, n'ont jamais essuyé un coup de fusil. Je n'en dors pas moins bien pour cela. Tant pis pour lui. Le lendemain de cette charmante première lettre, il y eut appartement à la cour. Messieurs les courtisans qui n'en étaient pas instruits et qui ne savaient que ma brouillerie, avaient les yeux fixés sur l'empereur et sur moi. Je lui fis remarquer. Cela l'amena à me traiter encore mieux, mais cela n'amusa pas quelques généraux. Je lui dis : « Votre Majesté pourrait dire comme votre bon grand-aïeul maternel : "Ils vont croire que je vous pardonne." »

Il mourut quelques mois après. Sa belle lettre me toucha au premier moment. Je ne pus m'empêcher au moment même où je l'appris de faire cette épitaphe : « Est-ce aux ignorants médecins, à de scélérats assassins, qu'il faut attribuer la perte du bon feu Léopold. Car certes il est mort. Savez-vous pourquoi, mes chers amis : c'est qu'il ne l'avait pas promis. »

*

La voici cette charmante lettre :

« Mon prince, quoique je tâche à tenir mes papiers en ordre et que je n'en perde pas d'ordinaire, je viens d'en perdre un, et je n'en suis pas fâché, c'est celui que vous avez remis au conseil de guerre. Je vous ai toujours rendu justice dans mon cœur. Si vous m'aviez rendu un peu plus de justice à moi, vous auriez été persuadé que votre avancement désiré, mérité et promis, ne pouvait être retardé que pour peu et par des combinaisons relatives à quelqu'un de vos confrères. Mais enfin tout ceci est passé, il vaut mieux n'en plus parler. Vous garderez vos emplois, vous en aurez des nouveaux en son temps et nous serons bons amis comme ci-devant. Je suis persuadé et convaincu de votre zèle et attachement pour mon service et ma personne, et vous devez l'être de l'estime et considération avec laquelle je suis,

Votre affectionné,

LÉOPOLD »

Vienne, le 15 décembre 1790.

*

Cette seconde lettre, qui n'est pas si bien écrite, est du régnant archiduc François[122] alors, qui se mêlait du militaire et annonçait de la justice et de la reconnaissance. Elle précéda ma démission que je ne demandai que lorsque je vis qu'elle manquait de sincérité ou que lui manquait de crédit, ce que je ne me suis pas donné la peine d'approfondir. Devenu empereur, il m'a fait écrire plusieurs fois, pendant qu'il faisait ses ridicules maréchaux, par son ministre Colloredo, qu'il n'avancerait personne avant moi. « Notre Auguste Monarque *sous les pieds* duquel j'ai mis votre lettre, me charge de vous en assurer, ainsi que de son estime », me dit-il dans une de ses réponses.

« Mon prince,

« Pardonnez que je ne réponds que si tard à votre lettre, ne l'ayant reçue que depuis hier. La situation dans laquelle vous vous trouvez présentement et que vous m'exposez, ainsi que la demande que vous y faites, est plus que juste. Vous pouvez être persuadé du zèle avec lequel je m'intéresserai dans cette juste cause, surtout pour vous, mon prince, que j'estime personnellement et qui avez donné les preuves les plus évidentes de votre zèle et de votre attachement pour toute notre maison. Soyez persuadé que mon père et nous tous, nous le reconnaissons, et que, pour mon particulier, je ne désire qu'une occasion pour pouvoir vous témoigner les sentiments avec lesquels je ne cesserai d'être,

Votre très affectionné,

FRANÇOIS. »

Vienne, ce 27 octobre 1790.

*

J'aime assez un accès de rage et une ingratitude qui dure quinze ans ! Le seul chagrin que j'ai eu pendant la vie (je ne parle pas d'une peine de l'âme qui en fait le malheur), n'est ni cette injustice, ni la perte de Belœil, mais celle d'une gloire assurée en battant le prince Henri.

Voici comme je m'en consolai, en me retirant pendant la nuit, à cheval, par ordre du maréchal Loudon qui, à la vérité, avait reçu de Marie-Thérèse celui de ne point donner de bataille, telle chose qui arrivât. C'est sur l'air : *Je suis un pauvre maréchal* et le même refrain[123].

Ma foi, mon pauvre maréchal,
Jadis excellent général,
Vous ne faites plus rien qui vaille,
Depuis que devenu prudent
Vous allez toujours reculant
Pour ne plus donner de bataille
À l'assaut !
Tôt, tôt, tôt,
Bon courage,
Vous n'avez plus le cœur à l'ouvrage

La marche était longue. Je fais d'ailleurs très vite mes petites bêtises. Je me répondis de la part du maréchal, comme si c'était lui :

Mais que peuvent des maréchaux
Avec d'aussi plats généraux ?
Comment former une entreprise ?
Vous n'avez pas le sens commun,
Je suis critique d'un chacun
Qui ferait bien plus de sottise.
Et plutôt

Tâchez sot
De vous taire :
Que l'Empereur me laisse faire !

Je chantai ce couplet et quelques personnes me dirent : « C'est singulier, on ne croyait pas que M. de Loudon sût le français. » Comme il est vrai qu'il n'en savait pas un mot, cette naïveté me fit beaucoup de plaisir.

CAHIER VII

Voici un rien, moins que rien qui peut donner une idée du bon cœur de la reine, par excellence. Elle avait perdu quelque brimborion d'ajustement. Étant près de sortir elle dit à ses femmes : « Mon Dieu, mesdemoiselles, comment ne pas trouver cela tout de suite. C'est insupportable ! » Trouvant ce qu'elle appelait une sortie un peu forte, sans en avoir besoin, elle les sonne. Elles arrivent tout de suite. « Ah ! mon Dieu, dit-elle, que je suis bien servie ! Que vous êtes toutes pleines de soin ! Je ne sais plus ce que je voulais, je n'ai pas le sens commun. »

*

Sa sœur, la reine de Naples[124], est encore plus généreuse qu'elle n'était et a peut-être plus d'élévation qu'elle n'en avait. Elle tient cela de leur mère, mais imprudente et confiante elle dit à plusieurs personnes ce qu'elle ne devrait dire à personne et qui se trouve public sans qu'on sache de quelle part. Elle est par là embarrassante et elle en soupçonne souvent le plus discret. Par exemple, elle me dit un grand jour le très juste mécontentement de toute sa famille : « Je ne suis plus ni reine, ni archiduchesse, ni mère, ni belle-mère, ni sœur, ni tante, ni fille de Marie-Thérèse, je ne suis plus rien, rien, ajouta-t-elle, *in renforçando.* » Je rencontrai deux jours après cette lamentation confidentielle dans la société, avec les mêmes termes et l'accent dont elle s'était servi.

*

Le prince Charles de Lorraine m'aimait extrêmement. Une fois que j'arrivai chez lui presque à la fin du dîner, on voulut me desservir auprès de lui, en lui faisant remarquer que cela m'arrivait souvent. « Oui, dit-il, messieurs, cela est vrai. Il vient toujours trop tard pour moi, quand même il serait le premier. »

Il était si bon que cela paraissait dans ses colères, si par hasard il en avait, par exemple à la chasse où il faisait l'important en vieux piqueur. Se fâchant un jour contre tout plein de spectateurs qui dérangeaient la chasse à force de courir dans toutes les allées de ma forêt, il leur cria : « Allez vous faire f..., messieurs, s'il vous plaît », ajouta-t-il en leur ôtant son chapeau.

*

Fidèle secrétaire de ma tête, voici encore ce qui m'y revient d'affligeant, dans ce moment-ci, sur le plus triste des sujets. Hélas ! je ne voulais pas comprendre le maréchal quand il me dit cet affreux mot : *mort*, ou je ne le pouvais pas. Je crois que c'est ce qui m'a sauvé la vie. Je tombai entre ses bras et il me porta presque en voiture pour me mener chez moi. Peut-être que si ma pauvre Christine n'en mourut pas non plus, c'est qu'elle avait entendu dire à un de ses gens : « Le maréchal Lacy vient d'emmener le prince. Il pleurait. Son fils est blessé. » Je n'aurais pas pu lui dire qu'il était tué, lorsqu'elle vint me demander s'il n'en reviendrait pas. Mes cris plutôt que mes pleurs lui apprirent ce qui en était. J'avais rêvé huit jours auparavant que Charles avait reçu un coup mortel à la tête et qu'il était tombé de cheval mort. À cause du rêve si vrai sur mon oncle, que j'ai écrit plus haut, j'en fus inquiet cinq ou six jours, et comme on traite toujours de faiblesse ce qui est souvent un avertissement ou peut-être un sentiment de la nature lorsqu'il y a quelque analogie dans le sang, je chassai cette fatale pensée qui ne se vérifia que trop le surlendemain.

Autre hasard comme on voudra l'appeler, extravagance sans doute. Mais une Mme de Cassi nous tira les cartes quelques jours auparavant. Nous ne nous en sommes jamais parlé. Christine ne sait pas que j'y fis attention. Hélas ! notre perte y était annoncée.

*

[Ceci ne prouve point contre mes rêves, mais depuis ce temps-là Christine a fait deux rêves sur le compte de Louis, qui m'auraient fait mourir de crainte et de chagrin s'ils m'étaient arrivés. Elle rêve qu'il avait été tué. Au lieu de cela, Louis est heureux et me rend heureux ; il se porte fort bien, s'est extrêmement distingué à plus de sept ou huit affaires et a eu son cheval tué sous lui à celle de Mons [125].]

*

[C'est le jour qui perdit les Pays-Bas et entama la perte de la Maison d'Autriche, puisqu'on n'avait pas eu l'esprit de me demander comme une grâce de commander l'armée dans un pays que je connais comme ma chambre. J'aurais été sûr de prendre Condé et Valenciennes et de prendre à dos ou en flanc toutes les armées françaises qui auraient osé marcher à moi.]

*

[La bêtise ou la malice des gens en faveur, le mauvais choix qu'ils ont fait, et le peu de cas et de connaissance des braves gens et de ceux qui sont éclairés a détruit ma ferveur militaire que je n'aurais jamais cru pouvoir s'arrêter.]

J'ai brisé l'idole la plus chère à mon cœur, la gloire, et j'ai presque résolu de ne jamais essuyer un coup de fusil. Malgré tant d'ingratitude je m'y laisserais encore aller bien vite si l'on voulait. [Je ne me suis jamais vanté, à la vérité, de tant de batailles et de quelques actions distinguées pendant douze campagnes et j'ai ri et pleuré lorsque j'ai vu placer à la tête de quatre ou cinq armées quatre pauvres ou mauvaises têtes et gens ignorants et infirmes en Italie et aux Pays-Bas, que j'ai eu sous mes ordres et à qui, excepté Clerfayt, je n'aurais jamais donné trois bataillons à commander].

*

J'ai eu du plaisir, malgré cela, à entendre siffler quelques boulets des Carmagnols. Il en tomba même une douzaine dans le jardin et la cour de la maison où j'ai passé vingt-quatre heures, pendant le siège de Valenciennes[126], que j'allai voir mon régiment campé sous le feu de la place. J'y donnai l'ordre devant le front précisément au moment où elle tirait passablement.

*

Je ne sais pas trop pourquoi je ne profitai pas de l'amitié que Mme du Barry a eue pour moi avant d'avoir un peu d'amour. Soit dit sans fatuité, par délicatesse, je refusai de m'adresser à elle, pour gagner deux procès considérables. Je lui dis même un jour, à sa toilette, qu'elle me demandait devant le roi, un mémoire, que je le donnerais à Lacroix, son coiffeur, pour lui en faire des papillotes, puisque je croyais que c'était le seul moyen de lui mettre une affaire dans la tête. Elle en rit et le roi aussi qui lui répéta vingt fois de suite, car c'était un mannequin qui avait l'air de marcher et de parler par ressorts.

Je portai guignon, je crois, à ce pauvre Louis XV, car je ne l'avais pas vu depuis que je lui avais été envoyé de notre armée. À cause des amis de mes amis, des Choiseul, dont pourtant je ne me souciais pas, je ne me remis à aller chez Mme du Barry que quelques mois avant la mort du roi.

*

Je ne m'en fis pas moins une affaire pour elle, avec la première des intrigantes, Mme de Neukercke, qui voulut épouser le roi, et comme elle s'était mise dans la dévotion pour cela, dans une explication avec elle je lui écrivis : « Vos grâces, madame, les grâces du roi et la grâce de Dieu, vous donnent des droits à tout ; cependant, etc. »

*

Louis XV étant près de mourir, les courtisans de Mme du Barry l'abandonnaient suivant l'usage, et moi, qui l'avais négligée pendant cinq ou six ans, je ne la quittai plus. Je dis à son fameux beau-frère, le roué du Barry : « La farce est jouée, vous pouvez partir. » Il me répondit avec un drôle d'accent de sa province : « Et pourquoi m'en aller ? Si l'on me fâche, je mettrai le royaume en république. » Cela avait l'air d'une gasconnade impossible, et le hasard l'a réalisé par des gens plus coquins, mais moins spirituels que lui.

*

Je n'ai vu que deux ministres qu'on peut bien dire avoir de l'esprit : M. de Maurepas [127] et M. de Cobenzl [128], père de notre vice-chancelier. Outre leurs grandes vues (quoique le premier fût trop insouciant pour les réaliser), ils avaient les idées les plus gaies. Une femme de la cour lui fit demander — pendant le souper où j'étais tous les jours à son côté, pour qu'il me racontât ses anciennes histoires — des nouvelles d'un courrier qui revenait d'Amérique. Elle voulait savoir s'il n'y avait pas eu de batailles où son amant avait été. « Mme la duchesse veut savoir, dit-il à son laquais, des nouvelles du courrier ? Dites-lui qu'il s'appelle *La France*, qu'il est un peu fatigué et qu'il est allé se coucher. »

On lui faisait sans cesse, à souper, des questions aussi indiscrètes, auxquelles il faisait de semblables réponses.

M. de Cobenzl avait dans les siennes le genre de M. le Régent. Un Français qu'il voyait bien ne pas valoir grand-chose vint se plaindre à lui de ce que son camarade l'avait volé. « C'est bien beau à vous, monsieur, dit-il, de ne pas l'avoir prévenu. »

*

Dans le temps que je partageais les charmes de la plus jolie femme du monde et de la plus grande dame de Vienne [129] avec l'empereur de ce temps-là, le bon, l'excellent, le sûr, l'aimable, le beau même, le propre, le gai, l'honnête François Ier, l'impératrice allait quelquefois au spectacle et alors l'empereur n'osait pas quitter sa loge. Un jour qu'il la vit apparemment bien occupée, il se glissa dans celle où j'allais toujours ces jours-là. Sa maîtresse et moi nous fûmes un peu alarmés de son apparition, mais nous savions qu'il nous aimait tous les deux. Il me demanda quelle était la petite pièce. C'était *Crispin rival de son maître*[130]. Je ne sus comment faire pour le lui dire. Il insista. Je lui dis, moitié embarrassé et moitié mourant de rire, en balbutiant ce qui faisait notre position à tous les deux, et je me sauvai au plus vite en laissant à cette jolie et charmante femme le soin de trouver dans sa brillante imagination de quoi faire un conte à son amant *couronné* sur notre embarras et ma prompte sortie.

*

Le malheureux Louis XVI apprit que j'avais donné une lettre de Mme du Barry[131] à la reine pour l'engager à arranger ses affaires que son étourderie et son désintéressement avaient laissées très mauvaises à la mort du roi et il me dit : « Voilà une belle ambassade dont vous vous êtes chargé. » Je lui répondis que c'était parce que certainement personne d'autre que moi ne l'aurait osé.

En allant à Versailles, je passais souvent par Lucienne[132]. Elle a toujours été une excellente personne et, il y a sept ans encore, très belle à voir et très bonne à avoir.

*

Le chevalier de Luxembourg m'avait donné du goût pour la sorcellerie. Je me fis garçon sorcier pendant un an, mais malgré mon désir de trouver du merveilleux et tout ce qu'on fit pour m'en montrer, je quittai le métier sans qu'on réussît. En vain, je passai des nuits chez une vieille comtesse de Silly, au faubourg Saint-Marceau, où elle voyait des esprits, disait-elle, en ma présence. En vain un certain Chavigny me travailla; en vain un nommé Beauregard, la nuit du Jeudi saint au vendredi, fit des cercles et des conjurations horribles autour de moi, de M. le duc de Chartres d'alors et de Fitz-James[133]. Celui-ci en signant son nom renversa l'écritoire sur notre pacte avec le diable qui, furieux vraisemblablement de cette inattention, ne voulut point venir.

Un abbé Beudet ou Budet me donnait des leçons comme un maître à danser. Il me dit un jour: «Je ne puis point vous voir demain. Oh! non, c'est impossible; et en comptant sur ses doigts: mais après-demain, sans faute, parce qu'il me faut le temps d'aller et revenir de Philadelphie où nous avons une assemblée d'esprits aériens.»

*

Je suis bien fâché d'avoir fait si peu d'attention aux prédictions du grand Etrella[134]. Ce sorcier arrivait à Paris. Je menai chez lui le duc d'Orléans, rue Fromenteau, à un quatrième. Il ne pouvait nous connaître ni l'un, ni l'autre. Je sais bien qu'il lui parla trône, révolution, famille royale, Versailles, le diable, etc., mais je ne me souviens que confusément de tout cela, qui contribua peut-être à déranger la tête et le cœur de ce monstre sans le savoir.

*

J'en suis peut-être ainsi la cause innocente comme des malheurs de Lyon, pour y avoir fait siffler Collot d'Herbois[135], mauvais comédien qui en opprimait un excellent nommé Chevalier que je protégeais, et qui dit, en commettant tous ses crimes, que c'était pour s'en venger.

*

Parmi les miens encore involontaires, je dois mettre aussi d'avoir fait le malheur de la Pologne, en contribuant à faire mal recevoir Ignace Potocki[136], à Kioff, par l'impératrice de Russie. Je l'avais promis au roi. Il dit aussi qu'il s'en vengerait, de là il se jeta sur lui et son pays à la tête du roi de Prusse. De là la Constitution du 3 mai, etc.

*

J'en reviens à Etrella. Il est très vrai qu'il fit la peinture à Mme de Mérode de ce qu'elle verrait quinze jours, de son mari (se portant bien alors) étendu sur un lit de parade et l'arrangement de la chambre et des personnes, qu'il ne connaissait pas, tel qu'elle le trouva, et puis il lui prédit qu'elle se remarierait.

*

Si je disais toutes les folies, les extravagances des bals de l'Opéra, si je pouvais me souvenir de tout ce qui m'y est arrivé... Un jour, par exemple, une marquise de la Fourcherie m'y attaqua, en me reprochant devant un grand cercle de masques qui s'attroupa, que j'avais conté trop gaiement une aventure de Spa où je m'étais mal conduit vis-à-vis d'elle. M. le duc de Chartres, aussi bon à voir alors qu'à pendre depuis qu'il est duc d'Orléans, et à brûler, écarteler, depuis qu'il ne l'est plus, en était. Elle se tourna vers lui et lui chanta sur l'air : *On dit que vous êtes frivole.*

On dit partout que vous aimez de Ligne,
Qu'à son endroit vous êtes indulgent,
Oh ! monseigneur, rien ne fut plus indigne,
Que son accident, son accident, son accident,

et étant en train d'improviser en faisant semblant d'entendre dire à M. le duc de Chartres que mon accident ne l'étonnait pas, elle continua ainsi :

On dit aussi, je ne saurais le croire,
Que votre Altesse, en aurait fait autant.
Ah ! monseigneur, rien ne ternit la gloire
Comme cet accident, cet accident, cet accident !

*

Une autre fois, Mme de Pulli, femme connue par son esprit et sa galanterie, me chercha partout dans le bal, pour m'ajouter, disait-elle, à ses conquêtes. « Cela est bien aisé », lui dis-je. La conversation fut chaude. Les gestes le furent davantage. Je fus pressant et pressé. « À demain, lui dis-je. — Oh ! du repos, dit-elle, j'en ai besoin. — Après-demain donc, soit. » J'arrive. Toutes les portes sont ouvertes, mais prêtes à se refermer après mon entrée. Je découvre sur un canapé voluptueux et sous un déshabillé galant, une figure noire et boutonnée. Je m'effraye. Je recule. Je dis que je suis un malheureux, un coupable, un criminel de lui avoir manqué de respect. Je la prie de me pardonner, en faveur de l'ivresse du carnaval, et, ajoutant que je ne suis pas digne de ses regards, je m'y dérobe, en me sauvant, au plus vite. J'avais raconté ce trait de présence d'esprit de ma part. Cela était revenu à Mme de Pulli. Elle me rencontra le carnaval d'après et me dit que j'étais bien mauvais sujet et mauvais plaisant, mais qu'elle me le pardonnait en faveur de mon effronterie.

*

Ma femme est une excellente femme, pleine de délicatesse, de sensibilité, de noblesse. Elle n'est point du tout personnelle. Sa mauvaise humeur se passe vite en se distillant dans ses yeux mouillés de larmes pour une bagatelle. Elle n'a aucun inconvénient, car elle a un fort bon cœur. Elle est quelquefois un peu contrariante et, après en avoir eu l'air, qui lui fait peut-être plaisir un petit moment, elle accorde à ses enfants ce qu'ils demandent et est même complaisante pour moi.

*

Pour Christine que tout le monde aime au premier coup d'œil, c'est un chef-d'œuvre de perfection, de bonté, de charme en naïveté, gaieté, égalité et amitié pour moi.

Ce n'est pas de l'amitié que j'ai pour elle, je crois, c'est moi que j'aime en elle, et c'est elle qui est en moi. Elle a une superbe tête et quel cœur !

*

Euphémie[137] a toutes les grâces possibles et de l'originalité dans le caractère, extrêmement jolie, fraîche, complaisante, attentive, sensible, adorable et adoré des gens même qui ne s'y connaissent pas. Flore[138], excellente, est extrêmement aimable aussi, fait beaucoup d'effet. Elle a un charme inexprimable dans son peu d'empressement, sa sorte de négligence, son espèce d'indifférence, qui n'en a que le piquant et tout cela réunit pour elle les sentiments de tous ceux qui la voient. On ne sait point de laquelle des deux on dira le plus de bien. Sans se ressembler, elles plaisent également. Leur figure est extrêmement agréable. Leur taille, leur âme et leur esprit sont faits à merveille.

L'une et l'autre ne se doutent pas de cela. Euphémie qu'on appelle Féfé est un modèle en tous genres. Flore plaît plus qu'une grande beauté. Elle a un rire qui va à la gaieté et un sourire qui va au cœur.

Féfé a une drôle de gaieté, aussi bien aimable. Ses remords, ses regrets de je ne sais quoi sont amusants. Elle ne croit jamais avoir assez bien dit ni assez bien fait.

Flore n'y pense pas et elle est moquable par le peu de ce qu'elle fait d'elle-même et de tous les jolis talents qu'elle possède.

Ce sont trois perfections dans des genres tout différents.

*

Louis, qui n'est pas démonstratif, est cent fois meilleur qu'il ne paraît. Il lui faut de la présence réelle, parce qu'il tient beaucoup à l'habitude. Il est beau, plein d'honneur, brillant à la guerre. Il le serait dans le monde s'il le voulait. Il a tant peur de l'exagération qu'il n'est sensible que pour les gens et les choses qu'exige absolument un bon cœur.

*

Il n'y a jamais eu un maladroit dans le monde comme le prince Albert. M. de Rosenberg[139] et moi nous l'appelions *Alberto duro* à cause de cela. Nous allons passer deux jours chez lui en Hongrie. Je dis à mon camarade de voyage : « Vous verrez qu'il nous réveillera par politesse et nous incommodera bien par attention. » Il arrive à six heures du matin, me prend par la main, me tire de mon sommeil et presque de mon lit, met le pied dans mon pot de chambre, le verse, va en faire à peu près autant au prince de Rosenberg, s'essuie à ses rideaux, rit à sa manière comme un perroquet qui pleure et nous propose de venir déjeuner chez lui.

— Vous allez voir, lui dis-je, tout ce qu'il va nous faire à ce déjeuner, et le café répandu sur nous. Nous descendons. Il nous sert. Le couvercle du pot au lait casse la tasse, inonde M. de Rosenberg et moi, et pour m'en demander pardon il se lève de sa chaise et me marche sur le pied.

— Qu'avez-vous, monseigneur, sur ce chevalet ? lui dis-je, cela me paraît un assez beau tableau.

— Je le crois, me répond-il, et j'en aime le sujet. C'est l'histoire du baron des Adrets peinte à merveille par Alberto Duro. Ces deux noms rapprochés nous jettent dans le plus grand embarras ; nous ne nous en serions jamais tirés, malgré nos mouchoirs, pour cacher notre envie de rire, sans la visite d'un seigneur hongrois. Le prince, pour lui faire honneur va à lui. — Ah ! mon ami, dit-il, en le prenant par la main... il attrape un des pieds du chevalet, culbute avec le baron des Adrets et *Alberto duro*, se ramasse avec ses grands éclats connus et si ridicules, dit qu'il s'est fait bien du mal, rit encore et se relève en accrochant son épée au sabre du magnat.

*

Pour donner une idée de l'originalité vaniteuse et sans exemple du prince de Kaunitz, sans cesse en galanterie vis-à-vis de lui-même, il dit un jour à un Russe que je lui présentai : « Je vous conseille d'acheter mon portrait, monsieur, parce que dans votre pays on sera bien aise de connaître la figure d'un des hommes les plus célèbres, le meilleur homme de cheval, le meilleur ministre gouvernant cette monarchie depuis cinquante ans, un homme qui sait tout, s'entend à tout. »

CAHIER VIII

Lorsque le peuple valait la peine qu'on s'occupât de lui, je m'étais donné celle de m'en faire aimer ; entre autres moyens par celui des bals que je donnais dans mon jardin. Il y en avait quelques parties plus ou moins bien éclairées suivant les circonstances où l'on avait besoin de se trouver. Il y avait huit ou dix mille masques, ou point masqués comme on voulait, des foudres d'orgeat et de limonade, des montagnes de pommes et d'oranges et beaucoup de propagation.

*

Un jour, ou plutôt une nuit, je vis remuer et presque marcher un grand coche qui servait à mener mes officiers de maison de Bruxelles à Belœil ou Baudour. Les douze places étaient presque prises et n'en faisaient plus que six. On avait tiré cette voiture de mes remises où l'on dansait et chacun et chacune y étaient entrés sans rien savoir les uns des autres. Tous mes appartements étaient ouverts. Je voulus à une autre fête pareille la finir au moins pour moi, à sept heures du matin. Deux masques me réveillèrent et furent bien effrayés de me trouver dans mon lit qu'ils avaient destiné à être le leur.

*

J'ai toujours tout fait de tout mon cœur. Obligé à communier avec l'impératrice Marie-Thérèse, je n'avais pu trouver à dix heures du soir un confesseur qui sût le français. J'aurais pu dire en allemand, mais trop grossier, le seul genre des péchés que je commets, car excepté celui-là, je n'en avais pas d'autres que de ne jamais aller à l'église.

On me nomme le Père Aubri ou Aubré dans la maison où je soupais. On me nomme la sienne et j'y cours à onze heures. J'éveille tout le monde. Je me trompe d'escalier : je parais dans l'antichambre d'une jolie femme, on me prend pour un amant. On me chasse. J'ouvre une porte. Elle se ferme après moi. Je me trouve dans un grenier. On entend du bruit. On monte, on me prend pour un voleur. Je me sauve ou plutôt je me damne de toutes ces méprises. Enfin, je trouve l'escalier de mon révérend Père et, bien résolu de faire tout de bien bonne foi, je lui dis : « Monsieur, vous avez été jésuite, vous êtes indulgent sans doute. Ne vous levez pas, me voici à vos genoux. » Je commence ma prière et puis ma confession. Il me prend pour un mystificateur et effrayé de mon insolence impie ou de la singularité et multiplicité de mes petits crimes, il me met à la porte.

*

J'ai parlé déjà du siège de Valenciennes où j'allai une fois comme seigneur de paroisse et où, l'autre fois, je restai vingt-quatre heures comme colonel. Toutes les femmes qui étaient à Belœil y allaient aussi, et quand elles ne voulaient pas tant en approcher, je les menais à deux hauteurs dans ma forêt, le Happart et le mont Crapaud. Le Happart, dans la forêt de Belœil sur le territoire de Sirault, le mont

Crapaud sur Blaton, où l'on me menait quand j'étais sage à sept ou huit ans, voir les mêmes sièges du temps des Français de meilleure compagnie que ceux-ci.

Je riais en moi-même de voir finir ma carrière comme je l'avais commencée et je haussais les épaules de ce que les événements me mettaient dans le cas de voir la gloire des autres, au lieu de les rendre témoins ou coopérateurs de la mienne, ce à quoi il y avait eu plus d'apparence.

*

Deux fois j'ai été choisi, et presque commandé, pour commander l'armée d'Italie. C'était dans mon lit qu'on m'avait pris pour cela et où ma paresse me tient très éloigné des bassesses qu'il faut faire pour réussir.

Deux fois j'ai appris de même dans mon lit qu'on m'avait préféré les quatre invalides[140] qui ont perdu ce beau pays-là. Et enchanté qu'on eût pensé à moi pour le sauver, après avoir juré, sacré, haussé les épaules et secoué les oreilles, j'ai vu un moment avec peine la fin de tous les romans de victoire auxquels je m'étais livré. Mais j'ai le bon esprit de saisir avidement et de me dessaisir tranquillement de tout ce que la jouissance me promet d'heureux, mais dont la privation ne me fait pas la plus petite chose.

*

Il a toujours été à la mode de bien me traiter partout et j'ai éprouvé des choses agréables de plusieurs pays. J'ai six ou sept patries: Empire, Flandre, France, Espagne, Autriche, Pologne, Russie et presque Hongrie, car on est obligé d'y donner l'indigénat aux généraux qui ont fait la guerre aux Turcs, et je l'aurai à la première Diète.

J'en ai déjà perdu quatre de ces patries.

À la vérité je pourrais presque aussi compter l'Écosse car on m'y a naturalisé par un ordre un peu polisson, à la vérité, les *Beggers*[141], dont on m'a envoyé une belle patente et tous les attributs, parce que de jeunes Écossais que j'avais bien traités, bons garçons, bien étourdis, m'ont autrefois jugé digne d'eux.

*

Il me convenait autrefois pour mon agrément et le bien des affaires du Pays-Bas d'être de toutes les confréries. Je réussissais à merveille à tous ces soupers de deux ou trois cents bourgeois, bons buveurs, friands et bonnes gens dans ce temps-là.

Aux unes on tirait de l'arc, aux autres de l'arquebuse ou du canon. C'était, je crois, celle de Saint-Antoine à Gand. Dieu me préserve, me dis-je à moi-même, d'en gagner le prix car cela me coûtera le diable. Je vise deux pieds au moins à gauche du blanc et voilà mon boulet au milieu. Je m'en applaudis malgré moi. On me porte sur les mains. Je porte sur les épaules mes chers confrères qui jetaient leurs chapeaux en l'air et écorchaient mes oreilles de leurs *vivats* flamands et par conséquent peu harmonieux. Je demande comment il s'est fait que j'aie aussi bien tiré et j'apprends que le corps d'artillerie avait donné ce canon à notre confrérie parce qu'il était gâté et avait le défaut de donner sur la droite.

Roi malgré moi, je n'en fus pas moins fort aise, malgré tous les soupers à donner et les présents à faire. On me donna le ruban et la médaille, deux canons en sautoir et il n'y eut jamais plus de bonne, grosse et presque aimable gaieté dans la ville pendant huit jours[142].

*

J'ai eu tant de ces triomphes populaires, et ils ont été si mal dédiés depuis quelque temps, que ce n'est plus celui de s'en vanter. J'ai fait une demi-poste conduit par le peuple qui s'était attelé à la place de mes chevaux par tendresse et par honneur. Ce peuple était celui d'une ville de mon gouvernement qui changeait d'avis et d'amour tous les mois depuis quatre ou cinq ans[143].

*

Il y a des occasions où il est plus essentiel d'être bien avec le peuple, c'est lorsqu'un esprit de vertige l'a séduit. Il s'avisa pendant un certain temps, dans des terres que j'avais près d'Aix-la-Chapelle, de s'ériger en secte pour corriger la Providence : persuadé que sa justice était plus généralement et plus également distributive, il prenait aux riches pour donner aux pauvres. Je plaignis ces insensés et les fis enfermer le moins que je pus pour ne pas les propager. Les seigneurs du village qui en faisaient des martyrs les servaient à souhait et en augmentaient le nombre.

Un jour, ou plutôt une nuit que je passais dans ce pays singulièrement charitable pour aller faire la revue de quelques régiments sous mes ordres, j'étais cassé et culbuté avec ma voiture au fond d'un chemin creux.

J'entendis arriver une bande de ces pieux brigands qui s'annonçaient au bruit des fers qui étaient cachés dans leurs gros bâtons. Ils ne s'en servirent que pour me remettre sur mes pieds et me quittèrent, en me donnant mille bénédictions pour aller piller un curé de leur connaissance.

*

Quel moment que celui de voir finir et souffrir un grand homme qu'on a vu si souvent se jouer de la mort et qui enfin tombe entre ses mains comme une créature ordinaire ! Le maréchal Laudohn, à la vérité, l'appelait depuis huit jours à cause des souffrances terribles que l'ineptie d'un chirurgien lui causait. Un jour, avant d'expirer, il me reconnaît. La porte était ouverte. Il m'aperçoit dans son antichambre, m'appelle d'une voix épouvantable et lui, qui me parlait toujours allemand, voulant s'essayer en français, me dit : « Cher prince de Ligne, je suis terrible ! » Cela était vrai, mais ce n'était pas ce qu'il voulait dire. Il voulait me faire entendre qu'il souffrait terriblement. On ne peut pas se faire une idée de ce que j'éprouvais. Je voulais me jeter sur la main de ce vieux et vénérable soldat pour la lui baiser avant qu'il mourût. Je suffoquais. On fut obligé de m'emporter hors de sa chambre.

*

Il avait de la simplicité d'enfant et de la crédulité d'une dupe. Un intrigant le fit Écossais et lui fit signer Loudon au lieu de son nom tel que je l'ai écrit plus haut et qu'il avait signé toute sa vie. Sa femme le fit de même catholique. Il crut l'être sans trop rien savoir de sa religion. Cela s'arrangera là-haut. Il est peut-être sauvé.

*

Hélas ! je viens de voir finir de même mon autre héros, mon autre maître, le maréchal Lacy. Trois jours avant, par malice de malade, il voulut me donner ses gants trop étroits pour ses mains enflées. Il voulait voir si je me jetterais dessus avec empressement, comme sur le legs d'un ami mourant. Je lui dis de me donner plutôt une étrenne au jour de l'an. « Je ne pourrai vous donner la plus petite chose, me dit-il, le premier du mois prochain, ni le premier de la semaine prochaine. » Cela ne se vérifia que trop.

*

Un des moments les plus touchants de ma vie, ce fut l'adieu du corps des grenadiers que je commandais et que je quittai à la paix de Teschen[144] ! Je le rencontrai sur le pont de Prague où chaque division allait se séparer. Il n'y eut pas un grenadier qui ne montât sur le marchepied de ma voiture pour me dire encore quelque chose de tendre et de sensible.

*

Je connais un bon diable, à l'ambition près qui lui tourne la tête, qui a fait rappeler un de ses protecteurs, qui m'a dit du mal d'un autre le jour de sa mort, qui en a humilié un troisième et écarté un quatrième, et malgré cela c'est un bon homme, mais qui ne réfléchit point.

*

Du temps de Marie-Thérèse, il n'y avait pas d'espionnage dans les maisons pour savoir si l'on dit qu'un ministre est un sot. Il n'y en avait que dans les rues pour savoir si l'on allait chez les filles.

Il n'y a que quatre ans que la flatterie et l'intrigue

sont venues s'établir à Vienne. On ne connaissait pas les sottes cantates de louanges, ni les battements de main, ni les articles de gazettes, portraits, etc. Cette cour-ci avait eu la gloire de ne ressembler à aucune jusqu'alors. On adorait Marie-Thérèse, on aimait Joseph II sans leur dire. La première forçait à l'enthousiasme, le second à l'estime, cependant on ne leur faisait grâce de rien. Ils le savaient et ne le trouvaient pas mauvais.

*

Voici l'ennemi à trois marches de Vienne que quelque bonheur inattendu sauvera, ainsi qu'il l'a été des Turcs, des Suédois, des rebelles Hongrois et des Français déjà près des portes de cette capitale. Deux audacieux[145], c'est-à-dire l'un par l'autre, mènent les deux barques militaire et politique sans demander avis. Il est inouï de n'avoir pas demandé un Conseil de guerre pour prendre une position qui décide du sort de l'Autriche, et un Conseil de conférence pour un parti qui décide du sort de l'Europe. Il me semble que MM. Lacy, Clerfayt et moi pouvaient être appelés à l'un et MM. Lauzanskoy, Rothenhau, Zinzendorff et Choteck à l'autre. Les deux audacieux prennent beaucoup sur eux. Nous verrons comment ils s'en tireront.

Voici ce que j'ai dit sans qu'on m'en prie.

J'aurais fait les redoutes trois fois plus grandes. J'y aurais mis 12 000 volontaires au lieu de les mystifier à Clösterneubourg et, derrière les bataillons, en colonnes pour percer ou pour se déployer sur l'ennemi qui aurait percé entre les redoutes ou voulu tourner le *lager Veld*. C'est là surtout que j'aurais voulu que notre cavalerie eût joué un grand jeu. Malgré plusieurs défauts dans ce camp si intéressant, elle gagnera la bataille si Bonaparte veut nous la livrer.

*

J'ai une muraille à ma charmante maison du Kaltenberg où il y a le chiffre et la lettre initiale de la femme que j'aime et qui m'aime. Je crois toujours que c'est la dernière : Oh ! cette fois-ci l'est certainement. C'est un F et puis encore il y a une horloge et voilà bien des fois que je change l'heure où j'ai été heureux. Oh ! je ne la changerai plus. J'ai soixante ans, à ce qu'on dit, quoique je n'en croie rien. Vraisemblablement ceci sera la fin de ma belle carrière, embellie encore par cette dernière passion qui en fait la clôture. Aussi bien ma muraille se barbouillerait. Voici toutes les autres lettres effacées et le cadran marque cinq heures et demie, qui est le temps où j'arrive chez la charmante créature à laquelle je crois être attaché pour la vie.

*

Je goûte bien, à présent[146], le charme de la solitude et regarde du haut en bas de ma montagne les intrigants, les flatteurs, les importants, les gascons, les charlatans et tous ceux qui se donnent autant de mouvement que je m'en donne peu dans ce temps de crise où le calme de mon âme et de la campagne me consolent de n'avoir rien à faire.

J'écris du Kaltenberg. [Tous ceux qui ont perdu les Pays-Bas, l'Italie, et qui travaillent à perdre le reste, et tous ceux qui ont joué un rôle bon ou mauvais ont tous été sous mes ordres et ne s'attendaient pas à m'être préférés.] Je suis fâché d'être vengé des préférences. Ce n'est pas la vengeance que je veux. Je ne m'y suis retiré que pour ne pas voir les sottises qu'on fait, voyant approcher l'ennemi qui est déjà à Brügg[147], mais j'en descendrai pour me venger en me rendant utile. Je trouverai peut-être un coin dans une redoute ou aux lignes si on les attaque, où je pourrai encore une fois me faire honneur et rendre un grand service. Mon adjudant m'arrive. On fait la paix : Vienne est sauvé.

*

[Voilà trois hivers qu'il est question de moi pour commander une armée. Je n'ai en ma faveur, apparemment, que les soldats, le peuple, les gazetiers et les cabarets. On a mieux aimé se servir d'un stupide, d'un fou, d'un entêté, d'un paresseux, d'un faux, d'un fanfaron, d'un sourd, d'un invalide.

J'aurais voulu passer le Rhin, me porter à Juliers avec 120 000 hommes, brusquer Maëstricht, couper les Pays-Bas de la Hollande, y faire une insurrection, menacer les places frontières de la France et envoyer des partis jusqu'à Paris. On n'aurait pas songé à l'Italie, on serait revenu pour me défendre l'intérieur. On n'aurait plus osé passer le Rhin. On aurait fait une guerre défensive : ce qui réussit toujours mal et nous aurait donné beau jeu pour faire une paix perpétuelle et peut-être même encore honorable.]

*

[Je n'aurais jamais voulu qu'on tirât un coup de fusil en Empire. Je l'aurais laissé à la soi-disante protection prussienne, mais j'aurais repris nos pays perdus, en Italie. Je n'aurais jamais séparé mes colonnes pour faire des attaques combinées. Je ne me serais au moins jamais éloigné de mes voisins, mes secours, mes réserves. Beaucoup d'espions, de patrouilles, de chaînes, de troupes légères, de cartes détaillées, d'amour des habitants, d'activité pour connaître chaque sentier, de suite à surprendre, harceler, couper des petits postes, pour prendre la supériorité sur l'ennemi, car le ton qu'on donne à une campagne fait beaucoup. Au lieu de cela, je suis tranquille et fort heureux et jouis du présent sans regretter tout ce que je viens de dire que j'aurais fait et qui n'aurait peut-être pas réussi aussi bien que je l'imagine.

Je suis seul à ma montagne et j'écris dans un joli petit belvédère que j'appelle « mon petit Belœil » et qui me dédommage du véritable qu'un autre que moi ne se consolerait pas d'avoir perdu pour toujours.]

*

Qu'on distingue la vérité d'avec la fatuité et qu'on juge si ceci n'est pas dans l'ordre des choses naturelles. Il y a de quoi devenir fou à remonter comme cela au premier anneau de la grande chaîne des événements, mais en voilà deux qu'on va juger.

J'étais lieutenant général commandant les troupes aux Pays-Bas sous les ordres d'un bon homme[148] qui avait plus d'âme que de tête et qui m'aurait laissé faire. Je pars pour le fameux voyage de la Tauride. Jamais les premiers mouvements de la révolte n'eussent paru si j'étais resté à mon commandement. Si l'amitié qu'on avait pour moi ne m'avait pas suffi pour les arrêter, une seule menace de ma part en aurait fait trembler tous les auteurs et un seul coup de canon (s'il l'avait fallu absolument), chargé à poudre, les aurait fait mourir de peur. Il n'y aurait point eu de cocardes nationales ni de volontaires.

[C'est toujours le bien prétendu qui les commence. Il ne peut se faire, s'il y en a, que dans les premiers huit jours. Les troupes populaires sont ridicules huit jours de plus et dangereuses encore huit jours de plus. Le principe d'armer les bourgeois contre la canaille étend l'empire de celle-ci. La distance n'est pas assez grande pour que l'intérêt, l'ambition, l'ivrognerie et la légèreté ne rapprochent ces deux états que ne différencie qu'un habit de drap plus ou moins fin ou plus ou moins troué.]

J'aurai encore tout raccommodé si l'empereur avait voulu me permettre de partir de Barczisaraï (quoiqu'à mon grand regret), ainsi que je le lui ai proposé. Quelle différence ! C'est alors que tout a commencé. Le peuple a appris qu'il avait plus de bras qu'il ne croyait et on ne lui a pas prouvé qu'on avait plus de tête que lui.

*

Ce que je vais dire a l'air bien plus vantard, mais voici le fait. Quelques commérages de femmes, quelques mots dits, redits et malentendus, pouvaient avoir un peu refroidi l'archiduchesse à mon égard ; mais sans savoir pourquoi, elle a eu l'air de prendre au tragique, comme manque de respect pour toute sa famille, une équivoque d'adresse et de maladresse.

Mon adjudant Dettinger mit au prince Albert celle de ma femme et à celle-ci l'adresse du prince Albert. J'écrivais de Paris. J'avais proposé à l'archiduc Ferdinand et à son archiduchesse[149] de venir à Belœil et pour rendez-vous, je le proposais aux Altesses royales de Bruxelles en disant dans ma lettre qui fut remise au prince Albert : « Nous serons débarrassés bientôt de ce *Postzug* archiducal. »

Cette bêtise d'attelage qui d'ailleurs n'était bonne ni à dire ni à écrire (*mansit in alta mente repostum !*) m'aliéna tellement l'esprit de cette petite cour que le prince ne songea pas à me demander pour servir sous lui, ce qu'il aurait certainement fait sans cela.

L'archiduchesse est vive, et pourtant ne revient pas aisément. Elle gâte par là de grandes qualités qu'elle tient de sa mère.

[Le duc est bon, a beaucoup de connaissances militaires, mais je lui aurais été utile. Peut-être qu'il n'y eût pas eu de bataille de Jemmapes, ou plutôt qu'elle se fût passée autrement.]

*

Le duc de Brunswick[150] s'est ressouvenu trop tard de notre amitié, et s'est douté que je le pénétrerais. Il a dit depuis ce temps-là que j'étais l'homme le plus fait pour finir cette guerre-ci, et je lui ai fait répondre qu'il aurait dû le dire plus haut et plus tôt.

*

[Dirais-je une troisième vanterie ? Celle-ci est véritablement de la fatuité, car il y entre de celle de l'amour. Une femme me fit promettre de ne point faire de démarches pour commander l'armée d'Italie. J'y consentis, parce que, dans ce moment-là, je voulus donner le nom de bassesse à ce que je pouvais cependant faire très noblement. On dit que le Grand Vizir[151] n'attendait que cela. Sans déroger à cette promesse de ne pas faire de démarche ostensible, je le fis un peu parler. Mais je n'étais pas son homme. Je ne me serais pas laissé donner de Lauer[152], ni d'adjudant pour gouverner. Je ne me serais point laissé faire de plan par des freluquets ou des postillons qui aiment porter une nouvelle au Vizir, s'enfermant avec lui dans l'antre voûté de l'intrigue, rapportant l'ordre des opérations concertées avec lui de cette manière, et si je n'avais pas eu beaucoup de succès, je réponds au moins que l'ennemi n'en eût jamais eu de plus considérable et que l'esprit de l'armée eût été conservé.]

*

J'ai appris depuis que milord Granville[153] étant à Berlin au moment où la Belgique se remuait un peu, deux ans après sa prise, avait envoyé un courrier à notre Vizir pour me demander à la tête de l'armée sur le Rhin. On le renvoya sans en avertir seulement l'empereur.

Une autre fois, ce que je n'ai su qu'aujourd'hui, le comte de Castellafar[154] me demanda de la part de son roi de Sardaigne[155] qui, mécontent des autres, voulait, disait-il, quelqu'un de l'école de Loudon. Il ne voulait donner ses troupes à commander qu'à moi, et s'offrait à me donner les mêmes patentes et instructions que l'empereur. Thugut sourit agréablement, ayant presque l'air d'y consentir, changea de conversation et fit la révérence.

— Qu'avez-vous fait ? dit le lendemain à M. de Castellafar le chevalier Eden[156] qui se croyait du triumvirat avec Razumoffsky[157] et le Vizir qui se moquait d'eux. On est fâché contre vous ! On dit que vous vous avisez de donner des armées, et à qui encore ! Au prince de Ligne qui ferait exterminer la piémontaise et l'autrichienne dans une campagne.

Tout cela ne m'a pas empêché d'offrir mes services, chaque campagne, même *où, avec qui*, et *sans qui* l'on voulait.

[Tout cela ne m'empêche pas, dans ce moment-ci, d'attendre la bataille à laquelle il y a tant d'apparence et d'y chercher une place, ainsi que j'ai déjà dit, où je puisse finir et embellir ainsi ma carrière.]

CAHIER IX

Voilà deux ou trois paix faites depuis ce temps-là, quoique faites à la diable. Vienne est encore une fois sauvée pour ce moment-ci. Autres temps, autres soins. Ce n'est plus à la gloire, ce n'est plus à avancer que je pense à présent : c'est à ne pas trop reculer.

Un ordre injuste et barbare m'exclut de la capitale. Le sacrifice de 200 000 florins de rente à ma fidélité, la réflexion que je les aurais encore si la cour avait accepté la démission de tous mes emplois, et qu'on ne me fit reprendre qu'en me jurant que je serais fait maréchal dans quelques jours ; le rescrit qui décide que je suis presque en activité de service puisqu'on n'avait pas osé me mettre tout à fait de côté. Rien n'y fait. Le conseil jacobiniste qu'on a donné à l'empereur pour qu'il ne soit pas entouré de ceux qui sont payés pour lui être attachés, chasse les pensionnés.

C'est passionné que je suis. On s'est trompé sur le mot. Et une petite passion qui m'est arrivée depuis celle dont j'ai parlé plus haut et que je croyais la dernière, me console de cette injustice. Je quitte souvent ma retraite pour aller voir mon objet, simple, doux, gai, calme, un peu sauvage, provincial, campagnard, né sur les bords les plus éloignés de la Baltique, près de quelque forêt où il y a des ours.

*

Tant mieux. Une bonne injustice réveille le goût du public. On commençait à m'oublier. Et de peur que cela ne m'arrive, je donne des bals toutes les semaines à l'un des asiles que je me suis fait pour n'être pas trop éloigné de la capitale. Nussdorff est mon troisième refuge[158]. On dit : « Vous avez l'air de trop braver vos malheurs. Vous affichez l'insouciance. — Point du tout, mes prétendus amis, pauvres conseillers que je n'écoute jamais. Je l'ai naturellement cette insouciance qui me rend supérieur aux événements, et mon bal est la queue du chien d'Alcibiade. »

*

C'est à présent que, dégoûté de tout genre de travail, ayant fait imprimer trente volumes où il y a tout ce que j'ai pensé dans la vie, je ne me donne plus même la peine de penser. Ma pauvre tête est épuisée, mais mon cœur ne l'est pas. Christine en chef et sans que mes vraies ou prétendues passions soient sur la même ligne, la divine et bien divine Euphémie, la céleste et bien céleste Flore, et la personne que j'imagine toujours être une perfection si elle m'accorde... voilà assez pour ma félicité. Enfin, je suis dans l'état du charmant *farniente* si précieux et si peu connu.

*

Quelle belle existence était la mienne à mon superbe Belœil ! Dans vingt-quatre heures à Paris, Londres, La Haye, Spa, etc. J'ai été à Paris une fois pour y passer une heure et une heure à Versailles pour la dernière couche de la reine (je crois, au moins, que ce fut la dernière). Je la vis le quatrième jour. J'y menai à l'Opéra, dans un coche qui m'appartenait, toute ma société.

*

Ce qui m'avait mis mal dans l'esprit de la reine, c'est que j'avais sauté les murs du couvent du Pont-aux-Dames, pour voir Mme du Barry qui, à la mort de Louis XV, y avait été enfermée. Je n'avais pourtant pas été encore tout à fait bien avec celle-ci dans ce temps-là. Louis XVI, en voiture avec lui pour aller à la chasse, me demanda jusqu'où j'avais été avec elle avant son exaltation. Je lui dis : « Sire, si j'avais prévu qu'elle en eût abusé, je ne lui aurais pas rendu ce que je lui ai pris. »

*

J'étais trop fat, et j'ose dire trop bien d'ailleurs et trop occupé pour payer. Acheter des plaisirs me paraissait odieux. Cependant, un jour, je me laissai aller à cette bêtise et fantaisie humiliante. Mlle Grandi me dit que j'étais le seul de tout le souper qui ne l'avait pas eue, et elle me dit que cent louis était son prix. Je lui en donnai soixante. Elle les accepte et me refuse. De colère et d'avarice j'en vas chercher quarante. L'une et l'autre me tourmentent lorsque je veux les gagner. Je me lève furieux contre elle, encore plus contre moi, et je m'en retourne à trois heures du matin, au milieu de la neige et de la boue, coucher chez moi, à une demi-lieue de la rue Saint-Florentin où j'étais. Je rencontre une bande de voleurs. Heureusement que la sentinelle du pont Royal m'en sauva en me disant de m'arrêter pour les laisser passer et il m'apprit qu'on les cherchait. Il ne manquait plus que d'être déshabillé par ces gens-là. Aurait-on pu passer une plus mauvaise nuit que celle-là.

*

Avant de connaître ma charmante famille, ma seule société, avant qu'elle fût tout à fait au monde, le meilleur temps de ma vie, c'est celui où j'étais aimé d'Angélique. Le bonheur dont je jouissais avec elle à Baudour, avec des gens très aimables, sa belle âme et sa personne qui seule l'égalait en blancheur, ne fut senti par moi que lorsque je m'y arrachai. Je me rappelle encore avec plus de tendresse que peut-être alors, que je fus assez bête un jour pour m'échapper d'une surprise et fête charmante qu'elle me donna pour aller assister à celles de Fontainebleau qui n'étaient pas pour moi, [et que je quittai pendant la nuit, pour me dérober à ses embrassements, la candeur, la grâce, la beauté, si mal remplacées par tout ce que je trouvai à la cour].

*

C'est cette Angélique de nom, de cœur et de figure dont je raconte le beau trait au sujet d'un tableau dans mes confessions ou *Contes immoraux*. Il me nourrit ce tableau, à présent que j'ai tout perdu, par les cinq mille florins que me fait la cour de Portugal, grâce à l'obligeance du meilleur des hommes, son ministre Lima.

Angélique m'a aimé à fond. On ne peut pas aimer davantage. Malheureusement deux autres femmes, les seules qui, avec elle, m'ont bien aimé, ont pris précisément le même temps. Je les aimais toutes trois aussi en même temps, de la meilleure foi du monde, mais cela me coûtait bien des embarras et des reproches. Celle qui m'en faisait le moins était peut-être celle qui souffrait le plus, mais je souffrais bien de celle qui m'en faisait. Je ne les trompais pas, mais je me trompais moi-même.

*

Angélique était presque mariée. Je crois que je fus père, mais ce ne fut pas pour longtemps. Mon seul petit fruit illégitime périt peu après être né.

Je crois pourtant que je fus père une autre fois, ailleurs, de cette manière-là, mais le petit comte mourut aussi en bas âge.

*

Legros[159], mon secrétaire, est le seul homme de lettres qui n'ait pas d'inconvénient. Il a tous les talents aimables et les qualités utiles.

J'ai vu Diderot, d'Alembert, Thomas, Buffon, La Harpe, Marmontel, Mairan, le président Hénault et tous les académiciens chez lui à dîner.

J'ai beaucoup vécu avec Dorat, Bernard, Pezay, Bertin, les deux de Lille, Pont de Veyle, Beaumarchais, Fréron, Boufflers, Ségur, Linguet, Arnaud, La Place, Crébillon fils, d'Alembert, Voisenon, Robé, Favart, Alfieri, Hume, Métastase, Calzabiggi, Casanova, Castellini, Meissner, Ancillon, Kotzebue, Hess, et, dans un genre plus essentiel, Meilhan et Griffet.

J'ai connu Lavater et Gessner. Je parle ailleurs de Voltaire et de Rousseau. Je dis ailleurs ce que j'ai fait et dit avec eux.

*

J'ai vu deux fois la Suisse, une fois l'Angleterre et quelque chose de l'Italie. J'ai fait plus de quarante fois le chemin de Vienne à Paris et de Paris ou Bruxelles ou de l'armée à Vienne. Deux cents fois sûrement de Bruxelles à Paris, deux fois la Russie, deux fois la Pologne, une fois la Moldavie, la Crimée, la Provence. Deux cents fois peut-être de mes commandements pendant la paix aux Pays-Bas à mes campagnes. Je parie que j'ai dépensé en voiture trois ou quatre ans de ma vie et plus de cent cinquante mille florins de poste seule ; et autant au jeu à ce que je crois.

Mes campagnes m'en ont coûté plus de huit cent mille et j'en ai donné au-delà de deux cents tant à mon régiment qu'aux autres troupes que j'ai eues sous mes ordres.

J'ai peut-être dépensé quatre ou cinq cent mille florins en bâtiments et jardins. Ce n'est pas trop. Et autant en fêtes ou choses extraordinaires comme des revues, des camps d'exercice, des entrées, des inaugurations, etc.

Le train ordinaire de ma maison aux Pays-Bas pouvait aller à soixante mille florins pendant trente ans, sans compter ma maison ambulante que je fais monter à trente ou quarante mille. Je compte en tout avoir dépensé sept millions de nos florins de Vienne ou vingt millions de livres de France, depuis que je suis au monde.

Cela se conçoit. J'avais, sans mes emplois qui me rapportaient 24 000 florins, deux cent mille florins d'Empire. Voilà déjà six millions depuis la perte de mon père en 1765 jusqu'à celle des Pays-Bas et de ma fortune en 1795.

J'ai vendu quelques terres et quelques maisons et gagné deux procès. Voilà le septième million. Je n'ai pas payé les capitaux que j'ai trouvés sur mes terres, mais je n'en ai pas levé de nouveaux et leurs améliorations, augmentations et plantations immenses ont bien remplacé le peu que j'ai vendu. Je referai et écrirai plus en détail ce compte encore pour voir s'il est juste.

On ne le croirait pas si je le disais, mais cela m'est égal. On ne croit pas que je veille à mes affaires et sais compter. Cela m'est encore égal. Je ne méprise pas l'opinion, mais j'en ris.

*

L'empereur Léopold confondait si bien les noms et les affaires qu'il a accordé des grâces à des gens qui n'en demandaient pas. C'est arrivé, par exemple, à un général qui s'appelait Le Bailly et qu'il crut être Baillet. Ce qui acheva sa surprise, c'est que l'un avait été colonel de Latour, l'autre s'appelait Baillet de la Tour et le troisième qui s'appelait de la Tour seulement, à qui il l'avait promis, ne le fut pas.

*

Un spectacle bien touchant pour moi fut de voir le Monsieur d'alors arriver à Coblence et se réunir avec tous les Français de M. le prince de Condé à ceux de M. le comte d'Artois. Je leur conseillai de marcher le lendemain en France presque sans armes, et s'ils n'en avaient pas d'essayer des échelles ou des intelligences dans une forteresse quelconque des frontières. La France était sauvée.

Je leur proposai Mariembourg, leur permettant de s'armer et de se rassembler dans mon comté immédiat d'Empire qui en était à une demi-lieue.

*

Quelle singulière carrière que celle de mon Louis ! Élevé sous les yeux de la reine, il devient à quinze ans, étant de la plus jolie figure du monde et ayant l'Ordre de Saint-Hubert qui lui allait à merveille, lieutenant dans son régiment de dragons ; après, capitaine dans Royal Allemand, ce qui me convenait pour qu'il fût traité comme prince étranger, puisqu'il l'était. Après cela major d'Orléans, ce qui ne me convenait pas, et puis lieutenant-colonel de houzards, ce qui me convenait un peu mieux. Pendant tous ces changements de corps il est mon aide de camp dans cette espèce de guerre de l'Escaut où je commandais l'armée. Rappelé par son ministère et ensuite volontaire pour son compte par étourderie plutôt que par séduction (quoique deux ou trois personnes l'y aient engagé) à la prise de Gand par les rebelles de Vandernoot[160].

Son ministère le fait revenir bien vite heureusement. Il se bat trois fois pour ou contre son sentiment sur la révolution, blesse ces messieurs et n'avait été blessé qu'une seule fois avant ces trois affaires.

L'amour le retient deux ou trois mois plus qu'il ne fallait en France. Il en part le pistolet à la main, cherche notre armée, s'engage comme simple houzard pour faire oublier la petite part qu'il avait prise à la sotte révolution flamande, devient ordonnance de son brave frère et après l'avoir vu... devient aide de camp de Clerfayt, a son cheval tué à une bataille, quitte le service, y rentre comme capitaine de grenadiers dans mon régiment, passe une rivière pour attaquer l'ennemi, rétablit, décide l'affaire, est fait major pour cette action et quelques autres ; emporte des abattis, des retranchements, des canons deux ans après en Tyrol, a tout l'honneur de la journée malgré tous les obstacles de neige et de précipices où il est près de périr, et, quinze jours après, ayant déjà eu à peu près les mêmes succès, est fait prisonnier par le général Ney[161] qui avait été maréchal de logis au régiment de cavalerie, en France, dont Louis avait été le major. Il est connu, reconnu, bien traité. Mais enfin il est pris et cette idée fait trembler. Quatre jours avant de savoir s'il était encore en vie ont été terribles pour moi. L'espérance est arrivée pour calmer mes peines, mais elles ne sont pas tout à fait passées quoique je n'aie presque plus raison d'en avoir. Dieu veuille que j'écrive encore sur ce cahier bientôt : Louis m'est rendu !

C'est ce que j'apprends dans le moment et Louis va m'arriver. Le Ciel en soit loué !

*

Ce brave Ney lui dit le jour qu'on le lui amena avec deux ou trois pelotons de mon régiment qui avaient été coupés, après avoir fait sortir les prisonniers : « Mon prince, vous avez commencé ma fortune, vous m'avez fait adjudant du régiment, je vous en prouverai ma reconnaissance, malgré l'ordre et la coutume de fusiller. Ne vous appelez pas Louis. Prenez un autre nom de baptême, puisque vous êtes trop connu sous celui-là. Je tâcherai de vous faire échanger le plus tôt possible. »

Que de risques ne courut-il pas auparavant ? Il est envoyé en France, à pied, avec des soldats. Il est reconnu entre autres fois à Zurich par le maître de l'auberge où il avait logé avec moi quelques années avant la guerre et lorsqu'il voulut le payer, ce bon honnête Suisse lui dit : « Non, mon prince, votre famille m'a assez fait gagner d'argent. Gardez le peu qu'on vous a prêté. »

*

Au commencement de la Révolution française, on croyait peut-être que je jouerais un grand rôle dans les armées des puissances qui s'y opposaient. Je reçus une lettre du club de Mâcon, signée par un M. d'Aumont, maréchal de camp d'autrefois que j'avais connu, où l'on me signifiait qu'on se déferait de moi et qu'on me brûlerait Belœil, si je m'avisais d'être aristocrate.

Une autre fois on m'écrit : « Méfiez-vous de tout le monde, dans le voyage que vous allez faire. On vous en veut. »

*

Dans un petit voyage que j'ai fait dans mon gouvernement, dans le petit espace de temps que les Pays-Bas furent à l'empereur, un M. de Lacombe entre chez moi sans se faire annoncer et me dit : « Monsieur, je suis jacobin, mais las de l'être ! Pour qu'il n'y en ait plus, je rentre en France avec des preuves de malversations et d'infidélité de quelques-uns de mes camarades, commissaires aussi à Saint-Domingue, pour les faire guillotiner et gagner par là la confiance de la Convention. Ensuite que voulez-vous que je sois pour mieux trahir ? Général dans Paris ou à l'armée, commandant de place ? Cela m'est égal. Voulez-vous un parti en France pour vous personnellement ? Il y en a un pour M. le duc d'York et un pour le duc de Brunswick, mais vous êtes plus connu et aimé que ces messieurs. On dit, monsieur, beaucoup de bien de vous en France, où l'on sait que vous passiez une partie de votre vie. »

Je le remerciai de la royauté. J'abdiquai dans l'instant et ne sachant pourtant pas s'il était fou tout à fait, je l'engageai à faire rendre aux Autrichiens Lille pour commencer à nous inspirer de la confiance. Je ne sais pas ce qu'il est devenu et si réellement il ne voulut pas produire quelque mouvement en France, car il me semble que j'ai lu son nom parmi les guillotinés de ce temps-là.

*

Une idée moins chimérique me fut proposée par les États de Zélande. Je fis hommage de leurs lettres et des conditions à l'empereur Joseph qui m'encouragea à les accepter mais les démêlés de la Hollande avec lui réunirent dans ce moment tous les partis. Plusieurs gentilshommes et magistrats de cette province m'en avaient offert le stathoudérat. Je ne l'aurais pas gardé longtemps quoique l'empereur m'eût dit : « J'engagerai peut-être la France à vous soutenir, car elle est mécontente aussi de la Hollande. »

*

J'ai perdu un fils qui s'appelait François. L'ai-je déjà dit plus haut ? Je crois que oui.

J'ai perdu un autre fils qui s'appelait Albert[162]. Je crois qu'il avait quatre ou cinq ans. Les bonnes firent tant pour sa taille qu'elles le rendirent bossu et les médecins pour sa santé qu'ils le tuèrent par des expériences.

*

Je ne puis jamais parler de Charles qu'un instant. Il eût été un grand homme et a été, même en mourant, le plus heureux des hommes. Tout l'amusait, l'intéressait. Il ne connaissait que l'honneur et le plaisir. Il était adoré de l'armée, du peuple et de la société et plaisait sans cesse par une aimable et piquante originalité, de naïveté, de premier mouvement et de facilité. Je n'ai jamais vu plus d'élan pour la gloire, plus de talent pour la guerre.

Je le tins par la main aux premiers coups de fusil que je lui fis tirer à une petite affaire d'avant-postes contre les Prussiens. Et je lui dis : « Mon Charles, il serait joli que nous eussions ensemble, ainsi, une petite blessure. » Il riait, il jurait, il jugeait, il s'animait.

Excellent ingénieur, il attaqua en règle Sabatsch et le prit d'assaut sous les yeux de l'empereur qui lui donna la croix et le fit lieutenant-colonel. Il se distingua partout. Notre paix faite, il va chercher des coups de fusil ailleurs. Il en reçoit un assez fort au genou en montant à l'assaut d'Ismaël, peu après être sauté à terre de sa barque où il avait eu, quelques jours auparavant, à une autre attaque, tout son équipage tué. Il avait fait une batterie, avait tout dirigé. Il eut l'ordre militaire de Saint-Georges pendu au cou et fut le premier, le dernier et le seul qui ait eu celui de Russie et de Marie-Thérèse. Il était colonel depuis trois ans et quartier-maître général quand...

Les Français même le pleurèrent. Ils ne durent le succès de cette journée qu'à ce qui arracha des larmes, même à des scélérats. La campagne, la guerre et l'Europe eussent peut-être tourné autrement car il se serait emparé du duc de Brunswick et l'aurait empêché de les perdre et de se perdre lui-même.

CAHIER X

Dans toute autre circonstance que celle-ci, Thugut serait un grand ministre, mais elles sont plus fortes que lui. Il est le premier commis de l'Europe, tantôt de Londres, tantôt de Pétersbourg et de la Révolution sans s'en douter, car on a tort d'accuser ses intentions. Il n'est ni ambitieux ni intéressé, ni républicain [surtout] depuis qu'il est à la tête des affaires, mais je crois qu'il ne m'a jamais pardonné, avant qu'il y fût, d'avoir trouvé un jour, devant beaucoup de monde, sa morale sur les gouvernements un peu relâchée et trop de légèreté ou de fantaisie au commencement de tout ceci. C'est un homme despote au contraire, qui craint le mérite des autres [en a à cela près infiniment], mais qui pour n'avoir d'obligation à personne ne s'entoure que d'espèces qu'il prend et charge de l'odieux quand il en a besoin pour se tirer d'affaire; et rancunier à l'excès. Je crois aussi qu'il aura su que j'avais dit dans le temps qu'on nommait Godoy[163] le prince de la paix, qu'il était le baron de la guerre.

Ce fut vraisemblablement pour s'en venger (et en vérité cela n'en valait pas la peine), qu'il trouva que c'était s'abaisser devant le gouvernement français que de donner la déclaration qu'il demandait : 1° que je n'avais pas servi contre la France ; 2° que j'étais domicilié en Autriche. Je l'obtins des puissances neutres, la Prusse, le Danemark et je ne sais plus laquelle. Sans cela mes terres qu'on affichait allaient être vendues.

Un de ses jockeys diplomatiques, cette pauvre tête de Dietrichstein vint me trouver tout effaré : « Qu'avez-vous fait, m'a-t-il dit, vous vous êtes adressé à la Prusse ! Le baron allait vous donner une armée ; il est furieux. Vous n'en aurez jamais. »

Je l'envoyai au diable, son baron et son armée et lui dis que c'était une platitude de plus de sa part et une bêtise de la sienne.

*

[Si Thugut savait qu'on fait plus d'affaires dans un salon que dans un cabinet, s'il avait respecté et consulté l'opinion, s'il avait voulu connaître les personnages, étant plus en état de les juger que personne, il aurait été un grand homme et notre monarchie serait plus brillante que jamais. Mais, vivant comme il vit, il ne la connaît pas et ce qu'on lui en dit est toujours infidèle.]

*

Quand je partirai d'ici, voici ce que je veux qu'on mette sur une grande pierre unie, dans le cimetière des anciens Camaldules, sur ma grande montagne, près de mon petit jardin :

Chéri de ses enfants, du peuple et des soldats,
Catherine, Lacy, Frédéric en fit cas.

ou bien :

Au calme ayant voué dès longtemps chaque jour,
Ligne ne fait ici que changer de séjour.

ou bien :

N'ayant pas pu mourir pour sauver sa patrie,
Ici Ligne commence une autre heureuse vie.

*

Ce que je dis ici et ailleurs sur les souverains n'est pas seulement réflexions, c'est la suite de mes liaisons avec tous, à l'exception de très peu ; ainsi cela tient aussi à l'histoire de ma vie.

Tout le monde aurait été et irait à merveille si Marie-Thérèse avait aimé un peu ;

Si Catherine II n'avait pas aimé trop ;

Si Joseph II n'avait pas été si prompt ;

Si Léopold II n'avait pas été trop lent ;

Si François II avait pris entre eux un juste milieu ;

Si Louis XVI n'avait pris conseil que de lui ;

Si Frédéric II n'avait pas eu trop d'esprit ;

Si Frédéric-Guillaume en avait eu davantage ;

Si le roi de Pologne avait eu autant de raison que d'agréments ;

Si Louis XVIII était né dans le Béarn au lieu d'être né à Versailles ;

Si Gustave III n'avait pas eu une tête chaude ;

Si Georges n'en avait pas une dérangée ;

Si le roi de Danemark et la reine de Portugal n'étaient pas dans le même cas;
Si le roi d'Espagne avait eu de l'honneur;
Si le roi de Naples avait eu du cœur;
Si le roi de Sardaigne avait eu plus de moyens.

*

François II[164] a de bons mouvements de cœur et de jugement. Il ne lui manque que d'être bien entouré ou de ne pas l'être du tout. Il est porté vers la justice et même la bienfaisance et croit et veut avoir de la fermeté. On veut qu'il soit dur.

Je le voyais souvent au commencement de son règne. Je lui trouvais de bons aperçus. Je l'aime plus que ceux qui m'ont éloigné de lui. Il est malheureux et intéressant, généreux et bienfaisant avec discernement. Il montre et il a de la bonhomie dans ses manières et son dialecte trop autrichien. Il écrit bien et clair en affaires. Il s'en donne trop, lit des paperasses inutiles et donne trop d'audiences qui le deviennent aussi. Mais c'est par bonté et pour satisfaire ou consoler. Il a beaucoup de mémoire, bon fils, bon père, bon mari. Je voudrais qu'il dît aux gens ce qu'il a contre eux pour qu'ils puissent se justifier. Ce que les sots ouvreurs de lettres lui disent de travers sert à l'indisposer mal à propos. Il se refuse tout pour le bien de l'État. Il n'a que de bonnes qualités, mais il a tort de faire aujourd'hui le prince de Wurtemberg maréchal plutôt que moi. L'intérêt qu'y a pris son protecteur a fait tort à tous les trois. L'intérêt que prend l'armée à moi et la ville et la cour (surtout l'archiduc Charles) m'en dédommagent bien.

*

[Les trois êtres les plus parfaits que j'ai connus, c'est mon Charles, le duc de Bragance[165] et le prince d'Anhalt-Bernbourg[166]. Ajoutez-y les trois plus intrépides à la guerre, en les mettant sur cette Ligne, Lacy et Loudon.

Le premier de ces deux, qui n'a pas lu le bien que je dis de lui dans mes ouvrages, n'a d'autre tort que d'avoir trop raison. Cela lui a fait manquer quelque occasion. Le second a eu souvent raison, parce qu'il n'en a pas supposé à l'ennemi, et il a eu une carrière plus brillante. Celle de la première est une gloire de perles et l'autre de diamants. On sait que les unes sont aussi précieuses que les autres, mais les unes sont un peu ternes et les autres éclatants.]

*

[De toutes les marionnettes qui ont paru sur le mauvais théâtre de cette guerre, la meilleure a été Clerfayt, mais la crainte de la responsabilité a paralysé souvent ses nombreux moyens.]

*

[Les extrémités se touchent, comme on dit toujours. Spielman[167], qui est un sot, a fait ce que Thugut a fait avec beaucoup d'esprit. Le premier nous a mis sous la tutelle de la Prusse, le second sous celle de l'Angleterre. Le premier aurait fait la paix dans un de ces moments avantageux qui se sont rencontrés, voyant qu'il ne savait pas faire la guerre, le second les a manqués parce qu'il s'est cru plus de moyens. Il a pris son entêtement pour de la fermeté, son amour-propre pour du caractère, son insouciance pour de la patience, son indécision pour de la prudence, son mépris de l'opinion publique pour de la philosophie, sa rancune contre quelques individus pour de la raison, sa mystification continuelle pour la politique et son peu de ressort pour calcul des événements possibles qu'il attend toujours, n'étant pas assez fort pour les faire naître.]

*

Milord Mamsbury[168] me demanda, un an avant le commencement du règne de Joseph II, ce que j'en prévoyais. Je lui dis : « Comme homme il a le plus grand mérite et talent ; comme prince il aura toujours des érections et ne se soulagera jamais. Son règne sera un priapisme continuel ou, si vous le voulez encore, ce sera un érésypèle comme celui du corps auquel il est sujet. »

*

Ce prince qui, sans cette inquiétude, cette agitation qui l'a conduit au tombeau, aurait été le meilleur souverain, a été méthodique jusqu'à son dernier moment en ne voulant pas qu'on exposât dans la chapelle le corps de l'archiduchesse[169], « puisque demain, ou après-demain, c'est le mien, dit-il, qui doit y être placé. Il faut le mettre ailleurs où il ne dérangera personne », et il enseigna l'endroit.

*

Systématique en tout, il m'a dit qu'il allait chez une fille avant d'aller chez une femme de la société qu'il pouvait s'attendre à avoir, pour n'être pas tenté d'en profiter.

Dès que dans une conversation il s'apercevait qu'il était porté à montrer un peu de confiance, il la reprenait bien vite, arrêtait sa manière aimable pour s'en donner une gênée et réservée.

*

On prétend qu'un jour qu'il me demanda, dans le temps de ses innovations aux Pays-Bas, ce qu'on pensait de lui, je lui répondis: «On dit que Votre Majesté veut notre bien.» Je ne m'en souviens pas. C'était peut-être, si je l'ai dit, pour m'amuser, car au contraire on aurait moins payé à l'administration.

*

Je n'ai jamais fait mal à personne. Si cela avait été on m'aurait fait plus de bien. Je n'ai guère à me plaindre de personne. Je me souviens à présent d'un libelle qu'un nommé Masson (à ce que je crois), espèce d'avocat de Nivelles à ce qu'il me semble, a fait contre moi. J'eus bien de la peine à obtenir qu'il ne fût pas puni. Il se donna pourtant celle de se sauver du pays pour quelques mois, ce qui prouve encore plus que son petit livre qu'il ne me connaissait pas.

Je n'avais pas voulu lui donner une des places qui dépendaient de moi parce qu'il était révolutionnaire et que je me suis toujours souvenu de ce que me disait le Père Griffet[170], qu'il fallait être du parti de ceux qui signent leur nom de baptême tout court.

Parmi plusieurs traits que j'ai oubliés, il y avait dans ce libelle, le seul (car pas même une chanson ni une épigramme contre moi), qu'une marchande de modes de Pétersbourg, nommée Chotusoff, m'avait fait jeter par les fenêtres, que j'étais un peu Jean foutre et qu'à mon entrée de gouverneur du Hainaut j'avais l'air d'un vieux Priape entouré de filles dont je m'occupais uniquement, et que j'avais été assez bête pour prendre de bonne foi des acclamations de: «Vive le prince patriote!»

Ceci est vrai. C'était dans une église où je prêtais, je crois, ou faisais prêter serment. J'acceptai ce *vivat* avec les autres, ne me doutant pas que son crieur y entendît malice.

Pour le Priape, il m'avait fait trop d'honneur. Il est vrai que pendant la marche ennuyeuse de l'entrée, des filles très jolies me jetaient des bouquets dans ma voiture et que la foule les arrêtant près de ma portière, je les remerciai beaucoup et leur dis que je les trouvais charmantes. Pour poltron, ce monsieur avait tort. Quant à cette Mme Chotusoff dont je ne connais le nom que parce qu'un général[171] le porte, je ne sais où diable il a pris sa chienne d'histoire. Il n'a pas dit qui étaient les jeteurs par les fenêtres et ce que j'avais fait pour le mériter. Quelques grandes dames et l'obligation que j'avais de passer la plus grande partie de la journée à la cour, ne m'avaient pas laissé la force ni le temps d'avoir des aventures de filles. Ce monsieur a encore eu tort.

Encore un reproche que je me rappelle, ou au moins il pouvait, selon lui, avoir raison : c'est que mon entrée lui parut plus bizarre que magnifique. Cela se peut. La guerre venait de finir et la révolution des Pays-Bas qui m'avait coûté cher aussi. J'aurais pu faire des dettes en galonnant mes gens sur toutes les coutures. Je crus, au contraire, que le peuple m'en saurait gré, et comme j'avais deux Turcs, quatre houzards, des Russes avec leurs barbes et un Tartare avec deux dromadaires[172], cela pouvait lui procurer sa comparaison ingénieuse avec Tamerlan ou un empereur de la Chine, car je ne me souviens plus bien à qui il trouvait que je ressemblais.

*

Une des choses qui m'a fait le plus de plaisir dans la vie, c'est d'avoir été applaudi au spectacle le jour que je reçus un régiment. On n'avait jusqu'alors applaudi personne que les acteurs.

*

[Un autre applaudissement qui continua les larmes que m'avait arraché à Tournai *Richard Cœur de Lion*[173], ne sortit jamais de mon cœur. Des émigrées charmantes et les grands rassemblements de gentilshommes français s'étaient aperçus de l'effet de cette pièce sur moi, et m'en remercièrent par des *vivats* mêlés aux : *Vive le roi !* Hélas, pourquoi ne m'a-t-on pas permis de les ramener chez eux. Je crois que j'y serais parvenu.]

*

Ai-je raconté qu'on m'avait engagé à accepter en France un régiment allemand, la promesse d'un gouvernement, le cordon bleu et le grade de lieutenant général ?

M. de Choiseul me dit : « Je vous donnerai tout cela, mais vous ferez une sottise. Croyez-moi, restez chez vous. Vous êtes plutôt ennuyé de votre cour que vous n'êtes piqué contre elle. » Il eut raison. Je m'y raccommodai et tout fut dit.

*

Il était impossible aussi que j'acceptasse ce que le prince Henry m'avait fait promettre par le feu roi de Prusse, si son oncle venait à mourir : lieutenant général, aussi l'Aigle noir et gouverneur de Stettin, etc. Ces propositions pour moi à ces deux cours avaient été faites à mon insu.

*

Un jour que j'avais parlé avec beaucoup de sévérité et de vivacité aux États[174], dans une de ces assemblées où je présidais, du respect dû au souverain qui devait employer souvent la force, je ne sais si c'est par hasard ou par malice qu'en me remettant dans mon fauteuil d'où je m'étais levé un instant, je trouvai devant moi l'estampe du duc d'Albe[175]. Un de ces messieurs me dit avec bonté de persiflage peut-être ou de naïveté : « Voici ce que nous venons de donner à copier à un jeune graveur que nous faisons élever. »

*

[La reine de Naples est pleine d'âme, d'élévation, de générosité, de suite à tout ce qu'elle fait. C'est le seul enfant de Marie-Thérèse qui lui ressemble. Mais malheureusement elle est plus vive, réfléchit moins et ne donne pas le temps, souvent à force de bonté, de s'expliquer, ni de lui dire les choses agréables ou reconnaissantes qu'elle inspire.]

*

[La reine de Naples est imprudente et confond et compromet par sa trop grande mobilité dans l'esprit ; mais quel roi, bon Dieu, que son mari, par la nullité et son courage qu'un marcassin mit en déroute !]

*

Si l'archiduc Charles[176] avait eu une meilleure santé, son application, son intelligence et sa fermeté auraient été doubles. Il aurait égalé Condé et Eugène. Il est brave, il est bon, il a de l'esprit, de la facilité à concevoir et de grandes vues militaires, mais la méfiance de sa santé donne de l'incertain à son imagination et l'arrêtera souvent, à moins qu'il ne soit sûr d'être bien guéri. Il voulait, disait-il, apprendre la guerre, servir sous mes ordres. Pourquoi, au moins, ne m'a-t-il pas pris sous les siens ? Voilà les princes et, outre cela, voilà les hommes !

*

Un des hommes les plus aimables que j'ai connus était le prince Louis de Wurtemberg. Lorsqu'il était notre volontaire dans la guerre de Sept Ans, il me donnait du goût pour les vers, et en faisait, et les lisait à merveille. Un jour il se brouilla avec le maréchal Daun pour une des plus mauvaises pointes auxquelles il se livrait quelquefois, par gaieté et souvent pour impatienter. Nous venions de prendre un camp. Il avait beaucoup plu. « Comment le trouvez-vous, mon prince ? lui dit le maréchal. — Trop profond, lui répondit-il parce qu'on enfonçait dans la boue. — Je savais bien, lui dit le maréchal, que vous critiquez tout ce qu'on fait. »

*

Le duc Albert est le militaire le plus instruit et qui a le plus d'érudition militaire. Ses Mémoires valent mieux que sa mémoire qui, hors de là, est souvent en défaut. Mais au grand air, à cheval, au milieu de beaucoup de monde, on dirait que tout ce qu'il a fait et dit à merveille dans son cabinet disparaît. J'ai à me reprocher un mauvais bon mot que peu de gens heureusement ont compris. Il me demanda la première fois que je le vis, après la bataille de Jemmapes qu'il avait perdue, si je le trouvais changé depuis une maladie qui en avait été la suite. « Je vous trouve, monseigneur, lui dis-je, l'air encore un peu défait. »

*

[Il est brave, honnête, vertueux, généreux, facile à vivre, éclairé comme je l'ai dit. C'est sa timidité qui suspend ses qualités dont ses beaux-frères et neveux auraient dû tirer parti.]

*

[Puisse la flatterie ne pas gâter l'archiduc Charles. Il a de grands talents. Puisse la faiblesse de ses nerfs ne pas se communiquer à son caractère. Il est général et soldat, c'est ce qu'il faut pendant la guerre ; mais il n'est pas officier : c'est ce qu'il faut pendant la paix, et les changements et protections ne valent pas grand-chose.]

*

L'archiduc Jean[177] peut, ainsi que je le lui ai dit, devenir un Créquy[178] par la perte de sa bataille de Hohenlinden, comme l'autre est devenu un grand général par Consarbrück. D'ailleurs il n'y a été pour rien. Il avait l'ordre de n'en pas donner. Il a la plus grande érudition militaire, une grande application et, je crois, du caractère. Il peut devenir un grand homme. Si cela est, j'y aurai contribué, ayant été le premier qui en ai, par hasard, découvert la semence et l'ayant appris à lui et aux autres.

*

An 1800 *ou presque encore* 1799.

Voici encore l'ennemi aux portes de Vienne. J'envoie dans l'instant un mémoire à l'empereur, pour l'attendre dans la position du Rittersberg, ou même dans les lignes de Vienne. Puissai-je le fusil à la main, comme un simple soldat, y finir et embellir ma carrière !

*

[J'ai proposé, il y a un an, de battre Moreau[179], ou à la position du Rittersberg, ou près d'Ittelsdorff, ou dans les lignes de Vienne, par un mémoire trop ennuyeux pour mettre ici. Et moi qui ai toujours été pour la paix, dès que j'ai vu qu'on ne songeait pas à mettre le roi de France sur le trône, j'ai conseillé alors de ne pas le faire, car Louis XIV n'a pas voulu la sienne après Malplaquet, mais seulement après Denain. On a lu mon projet. Il n'a pas été suivi. On s'est déshonoré. Il fallait arrêter d'abord son armée dans un camp marqué près de Mölick, et par là arrêter Moreau qui, sans l'armistice, faute des dispositions que j'avais proposées, serait entré dans Vienne trois jours après.]

*

J'enrage de ce qu'on fait et me sauve encore à *Mon refuge* sur ma montagne, comme il y a trois ans, pour ne pas le voir. Je parie que Moreau n'oserait pas nous attaquer si l'on fait ce que je dis.

*

On ne le fait pas. Voici la paix. On a raison, car, avec les mauvaises dispositions ou plutôt aucune de défense, Moreau, dans trois jours, aurait été à Vienne.

*

[Bonaparte est à la fois César, Alexandre, Annibal, Pyrrhus et Scipion. C'est un être prodigieux, mais il n'y a pas un mot à citer de lui en sensibilité ni élévation. Quand je le vois aimer autant les cérémonies et un peu l'ambition, il me fait penser à Paul Ier. Pourquoi a-t-il une femme et des parents et avec tous les inconvénients ? Cela ne lui va pas. S'il ne prenait par an pour lui que cent mille francs sans autre représentation que la parade que j'approuve, s'il écoutait, s'il répondait, ce serait le plus grand homme qu'il y ait jamais eu.]

*

Deux tiers de Catherine et un tiers de Paul Ier auraient fait le plus grand et le plus heureux souverain du monde, avant que celui-ci ne fût devenu tout à fait fou.

Le prince de Dessau et le duc de Weymar, mêlés avec quelques rois puissants, auraient été les meilleurs et les plus heureux des souverains. J'en dis autant de l'électeur de Baden mêlé avec celui de Bavière et du roi de Suède mêlé ou plutôt distillé dans quelques empereurs.

L'électeur de Hesse pourrait être mêlé avec l'électeur de Saxe qui a du goût, du mérite, du grotesque et de la vertu. L'un est si sec et l'autre si raide qu'il ne sait ni être, ni rendre heureux ; mais il est cordial, ainsi que toute sa famille.

Il faudrait trois quarts de l'électeur de Trèves avec un quart de celui de Bavière.

Alexandre Ier se bourgeoise. Le roi de Prusse se fait caporal. On ne voit que de bons pères et de bons maris sur le trône, mais pas de bons rois.

*

[Comme les gens gros ont peur de passer pour lourds, le comte de Cobenzl s'est fait léger. Il est actif, obligeant, facile, conciliateur et bon. Mais il ne se donne pas le temps de réfléchir.

Le comte de Trautmansdorff[180] inspire la confiance et la considération.

Zinzendorff est le ministre le plus instruit. Bon, intègre, de l'esprit. Mais un peu têtu et systématique.]

*

Deux neveux avec un million de florins de rente chacun, le maréchal Lacy avec tant d'amitié et d'argent comptant, tant d'autres soi-disant mes amis, ne m'ont jamais offert de secours, quand je n'avais que quatre mille florins pour ma femme, un fils, deux filles et moi, avant d'avoir vendu ce qui me fait vivre. J'ai été ainsi pendant deux ans que la moitié de mes appointements était arrêtée pour une dette à Brünn de mon pauvre Charles. Ainsi j'ai fait seize mille florins de dettes que je ne paie ni n'augmente.

[Je voulus éprouver un ami intime qui m'avait fait tant de promesses, le prince Louis de Wurtemberg dont j'ai déjà parlé. Il devenait duc dans ce moment-là. Je le priai de me prêter mille ducats dont j'avais le plus grand besoin. Il me les refusa.]

*

[Je viens de voir mourir cet autre ami M. de Lacy, et malgré sa sécheresse sur quelques articles où nous ne nous ressemblions guère, je suis aussi pénétré d'avoir vu disparaître ce grand homme qui, les derniers jours qu'il parla, me dit encore des choses bien tendres, et dont le suffrage m'honorait bien.]

*

J'ai été puni par où j'ai péché toutes les fois que j'ai cru faire de l'effet, et c'est bien fait. Je m'étais relâché de plus de cent mille écus dans un accommodement que je fis avec une espèce de petit parent de province en France, sur les prières, les visites, la grâce du duc de Bouillon aussi son parent, mais qui le trouvait *très joli*. « Ah ! monsieur, me dit-on le premier jour, quel trait ! quel âme vous avez ! » J'étais au comble de la joie. On parla encore de mon désintéressement pendant trois jours. Je crus que tout Paris disait en me voyant : « Voilà celui qui n'a pas voulu ruiner ce petit jeune homme en faisant vendre sa terre de Saint-Félix. » On l'a bien oublié, et lui tout le premier. Les gens raisonnables qui l'avaient prévu m'ont donné tort, et puis il n'a plus été question de rien.

*

Il était flatteur d'être des thés et de la société intime de feu M. le prince de Conti[181], de ses battues de Bertichères, de ses autres chasses, etc. Je crus lui en marquer ma reconnaissance par un présent qui, à ce que je croyais, devait être fameux, en France, par la singularité et la recherche.

Je lui envoyai de Bruxelles, dans la voiture la plus compliquée dans le genre du prince, une belle servante de vingt-cinq ans, avec une figure, une gorge et des couleurs à la Rubens. Voici ce qu'elle apportait : des têtes de porcs d'Alost, des couques d'Assche, du beurre d'Anderlecht, des déjeuners de Malines, des pets de béguine, du mostofé[182] du Hainaut, des boucquacouques[183] des Flandres, des gaufres de fermière, des hochepots, des tripettes, quantité de choses à manger froid ou à réchauffer, du veau de Gand, des chapons de Bruges, des poulardes de Campine, des lapins d'Estambruges, du mouton d'Ardennes, du cabliau de Blankenberg, des huîtres d'Ostende, de l'andolium de Bruxelles et des crevettes d'Anvers.

Cette excellente cuisinière était enterrée dans tout cela. Elle arriva ainsi à l'Île-Adam. On jouait. On causait. On l'annonce. « Ah ! comment se porte-t-il ce cher Ligne ? dit-on. Comme nous l'aimons ! Est-il là ? Qu'on demande quand il viendra et qu'on mette tout ce qu'il envoie où l'on voudra. Oh ! il est charmant. Qu'il est fou avec ce présent singulier. — Oh ! non, dit le prince, c'est qu'il me connaît. On mangera tout cela. » On ne le mangea pas. On l'oublia, ce qu'il y a de sûr. On ne m'en parla pas quand je revins. J'en dis un mot. « Quand et qu'est-ce que c'est, me dit-on ? Oh ! mon Dieu, oui certainement, je crois que je me souviens de quelque chose, mais je ne sais plus ce que c'est. »

Je parie que tout cela, avec le voyage, m'avait coûté plus de cinq cents ducats.

*

J'ai donné pour la même valeur peut-être à M. le duc d'Orléans en armes et équipages turcs ; à un de mes soi-disant amis en cheval, housse, etc. ; autant de voiture excellente au maréchal de Lacy ; statues de mon jardin de Clösterneubourg et berline anglaise au prince de Kaunitz ; en bijoux au prince Esterhazy ; en pétrifications à l'empereur François Ier qui me soutint que non six mois après ; au prince Charles de Lorraine en fusils et nouvelles inventions. Ils l'avaient tous oublié et eux ni personne ne m'ont jamais fait de présent, excepté ce qu'on ne pouvait pas s'empêcher de me donner aux cours de France et de Russie.

CAHIER XI

Le bêtise n'allait bien qu'à un homme de génie comme La Fontaine, mais j'en ai eu souvent de nuisibles, par exemple, dans le genre : « À qui la bourse ? » dans *l'Étourdi*[184]. Sur les premières lignes d'une lettre de la part de l'impératrice où je lis qu'elle donnait à un autre général le gouvernement que je demandais, j'envoie chez lui pour le lui apprendre et lui en faire compliment. Dans l'instant il en fait ses remerciements à la cour et à moi. Je lis ensuite : « N'en parlez à personne. Cela vient de se changer dans la minute : je crois que vous l'aurez. »

Les remerciements arrivent à Vienne le même jour qu'on allait expédier mon affaire : et, pour me payer de ma précipitation obligeante et de mon indiscrétion, j'en suis privé.

*

L'impératrice me donne cinq ou six ans après un autre gouvernement militaire. Elle y joint le gouvernement civil[185]. « Le duc d'Arenberg[186] qui le demande me fait pitié pourtant, me dit-elle, aveugle comme il est. — Donnez-le-lui, madame, lui répondis-je bien vite, il me fait pitié aussi. — [Eh bien], oui, dit-elle en me remerciant et en s'attendrissant, mais vous aurez le bel hôtel du gouvernement qu'il sollicite aussi. » Je l'ai huit jours, il le demande et l'obtient.

*

N'ai-je point écrit (car comme je ne me relis jamais, et n'écrivant qu'à bien des années de distance, je crains de me répéter), mon histoire de la possédée ? La voici. J'appris qu'une vieille femme depuis quarante ans dans le village de Morghem[187] au général d'Asper[188], après s'être confessée, sachant que le diable ou son mal allait lui prendre, entrait en convulsion quatre jours avant les quatre grandes fêtes de l'année et que dès qu'elle avait communié elle rentrait dans son bon sens et bonne santé. J'y allai avec une vingtaine d'officiers de la garnison de Gand, aussi incrédules que moi en diablerie. Je la vis traîner avec des cordes de chez elle à la sacristie et des hurlements affreux. Après les premières prières de l'exorcisme pendant lesquelles elle faisait des bonds que le plus fier saltimbanque ne pouvait pas imiter, le curé lui passa son étole autour du cou et la traîna au pied de l'autel. Elle y était tenue par un prêtre et le magister, des mains desquels elle voulait s'échapper lorsque, sans pouvoir voir ni entendre, le vicaire prenait de l'eau bénite, ou lisait le nom de Jésus.

Comme elle se confessait, vivant jusqu'alors comme une petite sainte, lorsqu'elle sentait que le diable ou son mal allait lui prendre, pour la guérir de l'un et de l'autre, le curé prit comme toutes les années précédentes l'hostie. La possédée hurla, écuma, sauta. L'eau bénite alla son train ainsi que les prières. Serrée de plus près, sa gueule enflammée et baveuse plus ouverte que jamais, elle reçut enfin le corps de Notre-Seigneur. La langue de feu blanchie d'écume et pendante se retira. Calmée dans l'instant elle fit elle-même ses prières, baisa la marche de l'autel et alla les continuer sur un banc, à côté des autres femmes du village, comme si de rien n'était, après avoir ramassé sa coiffe ou bonnet, son fichu et tout ce qu'elle avait perdu ou déchiré dans ses fureurs véritablement diaboliques.

Est-ce intérêt ? Non. L'Église ni elle n'en avaient pas le sou. Est-ce vanité, singularité ? Non, personne ne venait la voir et n'y pensait pas. Est-ce imagination ? Ainsi que j'ai dit on prononçait trop bas le nom de Jésus pour qu'elle l'entendît. Pour être pourtant plus sûr que ce ne fût pas cette dernière cause, j'aurais voulu qu'on lui donnât une hostie qui ne fût pas consacrée. Si elle n'avait pas produit le même effet, rien n'aurait plus constaté celui du miracle. Cela valait la peine de l'approfondir pour la plus grande sûreté de la religion chrétienne. Mais on me répondit, fort mal à propos ce me semble, que ce semblant serait une espèce de profanation ou de mystification scandaleuse.

Qu'on croie ce qu'on veut, ce qu'on peut. D'Asper, encore vivant, était avec moi. Il savait tout cela avant d'y aller. Je raconte le fait tel qu'il est.

*

On dit toujours : « Ce sont des bêtises. Je ne crois pas au merveilleux. — Ni moi non plus. Mais voici ce qui est arrivé », dit-on toujours. Eh bien ! je dis de même et je permets de croire que c'est ainsi qu'on fit encore dans ces occasions un tour ou une ruse de voisin qui voulait m'éloigner peut-être d'un corps de logis qu'il destinait à quelque chose.

Une nuit, à mon hôtel du gouvernement à Mons, où depuis quarante ans on avait, disait-on, des apparitions, j'entendis des espèces de sifflements ou soupirs et tant de bruit à ma porte toujours prête à s'ouvrir ou à se fendre en éclats (quoiqu'il n'y eût ni vent ni fenêtre ouverte), que je sonnai. Angelo, mon valet de chambre, arriva, sortit précipitamment de mon appartement et jure encore à présent qu'il a vu une grande figure blanche s'échapper, qu'il aurait poursuivie si la peur et ses jambes ne l'avaient arrêté. Mon caporal d'ordonnance coucha dans mon antichambre. Je n'entendis plus rien et dormis alors très tranquillement.

*

[Quand je pris possession de mon gouvernement, je montai au grand galop, avec une suite considérable d'officiers, mes houzards et des ordonnances, la montagne qui est à l'entrée de la ville. J'allai recevoir ainsi, toujours à cheval et très militairement, les hommages du magistrat et du Conseil, des États, etc., à mon hôtel où je descendis.]

*

L'inauguration que je fis de la forteresse et pays de Luxembourg avec mes Russes à barbe, mes petits Tartares mahométans, quinze officiers de mon régiment sur un würst et beaucoup de gens à ma livrée, eut aussi fort bonne grâce. Cet air sauvage allait si bien à une province qui l'est aussi [189].

*

Je manquai d'y être tué une fois, à une manœuvre de toute la garnison, d'une balle destinée à un major, qui alla blesser à côté de moi un avocat nommé Hallebardier, et une autre fois, à Gand, d'un escouvillon qu'on oublia de tirer hors du canon.

*

J'ai eu à Tournai un moment bien touchant et bien agréable. J'y allai par hasard, de Belœil, au premier moment de l'émigration. On joua *Richard Cœur de Lion*. On me vit dans ma loge attendri à l'air de : « Ô Richard, ô mon roi ! » On m'applaudit à tout rompre. De vieilles et jeunes Françaises se jetaient hors de leurs loges. Tout le parterre composé de jeunes officiers français qui sautèrent sur le théâtre pour l'assaut ne cessait de crier : « Vive le roi ! Vive le prince de Ligne ! » Je n'en pouvais plus. Il y eut un trait dans la pièce où l'on promettait de venger le pauvre roi prisonnier. Je m'avançai en applaudissant, avec l'air de vouloir y contribuer. Je le croyais alors et il était vraisemblable qu'on m'y employât. Ce mouvement remarqué me valut encore des battements de mains qui ne finirent que pour s'essuyer les yeux inondés de larmes.

*

Une drôle d'idée qu'a eue le prince de Nassau, c'était de rétablir les seconds dans les duels, et il daigna jeter les yeux sur moi à ce sujet. Il devait se battre avec M. de Buzançais[190]. Il vint me trouver pour me proposer de l'accompagner à Quiévrain. « Mon ami, il fait trop froid et je m'amuse à Paris. — Tu refuses ce qui te fera honneur et à moi aussi. — Bel honneur de regarder bêtement des gens qui se tuent. — Non, ce n'est pas cela, tu le seras peut-être toi-même. — Oui, par ta maladresse ou celle de ton Buzançais s'il tire de côté. — Point. Le duc de Luxembourg[191] m'a promis qu'il se battrait avec toi : c'est son cousin, tu es le mien. Nous partirons demain tous les quatre. »

Me voilà consterné. Pourtant cela me fait rire. J'accepte. Je pense que le duc de Luxembourg aura moins d'envie encore de se battre que moi. Précisément. Il dit qu'il est enrhumé. La partie se dérange. Il m'envoie faire ses excuses par un vieux lieutenant-colonel de son régiment du Hainaut qui doit, me dit-il, aller à sa place.

« Monsieur, lui dis-je, compte-t-il être acteur ou spectateur ? — Oh ! je ne donne pas là-dedans, je suis témoin. — Monsieur, en ce cas, je vous donne à ma place M. de Gervasi, major de Nassau, et cette lettre pour mon concierge de Belœil, pour que l'on se batte au moins chaudement après y avoir bien dormi. »

Les papiers publics m'ont appris ce que j'avais oublié et ce qui y était : « À dîner pour quatre. À souper pour trois. Enterrement dans mes serres et digne d'un grand d'Espagne, car ces messieurs le sont tous les deux. »

*

Je me ressouviens que j'ai toujours été bien indifférent sur tout. Avec du soin, j'aurais eu à vingt ans le régiment de Ligne-Dragons qui venait de gagner la bataille de Kolin. J'y avais été. Mon oncle venait de mourir. Je détestais déjà l'intrigue. Je crus que d'envoyer à Vienne, écrire à l'impératrice en serait une. J'aurais été maréchal à trente ans.

*

La maîtresse de l'empereur François Ier m'échappait, et en cessant d'être la mienne, elle voulut me consoler en me faisant lever une garde wallonne à cheval. Je m'occupe de l'uniforme : rouge, parements velours jaune, broderies d'argent, casques, chevaux, queues et tournure à l'anglaise. Mes jeunes gens auraient été jolis comme des anges.

Je crois la chose faite. Je m'en vante. Je ne fais point de démarches. La princesse croit que j'en fais.

Personne n'y pense. J'aurais encore été, par ce moyen-là, maréchal à trente ans. Je ne le suis pas à plus du double et je m'en... ris.

*

J'avais un rendez-vous au jardin de Montecuculli[192], à présent de Razumoffsky. Je passe très vite devant la petite chapelle du haut pont, sans me douter que son petit saint y attirât une bénédiction et une procession qui, dans le moment, débouchait d'une petite rue. Un dévot en colère retient les chevaux de volée et les secoue à les renverser. Un autre se jette sur mon postillon. Un plus dévot encore le bat. Je lui crie : *Fahrt zu zum Teufel* (mots qui parurent dans la plainte et qui manquèrent de me faire casser). Mon postillon fouette. On arrête les quatre chevaux. Les dévots colères tiennent presque les roues pour me rouer de coups aussi, peut-être. Je sors, et comme malheureusement je n'avais pas de canne, je disperse l'épée à la main toute la procession. Le prêtre resta seul à son petit autel, mais je poursuis mon chemin.

Deux jours après : le diable après moi. Clergé, bourgeoisie, police, gens de loi, trente cahiers d'écriture. Le maréchal de Neipperg[193] me fait venir. « Qu'avez-vous fait, m'a-t-il dit ? C'était bon du temps passé. Charles VI[194] même, le sévère, a ri de savoir les princes Eugène, de Commercy[195] et de Vaudémont à la maison de police pour du tapage dans les rues, mais une procession..., l'impératrice..., vous êtes perdu ! Allez trouver M. de Schrattenbach[196]. — Je n'en ferai rien, lui dis-je ; si je le rencontre, peut-être que je lui en parlerai. Bien obligé, monsieur le maréchal, vos bontés habituelles et votre intérêt dans ce moment-ci vous assurent bien ma tendresse et ma reconnaissance. »

Le procès empirait. Je craignais encore plus un sermon de l'impératrice que la cassation. Je trouve ce gros chef de police en entrant dans sa loge. J'y entre aussi. Je lui raconte l'insulte faite à ma livrée et à moi, le mal fait aux chevaux et au postillon et celui qu'on voulait me faire. Son Excellence me dit qu'on a eu raison et qu'on aurait très bien pu et peut-être dû tuer mon homme. J'entre en colère. Son Excellence me demande encore des détails. Je les lui donne. Son Excellence me dit qu'il ne sait pas d'ailleurs si ce que je dis est vrai. J'entre en fureur, et je lui dis, avec l'étourderie et la délicatesse de mon âge d'alors : « Croyez dans l'instant ce que je vous dis, car si Votre Excellence ne le croit pas… » Et je lui fais en même temps une mine à le jeter dans le parterre. Son Excellence fait semblant de me croire et apaise l'affaire.

*

En voici une autre pour laquelle je méritais bien plus d'être cassé. Je me trouve campé près d'un régiment qui avait décampé à une bataille. « Faisons justice, dis-je à mes officiers, tous de vingt ans comme moi, puisque tous les autres avaient été tués. Jetons les drapeaux dans les latrines. » On enlève la sentinelle pour qu'elle n'ait rien à se reprocher. On en fait un Colin-Maillard devant le front du régiment. Je lui donne pour sa peur cinq cents ducats. Les drapeaux vont où je l'ai dit. Qu'on juge du bruit que cela fait. Je vais chez le propriétaire de ce régiment comme si de rien n'était. C'était O'Kelly qui m'aimait beaucoup. Je le trouve en larmes. « Ah ! mon ami, dit-il, si vous saviez ce qui vient de m'arriver. Je suis déshonoré. Si ce n'est pas moi, c'est mon nom. Voici ce que c'est, mais n'en parlez à personne, en grâce : il vaut mieux assoupir l'histoire. — Oui, oui, lui dis-je, assoupissez et *motus* le plus que vous pourrez. »

*

Que n'ai-je pas mérité de corrections en coups d'épée ou procès pour des plaisanteries trop fortes, des fausses signatures, correspondances supposées, ridicules négociations, des achats que j'ai fait faire à des gens qui n'y pensaient pas, et cent choses incroyables pour me faire rire et quelques autres personnes aussi. Par exemple, à Liège, je me fis passer à la porte, à la poste et à l'auberge pour un cardinal envoyé par le pape pour admonester le prince-évêque sur ses maîtresses. Il pensa en mourir de peur et du scandale dont les papiers publics firent mention. Il écrivit contre moi au prince Charles : c'était mal s'adresser car il en rit comme un fou en m'en parlant.

*

Je manquai d'avoir une mauvaise histoire avec mes mystifications. Si j'avais été envoyé au chef des recruteurs prussiens qu'aurait-on dit d'un lieutenant général autrichien trop extravagant pour son rang !

Point de chevaux à la poste d'Augsbourg. Je m'ennuie. Je vais à un cabaret borgne avec deux colonels que je menais à un camp de paix de Joseph II, Schorlemmer[197] et Clerfayt. Je me vois observé par un ou deux amateurs. Je n'en méritais plus que par ma taille de cinq pieds dix pouces, car ma fraîcheur était passée. On me propose pour m'engager cinquante ducats. J'y consens à condition qu'on prenne les deux autres. Ils consentent pour Schorlemmer qui était beau. Ils ne veulent point de Clerfayt qu'ils trouvèrent trop vilain. Comme de raison, je ris. On ne riait pas. On était prêt à m'emmener. Mon nom donné à la poste me sauva heureusement.

*

Mon colonel étant prisonnier, mes autres officiers d'état-major et tous les capitaines plus anciens que moi ayant été tués, je parvins à ce premier grade sans grâce de la cour, car je n'en voulais pas plus à vingt ans qu'à présent. Qu'elle ne me dédommage de rien, par le plus petit secours dont j'aurais cependant besoin.

On ne me croyait pas officier d'état-major et, un jour, me traitant un peu trop en enfant, un officier que j'étais parvenu à faire aller dans une prairie derrière le camp, découvrit, mal à propos, ma veste galonnée et se mit à me faire des excuses pour lesquelles je l'envoyai encore plus au diable qu'auparavant.

CAHIER XII

J'avais gagné quatre ou cinq cents ducats à un général Wrbna[198], à un comte Desoffi, à trois autres officiers la veille de la bataille de Breslau. J'en avais perdu deux mille contre Rodény, Thomassoly, Gablosson, Blanckenstein qui vit encore. Je demande le lendemain comment se portent ces messieurs. Ceux qui me devaient avaient été tués, les autres se portaient fort bien. On dirait que l'or est mon ennemi mortel et qu'il me fuit pour ne pas être tourmenté.

*

Je pouvais faire cocus deux souverains morts quarante ans avant ma naissance. J'ai déjà parlé du goût de Mme de Cosel pour moi. Mme Tscherschoffsky, maîtresse de Joseph Ier, a eu un peu envie de ma petite personne à quinze ans. Elle était pauvre. Elle donnait à dîner par pique-nique à la maison où je demeurais avec mon père.

*

Mes vieilles maréchales étaient des ruines respectables comme Rome, aimables comme Athènes et galantes comme Versailles sous Louis XIV.

Une diable de raison de santé, dérangée avant l'affaire de Maxen dont j'allais porter la nouvelle à Versailles, m'empêcha d'avoir Mme de Mazarin[199], belle alors quoique fort ridicule. Je ne risquai qu'une certaine Dorothée[200] que M. du Barry, qui avait déjà formé le projet de donner une maîtresse au roi, me fit avoir en attendant.

J'étais ivre de plaisir, de fêtes, de surprise, d'enchantement et de l'espèce d'amour de cette Laïs qui me chanta cet impromptu à souper, chez elle, sur l'air de la romance de Gavigné :

Avec vous, prince charmant,
Suivre l'amour en folâtrant
Deviendrait un tourment.
Soyez mon amant,
Mais constamment

Pour vous Dorothée
De vous seul serait enchantée
Et dirait à chaque instant :
Aimez-moi bien, prince charmant,
Etc., etc.

Toutes les impures de l'Opéra, me prenant pour un jeune baron allemand, avaient formé des projets sur moi, mais n'aimant pas ce genre-là, j'ai cru que c'était le seul où il fut permis d'être fripon plutôt que dupe. J'avais un charmant uniforme. J'étais bien à ce qu'on disait. J'étais fort à la mode à ce que je voyais. Et puis, un Allemand parler français... « Comment, monsieur, vous êtes étranger ? Vous vous êtes battu malgré le froid qu'il fait ? Y a-t-il de la neige en Saxe pendant l'hiver ? Vous y avez été pendant quatre nuits au bivouac ? Colonel à votre âge ! mais c'est comme en France ? Monsieur votre père est donc duc et pair... »

*

On connaît le goût du prince Henri qui est mort. Il m'a cru plus bégueule que je ne suis. Il m'a fait coucher trois semaines dans sa chambre pendant la tournée des champs de bataille que je fis avec lui, et il ne m'a demandé que mon portrait en miniature. J'aurais ri et je l'aurais prié de se recoucher.

Je lui demandai un jour ce qu'était devenu un jeune et charmant officier des houzards de Kleist que j'avais vu enlever par les cheveux par un ouhlan au milieu d'une affaire. C'était précisément son favori Khopenecks devant qui je faisais cette question.

*

J'ai été de la première course de traîneaux qui s'est donnée à Paris. J'y culbutai dans un fossé du boulevard neuf la duchesse de Mazarin.

*

Après un souper à l'hôtel de Soubise, M. le duc de Chartres encore alors en cocher, MM. de Lauzun et de Jarnac en coureurs, M. de Guéménée, le chevalier de Luxembourg et moi avec des flambeaux derrière la voiture, tous en habits de fête, éclatants de paillons, nous courûmes tout Paris et conduisîmes ainsi milady Sara[201] et Mme de Cambyse[202] au bal de l'Opéra.

*

Nous avons eu une superbe mascarade chez la maréchale de Mirepoix[203]. Ma belle danseuse alors était Mme de La Vauguyon[204]. Tous les hommes avaient du rouge et avaient l'air d'ivrognes. J'eus beaucoup de succès parce que j'étais le seul qui n'en eût pas. J'avais à la vérité beaucoup de couleurs. Ce fut la première raison de l'amitié de la maréchale de Luxembourg qui me dit, pour faire connaissance : « Vous êtes, je parie, un homme de bon goût. »

*

Je n'ai jamais su, pas plus que quatre ou cinq autres jeunes gens, chez qui et avec qui nous allâmes manger une poule au riz, au sortir d'un bal de l'Opéra. Ces dames demeurèrent masquées. Je ne sais pas davantage si elles se connaissaient et nous connaissaient. Elles eurent un ton parfait, et la liberté qu'une aventure extraordinaire amenait nécessairement. Elles ne passèrent et ne nous laissèrent point passer à trop de licence jusqu'à ce que l'échauffement de la veillée et de nos propos et de l'imagination ait passé encore ailleurs.

*

M. le duc d'Orléans (alors) et moi, nous pensâmes être victimes de notre curiosité et point du tout de notre libertinage, car nous ne voulions que savoir si ce n'étaient pas de jeunes personnes échappées de la maison paternelle ou quelques mauvaises têtes du grand monde, comme cela est quelquefois arrivé. Nous étant laissés raccrocher par deux demoiselles qui eurent l'esprit, au jardin des Tuileries, de nous séparer et de se faire passer pour des personnes de la société qui nous connaissaient et par une conversation assez piquante insensiblement, elles nous conduisirent aux Champs-Élysées, à une petite baraque où trois jeunes gens ayant l'air d'essayer leurs couteaux me prièrent d'aider ces demoiselles abandonnées, me dirent-ils, par des parents de distinction. Je fus assez heureux pour cacher ma Toison d'or avec une chaîne et une montre de diamants ; et louis par louis, avec leurs gestes et pourtant des propos obligeants, on me fit donner la douzaine que j'avais dans ma bourse.

*

On est parfait à l'âge où l'on est tourmenté mal à propos pour le devenir. On est tendre, reconnaissant, exalté jusqu'à seize ans, bon enfant, bon citoyen. Par exemple je n'en avais que douze. Je voulus me battre pour l'honneur des écuries de l'empereur, de la Josephstadt, avec le fils de l'ambassadeur de France, M. de Hanseport. Je lui soutenais que c'était un plus beau bâtiment que le Louvre. Il se fâcha. Je me fâchai et nos gouverneurs se fâchant encore davantage nous défâchèrent malgré nous.

*

J'ai déjà dit combien de fois j'ai été au moment de sortir de cette pauvre, jolie, triste et charmante vie. Je me ressouviens d'avoir été traîné encore une autre fois le pied dans l'étrier, d'avoir été emporté en voiture par quatre chevaux presque sauvages qui s'étaient défaits du postillon, pas loin de Bade, un rocher à gauche, le Danube à droite, dans la descente la plus rapide.

Une autre fois d'avoir voulu, pour faire l'agréable à une revue de Croates, sur l'esplanade, passer à la nage la très petite et vilaine rivière de Vienne, mais elle était débordée et cherchant longtemps à en sortir à cause de son grand escarpement, je manquai d'y rester au milieu de beaucoup de cris très obligeants qui étaient une espèce d'oraison funèbre.

*

À propos de Croates, j'eus un fort bon moment dont j'aurais voulu me passer. L'empereur Joseph savait que je préférais mon lit ou bureau de travail, puisque c'est la même chose, à la courtisanerie du vol du héron à Laxembourg ou de la revue des bataillons qui y passaient successivement pour s'en retourner en Hongrie après notre dernière petite guerre de Prusse. J'y étais d'autant moins porté que je voyais échapper de belles occasions de gloire pour moi, et qu'il y avait assez de nos généraux terribles en paix, paisibles en guerre, qui y faisaient leurs embarras. L'empereur me dit: « Vos Lycaniens[205] passent demain. Vous qui les aimiez tant la campagne passée vous ne pouvez vous dispenser de les aller voir. » Je l'y accompagne. Ces bonnes gens qui se reposaient dans une prairie au moment de reprendre leurs armes, me reconnaissent, m'entourent, me prennent par la main ou baisent mes genoux, mes bottes, mon cheval, et me criant des *vivats*, au lieu d'aller se ranger, comme on leur en donnait l'ordre, puisque l'empereur arrivait. Je ne sais pas si, de penser si peu à lui, lui fit grand plaisir.

*

N'est-il pas singulier qu'à la formation du corps d'émigrés sous M. le duc de Bourbon, en 1792, on oublia de lui donner des canons ? Je lui donnai les miens de Belœil, tristes restes d'un grand nombre que nous y avons eu, dont un de mes grands-pères eut le bêtise de faire les cloches pour sa paroisse de Sainte-Gudule.

*

Je ne conçois pas comment avec la figure, l'habit, l'accent, la grande queue d'un vendeur d'orviétan, Cagliostro[206] a fait des dupes. Il a été la mienne. Je lui ai présenté ma belle-fille d'alors qui n'était point du tout malade. Il lui donna de sa liqueur jaune et insignifiante et, après m'avoir conté qu'il a guéri tout le sérail de l'empereur du Maroc, il me dit que lorsqu'il n'était pas sûr de son remède pour quelque maladie désespérée, il levait les yeux au ciel, ce qu'il fit alors, et lui disait : « Grand Dieu si blasphémé par Voltaire, Rousseau, etc., vous avez un serviteur dans le comte de Cagliostro. N'abandonnez pas le comte de Cagliostro. » Et Dieu l'assista. Il y avait cent personnes dans son antichambre. C'était à Strasbourg.

*

Ai-je dit que mon éloignement d'affaires et de calcul, et quelquefois la peur de faire de la peine, m'engageaient à donner de l'argent aux uns pour me laisser voler par d'autres ? et qu'un jour, j'ai compté quatorze perruquiers ou domestiques de mes gens. On les appelait commissionnaires. Ils étaient alertes pour que je les prenne à mon service ou plutôt me prendre au leur. Ils réussissaient. Ils en prenaient d'autres et ne me servaient pas mieux que ceux qu'ils avaient commencé par servir.

*

Le prince Henri de Prusse a continué malgré quelques petits orages occasionnés par une relation de guerre, quelques plaisanteries peut-être et mon admiration pour son frère le Grand Frédéric, à m'aimer presque tendrement jusqu'aux derniers jours de sa vie. Cela s'était réchauffé dans ses deux derniers séjours de Tœplitz.

Le duc de Brunswick en a fait profession aussi, ainsi que son frère et le duc de Weymar et les électeurs de Baden et de Bavière, les Anhalt, quelquefois Wurtemberg, autrefois les Deux-Pont, et presque toutes les grandes et les petites cours, de sorte que j'aurais été d'une grande utilité à la nôtre si, dans les cas urgents, elle avait eu l'esprit de m'y employer en commissions passagères : j'en aurais fait tout ce que j'aurais voulu.

*

Ce sont de drôles de gens que les gens à talents. Ils m'ont coûté bien cher, excepté Préville[207] que je faisais jouer à Bruxelles en lui donnant seulement à souper et des proverbes, ainsi qu'à Aufresnes[208]. Mais Lekain[209], par exemple, à qui je fis jouer Mahomet pour le prince Henri, quoiqu'il en eût un habit m'en demanda un et le commanda en or et en argent. « Cela ne doit pas être, lui dit le tailleur. — Eh bien ! lui répondit-il, faites-en un tel qu'il le faut à la vérité, mais avec la fourrure la plus chère et doublée du plus beau camelot de Bruxelles. »

Albanese[210] me dit qu'il meurt de froid. Je lui fais faire une superbe pelisse et il me dit le lendemain : « Et la *coulotte,* monsignor ? Pourquoi pas aussi une coulotte pareille ? »

*

Pour les gens de lettres, je me suis tiré d'affaire vis-à-vis d'eux, avec des louanges contre louanges et autant de vers qu'ils m'en faisaient.

*

Je fis peur au roi, un jour que je jouais au billard avec lui, en lui demandant un cordon bleu. « Ce ne peut être pour vous, dit-il, parce que vous êtes grand d'Espagne, ce qui est embarrassant pour le rang, et puis vos ordres vous empêchent d'avoir les miens. Ainsi, c'est pour quelque recommandation à la diable encore ? — Non, sire, lui dis-je, c'est pour Molé[211] qui veut avoir la plaque du Saint-Esprit pour jouer dans *le Malheureux imaginaire*[212]. » Il m'envoya promener et ne voulut pas qu'il parût ainsi sur le théâtre.

*

Par mes rapports et alliances en Espagne et en Portugal et la faveur des souverains, j'aurais eu les trois ordres de ces deux pays, cinq de Russie, deux de Prusse, deux de Suède, deux de Danemark, deux de Pologne, trois de Bavière, Malte, etc.

*

M. de Mérode, capitaine de mon régiment, au moment que la bataille de Hockirch[213] commençait, croyant que je n'avais pas de religion et voulant m'éprouver, me demanda s'il y avait un Dieu, voulant me faire aller au diable où je l'envoyai en lui disant : « Je n'en ai jamais douté. »

Comme si l'on s'était donné le mot pour me damner, un autre officier que j'aimais beaucoup, qui peut-être m'avait entendu tenir des propos légers sur tout cela, et dont j'étais le Mahomet à une autre affaire, me fit à peu près une semblable question. C'était pour savoir à quoi s'en tenir et point par malice. Maudit respect humain ! Et pour qui ? Un sous-lieutenant de dix-huit ans. Je répondis faiblement sur ma croyance et voici bien la contradiction de l'esprit humain. Il pleuvait des balles autour de moi et je me surpris un instant après à faire le signe de la croix de bien bonne foi, comme Henri IV à la tranchée de Montalban.

*

Fabris, brave officier du grand état général, et moi nous avions parlé, quelques jours avant l'affaire d'Adelsbach, du poème de *l'Art de la guerre*[214]. Il s'en souvint ce jour-là et, pendant un déluge d'eau et de feu, car il survint une grande averse, pendant la pluie de balles et de boulets, il me répéta une citation que je lui avais faite de deux assez mauvais vers :

Ces armes, ces chevaux, ces soldats, ces canons,
Ne soutiennent pas seuls l'honneur des nations.

Je lui répondis tout de suite, étant à l'aile de mon régiment et de celui de Bethlem et les lui montrant :

Nous avons des Hongrois, nous avons des Wallons !

*

Il n'y avait pas une ville dans la Belgique qui ne me donnât une marque d'attachement. Outre ma confrérie des Frères de la Miséricorde, à Ath, où j'avais un habit de moine comme les pénitents noirs et Henri III, j'étais de celle de sainte Dorothée, reine ou déesse des fleurs à Bruxelles et de je ne sais plus quoi à Anvers, etc.

Namur me donna et habilla à ses frais, à ma livrée rose, jaune et argent, une compagnie d'échasseurs qui de même que tous les paysans de mes terres restèrent bon royalistes, et le Luxembourg aussi qui avait prêté son serment de fidélité entre mes mains.

*

Un de leurs harangueurs du Tiers état, comptant me faire une belle phrase, me dit que tout le pays avait le cœur *navré* de plaisir de mon arrivée. Je lui répondis que le mien était bourrelé de la plus tendre reconnaissance.

CAHIER XIII

Une horreur de ma part c'est d'avoir profité d'une vanterie de Louis sur le compte d'une femme qu'il avait, m'a-t-il dit, tous les jours à six heures. Je le fis occuper à cette heure-là, ou causer, ou intéresser et j'y allai à sa place. « Je viens, madame, lui dis-je, de la part de mon fils qui ne mérite pas vos bontés, vous dire qu'il y renonce et vous proposer de vous venger. C'est un monstre. — J'y consens, me répondit-elle. »

Je me sauvai bien vite ensuite. Louis arriva avec l'air de la bonne conscience. Il fut reçu comme un chien. Tout cela s'éclaircit et ce fut moi qui, de l'avis de tous les deux, fut jugé un homme abominable.

*

Je bois plus qu'un autre quand il le faut, pour l'honneur. Je n'ai jamais été ivre qu'au théâtre. Un jour que je jouais Hortensius, après avoir fait attendre toute la ville, je parus enfin, moitié riant, moitié dormant, appuyé quelquefois contre une coulisse. Comme on ne connaît pas à Vienne beaucoup le spectacle français et cette pièce de *la Surprise de l'amour*[215], on crut que c'était de mon rôle, et on me fit compliment d'avoir joué si naturellement : c'était la surprise du vin plutôt que celle de l'amour.

*

Je fus un peu gris encore une fois cependant, à Carlsbad, en buvant douze bouteilles de vin avec milord Riversdale, pour noyer mon chagrin de ce qu'un mari fit partir, le jour de mon arrivée, sa femme dont j'étais amoureux. On dit que je parlai latin et ris toute la journée.

Ce qui fut plus sérieux ce fut la suite de cinq grands verres de vin de Tokay, dont chacun coûtait quatre ducats tant il était vieux, que je bus par bravade, chez le prince Xavier de Saxe, pendant le camp des soi-disantes manœuvres de Dresde. Cela me coupa les jambes. Je versai dans cet état sur le Geyersberg. On eut plus de peine à me relever que ma voiture. On me traîna comme un corps mort et sans être malade, avec la tête très saine. Je ne pus me tenir sur pied pendant cinq ou six jours.

*

C'était à une triste époque de ma vie et cela y contribua. J'étais allé consoler ce pauvre père de la mort du chevalier de Saxe que je ne puis oublier. Elle m'affecta d'autant plus qu'il s'échappa de mes bras pour passer à ceux de la mort. Il alla voir une fille, parce que je ne sais pas, me dit-il, si je ne serai pas tué, me paya trois kreutzers qu'il me devait, par la même raison, me dit-il aussi, me serra la main, lui qui n'était pas fort caressant, et alla recevoir un coup de pistolet.

C'était le 23 juin 1802, cinq jours après avoir donné un coup de sabre à l'endroit que je lui avais indiqué, sur le poignet, au prince Zouboff. Comme c'était le 18 de juin, jour où nous gagnâmes une fameuse bataille et qu'ils se battirent sur le penchant de la ruine de Geyersberg, je disais que c'était une seconde bataille de Kolin. Hélas ! celle de Tcherbatoff, près de la ruine du Riesenberg, ne fut que trop sérieuse.

*

Un jour que je me promenais dans mes bois avec mes quatre ou cinq plus jolies chanoinesses d'Edelstetten[216] (mon indemnité que j'appelle indignité, à cause de l'abomination de voler l'Empire), je vis un feu à trente pas dans la forêt et, ordonnant à un de mes gens de courir pour le faire éteindre, voyant qu'il s'en retournait tout effaré, je saute de la voiture pour faire le leste aux yeux de la charmante Louise de Freyberg que j'aime de tout mon cœur, et pour lui plaire, en faisant le brave, je cours en tenant ma canne d'une main hostile. Quel fut mon étonnement lorsque, près d'entrer dans le bois, j'entendis d'une voix terrible : « Ne faites pas un pas de plus ou je fais feu sur vous ! »

Je n'en aurais pas cru mes oreilles, si je n'avais pas cru mes yeux, et point encore ceux-ci sans ce laquais qui courut me prendre sous le bras pour me dire : « Ne voyez-vous pas trois hommes qui prennent leur fusil ? » J'avais bien distingué quelque chose de pareil, mais persuadé que c'étaient des imprudents gardeurs de troupeaux, j'allais mon train. Quels bergers, grand Dieu ! Voyant que la vie de ma chère Louise de Freyberg n'était point en danger, à moins qu'ils ne tirassent au blanc et que la perte de la mienne ne pouvait faire son bonheur, je rejoignis au petit pas mes chères chanoinesses plus mortes que vives, d'abord pour moi et puis un peu pour elles qui, de la voiture ainsi que mes *Hoffrath* et ma suite dans deux autres, avaient entendu distinctement en me nommant : « Que voulez-vous ? Retirez-vous. Nous sommes des honnêtes gens qui ne vous ferons rien, si l'on ne nous incommode pas. Nous sommes des chasseurs. »

Ils l'avaient prouvé en tuant, quelques jours auparavant, ceux qui avaient voulu les empêcher d'exercer leur commerce et leur adresse. Pour [leur] faire voir que je les croyais et ne les prenais plus pour des voleurs, quoique je crusse bien que, pour en imposer tout au moins, ils nous lâcheraient quelques coups de fusil, je recommandai d'aller bien doucement à la maison.

Ma petite armée voulut courir après, mais comme j'appris que cette bande de treize petits tyrans brûlait aussi quelquefois les maisons, je l'en empêchai. D'ailleurs ils ne restaient jamais un jour sous la même juridiction. Ils passaient sous celle de mes voisins les électeurs de Bavière et de Wurtemberg, et comme il n'y a ni police ni maréchaussée dans ce pays-là où le margrave de Burgau, mon autre voisin, n'a pas même autant de soldats que moi, ils peuvent s'amuser comme cela tant qu'ils voudront.

*

Quel moment intéressant que celui de mon inauguration ! Heureusement que mes sujets ne sont pas nombreux car ils m'auraient usé la main en me la baisant, ainsi que l'exige la cérémonie, mais ils me la serraient en même temps, ces bons Souabes, et levaient les yeux au ciel pour mon bonheur. Moi, de mon côté, un peu par charlatanerie, car il n'y avait pas de danger (et alors je l'aurais fait par humanité), je gardais la main des vieillards jusqu'à ce qu'ils fussent tout à fait descendus des gradins de mon petit trône.

*

Quoique je voulusse échapper aux tristes adieux de part et d'autre de mes adorables chanoinesses et de mes excellents habitants de mon bon gros village, je ne pus surprendre ma garde qui veillait aux barrières du Louvre et, comme du côté de Gunzbourg il n'y a pas loin de ma capitale aux frontières, je l'y trouvai rangée à une heure et demie du matin, avec toute la musique turque qui, ne se contentant pas du tapage qu'elle m'avait fait au réveil, à la parade, et à la retraite tous les jours, en faisant encore autant pour la dernière fois. Cela, cependant, et trois salves de mousqueterie quoique tirées au nez de mes chevaux qui manquèrent de me casser le cou, faisait le plus bel effet du monde pendant la nuit la plus obscure et une pluie à verse.

*

Ainsi mon départ fut annoncé. Je ne sais s'il coûta quelques larmes à mes anges de chanoinesses, mais tout ce qui était levé dans la maison et dans la rue et mes jolis et bons soldats en répandaient ainsi que moi et mes gens, Ismaël[217] compris. C'étaient les premières de sa vie et la première fois qu'on en a vues qui ressemblaient à de l'encre.

*

Quelques *Unzer Printz soll leben!* prononcés alors, ainsi qu'à mon inauguration, d'une voix un peu sourde et attachement concentré, me touchèrent bien plus que les *vivats* dont les Belges m'avaient étourdi autrefois les oreilles et que les nations criardes comme la française prodiguent également à tous ceux qui ont de l'autorité.

*

Que de choses attendrissantes chaque jour de mon séjour ! Je voyais quelques petits ingrats à l'égard de l'abbesse, ce qui prouve que si même parmi les Souabes, les plus honnêtes gens de l'Europe, il s'en trouve, il doit y en avoir une terrible quantité dans le monde. Je voyais les justes regrets de l'abbesse de la perte de sa domination et de sa fortune et je ne m'en serais jamais consolé si je ne m'étais pas emparé de l'une pour réparer les malheurs de l'autre, en la rendant plus riche et les chanoinesses trois fois qu'elles ne l'étaient. J'aurais bien voulu cependant prendre à celles-ci jusqu'à leur chemise.

*

Je leur avais appris *Vive l'amour*, le seul jeu que je sache et que m'avait appris quatre ou cinq jours auparavant l'électrice de Bavière. Nous tourmentions pendant la nuit, par de la musique et des apparitions, la grosse Mme Dairing et la jolie Mme de Rasseler par deux mille hannetons. Pour se dérober à ses ennemis mortels qu'elle ne pouvait souffrir, elle ne me déroba point ses appas en se levant de son lit pour courir dans le corridor.

En tout, je fus très décent. Cependant quand on est seul, on devient nécessaire: elles ne voyaient jamais un homme. J'aurais bien voulu passer le reste de ma vie jusqu'à l'autre heureuse vie. Je n'oublierai jamais leur figure et leur amabilité.

*

J'en embrassai une bien vivement dans un petit coin: elle avait été un peu surprise par quelques verres de punch. Mais la fille du magister, qui était de ma chapelle et avait une jolie voix, et Rosalie la concierge m'embrassèrent sans avoir bu du punch. Mes quatre ou cinq les plus lestes me suivaient toujours comme des ordonnances dans les promenades que je faisais pour reconnaître les emplacements du temple, de la tour ruinée et de la cascade que j'avais ordonnée. Le premier étant sur un point d'où je découvrais les glaciers de la Suisse.

*

Si elles avaient été laides, dédaigneuses, désagréables, intéressées, comme elles le sont dans presque tous les chapitres (où, par exemple à celui de Mons, elles ajoutèrent d'être révolutionnaires Vandernootistes), j'aurais dix mille florins de rente de plus, et je ne les aurais pas vendues comme je viens de faire au prince Nicolas Esterhazy pour remplacer la vente de mes tableaux dont le dernier paiement est fini. Je puis, à présent, continuer à vivre dans mon *aurea mediocritate*. Si elles avaient continué à vivre ensemble dans les chambres que je leur ai conservées, sûr de les y trouver quand j'y aurais été tous les ans, je ne m'en serais jamais défait.

*

Mais quel plaisir de n'avoir d'obligation à personne et de ne devoir le peu que j'ai qu'à la justice!

Quel plaisir dans le temps que tout l'Empire mendiait et mentait pour avoir plus qu'on avait, de m'être contenté d'un peu plus que l'équivalent de ce que j'y avais perdu sur la rive gauche du Rhin!

*

Quel plaisir (non pour l'honneur de l'humanité, mais pour mon envie de rire de tout), d'avoir prévu que le prince Louis de Wurtemberg[218], mon meilleur ami et le plus aimable *qui depuis... mais alors il n'était pas dévot*, me refuserait! Je lui avais demandé mille ducats à emprunter, dans le premier moment où je manquais de tout, lorsqu'il devint régnant, pour l'éprouver.

Pendant notre jeunesse, nos guerres et nos amours, n'ayant rien ni l'un ni l'autre, il me disait sans cesse: «Ah! mon ami, si mon frère meurt avant notre père, tout mon duché est à vous.»

*

Quel plaisir d'essuyer des injustices de la cour de Vienne et de n'avoir pas demandé à l'impératrice de Russie, à la reine de Naples, des grâces qu'elles auraient été charmées de m'accorder!

*

Quelle reine encore que celle de Prusse[219] ! Quelle beauté ! Quelle grâce ! Qu'elle rappelle avec une figure plus régulière celle de la malheureuse reine de France ! Quelles charmantes sœurs[220] ! Quelle cour et quelle famille. J'ai été la voir à Anspach[221].

Le roi[222], un peu timide et n'ayant peut-être pas grand-chose à dire pour commencer, étant assez vacant dans la société où il se promène quelquefois tout seul, peut être intéressant et aimable par sa simplicité et justesse d'esprit. Je l'attaquais souvent de conversation. Il y prend alors à merveille et parle bien guerre et service. Il a l'air militaire, juste, ferme et bon.

On fit une partie charmante à une montagne, vrai panorama de la Franconie. Les princes, princesses et généraux au grand galop jusqu'au sommet. Le roi, assis sur une pierre sur laquelle avait déjeuné Gustave-Adolphe, s'y dessinait sans s'en douter. Je lui parlai avec feu de cette guerre de Trente ans. Il me parut que je le lui communiquai presque, et il eut l'air de regretter que la maudite, vile, méfiante et criminelle politique de toutes les cours l'empêchât de faire tout ce que l'honneur et l'intérêt dictaient à tout l'empire dans ce moment qu'on laissait envahir l'électorat de Hanovre.

*

L'électeur de Bavière[223] que je retrouvai avec bien du plaisir aussi bon vivant que lorsqu'il était le prince Max et, en France, mon compagnon courtisan, chasseur et soupeur chez nos demoiselles de l'Opéra, me faisait trembler à dîner chez le roi de Prusse. Il racontait cent histoires vraies ou fausses de lui, de moi, des filles, et tout plein de choses que j'avais oubliées, car il faut être grand souverain pour avoir la mémoire des bagatelles et des noms. Un jour que le roi me disait à table que d'avoir si bien traité mes chanoinesses me faisait honneur, je lui dis : « Sire, c'est pour l'exemple », en riant et en montrant l'électeur, dont les siennes et tout le clergé qu'il a volés sont fort mécontents. « Bel exemple, dit-il fort drôlement, avec son reste d'accent du Rhin, c'est un *queux* qui veut *vifre* et mourir comme un *queux*. »

Comme les affaires font les gens qui font les affaires, l'électeur qui s'occupe des siennes et qui est assez au courant de tout, est bien mieux que je ne le croyais trouver et pouvoir se former même en vérité. C'est par air et mauvais air et en se gênant qu'il n'est pas encore meilleur.

CAHIER XIV

Le général Kikeritz, adjudant et ami du roi, m'a raconté que le Grand Frédéric avait arrêté sa manœuvre de la garnison de Potsdam, lorsqu'il a su que j'avais arrêté mon départ pour la voir. Il l'avait commandée et contremandée le jour de mon arrivée, et quand je lui dis que je partais le lendemain, il l'ordonna à cinq heures du matin. Le prince royal m'y rencontrant en frac me dit : « Cachez-vous bien, car si mon oncle vous voit… » Et dès qu'il sut que j'étais à la manœuvre il fit rentrer les troupes. Il m'aimait pourtant. Il m'avait bien traité. « C'était, me dit Kikeritz, qu'il était en accès d'humeur contre l'Autriche. »

*

À Versailles où je n'étais que pour m'amuser, on avait aussi la bêtise de croire que j'avais des intentions politiques, comme dans mon voyage du Nord. Cela n'est pas naturel, disait-on, mais bien adroit d'être ainsi de la société intime de la reine.

*

Quelle bonne conversation que celle des ministres prussiens, jadis Finck Hertzberg, Avensleben ; à présent Hoym, Görtz, Hardenberg, Lucchesini ; de leurs généraux Mollendorff, Kleist, Hohenlohe, Kalkzent, Schmettau, Rüsler, Goltz, etc. Quelle différence ![224]

*

La vie est un rondeau. Elle finit à peu près comme elle a commencé, les deux enfances en sont une preuve. Il n'y a que l'intervalle chez chacun qui soit différent. Mais, par exemple, mon automne qui se prolonge par ma constitution et mon caractère, empiétant sur l'hiver, est comme mon printemps, par des circonstances à la vérité inattendues, comme une révolution, des créanciers, des usuriers, des filles dans mon antichambre. Ne pouvant guère compter sur les femmes, de même qu'à dix-huit ans qu'on est trop jeune pour en avoir, ces demoiselles me sont redevenues utiles, à cause de la facilité et des aises qu'on peut prendre avec elles, comme de passer, par exemple, une heure dans leur lit. Cela ne m'est jamais arrivé dans le grand monde, où j'ai toujours trouvé des maris ou des mères incommodes qui troublaient et pouvaient déranger mes plaisirs d'une manière très sérieuse.

*

Et puis encore un service que me rendent ces demi-castors, car ce ne sont pas des filles tout à fait. Ne faisant point d'accord avec moi, pour ménager ma fatuité, et que je me fasse croire à moi-même que peut-être elles m'aiment un peu, dans l'instant, je les crée usurières. Je leur dis : « Procurez-moi de l'argent. » Le surplus fait aller mon ménage, comme je faisais à vingt ans aux banques de pharaon où, pour payer mes gens, je ne perdais que la moitié de ce qu'on me prêtait.

Me voilà donc chevalier d'industrie, ainsi que j'ai commencé. J'en ai vu qui sont devenus de grands seigneurs, et chez moi c'est le contraire. Je fais bien mes parties. Je gagne un billard pour pouvoir payer une tasse de porcelaine, une chaîne de juif et un schall écarlate de Waldstein que j'ai donné à Mme Ventz Loffska, la plus belle créature que j'ai eue et vue, qui m'attraperait bien si elle ne m'attrapait pas. Mais en tout cas, cela m'est égal. J'ai achevé hier de gagner ce qu'elle m'a coûté.

*

On a vu aussi que mon père, par économie, me faisait acheter ma poudre, mais me donnait sur mes états contrôlés par son capitaine des chasses sept kreutzers par pièce de petit gibier, etc. ; eh bien ! à présent, pour prouver encore plus du rondeau de la vie, en pariant à chaque pièce que j'abats de plus que le prince de Biren[225], je suis à couvert pour tous les présents que je serai obligé de faire peut-être à la très caressante Mme Toscana, notre première chanteuse, assez jolie, parlant à merveille plusieurs langues, ayant beaucoup de talents[226].

*

Si j'avais voulu écrire à notre empereur et à l'impératrice de Russie du bien du prince Potemkin, de son talent pour la guerre et de notre campagne de 1788, j'aurais été écrasé de paysans, de roubles et de diamants. Je crois que Paul Ier l'a su, de même que de n'avoir pas profité de l'amitié intime et de la confiance de sa mère pour obtenir une somme très considérable des prétentions de la maison de Massalsky qui m'avaient été abandonnées. C'est sûrement ce qui l'a engagé à me donner ma pension de mille ducats. Pour donner une idée de l'amour de la justice de cet être extraordinaire à qui l'on a fait tourner la tête, je citerai sa promptitude à cette occasion. Je lui écrivis à son avènement que, comme il était fort aisé d'être délicat quand on est riche, je n'avais pas sollicité trois mille ducats que M. de Stackelberg[227], le seul qui avait connaissance de cette affaire-là, m'avait accordés, quoique ce fut l'objet de mon premier voyage en Russie et que du reste il ne trouverait aucun renseignement là-dessus. Heureusement cet ancien ambassadeur arriva à Pétersbourg. On lui en parle et le lendemain il a une attaque d'apoplexie. Poste pour poste, je reçois ma pension, de sorte qu'avec cela et quinze cents florins de rente que je me suis faite de ma terre d'Iphigénie en Tauride, j'ai plus de la Russie que je n'ai pas servie et de distinction de la Prusse que j'ai desservie que de l'Autriche que j'ai trop bien servie.

*

Le comte Jean Palfy avec qui je me suis battu, avait l'air très grand seigneur, était beau et brave. Il était botté et éperonné et avait des gants comme Crispin quand il se battit avec moi. « Diable ! me dis-je à moi-même, est-il donc sûr de m'expédier ? et a-t-il un cheval tout prêt pour se sauver ? » N'est-il pas plaisant que son fils soit devenu mon gendre? Dix ans avant, raccommodé comme de raison, je lui dis, lorsque celui-ci était encore bien jeune et Euphémie aussi, que peut-être cela arriverait.

*

Un jour qu'en voiture Catherine II me parlait de la cour de France et de la reine d'après les prétendues anecdotes et les infâmes chroniques scandaleuses de ce temps-là, je lui dis: «Comment Votre Majesté peut-elle croire ce qui est écrit par les porteurs de chaises de Versailles? C'est comme si les isvascheek ou les mouschick écrivaient l'histoire de Votre Majesté.» C'était une vraie prédiction.

*

Le prince de Kaunitz avait plus de sens que d'esprit. La régularité et la prononciation dans quatre langues qu'il savait parfaitement, rendaient sa conversation imposante plutôt que séduisante. En y réfléchissant on s'apercevait qu'il n'avait ni trait, ni imagination, mais en se croyant le premier homme du monde, il l'était presque devenu. Il avait autant de fierté dans l'âme que dans le maintien et avait plus de bonhomie qu'on ne lui en supposait. Il frisait ou usurpait l'admiration, mais il méritait l'estime et la considération.

*

Le duc Albert, sans s'en douter, a fait le plus beau vers du monde et peint, mieux qu'on n'a jamais fait (à la tête de ses Mémoires sur la guerre), le maréchal Daun marchant au temple de la gloire, une épée dans la main:

Le bras tombe, il hésite et le doute l'arrête.

*

Le duc d'Enghien a tué Bonaparte, la vanité a tué sa gloire. Sa folie impériale a abaissé les Alpes, Saint-Cloud a détruit Marengo. Ses gendarmes ont effacé les mamelouks. Son trône a culbuté sa tente. La fable a écrasé l'histoire.

*

Comme j'ai jugé son débarquement en Angleterre à peu près impossible, je me souviens que je dis après ses vanteries d'annoncer à ce sujet, au commencement de cette guerre qu'on a sans la faire : « Bonaparte croit qu'une *rupture* et une *descente* est la même chose. »

*

Pour rendre ridicule un général poli qui voulait appeler chacun par son nom qu'il me demandait, je lui en dis d'autres, ce qui fit rire ceux qui savaient que ce n'était pas le véritable. « Qu'avez-vous fait aujourd'hui, monsieur Smith » (par exemple) disait-il à un officier qui s'appelait Zimmermann[228], etc. Qu'on juge combien cela amusa le quartier général.

Un grand maître qui me présentait à feu l'électeur de Bavière[229] fit bien mieux encore. Je lui présente Schoorlemer et Clerfayt et le prie de nous nommer tous les trois, car vous avez la bonté, peut-être, de vous souvenir de moi.

— Peut-on vous oublier, me répond-il bien poliment.

Charles-Théodore, ce prince embarrassé et embarrassant paraît.

— Voici, dit le grand maître, le prince de Salm, le comte de Clervit et le baron de Putt Kammer.

*

Il faut savoir se servir des espèces. Lorsque notre cour était brouillée avec celle de Russie, moi indigne, vraie mouche de coche, je les raccommodai par une entrevue chez moi entre Trauttmansdorff et d'Entraigues[230].

Celui-ci pour se faire un mérite, et sensible à la confiance que j'exigeai de celui-là, rapprocha tellement par son esprit et son habile correspondance, les deux empereurs, qu'ils s'écrivirent, de la meilleure foi possible, les plus belles choses du monde. Le roi de Prusse qui le sait se met aussi à avoir de la confiance en Trauttmansdorff. Il n'y aurait point eu d'*Arlechino finto principe* en France. Un reste d'influence thugutine s'aperçoit à cette harmonie. On renvoie Trauttmansdorff et la méfiance et l'aigreur remplacent l'honneur, la sûreté de l'Europe et l'union.

*

L'empereur d'Allemagne se laisse faire empereur d'Autriche par le jongleur, empereur des Français[231]. C'est un officier qui se retire avec sa pension. Qu'on me donne une armée : je me charge de décharlemagniser le grand charlatan, le grand homme, jusqu'à ce qu'un bout de l'oreille vienne s'échapper par malheur : c'est Paul Ier à cheval sur un grand homme.

*

Excepté Henri IV, Gustave-Adolphe, Charles XII et Frédéric II qui portaient leurs cheveux, les autres souverains d'autrefois, le ministère et les médecins faisaient bien de porter perruque : ils couvraient les oreilles d'ânes.

*

Nos plus mauvais généraux de la guerre de Sept Ans seraient au nombre des meilleurs d'à présent. Par exemple, pour les avant-postes, Babouzay, Beck, Jams, Esterhazy et quelques autres comme cela qui étaient à cent piques de Nadard, Prentano, Naûndorff, Ried, Haddick, inférieurs aux grands Lacy et Laudohn.

*

Je puis dire plutôt que le prince Eugène ce qu'il a dit des trois empereurs qu'il a servis. J'en ai servi quatre. Le premier était mon père ; le deuxième pas tout à fait mon frère quoiqu'il me traitât quelquefois fraternellement ; le troisième mon maître brouillon et le quatrième aussi mon maître qui n'aime que les mauvais serviteurs.

*

Je fus bien utile une fois à Joseph II pendant notre voyage en Crimée. La seconde journée après l'avoir rencontré en quittant nos galères du Borysthène, j'allai chez lui le matin et le trouvai désolé de ce qui venait de se passer. « À quelle heure se lève l'impératrice, me dit-il ? — Elle l'est depuis une heure, lui répondis-je. — Elle sait donc à présent ce qui s'est passé... — Peut-on le savoir ? — Oh ! rien et beaucoup. J'ai caressé, c'est-à-dire, pris peut-être un peu plus que sous le menton, une fille. Son maître l'a rossée, m'a dit des sottises et je crois, par le bohême que je sais qu'il a ajouté qu'il allait se plaindre au gouverneur de la province. Or celui-ci fera rapport de tout. — Oserai-je demander à Votre Majesté où est l'esclave, le maître et le gouverneur ? — Oh ! ma foi, cherchez la fille, son maître est là. — J'y cours. — Je vous suivrai. »

Je rencontre la fille derrière la porte d'une grange. Je prends des libertés. L'empereur arrive et ne peut s'empêcher de rire de la manière dont j'arrange ses affaires. Je lui dis : « Sire, elle ne pleure plus, c'est déjà quelque chose. » Je vais trouver le maître. Je lui fais voir mon uniforme russe de gouvernement et je lui dis un tas d'horreurs de jurements qu'on sait de chaque langue qu'on ne sait pas, des *Durack*[232] et des *Jébénarath*[233]. Je lui dis ou plutôt fais signe que c'est pour avoir rossé son esclave et le menace de me plaindre à la *Matouschka*[234]. Cet homme me baise la main, court baiser celle de l'empereur qui était aux écoutes et lui, et Cobenzl qui craignait encore bien plus de passer pour son Mercure furent pleinement rassurés.

Je ne pus m'empêcher de lui dire : « Voilà à quoi sert l'uniforme russe », parce que j'avais remarqué que prouvant trop que je n'étais que son camarade de voyage et point du tout à sa suite, il lui avait un peu déplu.

*

Il me dit un jour que n'en pouvant plus d'avoir tant travaillé il se plaignait de ses yeux, sur ce que je lui reprochais cet excès : « Comment faire dans mon pays sans esprit et sans âme, sans zèle et sans cœur à l'ouvrage ! Je me tue parce que je ne peux pas échauffer ceux que je fais travailler. Mais je ne voudrais mourir pourtant qu'après avoir tellement monté la machine qu'on ne pourra pas la déranger même quand on en aurait envie. »

Il est sûr que le sol est ingrat. Ce sont les Wallons, les Hongrois, les Italiens, autrefois les Espagnols, les Lorrains et les Irlandais, les étrangers enfin et quelquefois de l'empire qui, dans tous les grades et dans toutes les guerres, ont fait le plus d'honneur à nos armées, excepté Jean Lichtenstein[235] qui est un vrai héros et Charles Schwartzenberg[236].

*

L'imagination est si bien ici une plante hétérogène que trois ou quatre que je connais qui en ont sont fous. Il y a beaucoup de bonhomie, ni tracasseries, ni commérages. Les vieilles femmes et les dévotes même ne sont pas méchantes. Le dénigrement auquel on est sujet roule sur des choses, des ouvrages ou des actions qui seraient admirées ailleurs. L'on ne sent pas ici le bonheur de l'enthousiasme.

Il y faudrait des écoles d'admiration. Peut-être que des étrangers, dans la première éducation, à force de mettre sous les yeux des jeunes gens les plus beaux traits dans tous les genres, pourraient les échauffer.

Ici l'on a tous les talents, mais souvent c'est la ressource des gens qui pensent peu.

L'Allemand auquel on s'est remis dans la conversation ôte l'urbanité que le règne de François Ier avait apportée avec lui. Les tutoiements parmi les femmes, l'organe que cette langue nécessite, en ramènent la grossièreté dans la société. On ne rit même décemment qu'en français. Les vieux seigneurs et les vieilles princesses accoutumés à le parler depuis cinquante ans sont les seuls polis. Quand le gosier et l'idiome bien autrichien s'en mêlent, qu'on juge ce que c'est qu'une gaieté ou une discussion dans ce pays-ci.

*

S'il y avait un mélange de ce que sont nos archiducs avec ce qu'étaient les princes de Prusse, d'Angleterre et jadis de France, les premiers seraient décapucinés et les autres plus réservés.

Il y a de l'étoffe ici, mais il faudrait la calandrer. Il y a du dessin, mais il faudrait du coloris. Il y a du corps, mais il faudrait une machine électrique pour en faire sortir des étincelles.

*

Il n'y a pas un pays où un spectacle français serait plus nécessaire. Il contribue à l'éducation, au ton, au goût, au maintien et à l'intonation même de la voix. On n'est pas assez militaire ici pour se passer de tout cela.

*

Quelle idée peut-on avoir de l'honneur d'un pays où le fils aîné d'une grande maison ne peut point le servir. Il doit conserver ses jours pour faire des enfants aussi sots que lui, mais dont le premier est destiné aussi à être un fainéant qui a peur du feu.

*

Y a-t-il un autre jeune homme que Charles Clary[237] mon petit-fils, propre à tout, fait pour tout, aimable, instruit, de bonne compagnie, honnête et délicat comme son père, c'est tout dire, car c'est un homme parfait d'ailleurs, et ici il ne le pourrait point.

On a trouvé cela à Paris de tous les deux lorsqu'ils ont été envoyés à l'empereur. Maurice, autre fils du prince Clary, est l'un des plus beaux et des plus brillants officiers. Il a déjà été à plusieurs batailles et n'a été prisonnier qu'à la dernière où il avait fait des prodiges de valeur.

À propos de cela voici ce qui est bien touchant. Un jeune et joli officier français arrive au moment qu'il tombe avec son cheval, lui offre de l'argent, un chirurgien et lui dit : « Puis-je vous faire une question, monsieur ? Vous avez une mère, peut-être ? — J'en ai une, monsieur, elle est inquiète de moi. — Comment s'appelle la vôtre ? Permettez-moi de lui donner de vos nouvelles. » Maurice le lui dit. Il écrit une lettre charmante, touchante, rassurante à Christine et heureusement pour nous tous qu'il était des victorieux de Vienne, où je l'ai trouvé en revenant après la paix, au sein de ma famille qui est devenue la sienne. Il s'appelle M. de Brack[238].

CAHIER XV

Tout ce que je dis là, dans ce genre qui a l'air de réflexions, n'est pas étranger aux fragments de ma vie peu intéressante, peu signifiante, peu importante, mais agréable. Il faut bien que je dise que ma petite maison couleur de rose, comme mes idées, est sur le rempart, et que c'est la seule ouverte dans Vienne. J'ai six plats à dîner, cinq à souper. Arrive qui veut, s'asseoit qui peut. Quelquefois lorsque les soixante personnes qui la fréquentent arrivent ou s'y rencontrent en partie, mes chaises de paille n'y suffisent pas et on s'y tient debout en flux et reflux, comme au parterre, jusqu'à ce que les plus pressés s'en aillent.

Il y a toujours quelques bons causeurs parmi les étrangers, seuls sociables, car il n'y a point de naturels du pays. Cela roule sur la Pologne, la Russie, l'Angleterre, peu sur l'Italie, peu sur l'ancienne France, point du tout sur la nouvelle, comme de raison.

Je ne vais ni à la cour ni aux assemblées, je refuse les grands dîners, je suis fort content.

À telle heure que je me couche, je m'éveille à huit et j'écris ces misères-ci, par exemple, ou d'autres jusqu'à trois heures un quart dans mon lit.

Ma porte est fermée hermétiquement, excepté pour les malheurerux qui me rendent souvent plus malheureux qu'eux. Ils me font écrire ou me lever pour grimper trois ou quatre étages pour leur rendre service.

J'envoie des soldats, des vieux officiers retirés à l'empereur qui reconnaît mon écriture dans les mémoires qu'ils présentent, et les reçoit bien. Et puis des *Bancozettel* pour me défaire de quelques ennuyeux, et puis d'autres pour mes invalides qui viennent tous les samedis... et puis des lettres de recommandations... J'ai quelquefois des matinées affreuses !

*

Je ne regrette rien, je ne me repens de rien, je jouis de tout, mais un autre me désavouerait peut-être. Première bêtise : d'être entré à un service où l'on néglige les zélés ; deuxième, de m'y être distingué et y avoir beaucoup donné ; troisième, d'avoir repris la démission que j'avais donnée : j'aurais ma fortune et peut-être encore... ; quatrième, de n'avoir pas fait comme le duc d'Arenberg qui est rentré, mais celle-ci est honorable ; cinquième, de ne pas me corriger de songer plus aux autres qu'à moi, qui ne suis personnel qu'à table.

*

Ma petite-fille Christine[239], légitimée par les gens qui valent mieux que les lois, me fait rire et pleurer tous les jours. Elle a une ressemblance par le regard, la lenteur des mouvements, la plaisanterie, le tour gai, prompt, original, imprévu, l'esprit, les traits, la bouche, avec son père qui amuse et attendrit à la fois. Quelle charmante enfant ! Quel tact ! Elle prend le ton de chaque société, où elle est toujours extrêmement sûre. Elle plaît à tout le monde. On a de la vraie amitié pour elle et de la confiance.

Un mérite de mon autre petite-fille Sidonie[240], c'est de l'aimer et de se réjouir de ses succès.

Le nom de Christine sa marraine, cette grande moitié de moi-même, lui porte bonheur. Elle fera le sien dont le mien dépend.

*

Le roi de Prusse, lorsque j'étais l'autre jour à Berlin, me reçut avec bonté, plaisir, cordialité et distinction à Potsdam, où il ne reçoit personne. Quel froid il faisait à la revue de ses gardes et de sa garnison qu'il me montra ! Puis il me dit : « Venez vous chauffer à ma cheminée. Passons par ce petit escalier qui n'est pas brillant, comme il n'a pas de prétentions à l'être. » Je lui dis que le plus sûr et le plus droit est toujours le meilleur. Je crois qu'il m'a compris. « Et puis, dit-il, allons déjeuner chez la reine. » Elle était belle comme le jour le plus beau et le ciel le plus pur.

*

J'aime assez à faire le beau, dans les rues de Vienne, à cheval, derrière la voiture de l'empereur, aux grandes cérémonies où je remplace le grand chambellan. Il n'y a que la confusion et les ruades ou les lançades des chevaux quand on monte ou qu'on descend du sien, qui soient désagréables. C'est plus dangereux qu'une escarmouche de housards.

*

J'arrange avec assez de coquetterie mon collier ou mes rubans. C'est ce que Roger de Damas[241] appelle si drôlement et d'une manière aimable le bouquet de l'honneur. Je ne vais ni aux cercles, ni aux services d'église, ni à l'audience, ni aux investitures, communions, accompagnements, cérémonies, etc. Je porte seulement au baptême les enfants de l'empereur comme prince chambellan, mais le seul, sans gala.

Ne voulant point demander d'être conseiller d'État, et ne voulant pas porter une clef de chambellan qu'on a prodiguée à des espèces et des soi-disant gentilshommes, je ne la porte pas. C'est plus court et je me suis fait ainsi conseiller d'État intime et actuel, sans intimité et actualité.

*

Il y a quelque sorte de bonté de me passer ces petites bravades qu'on doit remarquer. Joseph II ne m'aurait pas fait d'injustice, mais enfin si elle était arrivée par je ne sais quelle disgrâce ou caprice, au lieu de me faire maréchal, il m'aurait fait général major et chambellan, me demandant pardon de l'avoir négligé, puisqu'il s'était aperçu que je n'étais encore ni l'un ni l'autre.

*

Un jour, qu'étant de service chez l'empereur Joseph, lorsque j'étais des trente-six plutôt adjudants généraux que chambellans, un prêtre italien avec une mine si singulière, si scélérate, ou tout au moins égarée, vint me prier de l'annoncer. Je ne le fis point. C'était dans le temps que, comme un enfant, il touchait à tout et qu'un capucin vint me dire qu'il arrivait pour prier Sa Majesté de permettre au couvent de chanter du nez comme à l'ordinaire. Il avait défendu à ces révérends pères de psalmodier à leur façon.

*

Une autre fois, j'étais près de faire entrer à l'audience un homme qui m'avait parlé très raisonnablement. Un moment avant de lui ouvrir la porte, car l'empereur m'avait dit une fois pour toutes de faire entrer qui je voulais, il s'écria trois ou quatre fois : « Oh ! ville de Dantzig ! ville de Dantzig ! — Eh bien ! monsieur, lui dis-je, qu'est-ce qu'elle vous a fait ? — Ce qu'elle m'a fait ? me reprit-il, elle a fait un détachement de cent cinquante rats après moi. Recommandez à la garde hongroise et allemande de ne pas les laisser entrer, car je meurs de peur qu'ils ne me poursuivent jusqu'ici. Ils m'ont tourmenté surtout cette nuit-ci. Je n'en ai pas une de tranquillité. Les plus mauvaises, c'est lorsque de leurs queues ils balaient ma physionomie. Voyez comme je suis fait. J'ai beau voyager. Cela me coûte beaucoup et à la ville de Dantzig aussi. Je prie Sa Majesté de lui donner des ordres à ce sujet par son consul ou envoyé. »

Je m'en chargeai et le racontai à l'empereur qui me dit qu'il connaissait déjà ce fou qui l'avait fait rire d'abord et impatienté ensuite, au point de lui défendre de revenir.

*

Pour ne pas m'incommoder et lui aussi, je renvoyais souvent à la quinzaine de mon successeur les généraux et les ministres, mais je faisais entrer les officiers et les particuliers qui venaient des provinces éloignées et qui n'avaient pas le temps d'attendre.

*

Ce qui prouve bien ce que j'ai dit plus haut que la vie est un rondeau, c'est que j'ai un âne, un mouton, une chèvre qui viennent déjeuner avec moi quand je suis à mon Kaltenberg. Ils grimpent sur mon lit. Je suis trop heureux quand ils n'y mettent que deux pieds pour me demander du pain.

Dès que je bats des mains ils me suivent au galop dans le bois.

J'observe mes connaissances, ma famille, mes gens, mes animaux. Mon chien, le premier que j'ai eu et qui s'appelle *l'ami,* a le sens le plus droit que je connaisse. Mon âne est têtu et fin. Comme il sait que le vendredi il est quelquefois obligé de porter un panier en ville, il alla jeudi passé se cacher dans le bois et il n'a reparu que dans la soirée du samedi.

*

À douze ans j'avais un corbeau, un mouton aussi et un renard qui me consolaient des rigueurs de mes maîtres tous mécontents de moi. Le corbeau piquait les jambes de celui à danser, comme s'il avait su que c'était celui que je haïssais le plus. Le renard était un polisson qui prenait le coton de l'écritoire de mon gouverneur pour en barbouiller tous ses papiers. Un jour, il fit ses ordures dans la bouche d'un de mes ancêtres en peinture qui, avec d'autres, était étalé à terre dans un salon que mon père faisait arranger. Celui-ci fut d'une colère affreuse de ce qu'il avait manqué, à dessein, croyait-il, à son bisaïeul.

Entre ces deux âges de mes goûts pour les bêtes, j'en ai eu pour d'autres qui souvent ne les valaient pas.

*

Je demandai au roi de Prusse d'aujourd'hui comment s'appelait un joli officier qui défilait devant moi. Il me dit : « C'est mon frère Guillaume[242] que je vous présenterai tantôt. » Il me présenta aussi tous les officiers qui avaient fait la guerre de Sept ans, me conta leurs blessures, leurs actions, et voulut que nous en parlions ensemble. Il nous écoutait avec intérêt. Le prince Guillaume est de la plus charmante figure, aimable et attirant. Le prince Henri[243] ne l'est pas autant, mais c'est un bel homme. Tous les deux sont bons et seront braves, j'en réponds.

*

« Je vois, me dit le roi, de la cordialité entre vos officiers et les miens et cela me fait plaisir. — Je voudrais, Sire, lui répondis-je, que pour n'en pas faire à tous les brouillons de l'Europe, et surtout à Brouillon Premier, Napoléon, l'univers en fût instruit. On respecterait davantage nos deux cours. Je prie Votre Majesté de faire pendre le premier ministre, général, parent, courtisan, qui que ce soit, qui ose dire encore que nous sommes des ennemis naturels. — Oh ! on me l'a dit bien souvent, me répondit-il avec une bonhomie vraiment charmante. — Je souhaite, continuai-je, que l'empereur en fasse autant. Je le lui dirai, à mon retour (et je le lui ai dit), car, ajoutai-je, où est l'Allemagne si ce n'est vous, Sire, et lui. Même langue, même intérêt, sans cela point de patrie. Napoléon sera électeur de Hanovre, de Trèves, de Cologne et Mayence, de Baden, Wurtemberg et Bavière dont il incorporera les troupes dans les siennes, en faisant ces trois souverains chefs de bataillon, et devient de fait empereur d'Occident. »

Le roi a souri à ces noms d'électeurs, officiers français, mais d'un sourire amer.

— Après cette fantaisie d'être roi de Lombardie qui vient de lui prendre, Sire, lui dis-je, à ce qu'on dit pour le mois de mars, il aura, le mois d'avril, celle d'être roi de l'Helvétie, le mois de mai d'Étrurie et le mois de juin de Germanie.

Le roi fit une mine de tous les diables.

— On a confiance dans M. de Hardenberg[244]. Je le crois bien gentilhomme, lui dis-je.

— C'est pour cela que je l'ai pris, me répondit-il.

Il me semble que je lui ai dit : « Sire, que Vos deux Majestés se donnent la main par écrit pour se la prêter en cas d'attaque ou de plus d'humiliation. Qu'aucun de vos ministres et cabinet n'en soit instruit et qu'un ordre cacheté au général prussien et autrichien ne s'ouvre que lorsqu'on le leur dira. Il contiendra de la part de Votre Majesté de marcher dans une heure pour nettoyer l'électorat de Hanovre et de la part de l'empereur d'aller reprendre la Suisse. »

*

On croit quelquefois avoir dit ce qu'on a pensé depuis, mais je crois me souvenir que cet excellent Frédéric-Guillaume III n'a pas souri cette fois-ci. Il a approuvé, réfléchi, et après un air sérieux pour un moment, il me dit : « Vous voyez ce que je viens de faire pour Rumbold[245]. — Il est sûr qu'il y a mis beaucoup de fermeté vis-à-vis de la France. Je voudrais, Sire, qu'on le pendît pour fâcher davantage encore Votre Majesté et toute l'Europe. »

Un petit rire du roi et puis : « Je suis fâché que ces diables d'Anglais aient fait cette vilenie de prendre sans guerre ces vaisseaux à l'Espagne. C'est encore un des bonheurs de cet homme en pensant à Bonaparte. — Sire, cela ne le justifiera pas au moins du duc d'Enghien. »

*

On est moins libre avec un roi à la tête de sa garnison de Potsdam qu'avec un roi qui court le monde, qu'on voit au bain, comme ce roi de Suède[246] à qui j'ai prédit qu'il se brouillerait avec tous les autres et les dégoûterait de la croisade qu'il allait partout prêcher ; ce roi qu'on voit au loin et qui tout en professant d'être chevalier n'est jusqu'à présent qu'un chevalier errant.

Moyennant cela, un jour qu'il me fatiguait de sa chevalerie, je lui dis : « Sire, vos intentions sont superbes mais elles ne s'exécuteront point, à moins que vous ne donniez rendez-vous à trois de vos camarades et que vous ne disiez : "Foi de gentilhomme, jurez-vous une 'alliance éternelle', et, j'en demande pardon à Votre Majesté, c'est un terme militaire que j'entends et que je n'ose prononcer : misérable qui s'en dédit" ! »

*

Voilà deux mois que je parlais de tout cela à Berlin. On y était échauffé, à Pétersbourg et presque à

Vienne. Möllendorff, avec qui je buvais tous les jours trois bouteilles de vin de Champagne, brave et aimable octogénaire, était encore plus animé que tous les jeunes gens.

Rumbold est rendu. On est redevenu de glace, même sur les nouveaux royaumes qui se forment : à la guerre, en politique et en amour, si l'on manque le moment, il ne se retrouve plus.

Tant pis pour l'Europe qui est une vieille coquine qui a perdu ses règles !

*

Je ne me repens pas de n'avoir jamais fait de mal à personne, mais en considérant l'injustice, l'ingratitude et les peines qu'on se donne ou éprouve pour les autres, on est tenté de se repentir du bien qu'on a fait.

*

Czernichew était tout à fait tombé dans la disgrâce à Cherson, et elle se déclara par le refus formel qu'on lui fit de chevaux pour nous suivre en Tauride. Il pleurait dans un coin en nous voyant partir, et je lui tenais compagnie, plus indigné qu'attristé de l'éloignement où tous les courtisans se tenaient de lui. Je le témoignai au grand chambellan Schuwaloff.

— Mon cher seigneur, me dit-il en bégayant, c'est un gueux qui m'en a fait autant à la mort de l'impératrice Élisabeth.

*

C'est le même à qui, à un banquet de cent couverts où j'étais, le bailli de Chabrillant cria d'un bout de la table à l'autre : « Vous qui avez été le Pompadour de la Russie, contez-nous-en quelque chose. »

Cela me fait souvenir d'un M. de Vitinghoff qui criait de même d'une voix de tonnerre à sa femme, ayant reconnu une poularde à cette énorme distance : « Madame de Vitinghoff, si personne ne veut de votre croupion, envoyez-le-moi ! »

*

À propos de la faveur et de défaveur, j'avais vu à Presbourg ce que je vis à Cherson. Le brave Nadasdy[247] dont j'aimais jusqu'à la belle et longue moustache, sous qui j'avais fait mes premières armes, abandonné de tout le monde, excepté de moi qui, à cette première Diète, après la guerre de Sept ans, lui faisais tendrement et respectueusement la cour. Les Wallons, dont il était l'idole, l'appelaient : Papa moustache.

*

Le maréchal Daun l'avait fait tomber. Je vis celui-ci éclipsé par M. de Lacy. Quoiqu'il fût mon ami intime, je m'occupais de l'autre, à une grande fête militaire qu'on donnait à la cour, au Tabor. Pendant le bal où le maréchal Daun avait été très négligé, il alla prendre l'air dans le jardin d'Ieterzée. Je vis qu'il en avait besoin. Je l'y accompagnai. Quel coup de foudre pour lui et dans quel état ne fus-je pas d'y trouver, sur un banc, l'impératrice et M. de Lacy qu'elle consultait sur l'armée et l'Europe.

*

Ennuyé de demander des billets à Fontainebleau aux gentilshommes de la Chambre ou aux capitaines des gardes, je mis moi-même une petite planche entre ceux-ci et l'orchestre, dans un coin, et j'y étais comme sur un strapontin. Le roi, qui s'en aperçut, me demanda qui m'avait fourré là. Je lui dis : « Moi-même, sire, et je n'y fais mal à personne. — Je vous en ferai chasser, m'ajouta-t-il poliment. » Je lui représentai que c'était la seule place qui me convînt à sa cour. « Laissez-la-moi, Sire, il y aurait de la cruauté. On en demande tous les jours bien d'autres à Votre Majesté » ; et je soutins la mienne pendant les deux derniers voyages.

CAHIER XVI

À propos de chasser, un jour qu'il faisait un temps de chien au bois de Boulogne, et que la reine, tout en galopant me faisait des plaintes de M. Turgot[248], ayant l'air de prévoir les suites que nous venons de voir, je lui dis : « Madame, rentrons et chassons-le plutôt que le daim, car il fait un temps affreux. » La crainte de se tromper sur un ministre l'en empêchait toujours.

*

Ceci va paraître d'un cynisme épouvantable mais qu'on lise *Vénus physique* de Maupertuis[249], on verra qu'on peut et doit tout dire, lorsqu'il doit y avoir de grands résultats.

Un médecin nommé Guibert de Préval[250], vint me proposer de faire sur lui-même l'essai d'un préservatif qu'il crut nécessaire à notre société, si je voulais le faire admettre pour en faire l'expérience. Nous le menâmes à la petite maison de Fronsac[251] et d'abord, après souper elle commença. J'avais été chargé de lui procurer les deux pierres de touche de son savoir. C'était tout ce qui était le moins bien portant dans Paris qu'un coureur à moi avait été chercher dans les égouts de la rue Saint-Honoré.

Le docteur avec sa perruque à trois marteaux bien poudrée se met en chemise et commence. La chaleur et peut-être le grand public lui en impose. Il se tournait d'un air piteux devant M. le duc d'Orléans et lui disait : « Monseigneur vous voyez que ce n'est pas ma faute. Je fais tout ce que je peux. » Enfin, à force de lui dire : « Remettez-vous, nous vous donnons du temps », il acheva son expérience et prouva par l'examen de sa santé, pendant deux mois, qu'on pouvait en tirer un grand parti.

Ses confrères qui craignirent de perdre une grande branche de leur commerce et les théologiens sous prétexte d'un encouragement que cela donnait aux mauvaises mœurs, le firent rayer du tableau et écrivirent et déclamèrent contre lui et contre nous.

*

Ce nom de Guibert de Préval me revint quelque temps après dans une singulière circonstance, me paraissant propre à une mystification qui aurait dû me valoir un bon coup d'épée. Le duc de Luxembourg nous ennuyait d'un procès qu'il voulut que nous allassions voir plaider, et qu'il croyait si sûr qu'il nous pria à souper le jour qu'il serait décidé. À la dernière séance nous nous aperçûmes que son bon droit allait toujours en déclinant et que malgré la véhémence des poumons de l'avocat Gerbier[252], le procès allait au diable.

« Le souper est préparé, dis-je au chevalier de Coigny. Il sera d'une tristesse à s'avaler la langue. Ne pourrions-nous pas l'égayer ? » Il me vient une idée de parler à ces écrivains qui ont leur table autour des piliers du Palais. Je dictai au premier que je trouvai de bonne volonté pour une lettre anonyme, ce qui suit : « Un Montmorency ne doit s'étonner de rien. Que votre courage, monsieur le duc, ne soit point abattu. Trop de confiance et trop de vanterie peut-être vous a fait perdre ce matin. Il y a des ressources. Reprenez tous vos papiers de chez M. Gerbier et portez-les chez M. Guibert de Préval, médecin, rue du hasard. Je ne vous en dis pas davantage. Vous pouvez me deviner. »

Le pauvre duc devine, et toujours mal comme on peut s'en douter. « Fais-nous la grâce du souper, lui dit le chevalier de Coigny, après lui avoir laissé le temps de recevoir la lettre. Tu seras triste à mort. — Non, pardi, lui dit le duc, je n'en ai pas le sujet, tu sauras cela dans quelque temps. » Il s'agite, il rit, il court, va tâter ou remercier ceux des juges qu'il soupçonnait ses amis intimes, et porte ses paperasses au lieu indiqué. Il avait bien prévu que le souper serait charmant, mais au milieu de nos gaietés et d'une succession rapide de bouteilles de vin de Champagne, voilà les remords qui nous prennent. « Avertissons-le, dis-je au chevalier de Coigny. Cela va trop loin. Plus cela dure et moins il nous le pardonnera. — Avertissez vous-même, me dit-il. — Quelle chienne de commission ! Je vas le dire à son frère, le chevalier de Luxembourg. » Il me dit que le tour est affreux et que si son frère pense comme lui, il se battra avec moi et lui avec Coigny. Je lui dis : « S'il le faut absolument, voici ce qui arrivera : je tuerai votre frère, vous tuerez le chevalier de Coigny et vous n'en serez pas plus avancé. » Il fit ses réflexions et après avoir éclairé et apaisé son frère, il nous fit promettre seulement de ne point parler à personne de cette mauvaise plaisanterie qui, si elle était connue dans Paris, devrait nécessairement avoir la suite qu'il nous avait d'abord annoncée. Elle fut cependant sue et Coigny et moi nous vivons encore.

*

Je me suis bien repenti de trois lettres qui ont été imprimées où il y avait des imprudences, l'une à Jean-Jacques[253] à qui j'offrais un asile en lui disant : « Venez dans un pays où l'on ne sait pas lire », une autre à de Belloy[254] : « Je suis las de faire des héros à coups de bâton... » et la troisième à...[255].

CAHIER XVII

J'ai mis plusieurs fois mes chanoinesses de Mons, sottes bégueules, en pénitence. Elles avaient dansé avec des officiers français dont mon régiment avait lieu de se plaindre, puisqu'ils avaient cherché à en embaucher. Je n'avais pas voulu les recevoir, mais à un bal de la comédie, malgré mes prières, ces dames les firent valser. J'en envoyai chercher deux carrossées quelques jours après pour un bal que je donnais à Belœil. C'était pour faire honneur à une jolie petite femme de Paris, une vicomtesse de Rohault, qui me faisait celui de m'aimer, et qui vint exprès pour me le prouver. Quand elles s'aperçurent de cela, elles furent furieuses. Les officiers de Ligne, outre cela, occupés de cette petite dame de mes pensées, ou plutôt de mes actions, les firent très peu danser : et nous fûmes vengés.

*

Autre impertinence plus forte, car elle était criminelle, et autre vengeance. Ne s'avisèrent-elles pas d'être républicaines de Vandernoot à qui elles fournissaient quarante hommes pour sa sotte croisade? Cette canaille à la tête de laquelle les Arenberg, les Ursel, les Mérode, les Lannoy, misérables révolutionnaires, n'avaient eu ni l'esprit ni le courage de se mettre, ayant été chassée, l'archiduchesse fit son entrée à Mons. Les chanoinesses n'illuminent pas, mais elles me font dire qu'elles ne l'osent pas, puisqu'elles n'ont pas illuminé pour la gouvernante générale.

Je donnai encore ce jour-là une fête à tous les émigrés et émigrettes. J'envoyai des caporaux d'ordonnance au Chapitre les inviter de manière à faire croire à ces dames, en voyant ces ambassadeurs, qu'elles étaient moins priées d'y venir que commandées.

*

Si j'avais tué le comte Palfy, son fils, qui n'était pas au monde, n'aurait pas épousé ma chère Féfé.

Si j'avais tué un gros comte de Duras, sa fille pour la même raison, n'aurait pas épousé mon fils Louis[256]. Mais ce second beau-père au lieu de s'y exposer, m'attendit à une porte par laquelle je l'avais vu sortir avec plaisir, l'ayant envoyé promener pour une petite insolence, m'offensa bien davantage (que par un malentendu qui nous avait un peu brouillés), par ses joues collantes de sueur contre les miennes, que j'essuyai, en même temps qu'il essuyait les larmes de tendresse pour moi, qui coulaient de ses yeux.

*

J'ai su plus de secrets, j'ai été mêlé même dans des affaires, fait des plans de campagne, ai été instruit de projets importants à vingt-cinq ans, que depuis l'âge où l'on pouvait et devait avoir confiance en moi. Mémoires, pièces intéressantes, des archives de la guerre et des bureaux de Versailles, correspondance de M. de Lacy avec l'impératrice et deux empereurs, celle de la première avec M. de Kaunitz qu'elle trahissait en l'envoyant à M. de Lacy, lettres du maréchal Daun, etc.

*

Celui-ci demanda à tous les généraux un plan de campagne. J'avais vu celui de Loudon qui était d'entrer en Silésie par le centre, celui de Lacy par la gauche. Je proposai d'entrer par la droite, dans le plan dont je fus chargé par O'Donnel[257], l'un des hommes les plus aimables que j'ai connus. « Faites ce que vous voulez, me dit-il, car aussi bien on ne suivra que celui de Lacy. Et moi je vas chez ma petite Augusta. »

C'était une demoiselle de Hagen qui l'aimait à la folie malgré ses presque soixante ans. Ne voilà-t-il pas que le duc d'Arenberg me charge aussi de lui faire un plan pour la cour. — Faisons, me dis-je, du neuf. Je me suis bouché à moi-même par mon plan pour O'Donnel, la dernière des entrées en Silésie. Prenons la Saxe de revers et de longueur. Allons chercher l'aile gauche des Français à Halberstadt, allons avec eux faire le siège de Magdebourg, menaçons Berlin, faisons tomber Dresde, et allons joindre en Silésie nos armées victorieuses.

Voilà ce que j'écrivis, que le duc d'Arenberg, qui m'en remercia beaucoup, approuva et qui fut comparé, balancé et au moment d'être préféré dans le Conseil de conférences tenu à Vienne en présence de Leurs Majestés Impériales. M. de Kaunitz fit passer le plus mauvais, celui de Loudon qui alla se casser le nez à Breslau. On en revint à celui de Lacy et l'on s'en trouva mieux. Le duc d'Arenberg regretta le nôtre et O'Donnel, chez sa petite Augusta, se moqua d'eux et de moi.

*

L'empereur Joseph prétend que son gouverneur, un M. Ransonet, le prit un jour par le collet de son petit habit, et le tenant comme cela hors de la fenêtre du château de Presbourg, au-dessus du rocher que baigne le Danube, lui dit qu'il l'y laisserait tomber la première fois qu'il ferait un petit mensonge. Cela l'a corrigé.

Plus petit encore, car il n'avait guère qu'un an, il prétend aussi que sa mère, qui connaissait la science des effets, lui pinça ses petites fesses lorsqu'elle le présenta aux Hongrois auxquels elle venait demander du secours. Et voilà, dit-il, mes moustaches, qui, touchés des cris qu'un enfant qui avait l'air aussi de les implorer, tirent leurs sabres et jurent sur leurs lames turques de défendre jusqu'à la dernière goutte de leur sang et le fils et la mère.

Il nous raconta ces deux histoires à l'une de ces soirées que j'appelais d'érésypèle parce qu'il faisait venir quatre ou cinq des causeurs dont j'étais souvent quand il avait de ces ébullitions qui l'empêchaient de sortir. — Gare la fenêtre du château de Presbourg, dis-je à mon voisin.

*

Je faisais quelquefois des tournées militaires bien amusantes sur les différentes frontières étrangères des provinces où je commandais, suivi d'une trentaine de jeunes officiers bien tournés. Nous avions tous les jours quelque aventure plaisante ou piquante.

Celle-ci, par exemple, est de ce dernier genre, car le prince Frédéric de Salm[258] reçut quatre petits coups d'épée aux endroits que j'avais désignés. Il avait été extrêmement impertinent à l'égard d'un officier de dragons qui voulait lire dans mes yeux si je trouverais mauvais qu'il l'en corrigeât. — Ne vous gênez pas, lui dis-je, mais voilà où je veux que vous fassiez une petite saignée à mon fou de cousin.

C'était à Ypres, après avoir été recevoir des honneurs et des plaisirs à Dunkerque, Bergues-Saint-Wynoc, où je trouvai gouverneur de la place, le chevalier de Saint-Maurice qui avait été le mien[259].

*

Nous avions dîné considérablement à Ostende. Nous sortons du port malgré vent et marée, matelots et conseils de gens sages. Nous rentrons presque par miracle. Nous perdons du temps. La marée avance. Nous voilà en sept ou huit voitures enfoncés dans le sable des dunes, les chevaux harassés, les traits cassés et la nuit qui arrive en même temps que la mer qui nous dépassait déjà de beaucoup.

Au moment qu'elle se retire, nous voilà à pied pour regagner les dunes. Je prends le blanc, l'écume du roulis de la marée pour une de ces petites montagnes de sable. D'autres s'y méprennent comme moi, nous sommes culbutés. L'eau se retire. Nous voilà encore debout. On sauve les chevaux. On laisse les voitures heureusement enfoncées dans le gravier, mais submergées à plus de vingt reprises, et, à la faveur de quelques étoiles bienfaisantes, nous grimpons enfin sur les dunes que nous avons le bonheur de retrouver, et marchant à pied toute la nuit, nous entrons enfin dans Nieuport à la pointe du jour.

*

Tout cela était vin de Champagne, bischof, liqueur des îles, Madère sec avec des Anglais qui attendaient à Ostende un vent favorable. C'était bravade, étourderie, mauvais calcul, extravagance, mais ceci était ferveur militaire et autrichienne.

Je vais me moquer des commandants hollandais et de leurs garnisons du sas de Gand et de Philippine. Ensuite je veux reconnaître leurs ouvrages et insensiblement j'enfile une digue. Elle se rétrécit au point qu'il n'y a plus de terre pour les pieds de mon cheval qui tombe d'un côté dans l'inondation, comme moi heureusement de l'autre côté dans une prairie, m'en étant séparé au moment où je jugeai nécessaire de sauter à tout risque et péril de la hauteur de quatre ou cinq toises que je parcourus à rouler.

*

Quel plaisir eut l'auteur des paroles de l'opéra de *Céphalide*[260], parce que, à son triomphe en cette qualité, se joignait celui d'un homme aimé du public qui profitait de cette occasion pour le lui témoigner. Or cet auteur, c'est moi, comme on vit. Ma docilité à me montrer dans les loges où pourtant j'allais me cacher redoublait les applaudissements et les endroits où il était question de valeur et de liberté (mot qu'on pouvait alors prononcer), étaient saisis à merveille et me rapportaient beaucoup.

*

Je fus envoyé une fois de l'armée comme courrier par le général O'Donnel qui la commandait après la blessure du maréchal Daun. La crainte de perdre ma lettre pour l'empereur François Ier me la fit coudre dans ma veste. J'arrive. Je lui en parle. Il me la demande. Je lui demande des ciseaux. « Quelle cérémonie », me dit-il. Lorsque je lui apprends pourquoi, il se met à travailler à ma poche, très pressé de lire. Il découd la lettre, mais elle était ambrée par une pastille du sérail et je crois un peu de peau d'Espagne. Il la jette, la reprend comme un chat et ne le peut pas, la passe au vinaigre qu'il envoie chercher, me donne au diable, et puis me le pardonne.

*

Malgré la décence dont j'ai parlé de Catherine II vis-à-vis de ses amants, je suis presque le seul, je crois, que j'ai vu un moment où son amour échauffé peut-être par le climat de la Tauride devint à un point que, regardant Mamonoff tout au moins avec tendresse, elle me dit : « Convenez que ce drôle-là a de biens beaux yeux. » C'est comme un jour qu'elle fut d'une autre façon bien gaie, et bien aimable pour moi, qu'étant dans un très léger déshabillé à cause des chaleurs excessives, elle me dit : « Mes flatteurs me disaient devant vous que je dansais comme un ange. Voyez s'ils ont tout à fait raison. Voilà comme je sautais il y a vingt ans. » La grande et imposante autocratrice se met à danser et à en rire comme une folle. « C'est que je le suis, dit-elle, du plaisir de ce voyage. » On entre et la voilà qui prend dans l'instant son air de Majesté comme auparavant.

*

L'empereur Joseph mit presque le feu à trois châteaux où il allait brûler la correspondance de son frère avec ses généraux et ministres, et en ces deux qualités à l'armée russe, une lettre de l'Impératrice de Russie qui nous promettait Choczim et le Raja, de telle manière ou de telle occasion que se fît la paix. Il ne le savait pas, m'a-t-il dit, quand je lui en ai parlé.

*

Je fus perdu, un jour, à la chasse du sanglier à Fontainebleau, du côté de Lieusaint avec M. de Poix, et je lui dis ce qui est dans la partie de chasse : « Vous êtes l'homme de la cour, etc. »[261]. Lui qui ne sait jamais rien, encore moins cette citation, la raconta comme si c'était de mon sentiment et non de ma mémoire, et l'on se moqua de lui un peu plus qu'à l'ordinaire

*

La reine avait une fièvre tierce qui lui permettait ses bons jours de recevoir et de jouer au pharaon. Elle ne pouvait pas empêcher ses vieilles tantes[262] d'y venir. Je ne les avais pas vues depuis vingt-trois ans que je leur avais été présenté avec ma nouvelle de la bataille. Elle leur fit croire que j'allais souvent chez elles, mais qu'étant fort timide, je n'osais jamais me mettre en avant. Elles me firent des excuses et me dirent : « Voilà ce que c'est que d'avoir de mauvais yeux. »

Voilà Madame Adélaïde qui se met à jouer et qui gagne chaque jour. « Cela est singulier, dit-elle, autrefois je n'en passais pas un que je ne perdisse deux ou trois cents louis. Cette fois-ci je les gagne très souvent par la méthode que j'ai prise de faire une corne à deux ou trois cartes en commençant. — Je le crois bien, lui dis-je, c'est que Madame triche ! » Elle avait oublié ce jeu-là et charmée et désolée de ma découverte, elle fit tout ce qu'elle put pour reprendre ce qu'elle avait volé sans le savoir.

*

J'ai vu Marie-Thérèse voler aussi au même jeu, dans un autre genre. Quoiqu'elle fît tout au monde pour ne pas gagner, le bonheur la poursuivait. Et avec des montagnes de ducats vis-à-vis d'elle, elle les emportait, parce qu'elle se souvenait d'une audience ou de quelques papiers à signer. Le banquier se désolait de voir s'échapper sa proie. L'impératrice s'en apercevait le lendemain, riait, en était fâchée, mais se défaisait bien vite en faveur des honnêtes gens de ce qu'elle avait gagné souvent à un fripon.

*

On jouait ici alors un jeu d'enfer. Je me souviens encore d'une méprise charmante pour un spectateur. Pellegrini[263], gros joueur alors, de méchante humeur lorsqu'il perdait, passe un rouleau de cent souverains à la maréchale Daun, pour le passer à Mme de Lozy qui devait le passer à la princesse d'Auersperg pour le mettre sur un dix de pique appartenant à l'archiduchesse Marianne, car on jouait à quatre de hauteur. C'était dans ces petits kiosques de la plaine de Luxembourg où l'on était pour le vol du héron. Ce fut ce jour-là celui de Pellegrini. Et voici comment.

Le dix de pique venait de perdre. Une discussion s'élève avec le banquier. Il arrête. L'archiduchesse est distraite. Elle croit que d'autres cartes sont venues. Elle aperçoit sa carte du côté droit, paie ce qu'elle y avait et jette le rouleau de Pellegrini. Il s'en aperçoit, jure, balbutie, veut s'expliquer, mais avant de dire à la première de ces femmes de le dire à la seconde, de le dire à la troisième, de le dire à l'archiduchesse pour qu'elle le dise au banquier, la taille fut finie. Ce malheureux dix de pique gagna trois fois.

C'était une carte qu'il avait étudié depuis une heure. Il aurait eu quinze cents souverains. Qu'on juge de sa rage et de mon amusement d'une scène pareille que seul j'avais pu remarquer.

*

Je conçois que pour un moment et dans de certaines circonstances, on flatte le souverain ou une femme qu'on veut avoir. Ce n'est même, dans le fond, qu'une galanterie, mais on s'en lasse quand on les voit souvent. L'humeur, surtout quand on voyage ensemble, l'amour-propre, l'envie d'avoir raison, prennent bientôt le dessus. C'est ainsi que je déplus (mais cela ne dura pas) à l'impératrice de Russie, en voiture, en lui soutenant que ses Russes avaient perdu la bataille de Francfort, et que M. de Loudon, à la tête des dragons autrichiens, l'avait gagnée.

*

On a déjà vu des coups de pierres, de fouet, de bâton, des petits sabres de police, assommer, assassiner. Voici des coups de bourrades et de baïonnettes. Les premières n'étaient pas, comme l'on se doute bien, d'un particulier, mais d'une multitude qui devançait le nom et les abus de la démocratie. Les derniers étaient plus nobles, c'était de la part des soldats russes dans l'arsenal de Berlin qu'ils avaient la permission de piller. Je ne l'avais pas, mais mon zèle pour procurer à mes soldats des couvertures, des manteaux, une meilleure buffleterie, m'engagea à jeter par la fenêtre, à mes palefreniers et à un grand fourgon, tout ce que je pouvais attraper.

Un général major s'en aperçoit et veut m'en empêcher. Il me gronde. J'avais déjà envoyé promener, dans d'autres occasions, deux des nôtres sous les ordres de qui j'étais et avais encore mérité d'être cassé.

Qu'on juge comme je reçus le Moscovite. Je lui dis que les Autrichiens ont mieux mérité ce butin que ses soldats, que je ne m'entends pas en capitulation et qu'il est un gueux. Il met la main à la garde de son épée. Je tire la mienne. Il reste, de peur de se compromettre apparemment avec un colonel, dans la même attitude que mourut Charles XII, mais il appelle la garde qui veut me désarmer. Je ne demande pas si je n'ai blessé personne, mais j'étais près de succomber à quelques coups de crosse de fusils dans le ventre lorsque mon camarade Pappenheim arrive avec un sabre énorme. Son bras levé et le mien qui tombe sur ces messieurs avec un gros *kantschuk* dont un colonel de cosaques m'avait fait présent, et que je jugeai faire plus d'effet que mon épée, me tirent enfin de la presse.

En en sortant, je rencontre sur la place Czernichew et Tottlebus. « Il y a du train ici près me dit le premier. — Il me semble que oui, leur répondis-je ; il me paraît qu'on ne s'entend pas : c'est dommage, car je prêchai si bien l'union. »

CAHIER XVIII

Je rencontrai un jour à ma montagne, dans un jardin à côté du mien, deux femmes dont l'une, moins âgée que l'autre, était trop folle pour avoir les yeux égarés, symbole de la folie, dit-on ordinairement. Elle en avait passé ce premier degré. Les beaux yeux n'étaient pas trop fixés, tantôt vers le ciel, tantôt vers la terre. Moyennant cela il n'y avait rien pour moi. Je m'aperçus bientôt que de même elle n'avait pas plus d'oreille, car l'autre femme qui était sa mère, me dit : « Vous me paraissez étonné de voir ma fille se promener ainsi. C'est un essai que je fais qui doit augmenter ou diminuer sa folie, car c'est ici le lieu qui l'a mise dans cet état. Si elle s'y reconnaît cela fera peut-être une crise. Elle parlera, pleurera, verra ou entendra peut-être un mot de consolation ou d'espérance… que sais-je, qui la tirera de cette stagnation qui ne lui laisse que des jambes, encore pour marcher bien doucement, comme vous voyez. C'est dans ce petit jardin qu'Augustin, jardinier-laquais de M. de Stahrenberg, à qui il appartenait, très joli garçon malheureusement, lui plut sans le savoir.

Les formes trop agréables que les petits soins du jardinage ont apparemment développés à ses yeux l'engagèrent à nous le demander en mariage. Mon mari, conseiller au département de la Guerre, n'en voulut pas entendre parler comme vous sentez bien. Il y a des mésalliances pour nous comme pour vous. Je voulus le faire comprendre à ma fille qui, après avoir eu la tête tournée d'Augustin en a, comme vous voyez, la tête perdue.

— Je vais lui parler, madame, lui dis-je ; voulez-vous vous promener avec la princesse Clary qui est là, et qui prendra bien de la part à votre malheur… Christine, écoutez, lui dis-je, une déplorable histoire, et moi je mènerai votre fille dans ce petit cabinet dont les fenêtres donnent sur les laitues qu'arrosait Augustin. Si j'en tire un hélas ! une larme, elle est sauvée.

— Oh ! oui, madame, dit Christine, mon papa est si bon, vous ne pourriez pas mieux vous adresser.

Après une vingtaine de pas vers le lieu de la guérison, je commençai, en y entrant, à en administrer les moyens qui m'y paraissaient les plus simples. Je l'embrassai : elle me regarda. Je l'embrassai : elle sourit. Je l'embrassai : elle proféra quelques sons. Je l'embrassai... Je l'embrassai encore : elle ne dit plus rien mais elle m'avait embrassé... Et d'embrasé et d'embrassé que j'avais été... je devins embarrassé en allant retrouver sa mère et ma fille. Mais toutes les trois ne le furent pas. La confiance des deux et l'absence de pudeur qui ôte l'état d'innocence dans lequel la petite semblait être rentrée firent que nous fûmes bientôt tous les quatre à notre aise.

Elle me regardait, souriait, je crois même qu'elle se mit à rire un petit moment. La mère me remerciait. Christine m'admirait, mais revenant à elle d'une autre manière que la jeune personne, m'accabla d'injures. Je n'en priai pas moins les deux autres de revenir. Christine avait bien envie de leur dire que non, mais heureusement elle ne put pas aller plus loin en allemand que *mein Fatter*. Je la dispensai de tenir une autre fois compagnie à la mère. Le lendemain j'allai chercher la jeune folle qui cessait de l'être. « Je vois, me dit la bonne femme, que c'est le théâtre de sa folie qui devait être celui de sa sagesse. » Je fus un an sans savoir si elle avait continué. J'appris par hasard qu'elle logeait en ville près de chez moi. Je lui trouvai l'air encore un peu extraordinaire, mais plus jolie que jamais. Je m'en occupai encore quelques jours, elle était encore bien mieux la dernière fois que je la vis. Je ne sais pas ce qu'elle est devenue. On m'a dit qu'elle s'est mariée : ainsi je la garantis sauvée.

La morale de cela, c'est qu'il ne faut rien cacher au médecin. Si la bonne maman ne m'avait pas montré l'endroit où Augustin travaillait en chemise, se haussant et se baissant, je n'aurais jamais osé hasarder une cure semblable. À combien de têtes désorganisées ainsi, l'on pourrait de même rendre la raison. Nature ! nature ! tu es bien en tout notre bienfaitrice.

*

Je rencontrai à une redoute une femme qui m'avait l'air de venir de loin. « C'est une fille d'un lieutenant-colonel de Lycaniens, me dit l'empereur Joseph. Je n'ai pas le temps de la recevoir. Demandez-lui, ajouta-t-il en riant, ce qu'elle me veut. »

Sachant moins encore l'allemand que moi, tout ce qu'elle put me dire fut son adresse, le *Burgspitael, morgen ein supplique.*

J'y vais à l'heure marquée. Sa requête était prête. Il eût été malhonnête de ne pas lui présenter la mienne et de partir sans causer. Nous ne nous entendions pas, ce qui y met ordinairement un obstacle. Je lui fais des signes de mon malheur à cet égard. Je baise ses superbes mains. Elle me dit d'un air de confiance et de respect : « *Fürst*[264]. » Je ne puis m'empêcher de la serrer dans mes bras, elle était belle comme le beau jour. Elle me dit un *Fürst* plus amical qui m'encouragea. J'étouffai sur ses lèvres de rose un troisième *Fürst* qu'elle était prête à prononcer en courroux. Plus elle s'y opiniâtre et plus je l'en empêche. À peine à la fin pouvais-je entendre la première *lettre* de ce mot. Je me jetai à ses pieds pour lui en demander pardon. *Fürst,* me dit-elle alors. Elle était si émue que ne sachant pas si c'était de colère ou d'étonnement d'un manque de respect ou de surprise de ce grand respect de ma part, je n'ai plus rien à risquer, me dis-je, je lui ai peut-être déplu. Il fallait absolument qu'un autre mouvement et une situation plus décisive me tirât de cette incertitude. Hélas ! ce fut d'une manière terrible pour moi. Un *Fürst* bien haut, en voulant se lever de son canapé, me terrassa. Cet effort, un peu de fatigue de ce qui s'était passé auparavant, la fit retomber aussitôt en disant un *Fürst* d'accablement, mêlé de crainte. Pour la rassurer, je fais semblant de changer de position. *Fürst,* me dit-elle, comme si elle avait eu peur de me fâcher.

Sans tricherie, sans violence, je l'embrasse. Elle me le rend avec un *Fürst* presque tendre. Je veux lui prouver que j'en suis digne. J'en exige d'autres et par une sorte de magnétisme, en me mettant de plus près en rapport avec elle, je lui fais achever, entrecouper, balbutier vingt *Fürst* sur tous les tons, entre autres sur :

avec quelques quarts de soupir. Et après le dernier que j'aurais pu prendre pour en être un d'amour, si j'avais été plus fat, elle me dit le plus joli *Fürst* du monde dicté par la pudeur et enfin un *Fürst* de reconnaissance et d'amitié qui me consola de toutes les peines que je lui avais données pour lui procurer la mienne.

*

Un autre qui n'aurait pas connu l'empereur Joseph qui avait commencé mon aventure et s'y attendait, lui en aurait rendu compte. Mais il serait devenu prude. C'est ainsi qu'il se repentait tout d'un coup, pour un peu d'amitié ou de confiance qu'il avait témoignée. Il était tout à moitié, presque bon, presque aimable, presque grand souverain. La nature ne l'avait pas achevé.

*

C'est ainsi aussi qu'étant, grâce à ces demi-effusions de cœur, bien souvent entre l'enclume et le marteau, vis-à-vis de sa mère et de son demi-ami Lacy, je me suis tiré d'affaire avec peine. Un autre s'y serait cassé le cou. Il savait que le maréchal me disait et me montrait les affaires les plus secrètes et les plus intéressantes, ce qui excitait quelquefois sa jalousie et ses demi-ouvertures. Je manquai d'être pris à une qu'il me fit sur une lettre de l'impératrice de Russie, où il y avait, en riant elle-même de sa neutralité sur mer, elle l'appelait très drôlement la *nullité armée*. Il me recommanda bien de n'en pas parler.

Malheureusement à sa société des princesses dont je suis le dernier membre, Joseph II, le maréchal et le prince de Rosenberg étant morts, on parla le même soir de la colère des Anglais, de cette démarche de Catherine II. Je dis qu'il est très singulier, à la vérité, qu'elle donne des ukases sur mer, comme dans ses déserts, et que la plus mince des puissances maritimes, si tant est qu'on puisse la compter, s'avisât d'établir une *nullité armée*. J'avais ce mot-là dans la tête. Je croyais avoir dit *neutralité*. On rit. On me dit que je suis toujours charmant, que je ne dis rien comme un autre. Je demande pourquoi. On me le répète et l'on me dit : « L'empereur en rira bien quand nous le lui dirons. » Indiscret sans le vouloir et sans le savoir, j'en tremble, et prie en grâce, pour quelque petite raison à moi connue, de n'en point parler et d'oublier ce que j'ai dit si joliment.

*

Combien de fois il arrive de dire haut ce qu'on croit penser très bas. On sait que le marquis d'Albertas[265] trouvant sa femme dans les bras d'un jeune homme séduit apparemment par son esprit, car elle est affreuse, lui dit : « Quoi, monsieur, sans y être obligé ! »

Je partais de chez elle, de Gemnos[266], entre Marseille et Toulon, le lendemain, pour Vienne. « Comment, me dit-elle, par un hiver affreux, un temps détestable et cinq cents lieues! — Hélas! oui, madame, lui dis-je, et sans y être obligé!» C'était le contraire que j'avais voulu dire parce que je voulais aller faire mon service auprès de l'empereur et c'est «j'y suis obligé» que je croyais avoir dit.

*

Je n'étais pas heureux en à-propos et en citations cette année-là. Je savais que dans une situation et occasion absolument pareille, M. de La... dit à celui qui prenait des libertés avec sa femme qui avait eu tous les Anglais qui passaient par Lyon, se contenta de lui dire ces deux vers du comte d'Essex en rendant son épée:

Vous tenez dans vos mains ce que toute la terre
A vu plus d'une fois utile à l'Angleterre[267].

Je me rappelle ce trait en comptant le raconter à droite à mon voisin de table, je me tourne à gauche vers elle, et lui dis: «Vous tenez en vos mains...»

Cette fois-ci je m'en aperçois et finis en manière de vers par une autre hémistiche: «le destin de Lyon», car, ajoutais-je, vous y donnez le ton comme femme de major et la plus aimable.

*

Je me rappelle avec plaisir tous les moments brillants de ma vie. Celui qui m'exprima la joie de me revoir au spectacle après la dernière guerre de Prusse, où apparemment on avait été content de moi, me toucha infiniment. Je crus d'abord que les applaudissements étaient pour l'acteur ou pour quelque trait fameux de la pièce qu'on jouait (c'était, je m'en souviens, *Dupuis et Desronais*)[268]. J'écoute. Je ne trouve rien qui le méritât. Cette incertitude, qui n'était pas une modestie jouée, les redouble de manière à ne pouvoir plus avoir de doute. Je reculai. Je m'avançai. Je remerciai. Je me ravançai, et en fus, en vérité, touché jusqu'aux larmes.

*

L'empereur Joseph avait refusé à plusieurs généraux la permission d'assister au camp du roi de Prusse et ne voulant pas qu'on sût que dans un de ses accès d'amitié pour moi il me l'avait accordée, il me défendit de me montrer à Vienne et m'ordonna de m'arrêter à Lintz, pour lui donner le temps d'arriver en Moravie.

Pour m'amuser, faire de l'extraordinaire et du bien à la fois à la troupe de comédiens, je leur procurai une énorme recette par une loterie. J'achetai pour deux cents ducats de quoi faire des lots agréables ou utiles, et on avait un billet en prenant celui d'entrée. On les tira sur le théâtre après le spectacle. On s'y élançait du parterre et presque des loges d'où au moins l'on avançait de grands bras pour prendre les lots. Cela fut fort gai et la mine triste de ceux dont on ouvrait le zéro, y ajoutait encore.

*

Cela ne valait pas la peine de courir si vite. Je laissais là tous mes plaisirs et presque mes devoirs. J'avais donn[illegible]per à une centaine d'amateurs de Belœil et de ma société que je menais à Mons pour dîner et souper avec deux ou trois cents officiers de toutes les armées et les nations qui m'y attendaient pour de grandes manœuvres d'exercices à feu.

Les chanoinesses avaient la cruauté de me demander un bal toujours après, quoique je fusse rendu. Je m'endormais sur les épaules de quelques-unes, elle mes secouaient et n'en dansaient pas moins. Ce jour-là, ou plutôt cette nuit, je m'échappai pour aller à ce camp dont je viens de parler, et j'avais déjà fait six postes avant qu'on s'aperçût de mon départ. On avait admiré comment une excellente maison pouvait se tenir ou se transporter à la fois et en même temps, de mes campagnes à mes garnisons.

*

C'est de Baudour, l'intermédiaire entre Mons et Belœil, que je partis pour mes deux entrées de gouverneur militaire et civil. J'entrai pour la première à cheval avec une suite de généraux et officiers de notre armée et de plusieurs pays, et montai la montagne dans Mons au grand galop, pour aller recevoir ainsi les vins d'honneur. Cela avait bon air.

*

On aura vu dans mes œuvres imprimées le voyage du coche où nous étions douze. Jamais rien ne fut plus gai et plus brillant. Nous avions douze courriers avec des flambeaux pour traverser la forêt de Senlis. Je refusai même à la reine, que j'allais voir tous les jours, de dîner avec elle, parce que nous nous étions promis de ne point nous quitter pendant les huit jours que nous passâmes logés ensemble. Nous y dépensâmes plus de soixante mille francs, car nous donnions à dîner et à souper à nos connaissances. On trouva à Paris ce voyage de fort bon goût. Il avait été conçu et entrepris à la même minute. Je fis venir huit chevaux de poste pour atteler à cette diligence et fouette postillon ! Ohé ! Ohé ! et les cornets de poste.

*

Louis XVI était extrêmement imprudent à la chasse. J'ai entendu une fois siffler une de ses balles à mon oreille à la mort du cerf, mais un jour il tua, en se retournant, une perdrix entre la reine et moi, à un de ses tirés où il me prenait souvent avec lui pour causer, car il n'y avait que ses deux frères qui tiraient. Ce qui me fait venir l'eau à la bouche, mais c'était une faveur qu'il accordait à très peu de courtisans.

*

La plus grande était d'être ce qu'on nommait « appelé dans les cabinets ». C'était ce que j'étais toutes les fois qu'il y avait à souper chez le roi, et marque de distinction plus encore que de familiarité de société.

Nous n'étions guère que sept ou huit à qui ces deux raisons procuraient toutes les fois cet appel qui faisait tant de jaloux. Ceux qui se tuaient et leurs chevaux aussi pour arriver à l'ordre et qui n'étaient pas nommés, s'en retournaient à Paris, le chagrin dans l'âme, et n'osaient pas se montrer.

*

Quels soupers charmants en gens d'esprit et de bon goût, de tous les états, chez Mlles Arnould, Guimard, Julie et Dervieux.

Quels soupers ennuyeux chez les filles comme Mlles Duthé et autres qui faisaient tant les précieuses que je leur dis que j'avais un trop mauvais ton pour m'absenter quelquefois de la bonne compagnie[269].

Quels soupers de femmes jolies et charmantes et heureusement pour moi d'hommes maussades, dans la société de Mme de La Galissonnière où je passai un hiver. Quels soupers mêlés d'esprit, de ton provincial et de mauvais goût dans la société d'une petite Mme de Jaucourt, quoique ce fût au milieu de Paris et que ce fût un foyer d'épigrammes très bien faites et de chansons contre tout le monde.

*

Quelle société de bien parler et mal agir que celle de Mme...[270] dont je crois encore qu'on a augmenté les torts. Rien n'était plus joli et plus aimable qu'elle. Quelle charmante société que celle des *Brochettes!* On appelait ainsi sept ou huit des plus aimables femmes qui ne se quittaient pas.

CAHIER XIX

Quelle charmante société que celle de n'en pas avoir! C'est-à-dire d'être bien avec une femme qui ne connaissait personne, comme Mme de Maghes, par exemple, à son arrivée à Paris. Je voyais mes connaissances sans être vu. J'allais à tous les spectacles, à toutes les promenades et nous étions solitaires au milieu du plus grand tourbillon des plaisirs qui ne dérangeaient pas les nôtres.

Elle fut assez mauvaise tête pour me mener un jour à une comédie de société, où elle ne connaissait qu'une femme, encore assez peu; et je le fus assez pour me laisser présenter par elle. On nous regardait, on se regardait et l'on m'enviait.

*

On a vu que je n'étais pas donnant, mais après avoir mangé tout un hiver toutes les primeurs et surtout les fraises des serres de M. de Soubise[271], à qui appartenait Mlle Dervieux que je ne voyais qu'à souper et une demi-heure après, je voulus attraper encore davantage son prince, en lui faisant faire un présent malgré lui.

Elle mourait d'envie d'avoir un bel équipage pour Longchamp. Je trouvai pour mille écus une voiture qui en valait quatre et qu'un étranger qui était parti avait commandée. Je dis à la petite Dervieux qu'elle devait dire à son maréchal de France que cela ne lui avait coûté que la moitié de la valeur. Elle eut tout ce qu'il y avait de plus élégant et mille écus de profit. M. de Soubise crut avoir fait une bonne affaire, et avec mes trois mille francs, je lui en procurai autant et la voiture qui en valait douze. N'est-ce pas un tour de filou ? Je n'en sais rien : je n'y attachai qu'une idée de gaieté et d'obligeance.

*

J'avais une Mme de Bussy, belle sans être aimable. Je me levais de chez elle à minuit et j'allais veiller jusqu'à six heures du matin chez une autre Mme de Bussy qui était l'une et l'autre, mais qu'on n'avait pas, mais où les chevaliers de Boufflers, de... et deux ou trois hommes presque aussi aimables qu'eux et par conséquent les plus... aimables de l'Europe, aimaient à veiller aussi. Nous approchions un grand canapé de la cheminée et nous avons passé ainsi un hiver très heureux.

*

La reine avait mieux que de l'esprit, du tact, du goût, du jugement, des à-propos et de la gaieté. Mais elle arrangeait l'esprit et n'aimait ni les vers, ni ceux qui en pouvaient faire. « Ah ! voilà le triumvirat, disait-elle, quand elle voyait arriver le Talleyrand[272] d'aujourd'hui, le chevalier de Narbonne[273] et Choiseul-Gouffier[274]. Je lui dis que je m'en vais en faire un autre pour en imposer à celui-là et je lui proposai pour l'évêque d'Autun, l'abbé de Balivière qui est tout ce qu'il y a de plus bête ; le duc de Coigny, assez médiocre, pour pendant de Narbonne, et moi, pour celui de M. de Choiseul, puisqu'il est passablement savant et que je ne le suis pas, faisant des recherches et moi pas du tout.

*

Un autre Choiseul[275] me fit grâce de la vie. Il y avait au moins de quoi m'envoyer promener. Il était chez moi. Je m'habillais. J'y pensais comme s'il n'y était pas, et chantais ceci par distraction, parce que je croyais être seul :

Le plus ingrat et le plus bas
Est le Choiseul aux entrechats.
Quoique l'on ne l'estime pas
À danser on l'invite
Pour les sauts,
Pour les sots,
Il a du mérite !

*

La reine d'à présent, hélas sans royaume, la femme de Louis XVIII[276], m'a assuré que la malheureuse et belle reine était morte dans la charrette où elle était noyée dans son sang, ses pertes, ses maux, ayant fini ses jours en chemin pour l'échafaud.

*

Mme de Cassini[277] me fit chercher un jour pour faire chasser Necker[278]. Je l'écoutai et lui dis que je me mêlais à la cour du bien à faire, mais point du mal et que je n'y voulais jouer d'autre rôle que celui des annonces.

*

Je me suis trouvé souvent au milieu des intrigues sans m'en douter. Par exemple la défaveur de M. de Guignes[279], que la reine prit en guignon, a toujours été une énigme pour moi. À propos de lui, on sait le grand procès que lui fit son secrétaire Tort. Obligé de sortir de France, il se fit appeler M. de la Sonde. Je le rencontrai en pays étranger, et quelques propos que j'entendis de lui, me le faisant soupçonner, je dis : « Je vais le *sonder* pour savoir si j'ai *tort*. »

*

M. le prince de Conti me pria de sauver Beaumarchais le jour qu'il fut décrété de prise de corps et qu'il nous lut bien gaiement son *Barbier*, quoiqu'il fût entré dans le salon avec l'air de l'homme le plus malheureux. Je me donnai la peine de le mener à la première poste, de lui donner une voiture et un de mes gens pour le conduire jusqu'à Ostende, où je le fis embarquer. Huit jours après il était de retour d'Angleterre dans le cabinet de Louis XV. Quel mystificateur ! mais il était bien aimable.

*

Les papiers publics ont parlé de mon Charles qui s'était jeté au milieu des flammes à Varennes, village de Champagne, où il donna pour consoler les brûlés tout ce qu'il avait et une montre superbe impossible à remplacer. Je ne gardai, comme de raison, d'argent que ce qu'il fallait pour arriver à Paris.

*

À propos d'argent, j'étais avare et prodigue quand j'en avais. J'avais de la peine à débourser un ducat et j'en signais cent pour un petit billet, quand j'étais riche. À présent que je n'ai rien, je ne donne que ce que je peux, et des assignations à personne. Tout le monde est pauvre. L'avare parce qu'il n'ose point dépenser, le prodigue parce qu'il dépense tout.

*

Joseph II était jaloux de M. de Lacy pour moi, comme le prince Potemkin du prince Repnin[280].

*

J'avais un procès que je disais anacréontique : c'était pour la terre de *Kœur*, en Lorraine. Mon avocat s'appelait *L'Amour*. Nos assemblées étaient au pavillon de *Flore* où demeurait une vieille tante à moi et mon rapporteur était M. *Joly de Fleury*[281].

Le cardinal de Bernis[282] me l'aurait fait gagner, mais M. de Vergennes[283], qui n'était point anacréontique, me le fit perdre pour se venger de ce que j'étais trop Autrichien et de tout ce que j'avais fait pour taquiner les Hollandais et commencer une guerre qu'il ne voulait pas, mais qu'il sentait bien, ainsi que je le lui dis, qu'il n'aurait pas pu empêcher si l'empereur Joseph m'avait cru et laissé faire.

*

Le pis aller de voleurs et de revenants n'est rien moins qu'agréable. C'était cela cependant qui fit venir un marchand russe, son fils et deux valets avec leurs *kibieck* et des cris effroyables jusqu'à ma voiture dans une forêt et une nuit affreuse, lorsque j'allais dans la Nouvelle Serbie. Je les avais vus dételés à moitié et reposés autour d'un grand feu. Ils me passèrent un quart d'heure après au grand galop, en me disant qu'ils avaient vu le diable. C'était le diable en effet, car mes chevaux en prirent le mors aux dents.

*

On met le diable à tout. Une apparition semblable, à ce que me dit mon postillon, me fit jeter du haut d'un pont en Saxe. Je lui représentai que le bruit que j'avais entendu moi-même, et ce que j'avais vu traverser le grand chemin, était vraisemblablement du gros gibier.

*

Je ne pus pas me tromper sur le compte de celui-ci, un jour qu'enfoncé au Prater, dans le taillis entre la maison verte et le Danube, couché sur l'herbe pastoralement avec Mme de X..., je lui présentais des assurances de mon amour aussi sauvage que le lieu où nous étions.

C'était aussi le temps où les cerfs éprouvent le

même sentiment. Au milieu de la conversation la plus animée et la plus intéressante, quatre ou cinq de ces sultans de la forêt, poursuivant une horde de biches, sautèrent au-dessus de nous, et quoique ce fût une belle mort, il eût été singulier de la trouver dans les sources de la vie.

*

Je ne sais ce que c'est qu'une spéculation sur moi depuis huit jours. Une femme à bonnet d'or, avec un équipage, cocher à pelisse, ce qui rend cet ajustement bourgeois plus piquant, et une veuve de conseiller viennent de me réclamer cette semaine-ci, dans ma solitude de Kaltenberg où je l'écris, pour me parler de leur passion pour moi. « Mes bonnes dames, leur ai-je dit, je n'en ai guère vu pour moi à quinze ans quand j'en valais la peine ! » La première m'a confié qu'elle serait bien aise que, pour prix de cette passion, je contribuasse un peu à l'entretien de son équipage qui est aussi sa passion, et la seconde, après des transports d'amour et des déclamations d'excellente tragédienne allemande et des menaces de se tuer si je ne l'aimais pas, puisqu'elle m'adore depuis trois ans, pour prix de sa passion m'a parlé de pension ! Apparemment que ces dames, qui ont souvent affaire aux finances du prince Esterhazy, savent qu'il me donne quatorze mille florins par an, pour les chanoinesses que je lui ai vendues.

*

Si un enterrement pouvait être comique, c'eût été celui d'une tante à moi, de cette vieille princesse de Ligne[284] qui demeurait à l'appartement habité, dit-on, par Napoléon, où je crois le Saint-Père, à présent, pour le couronnement. Elle m'aimait. Je n'en ris que plusieurs années après que j'y pense.

D'abord, j'y vois un M. de Schönberg qu'on appelait Chamberg mal à propos, ami de la maison, que j'ai toujours appelé le chevalier du sépulcre, car il n'en manquait pas. Je me rappelle qu'étant arrivé au moment que nous dînions et que la pauvre femme rendait l'âme, il avait dit : « Je n'en puis plus ! Un verre de marasquin. Ah ! la pauvre princesse ! Il faut pour me soutenir, car je meurs, que je mange un petit morceau. » Et il se met à table en pleurant, dans le temps que Mme de Lorraine, Mme de Carignan, M. et Mme de Béthisy, nous tombions tous dans les bras les uns des autres, ce qui, à se rappeler de sang-froid, était assez plaisant. Et des : « Ah ! » des « Que ferai-je au monde ? J'ai tout perdu ! » qui ne finissaient pas. Ensuite, après les tristes révérences de M. de Schönberg, je découvre le prince de Vaudémont avec sa tête de côté et un manteau plus court que son habit. Et puis de très jolis prêtres qui, pour éviter la crotte, car il y en avait beaucoup jusqu'à Saint-Germain-l'Auxerrois, marchaient sur la pointe du pied *saxorum electores*. Ensuite encore beaucoup d'autres choses ridicules que j'ai oubliées.

*

Dans les cabarets de la Suisse, sur chaque cheminée, j'avais trouvé des vers, des horreurs et des caricatures sur tout plein de voyageurs et de femmes de ma connaissance. Mme d'Ursel et la petite Charles d'alors, aujourd'hui Mme Vincent Potocka, trouvèrent que c'est affreux. « Pour moi, leur dis-je, peu m'importe tout ce qu'on dirait de moi, pourvu que ce ne soit pas que je suis un poltron. — Oui, mais par exemple, un fripon, me dit le duc d'Ursel ? — Pourquoi non, lui répondis-je, si cela fait plaisir à quelqu'un. — Eh bien, lisez, me dit-il : “Le prince de Ligne a volé ici, ce matin, une cuiller d'argent.” — Eh bien, cela m'est égal, à moins que la maréchaussée ne coure après moi pour m'arrêter. » Et cette belle phrase y est encore, à moins qu'on n'ait blanchi la cheminée.

*

Mon père, grand faiseur de mémoires, au lieu d'histoire et d'histoires comme son fils, en avait fait faire un pour prouver nos droits à la couronne de Naples par une certaine Yolande d'Anjou ; à la couronne d'Angleterre par les Salm, je crois, plus proches de la maison de Brunswick ; au duché de Lorraine, par une Vaudémont, il me semble, et à la succession des Nassau si le stathouder mourait sans enfant mâle.

Qui veut m'acheter ces justes prétentions et protestations qu'il a toujours faites dans l'occasion ?

*

Il me prit tout à coup, il y a quelque temps, une fantaisie de faire une confession générale. Je l'avais promis à mes belles-sœurs, les princesses du soir. Je m'en ressouviens. J'allai tout seul à Pâques à mon Kaltenberg. Ayant oublié toutes mes prières, je me mets à genoux, je veux dire mon *Confiteor*. Je ne m'y retrouve plus. Je commence. J'oublie une partie de ce que je veux dire. Mon bon diable de curé ne savait pas bien le français. J'y remédiai en latin, car j'étais de bonne foi et ne voulais point l'attraper ni m'attraper moi-même. Je ne sais s'il fut étourdi, stupéfait ou ravi peut-être de voir à ses pieds un si grand pécheur, mais il me donna bien vite l'absolution et oublia même de me donner une pénitence.

J'ai communiqué mes scrupules au père Antonin et au père Chrysostôme. Celui-ci m'a un peu plus rassuré que l'autre.

— Oh ! oui, oui, je recommencerai. Pourquoi ne recommencerais-je pas une autre fois ? Peut-être que cela ira mieux. On risque de ne pas le faire, et que risque-t-on de promettre de n'avoir plus de femmes lorsque les désirs et les occasions diminuent, et d'aller tous les dimanches à la messe, lorsque la raison qui en empêchait cesse de même ? C'était de voir mes matinées coupées et mes ouvrages en littérature interrompus. Je les ai aussi, de même que mes aventures, à peu près finis. Ainsi, je veux être et peux aisément être heureux dans l'autre monde, après l'avoir été dans celui-ci.

*

Dieu me pardonne cette personnalité bien égoïste mais bien placée, et mes lecteurs aussi. Ils verront que je n'ai été ni prude, ni bégueule pendant ma vie. Les cyniques y trouveront assez de cynisme encore pour que je ne leur déplaise pas tout à fait, et les dévots se réjouiront de voir succéder une philosophie chrétienne à l'autre. Les impies et les indifférents jugeront si le respect humain vaut la peine de faire mourir impénitent et craintif. On me croira plutôt qu'un saint et on ne s'imaginera pas être déshonoré pour suivre mon exemple. Si tout ce qu'on dit est vrai, comme je le crois, je ferai une bonne affaire pour moi et pour les autres.

*

Voici bien un trait digne d'un grand homme qui ne réfléchit guère. Avec ces manières on court risque d'être pendu.

Je m'en retournais souper chez moi, à pied, avec le comte de Taxis. Je vis un homme qui, en sortant du cabaret, recevait pour solde de compte un petit écu, après en avoir changé un gros. Je dis à Taxis: « J'en deviens amoureux. Il faut que je l'aie. — Vous êtes trop bien, me dit-il, pour qu'il vous le donne en charité... — Qui parle de ce *pauvre* moyen, je lui réponds. »

« Oh ça ! mon ami, dis-je à cet homme, monsieur et moi nous sommes des voleurs. Nous avons besoin de ton petit écu. »

Je ne sais s'il me vit une envie de rire ou si la peur l'empêcha de se sauver. Il me le donne et de l'autre je mets un gros souverain dans la sienne.

*

Il y a partout des veines de galanterie et de pruderie momentanée. J'ai vu beaucoup de l'une dans ce pays-ci, pendant vingt ans, et de l'autre depuis ce temps-là jusqu'à présent, de sorte qu'on se voit depuis le matin jusqu'au soir, comme frère et sœur, sans qu'on se désire et qu'on cherche à se plaire. Si j'avais encore les avantages de ma jeunesse je ne saurais qu'en faire. Aussi, adieu les plaisirs de la société. On se trouve sans se chercher. On se quitte sans regrets. On cause sans intérêt. On se met à table l'un à côté de l'autre, sans s'en soucier. C'est encore un des mauvais effets des longues paix. Pendant la guerre on est si pressé de vivre qu'on est pressant. On est nommé, on est attendu dans la capitale, on y plaît même avant d'arriver.

*

Jusqu'à un La Fayette, insipide de corps, d'esprit, de figure et d'âme, cité mal à propos pour de prétendus petits combats d'Amérique; il est aimé encore à présent des deux plus aimables femmes de Paris, et il y a vingt ans qu'il en avait la plus jolie[285].

*

Jusqu'à la mauvaise compagnie, elle imite la bonne en tout. Quelques jeunes femmes ici sont entrées dans le monde, sans grand mouvement et sans trouver d'attaquants. Celles qu'on appelle ici « dames de la seconde noblesse » et à Bruxelles, autrefois, « dames de la ville », sont vertueuses par air. On avait ici toutes celles qui vont dans le petit parterre. Les hommes de bonne compagnie y allaient et s'en trouvaient fort bien.

*

Le nom de *Mouchette*, quoique je n'aime pas les petits noms de société, s'est trouvé tout d'un coup donné à la petite Charles pour une plaisanterie dont la source était assez drôle. Dans notre voyage du coche à Paris, Charles, toujours actif, cherchait les chevaux, visitait les roues et se faisait valoir pour diminuer nos obligations. Je lui dis qu'il était la mouche du coche. Sa femme était jolie et quelquefois un peu laide, presque toujours bonne, quelquefois un peu malicieuse, sentimentale et philosophe, esprit fort et dévote, tiède et bigote, exagérée et juste, raisonnable et superstitieuse, sensible et indifférente, naïve et trop fine, aimable et insupportable, amusante et ennuyeuse, prude et coquette, charmante et capricieuse. Toujours beaucoup d'esprit, de grâces, de physionomie, de connaissances, de générosité, de bienfaisance. Beaux yeux, beaux cheveux, joli pied, joli teint, belles dents. Ensemble plus agréable, divertissant et bon qu'autre chose: et trente femmes qu'on pouvait aimer dans une.

CAHIER XX

J'aime à voir la vertu arrachée au vice. C'est l'impudence et l'impudeur qui heureusement le rend odieux. Sans cela il serait trop aimable. Les Italiennes en dégoûtent, les Anglaises lui prêtent les charmes de la candeur. J'y ai pris toutes les filles au Wauxhal et au Ranelagh pour les plus honnêtes femmes de l'Europe et de l'Amérique. Comme il n'y a pas de caractère, en Allemagne, ni vices, ni vertus nationales, tout y dépend de la discipline. Celle de Prusse est la première en filles apparemment comme en soldats.

Le prince Louis-Ferdinand[286], en me quittant aux chasses de Bohême, donna ses ordres à un major de housards de me donner à souper et à mon petit-fils, Charles Clary, avec des filles, en les faisant passer l'une pour sa femme et l'autre pour sa sœur.

« Vous voilà donc fixé, mon cher Varbourg, lui dis-je.

— Oui, me dit-il, ce n'est pas pour une femme de qualité. On a un peu crié contre moi au régiment et dans le grand monde, mais qu'est-ce que cela fait? Elle a de la beauté et des mœurs. »

Je les soupçonnai un peu sur quelques petits coups de genou qui agitaient quelquefois les miens, mais la peur de manquer aux lois de l'hospitalité et le bon ton qui y régnait d'ailleurs m'empêchaient de les rendre. Insensiblement, par gradations, ce ton excellent disparaissait. Je plaignais le maître de la maison. Je croyais que le vin de champagne égarait les soupeurs. Enfin, cela devint si fort, et puis l'on se mit tant à rire de ma réserve que je m'aperçus que c'était une mystification très plaisante et de fort bon goût.

« Ne nous gênons plus, me dit Varbourg ; allons voir les amies de Mme Varbourg et de ma fausse belle-sœur. »

Nous allâmes chez une Mme Bernard, abbesse de leur couvent. Deux grands salons bien ornés, dans une maison joliment décorée au-dehors, et des bronzes, de l'albâtre, des candélabres et une belle illumination, m'en imposèrent d'abord. On nous servit une cuve de punch portée par les femmes de chambre de ces demoiselles. Elles parurent l'une après l'autre, sortant deux à deux des six portes des deux salons.

Je n'aurais rien à me reprocher si l'une qui s'appelait Angelini n'avait pas ressemblé à Mme de Wurbn, et encore ce ne fut que le lendemain que j'y retournai pour la voir. Des dix ou douze que nous étions, ce jour-là, personne ne s'oublia vis-à-vis de ces dames qui avaient un air plus décent que quelques-unes de la cour. Nous nous respections nous-mêmes pour que toute la soirée fût de bon goût, et après avoir admiré leurs figures, leur élégance et leur éducation, je me retirai chez moi, enchanté de ces jolies créatures, de ces messieurs et de moi-même.

*

Je ne crois pas que les dix-huit mille qu'on prétend qui existent à Berlin, depuis les maîtresses des tambours jusqu'à celles de Leurs Altesses Royales soient aussi bien élevées. Ce nombre paraît disproportionné à la population de 150 000 habitants, mais elles y contribuent parce que la police et la chirurgie ont grand soin de leur santé, et il vaut mieux que les tambours aient des maîtresses que d'être maîtresses eux-mêmes, comme c'était l'usage du temps des grands princes de la maison de Brandebourg.

« Faites-vous donc débaptiser, monseigneur », dis-je un jour au prince Henri de Prusse, frère de ce roi-ci, qui témoignait quelque horreur de cet égarement de corps, de cœur et d'esprit.

*

Mon étonnement, un jour qu'on vint me proposer à Paris, du temps de M. d'Éguillon[287] un hôtel de 16 000 francs et une rente de 30 000 ! J'en remerciai cette société : « Que faut-il faire, messieurs ? — Mettre au-dessus de votre porte, monsieur, *Hôtel de Ligne.* — C'est fait. Que d'obligations ! — On jouera seulement chez vous, monsieur. »

Cela me fit sortir de ma surprise et me fit rester où j'étais, au *Parlement d'Angleterre.*

*

J'aurais pu avoir un logement au château de Versailles et le charmant appartement de ma tante alors, et du Napoléon ou la Napoléone ou du pauvre diable de pape, à présent, je crois, au pavillon de Flore. Mais d'abord cela aurait fait crier contre la reine et puis je ne voulais pas avoir l'air, à Vienne, d'être établi à Paris. Je me suis bien trouvé d'être Allemand en France, presque Français en Autriche, et Wallon à l'armée. On perd de sa considération dans le pays qu'on habite tout à fait. L'impératrice accordait des grâces à mon père quand il y arrivait. Les circonstances ne m'ont rendu que trop indigène et indigent.

*

Dix-huit mois que j'ai été, à cause de la guerre, absent de Paris, j'y ai eu une très jolie maison tout entière dans la rue de l'Université, pour quinze cents francs, une loge à l'Opéra et une à Vienne. Je n'en aurais pas eu besoin, quand même j'aurais pu profiter de l'une et de l'autre, puisqu'ici j'en ai sept ou huit où je vais sans payer, et à Paris, celle de la reine, de M. le comte d'Artois, de M. le duc d'Orléans et des gentilshommes de la Chambre. J'avais outre cela ma loge de Bruxelles, où je n'ai presque jamais été, qui me coûtait trois cents ducats. J'en avais pour cinq ou six cents dans les deux autres pays.

*

Voilà un chien, que je vois d'ici, qui garde mes chevaux, mes voitures et mes cochers. Il s'est donné à nous: et je réfléchis. Le chien, le plus civilisé de tous les animaux, a quelques-uns des défauts de l'homme, comme la bassesse, la flatterie, la gourmandise, l'importance, le bruit dans la société, la paresse, la méchanceté, la jalousie, la colère et la luxure. Mais il n'en a pas l'ivrognerie, l'ingratitude, la présomption, les écarts de l'imagination, la folie, l'hypocrisie, la duplicité, la méfiance, l'ambition, le défaut de mémoire, l'indiscipline, l'envie d'être flatté, l'indélicatesse, l'intrigue, les mauvais procédés et la rancune. Le chien qui a des talents, n'essaye pas ceux qu'il n'a pas, et ne cherche pas à occuper toute la terre de lui, ainsi que nous. C'est lui qui est bien né libre et égal et voici à quoi j'en veux venir. Je vois celui dont je parle qui en a senti les deux inconvénients et qui voulant éviter le malheur de l'indépendance et la nécessité des devoirs, est venu de lui-même en chercher à mon service.

Le chien de chasse ne se fait pas chien de berger,

celui-ci chien de dame. Qu'on propose un évêché à un lieutenant de houzards propre à son métier, il le quittera tout de suite pour dire la messe.

*

J'ai quelquefois du plaisir à être superstitieux. C'est, je crois, un besoin de l'âme, et c'est peut-être une preuve de son immortalité. N'est-ce pas en favoriser le goût et la croyance que ce qui m'est arrivé au sujet de la reine.

Le lendemain de sa mort, un émigré peintre, non par amour comme tant d'autres l'ont été, mais par besoin, m'apporte le portrait de cette belle et malheureuse princesse extrêmement ressemblant. Je pleure dessus et le paie ce qu'il veut.

Six ans après, l'ayant porté tous les jours sur une boîte, je le perds dans la foule à un bal masqué du prince Esterhazy, en Hongrie. Je m'en retourne bien triste à Vienne. Quel est mon étonnement de trouver en y arrivant, sans lettre à mon adresse, le même portrait avec la seule différence qu'il y avait de l'or sur l'habit du perdu et de l'argent sur celui du trouvé. On ne m'en demandait pas. Je ne savais qui remercier. C'est au Ciel que j'adressai mes remerciements et que je dus encore le troisième portrait que j'ai encore.

Le second fut brisé par une chute, dans ma poche où je le portais tous les jours, ainsi que le premier. Il a duré six ans aussi et voilà que la bonne princesse Ulrique Kinsky me dit : « Je suis bien vieille. Il y a grande apparence que je ne penserai pas à vous en mourant. Un buste excellent que j'ai eu de la reine tombera Dieu sait en quelles mains. Héritez-en de mon vivant et consolez-vous ainsi un peu de sa perte et de celle de ses deux portraits si ressemblants. »

*

Il est si bien établi que le matin que je pense, lis ou écris, je ne fais plus rien que machinalement, qu'un grenadier de mon régiment, à qui je refusais la permission de se marier, prend une plume dans mon écritoire et me l'apporte pour que je signe ce que je n'avais pas voulu lui accorder. Il eut raison. Je signai pour qu'il me laissât continuer à m'occuper. Il dit ensuite qu'on ne l'avait pas trompé et qu'il avait réussi à merveille.

*

On voyait une envie sourde de faire la guerre : on n'en était pas en état. Ce que vient de me dire l'archiduc Jean est sublime : « Il manque de l'argent, des vivres et des chevaux pour faire la guerre : donc il faut la faire ! » Tous les moyens refusés par le calcul se forcent, se trouvent. Tout arrive, se prend, suit on ne sait comment. On prévient, on étonne l'ennemi qui est instruit de notre pénurie. On passe l'Adige avec ce qu'on a et cette brillante sottise en apparence serait, dans ce moment-ci, le cachet de la prudence et du génie.

*

Mon Charles avait une valeur bien plus pure que la mienne. Il ne pensait pas, comme moi, à la galerie. C'était intrépidité et utilité. J'étais quelquefois brillant, parce qu'on me regardait : la nuit, je n'avais pas aussi bon visage que lui. J'étais amoureux de la gloire et lui l'était de l'honneur et du devoir.

*

J'eus bien de la peine à résister aux prières de Joseph II qui était assez délicat pour ne pas m'ordonner. Je me rendis, je promis et le suppliai de me dégager. Il voulait que j'allasse aux Pays-Bas parler aux révoltés. Chaque circonstance qu'amenait chaque jour rendait cette démarche plus inutile. Je lui représentai que j'y risquerais volontiers ma vie, même ma liberté, mais que l'honneur de mon uniforme souffrirait des humiliations. « Dites que j'ai tort, me dit-il, pour gagner leur confiance, et si vous ne voulez pas, prouvez-le-leur en quittant mon service auquel je ne veux pas que vous sacrifiez votre fortune. — Voilà ce que je ne puis pas faire, lui répondis-je, parce que Votre Majesté le veut par bonté pour moi ; mon honneur, mon attachement et précisément ce qu'elle m'en dit, m'en empêchent. »

J'écrivis à peu près dans son sens pour qu'on me crût. Je croyais que quelques personnes seulement, à qui je voulais prouver mon impartialité en disant du mal de tout ce qui s'était fait, suivraient peut-être les conseils que je donnais de rentrer dans leur devoir. C'est cette troisième lettre dont j'ai parlé ailleurs qu'on eut la malice d'imprimer.

*

On remarquera qu'il n'y a pas un mot ni un fait qui soit dans tous ces petits cahiers en mon honneur. Ce serait bien ennuyeux, d'ailleurs, si j'allais dire du bien de moi. S'il y avait ici quelques jolis crimes je les aurais appelés confessions. Mais ce ne sont que de pauvres aveux et souvenirs de bêtises dont aucune n'est piquante.

Par exemple, une journée entière de voyage qui paraît lui avoir été consacrée. Voulez-vous les compter ? En voici trois : on voit un cheval échappé, sortant de la maison paternelle et de la discipline militaire.

Avant d'arriver à Laubach, je rencontre un gros prince abbé avec une belle croix d'or, un moine qui avait l'air d'être son adjudant et six chevaux de poste, car il revenait d'Italie en voiture ouverte. La mienne l'était aussi. Je me lève dans la mienne. Il se met debout dans la sienne. Il croit que je le reconnais ou que j'ai quelque chose à lui dire. J'avais une carabine chargée à poudre. Je la lui tire, sans le viser pourtant, à sa grosse physionomie. Étonné, alarmé, il se cogne la tête contre celle de son moine. Le mal qu'ils se font par là leur fait croire qu'ils sont tués, blessés, percés. Ils crient au voleur, à l'assassin, au chirurgien. Les chevaux et les postillons les emportent. Mon postillon se met à rire et un vieux valet de chambre de confiance à moi, à me gronder. Mais voici de quoi me justifier : « Quel plaisir aura eu monseigneur le prince abbé, à la première poste, à se trouver bien portant ! Sans moi il n'aurait jamais eu un si bon moment ! »

Me voilà à deux postes de ce premier théâtre d'extravagance. Voici la seconde. Mon postillon va mal. Il me dit des impertinences. Je veux le rosser. Je passais un village. Je veux le rosser. Il se sauve chez le petit seigneur qui était à table avec sa famille. Je le suis et pendant qu'il le harangue pour se plaindre de moi, je lui fais descendre les escaliers au galop et remonter bien vite à cheval laissant le baron dans la plus grande surprise.

À présent à la troisième. On veut me faire payer une barrière. Je ne le veux pas. Je dis au postillon d'aller. On le lui défend. Je dis à mes gens de le battre. Il veut dételer. Il descend pour cela. Je fais monter un coureur à moi sur son cheval et me voilà à toute bride. Le maître de poste envoie un postillon pour m'arrêter, monter sur son cheval et me ramener. Je lui montre ma carabine : il s'en retourne. Je vais plus vite que jamais et me voilà arrivé à Laubach. Je perds du temps à y manger des cerises. J'avais fait une histoire que mon postillon avait eu la colique. On mettait mes chevaux pour aller plus loin. Le maudit maître de poste arrive au moment que je partais et conte ce qui s'est passé. Le gouverneur du pays, un Auersperg, me fait arrêter. Je lui écris une lettre si insolente que cela lui en impose. Je le menace de l'empereur François Ier avec qui il se souvient d'avoir entendu dire que j'étais fort bien, et mon style moitié d'un militaire, moitié d'un favori, m'obtient des excuses et des chevaux.

*

Hélas ! c'est à notre voyage de Lyon, pour voir le plus grand ballon, le second mais le premier par le nombre et l'importance des embarqués dans la nacelle, que mon cœur eut bien à souffrir. Charles avait donné cent louis et sa parole. Les cent louis ne m'auraient rien fait, mais comment revenir sur le reste ? On déjeunait aux Brotteaux. On s'amusait aux essais qu'on faisait de son ascension. J'espérais que tous seraient inutiles. On s'accoutume à tout. On se fait illusion. Quelle peine n'éprouvai-je pas quand, malheureusement au bout de sept ou huit expériences, la diable de machine s'éleva et, dans une minute, ne me parut plus que de la grosseur d'une pleine lune !

Regarder, m'alarmer, me réjouir, ne fut que l'affaire d'un quart d'heure. De ce ballon monstre, moitié descendant, moitié tombant, je vis sortir mon cher Charles noir comme un charbonnier, mais encore plus porté aux nues moralement que physiquement, car il fut chanté, célébré, applaudi au spectacle et partout.

*

Que faire d'une parole d'honneur et d'un secret si ce n'est de les garder et faire garder! Charles, une autre fois, eut la malice de me confier qu'il avait promis de s'aller battre le lendemain avec Louis Lichtenstein. C'était tout ce qu'il fallait pour que je m'y opposasse pas. Sans cela je l'aurais empêché. Je n'avais plus qu'à en attendre l'issue. Quand je vis son homme arriver à la cour avec un petit air content, je jugeai d'abord aisément que Charles n'était pas tué, et ensuite qu'il avait été blessé, mais point dangereusement. C'était précisément ce qui était arrivé. Je retournai bien vite à la maison et trouvai Charles qui se faisait panser.

*

Écrire des misères comme tout ceci, pour écrire seulement, n'en vaudrait pas la peine, si ce n'était pas souvent un texte pour des réflexions.

Par exemple, j'éprouvais du plaisir et une sorte de mélancolie en entendant dans les déserts de la Tartarie mes petits postillons de Belœil parler wallon. Ils avaient une manière de crier les uns aux autres d'un son de voix glapissant et trivial qui me rappelait le jeu de balle où je jouais avec les polissons de mon âge: « Allons mener nos quevaux[288] à la mer. » Ce patois, cet organe très jeune et cet accent me faisaient toujours un singulier effet. Ce mot de mer me rappelait celui qu'on donne à mon grand étang de la bruyère d'Estambruges[289].

J'en étais à deux mille lieues, séparé peut-être pour toute la vie, ainsi qu'il est arrivé. Cette vie était exposée d'ailleurs tous les jours. Par exemple, je lisais une épître de l'abbé de Chaulieu au chevalier de Bouillon, où il le voyait revenir de la guerre avec une jambe de moins[290], au moment que j'entends une rude canonnade qui me fait monter à cheval. Cela fit aussi sur moi de l'effet.

J'en reviens à l'autre. Je me dis : Est-ce amour de la patrie ? Et ces pensées moitié gaies, moitié sombres en souvenirs, en regrets, dégénéreraient-elles en ce qu'on appelle maladie du pays ? Non, bientôt, me dis-je ensuite, c'est le temps de sa jeunesse et des plaisirs qu'on avait au lieu de sa naissance, qui est la source de l'état où l'on se trouve, quand on en est si éloigné. On croit de même regretter beaucoup ses anciens soi-disant amis qu'on a vu disparaître avec assez de sang-froid. C'est soi-même qu'on regrette.

CAHIER XXI

J'aime l'esprit qu'on a aux coups de fusil, comme par exemple M. de Lacy à qui le duc de Bragance, volontaire plein d'ardeur, dit à Torgau : « Vous faites perdre la bataille si vous ne marchez pas. Si vous marchez on publiera que c'est à vous qu'on devra la victoire. — Monsieur le duc, lui répondit-il de son air sec, je n'ai besoin ni d'éperon, ni d'encens. »

*

Voici une drôle de harangue que j'ai entendue à l'affaire de Reichenbah[291] et qu'on ne trouvera pas dans Tite-Live qui aime pourtant bien à faire parler un général. Celui qui y commandait les dragons wallons, jadis de Ligne, voyant le moment qu'il allait charger, se désolait de ne pas savoir le français.

— Ces diables de gens, dit-il, aiment qu'on leur parle, comment faire?

Il cherche tous les mots qu'il croit avoir entendus et enfin, en se dépêchant, car les Bosniaques prussiens arrivant il fallait les prévenir, il trouve heureusement et dit à haute voix: « Allons foutre, sacredieu! »

— Oh! oh! disent les dragons, voilà un brave bougre. Il appelle cela ainsi. Il a raison: nous battre nous fait le même plaisir.

Ils fondent sur les escadrons ennemis comme des enragés. Le harangueur qui s'appelait le général Panovsky tombe et, au moment d'être pris ou sabré, les dragons se rappellent son éloquence, le défendent et le ramassent. Tant il est vrai qu'un mot fait quelquefois beaucoup et ce mot qui donne la vie la lui sauva.

*

Je m'amuse moi-même infiniment quand on me demande de contrefaire, surtout lorsque je m'aperçois que j'ai bien saisi mes originaux. J'en ai perdu d'excellents qui sont morts: Louis XV (je n'ose pas nommer Louis XVI), électeurs de Bavière, le margrave de Bayreuth, le margrave d'Anspach, le prince Frédéric de Deux-Ponts, le prince Charles de Lorraine, le maréchal Bathiany, deux Auersperg, le prince Kinsky, M. de Lacy, le prince Kaunitz, Durazzo, le duc de Bragance, deux Würtemberg, deux Casanova, mon beau-frère Charles, Loudon et Pellegrini, tous les trois et moi dans un Conseil de guerre. Deux Taronia dont le père surtout était mon chef-d'œuvre, Paar, le grand Frédéric. Catherine le Grand, Panin, Potemkin, deux Waldeck, Betzky, deux Schuwaloff, Mercy, Joseph Lobkovitz, Louis

Lichtenstein, Paul Ier, le duc de Courlande, Gallizin, Zinzendorff, deux Colloredo, Schwarzenberg, Croy.

À présent il me reste encore la famille Croy, c'est-à-dire en comptant le duc d'Havré, Vaudreuil, Chasteleer, O'Donnel, Louis XVIII, deux Rohan, Lobkovitz, Jarnac, Cobenzl, Nassau, Ségur, le prince Ferdinand de Prusse, Salmour, tous mes gens, le prince Ferdinand de Würtemberg, le prince de La Tour, le duc Albert, l'archiduc Ferdinand, Waldstein, le princesse Lubomirska, le prince Czatorisky.

*

J'ai peur de faire des solécismes en deux langues, mais malgré cela j'essayerai de rendre la conversation d'un vieux espèce de ministre, Koch[292], favori de la cour et très important. Il recevait beaucoup de monde le soir. Il aperçoit Pellegrini :

— Oh, dit-il, voilà le beau major !

(À un feldzeugmeister) : *Ich bin ihr gehorsamster Diener.*

Pellegrini lui dit : Avez-vous eu la bonté de parler de mon affaire à l'impératrice ?

— Oui, certainement, lui répondit-il. *E sua majesta m'ha detto...*

(À un lieutenant-général) : *Wie befinden sie sich, lieber Herr Feldt Marshal Leutnant ?..*

(À Pellegrini) : *E sua majesta a m'ha detto...*

(À un colonel de cavalerie) : *Oh ! caro colonello che fanno gli bravi corazziere del imperatore ?...*

(À Pellegrini) : *E sua majesta m'ha detto...*

(À un ministre, en l'embrassant) : Comme Votre Excellence a bon visage ! Comment a été sa dernière chasse ?...

(À Pellegrini qu'il a toujours tenu par la main) : *E sua Majesta m'ha detto...*

(À un général major qui faisait souvent sa partie et qui entrait) : *Ah!... il terrore del taraco...*

— *Ma che cosa ha detto sua Majesta?* dit Pellegrini.

— *Oh! caro Pellegrini, sua Majesta m'ha detto...* Oh ! messieurs, je vous demande pardon, je vois un homme de ma chancellerie qui m'apporte des papiers à signer.

*

Le même Pellegrini devenu maréchal, m'expliquait malheureusement sur ma carte, avant le siège de Belgrade, l'endroit où il voulait que je lui fasse une redoute au confluent de l'Elbe et du Rhin. Il voulait dire du Danube et de la Save, mais il se trompait toujours de nom, et n'en a jamais mis un à sa place. Et il m'ajoute au moment de laisser tomber dans une de ces rivières, un inconvénient des preneurs de tabac : « je dis bien, voilà... — Ah ! miséricorde, lui dis-je, voilà la mer Noire au lieu de ce que vous voulez me montrer. »

*

La perruque ou une grande queue bien haute d'un général, même d'un officier d'état-major, bien ciré, pommadé, en imposait autrefois. On ne les voyait pas autant. Aussi quand ils paraissaient, cela faisait un effet incroyable. Je me souviens que lorsqu'on nous disait, quand j'ai commencé à servir, que notre colonel, qui était le plus mauvais de l'armée, viendrait à l'exercice, tout le monde tremblait et allait faire sa cour au *Wachtmeister Leutnant* qui se mêlait seul de cette partie, où nos supérieurs savaient qu'ils n'entendaient rien.

*

Celle que le colonel s'était réservée, c'était de faire raser les filles et les chasser. Il avait entendu en marche des chansons d'un ton un peu polisson où la rime en *on*, tantôt Besançon, Mâcon, Briançon, hérisson, buisson, dans le genre de jeu de corbillon, fournissait des allusions qui n'étaient pas décentes. Il dit une fois en passant, de sa petite voix : « Soldats, si vous chantez encore en *on* et n'avez pas de religion, vous aurez du bâton ! »

Nous eûmes affaire ce jour-là. C'était la première de la guerre. Le régiment fit des merveilles. — Comment se peut-il, dit le colonel, que des scélérats qui chantent des chansons en *on* et des *qu'y met-on*, soient aussi braves ?

*

Mon lieutenant-colonel est tué. Un soldat dit au major : « Le voilà qui tombe. — Oui, lui dis-je, voilà son cheval qui s'en va. — Tant mieux, me répond cet homme sensible. J'étais plus ancien capitaine que lui. Voilà ce que c'est que sa chienne d'ambition », ajouta-t-il en termes un peu grossiers.

On n'est pas dur comme cela, à moins d'être un vilain homme, mais on est si aise de n'être pas tué qu'on est, ce jour-là, un peu insensible. Le lendemain, on regrette davantage ses camarades. J'en entendis un blessé à mort qui disait au chirurgien-major : « Je vous donne trente mille florins si vous me sauvez la vie. — Impossible, lui répondit-il. — Eh bien, monsieur, cent mille. » Il mourut en marchandant. Il était fort riche. Son père voulut avoir son corps. Où diable le trouver dans ce qu'on appelle des saloirs où l'on jette quelques milliers de cadavres ? Ce père était à quatre cents lieues. On ne sut sa volonté que deux mois après. Heureusement que l'armée n'était pas bien loin du champ de bataille. L'officier chargé de ce soin prit le premier corps mort qu'il trouva. C'était un soldat prussien. On l'envoya à Namur. On dit un millier de messes pour lui dont il ne peut pas profiter. J'ai vu son mausolée en marbre qui était fort beau et les parents étaient contents d'avoir au moins, disaient-ils, les restes d'un fils unique de vingt ans.

*

J'ai vu et je pourrais nommer vingt officiers, entre autres un de mes beaux-frères, se confesser, faire leur testament, donner leur montre et leur bourse, dire qu'ils seraient tués, et l'être deux heures après. J'en ai vu de brillants et gais au commencement de la bataille, changer de visage ensuite, sûrs de la balle qui allait, un moment après, terminer leurs jours.

*

Le grand Frédéric m'a raconté la même chose d'un prince Albert de Brandebourg-Schœdt, son cousin.

*

Le prince Charles de Saxe m'a conté toute son histoire avec Schöpfler, d'apparitions, et qu'à l'instant même que celui-ci se donna son coup de pistolet, il entendit sous son bras sa voix et ces mots : Je meurs. Il l'a dit à son frère chez qui il était à Presbourg. Ce fut depuis ce temps-là qu'il vécut et mourut comme un saint. Je l'ai connu tout ce qu'il y avait de plus brave à la guerre. Il craignait plus les morts que les vivants.

Le ministre Würm, homme d'esprit, le ministre Hohenthal, homme sensé, étaient présents, m'ont-ils dit, à la conjuration qui fit venir le roi Auguste et le maréchal de Saxe pour leur parler.

*

Le roi de Suède a raconté à tous ceux qui me l'ont dit sa prédiction au sujet du comte Rébing que les horribles Français appellent dans la société le beau régicide.

*

Encore pour prouver ce que j'ai dit trois ou quatre fois que la vie est un rondeau, je finis, comme je l'ai commencée, en détestant cette nation.

Un jour que je grondais l'évêque milord comte de Bristol d'en dire tant de mal, devant un pauvre diable de Français à qui il faisait du bien : « Tout a été dit sur cette nation, lui dis-je. Des tigres-singes ! C'est connu. — Oui, dit ce diable d'homme, plein d'esprit comme tous les Hervey, mais souvent saoul et souvent fou : « Les tigres sont restés et les singes sont émigrés. »

*

Je ne connais pas un homme de lettres aussi distingué que Mlle Murray[293], toutes les littératures de toutes les langues, l'histoire parfaitement, le goût, le jugement, les plus jolis vers qu'on puisse faire. Mmes de Genlis[294] et de Staël n'en font pas. Autrefois Mmes de La Fayette[295] et de Riccoboni[296] non plus. Les Deshoulières[297] et la Suze[298] n'en faisaient que trop, mais point de romans. Mme Dacier[299] savait le grec mais point le français. Ainsi, je puis assurer que tous les femmes-auteurs ne peuvent être que ses dames du palais.

*

Pozzo di Borgho[300] est un des hommes qui a le plus de feu et d'éloquence. Il commence sur tel sujet que ce soit sans savoir ce qu'il a à dire, et insensiblement cela devient lumineux, profond, neuf et souvent raisonnable.

L'excellent et aimable O'Donnel est un des hommes qui m'aime le plus.

*

Le prince de Kaunitz était accoutumé à entendre dire à Casanova : « Votre Altesse a raison ! » comme par exemple, lorsque pour prouver qu'il n'y a pas d'égalité dans le monde, il lui disait : « Avez-vous autant de biens, de noblesse et de génie que moi ? Donc nous ne sommes pas égaux. » Cette assurance jamais contrariée fit, en ma présence, deux poltrons révoltés : Bourghause et Lucchesini.

Le premier n'ayant pas bien entendu le prince fut, sans le savoir, et assurément sans le vouloir, d'un autre avis.

— Il faut être bien bête, dit le prince, pour n'avoir pas le même que moi.

— Comment, pour une fois que cela m'arrive, dit Bourghause, après trente ans que je me déshonore à dire oui à tout ce que vous me dites, mon prince ! Mais apprenez, en même temps, que c'est parce que vous n'êtes pas capable de faire du bien ni du mal à personne et que si j'espérais de l'un ou craignais de l'autre de votre part, je ne serais pas votre flatteur.

Le second qui est celui de tout le monde et qui dit deux ou trois oui, oui, avant qu'on ait fini, encourageait le prince de Kaunitz à lui en imposer ; et de son ton de supériorité qui lui déplut cette fois-là, il lui dit un jour : « Vous êtes mathématicien aussi, monsieur le marquis, mais j'aime mieux l'histoire des nations, du cœur humain en général, de l'homme en particulier. À quoi sert la géométrie ? — À mesurer les *hauteurs*, mon prince, lui dit Lucchesini. »

*

J'aimais l'année passée, dans ce temps-ci, au mois de mai, où la nature se renouvelle, où tous les êtres se rapprochent et sont au moins plus tendres, quand même cela n'arrive pas tout à fait, une charmante personne de dix-neuf ans, une comtesse de Velderen[301] que je viens de faire chanoinesse de Würtzbourg car à Edelstetten, quoiqu'elle soit très bien née, il faut encore plus de preuves.

Son étoile et celle de sa famille est aux aventures, mais son esprit qui la corrigera ou la dirigera, s'en est déjà tiré plus d'une fois. Sa naissance même, quoique la plus pure et la plus catholique qu'il y ait jamais eue, n'était-elle pas même une aventure ?

Le jeune comte de Velderen fut frappé d'amour comme on l'est d'un coup de foudre, en voyant Mlle de Monin à une assemblée à Namur, où il était en garnison au service de Hollande. Je crois qu'elle remarqua sa jolie figure, mais non pas l'effet que produisit la sienne. Je crois qu'elle ne sut que quelques temps après qu'il la demanda en mariage et que ses parents la lui avaient refusée à cause de sa religion très hollandaise. Tantôt, il craignait après cela de la rencontrer, tantôt il l'épiait aux églises, tantôt sans être Espagnol il passait sous ses fenêtres. Le père de Mlle de Monin mourut. Il n'aurait pas entendu raillerie, même sur ses promenades innocentes. D'une bonne famille militaire, dont l'un qui servit sous mes ordres était couvert de blessures. C'étaient de ces gentilshommes de campagne qui mettent de l'honneur jusqu'au petit doigt de tout ce qui leur appartient.

La fille pleura sa mort. Le comte de Velderen pleura sur sa fille, mais espérait davantage de la mère qui, belle comme le jour, devait être, selon lui, moins rigoureuse que son mari.

Même refus, mêmes préjugés. Le jeune Velderen ne la vit plus de longtemps. On crut qu'il avait perdu l'amour et l'hymen de vue. Il ne sortait que pour faire l'exercice. Un an après on dit devant Mme et Mlle de Monin qu'il y avait une cérémonie d'abjuration à aller voir à une église de la ville. Elles voulurent y aller. Quelle fut leur surprise lorsqu'elles aperçurent le comte de Velderen au pied des autels, renoncer au calvinisme, et par conséquent à sa fortune, et outre cela à tous les avantages d'une carrière militaire assurée à un homme de ce nom.

La mère regardait sa fille. La fille regardait le converti qui avait l'air de l'être de bonne foi, car de l'amour à la dévotion il n'y a qu'un pas. Il versa quelques larmes, à ce que croit Mlle de Velderen, tout au moins de la sensibilité que fait éprouver une cérémonie religieuse. Et puis elles n'entendirent plus parler de lui.

Il est plus aisé d'être catholique que d'être constant. Elles crurent peut-être qu'un officier de dix-neuf ans changeait encore plus aisément d'amour que de religion. Lui, de son côté, après le coup de tête qui partait pourtant du cœur, s'imagina que pauvre, sans patrie, sans état, sans aveu, à peu près chassé du service et tout à fait de sa famille, avec le seul titre d'apostat, il ne pouvait pas se présenter.

Sans inspirer de la confiance par ma religion, ni ma sensibilité, car alors j'en avais encore très peu, passant cependant pour le refuge des pécheurs, on crut que je pouvais l'être aussi des ennemis du péché. On me présente le jeune Velderen. On me parle amour, mariage : je n'écoute pas trop. Cela m'est assez égal, lui dis-je, mais je vous prends avec plaisir dans mon régiment. Faites vos affaires, je ne suis pas pressé que vous vous y rendiez.

Mon nouvel Autrichien alla essayer l'effet de son nouvel uniforme à son ancienne garnison. On le trouva encore plus joli. Il voulut essayer encore une surprise et elle fut complète de la part de Mme et de Mlle de Monin, lorsqu'elles le virent entrer dans la même maison où deux ans auparavant il les vit pour la première fois. Il parla. On lui répondit. La mère regarda sa fille. La fille regarda le petit cadet du régiment de Ligne. Il osa dire à la mère ce qu'il désirait. Il le prouva à la fille par ses empressements d'amour modérés par la timidité. Toute la ville s'y intéressa et le mariage se fit.

Je ne sais ce qu'est devenue la mère de Mme de Velderen, mais celle-ci le fut peu de temps après elle-même de la spirituelle, très jolie, très piquante et très aimable Joséphine. Pour le père nous le perdîmes peu après, à notre grand regret, à l'âge de vingt-quatre ou vingt-cinq ans, sans que j'aie eu le temps de le faire premier lieutenant, ce que je venais de lui promettre.

Quand je dis peu après, c'était pourtant le temps qu'il avait fallu pour donner le jour à cinq enfants plus jolis les uns que les autres. Les grâces de leur mère étaient leur seul héritage. Victimes de l'amour et de la religion, les parents calvinistes laissèrent sans secours émigrer cette petite famille naissante, chassée des Pays-Bas par les Français.

Le petit bien des Ardennes de leur mère leur a suffi pour ne pas mourir de faim à Francfort où ils allèrent, mais trois filles et un fils y moururent l'un après l'autre et prolongèrent ainsi les douleurs d'une mère belle comme la mère des amours.

Joséphine seule lui resta. Elle quitta le séjour de ses malheurs et vint avec elle à Vienne et l'héritage d'une tante, qui heureusement n'était pas calviniste, les mit à leur aise.

CAHIER XXII

Mais cette malheureuse mère avait trop souffert pour vivre longtemps. Elle avait commencé à merveille une éducation qui a rendu Joséphine telle qu'elle est. Elle la continua même hors de ce monde, car elle la confia à la marquise de Rougé qui avait à Vienne une pension de petites filles.

Le calvinisme avait bien tourmenté les Velderen, mais le grand catholicisme de l'amie à qui la mère de Joséphine l'avait confiée la gênait tous les jours. Des pratiques de dévotion remplissaient les heures des plaisirs que venaient lui présenter ses petites amies. Toutes ses connaissances, jeunes, vieux, ses compatriotes, sa bibliothèque, tout était suspect à Mme de Rougé qui aimait les autodafé. Elle n'osa en faire que des livres de Joséphine. — Mais, madame, des livres que ma mère m'a laissés ! — Mademoiselle, elle ne les avait peut-être pas lus. Elle savait moins l'allemand que vous. Je ne l'entends ni le lis : donc je les brûle.

— Je n'ai ici qu'un imbécile de tuteur, un triste Hollandais, disait Joséphine. Encore s'il vivait ce frère de mon pauvre père dont le grade avancé étant si jeune et la valeur si distinguée avait excité la jalousie de deux capitaines de vaisseau, ses camarades, qui le laissèrent périr dans un combat, se battre inutilement et sauter en l'air!

Ma mère a une sœur qui me redemande. Les bruyères des Ardennes où l'on ne peut avoir de privations que celles auxquelles on s'attend d'une nature sauvage et de la solitude sont préférables à une capitale que trop d'amitié et de soins de mon âme me rendent cent fois moins agréable qu'un village: «Madame de Rougé, ma tante me redemande. — Mademoiselle, une honnête dame de ma connaissance part après demain pour les Pays-Bas. Elle vous y conduira.»

C'est le 31 avril 1802 qu'on a cette conversation. Le 1er de mai un fou d'Anglais donne un bal superbe à toute la ville, à l'Augärten, sans connaître personne: «Au moins, madame de Rougé, je voudrais voir Vienne un jour, après y avoir été trois ans. — Mademoiselle, perdue un jour plus tôt ou plus tard..., allez-y.»

Elle ne le fut pas, car je la trouvai. Il n'y eut pas de perte de temps non plus, car son peu d'expérience et l'enthousiasme qu'elle m'inspira ne ressemblant à personne firent que nous ne nous quittâmes point. Il y eût eu peut-être un peu de perte de réputation, si l'on nous avait remarqué au milieu de trois ou quatre mille danseurs, déjeuneurs et promeneurs, mais point de perdition. Son esprit l'en éloignait plus que son âme à laquelle Mme de Rougé avait administré des secours superflus, quand on est aussi bien élevée que Joséphine l'avait déjà été par sa mère.

Le lendemain elle partit pour les Ardennes. Je l'attendis à la première poste. Cela lui fit un peu de tort. Elle pleura les plaisirs qu'elle ne connaissait pas. Je pleurai ceux qu'elle aurait sans moi. On m'avait rencontré sur la route. Des maudits voyageurs me reconnurent à Burckersdoff. Le lendemain on en parla, le surlendemain on n'en parla plus et le lendemain du surlendemain je crois que nous n'avons guère pensé l'un à l'autre.

Mlle de Velderen était trop étourdie pour aimer dans une grande ville, trop folle pour y avoir une passion et trop sage pour aimer sans en avoir. Je craignais son village et voyais plus loin que Mme de Rougé. Un gentilhomme du voisinage vint faire compliment à la tante pour le jour de sa fête. Son nom d'Eugène et son désir, disait-il, d'en devenir un à la guerre faisaient plaisir à Joséphine. Ils récitaient ensemble les vers de Racine et de Voltaire. La sœur de Mme de Velderen n'avait pas entendu parler ni de la vieille ni de la *Nouvelle Héloïse*. Eugène et Joséphine les lurent aussi ensemble. Il avait une jolie voix. Il essaya une chanson. Joséphine qui a tout su en naissant corrigeait les vers qu'elle inspirait et lui apprenait à en faire. Ils chantaient quelquefois *Lisette est faite pour Colin et Colin pour Lisette,* se regardaient et trouvaient que cela les regardait aussi. — C'est bien bête, disait Joséphine parce que c'était lui qui avait trouvé cette belle idée, mais j'aime les bêtises. Enfin le joli Eugène en perdait la tête et celle de Joséphine se montait tous les jours davantage. Les parents, les voisins, les amis et M. le curé l'approuvèrent, et sûrs d'être heureux par les lois de l'Église et de la décence, ils ne succombèrent pas à celles de l'amour. C'est lui peut-être qui voulut les en punir. Une fièvre ardente s'empara d'Eugène. Joséphine, autorisée par sa tante, le servit comme une sœur grise. La fièvre devint dangereuse et communicative. On voulut séparer Joséphine. Elle se déroba aux ordres de sa famille et des médecins. Elle brava tout, elle risqua tout : et le jour fixé pour le mariage d'Eugène fut celui de sa mort.

Un cousin de Mlle de Velderen aimait et regrettait autant Eugène. Il était d'ailleurs un peu comme son nom qui était Tristan. Il n'était pas dangereux. Il pleurait avec elle. Il lui apportait des nids, élevait des rossignols, jouait très joliment de la serinette pour apprendre la musique à ses canaris et lui apprenait à jouer aux dames. Il lui racontait quelque histoire de revenants et arrosait ses fleurs. Il avait de jolis talents comme de faire la poule et la caille. Il faisait des appeaux pour les prendre, des lacets pour attraper les grives et des filets pour tous les genres de poissons. Eugène n'avait connu que ceux de l'amour, mais Tristan arrêtait les truites dans un ruisseau, prenait les écrevisses à la main, arrangeait des lignes pour Joséphine dont le cœur avait été pris à l'hameçon de la tendresse et de la beauté. Voyez les miens, disait Tristan, et il allait chercher le petit bouchon de liège, les vers les plus convenables et le petit morceau d'écarlate, car disait encore Tristan, cela donne dans l'œil.

Un homme plus aimable aurait alarmé Joséphine sans la consoler. Ses soins et ceux de la bonne tante et du curé la mirent pourtant en état d'aller à Spa, à vingt lieues de son village, pour la tirer de son état.

Elle n'avait ri qu'une fois que le bon Tristan lui avait parlé d'amour et de mariage. Le tapage, les cavalcades, les violons étonnèrent Joséphine et frappèrent ses nerfs, en bien, comme les malheurs les avaient frappés en mal. Cela les remit dans leur état naturel. Son âme était toujours affectée, mais ses organes s'étaient rétablis et ses facultés lui étaient rendues. Elle pensait. Elle parlait. Elle se promenait. Enfin elle dansa.

Dans les temps heureux de sa gaieté, elle attirait les yeux ; mais imprégnée d'une teinte de mélancolie, elle les fixait. Ceux de deux jeunes lords ne la quittaient pas. Ils parlaient peu mais dansaient beaucoup. Les Écossaises, les Anglaises se succédaient rapidement. L'un d'eux avait l'air sensible et sans être aimé était préféré. L'autre moins pur avait désespéré sans espérer. Le sensible n'en crut pas moins que Joséphine faisait plus d'attention à lui, parce que s'étant engagée à la première valse avec son ami, elle l'avait refusé.

Plus d'ami, comme on sait, dans ces occasions-là. Le sensible va lui en demander la raison. L'autre pouvait lui dire : Je n'y pense plus, elle m'a déjà envoyé promener. Mais il avait été à Paris, et un grain de fatuité lui fit accepter ce reproche et recevoir, un quart d'heure après, un coup de pistolet dans le bras.

Alors pour calmer la douleur de son ami il lui avoua que Joséphine n'avait pas reçu ses vœux. Le sensible enchanté et désolé à la fois ne le quitte plus jusqu'à sa guérison, renonce même à voir Joséphine et craint qu'un duel à son sujet ne lui fasse tort.

— Tu as raison, dit son ami, dis que je t'ai gagné mille louis, que je t'ai friponné si tu veux, ou que je les ai perdus et que je suis un mauvais joueur. Dis et fais tout ce que tu veux.

La crainte cependant que la véritable raison ne fût connue agit sur la bonne tête de celle que sa vivacité pouvait faire croire quelquefois mauvaise tête. — Je me porte mieux, dit-elle à sa tante. Elles en revinrent à leurs moutons d'Ardenne et à leur Tristan qui en était un véritable. Mais Joséphine était destinée à d'autres aventures.

Son tuteur était resté à Vienne où elle avait des affaires d'intérêt. Il vint faire les siennes en Hollande et la conduisit à Vienne. Elle y eut beaucoup de succès, beaucoup d'hommages. Adroite pour éviter les histoires, elle ridiculise un prince russe qui voulait se donner des airs sur son compte. Et moi j'étais comme le chien du jardinier, je l'aimais assez pour l'empêcher d'aimer : et, sans m'aimer, elle m'aimait assez pour éviter d'en aimer d'autres. Elle craignait mes moqueries quand elle faisait trop l'agréable. Je lui faisais plus de bien que Mme de Rougé ne lui en eût fait. Je consentis avec peine aux désirs d'une vieille comtesse de Randwyck qui l'envoya chercher par une vieille femme de confiance pour retourner en Hollande. Je les engageai à passer par Tœplitz où j'allais. Quelle joie n'eus-je pas de la revoir! Mais quoique peut-être un peu amoureux d'elle, je l'étais davantage de sa réputation. Un maudit baron juif de Hambourg le remarque, fait des projets sur elle, et me craignant mal à propos lui écrit que je suis l'homme le plus dangereux, qu'on ne m'a jamais cru que de mauvaises vues; qu'on la soupçonnait même de n'être qu'une aventurière que je faisais passer pour une comtesse afin de la voir dans ma famille et dans le beau monde de Tœplitz. Si vous en êtes une, lui mandait-il dans sa lettre anonyme, échappez à ces doutes injurieux et pour que personne ne vous perde, ne vous retienne ou ne vous enlève, je vous accompagnerai jusqu'à Leipzig. Qui que vous soyez, ajoutait-il, être au-dessus de tous les autres, je vous respecterai si vous méritez de l'être, et vous adorerai, ce que vous méritez bien sûrement, de telle façon que ce soit.

Cette légèreté, cette pédanterie, ces conseils et ces doutes offensèrent et alarmèrent à la fois Mlle de Velderen. « Sans être pédant, lui dis-je moi-même, je vous dirai ce que Mme de Rougé, la dame raisonnable, la tante, Eugène, Tristan, la vieille femme de confiance et le lord sensible ne vous ont peut-être pas dit: vous êtes un peu trop facile à la conversation, vos yeux se promènent un peu trop. Partez deux jours avant que vous ne l'avez annoncé. Le Juif vous attendra comme le Messie, caché ici jusqu'au moment qu'il croira vous accompagner, et pour prévenir un enlèvement, je vous donnerai un de mes gens bien armé qui ne quittera pas votre chaise jusqu'à ce que vous soyez rendue à votre tante d'Amsterdam qui vous rendra ensuite à votre tante des Ardennes et à votre vie champêtre. »

Cela s'exécuta à merveille. Le baron que je rencontrai au spectacle me demanda de ses nouvelles. Je lui dis que je la crois dans le beau jardin du prince de Clary. Il y court, le parcourt, cherche, demande, s'informe et apprend qu'elle doit être à Dresde dans ce moment-là. Furieux il vient me le dire. « Voilà les femmes, monsieur le Baron, lui dis-je. Elle nous a trompés. Elle en attrapera bien d'autres. »

Il part à l'instant et descend à l'hôtel de Pologne où elle avait dit qu'elle logerait, et il a le désagrément de la voir passer en poste sur le pont.

Elle lui fait de sa voiture des yeux courroucés, dédaigneux et méprisants à la fois, et ces mêmes yeux qui lui avaient attiré les hommages de l'israélite et dont elle faisait dans l'occasion tout ce qu'elle voulait, joints à son garde du corps qu'il remarqua, mirent fin à sa poursuite.

Je ne réponds point du ravage qu'ils ont fait depuis. Je n'en ai pas de nouvelles depuis quelque temps. Son ruban bleu et or, sa médaille que je lui ai envoyée la préserveront au moins de passer pour aventurière, mais point, à ce que je prévois, des aventures.

S'attendait-on à en trouver de plus piquantes ? Qu'on aille chercher un faiseur de romans qui en raconte souvent qui ne le sont pas davantage, quoiqu'il soit le maître d'en créer, mais il vaut mieux, je crois, dire moins d'intéressant mais qui soit vrai sur une personne de la société, que de supposer à une inconnue, enfant de son cerveau, une histoire presque toujours trop ou peu signifiante ou trop peu vraisemblable.

*

J'ai pourtant envie de dire une fois du bien de moi. Mme de ***, chanoinesse de ***, avait eu un enfant du général de *** qui alors était lieutenant dans mon régiment. Elle vint trouver l'empereur à son quartier général pour qu'il l'obligeât à l'épouser. Il me l'envoya en lui disant que cela dépendait de moi. Elle m'arriva à Brzesno dans un moment où une visite pareille devait me monter la tête. J'étais affamé de plaisir, de société et de succès. Nous voilà seuls dans un village de Bohême. Elle était en beauté et moi en feu plus que jamais. Je me refuse à ce qu'elle me demande. « Votre malheur, lui dis-je, sera plus sûr que votre déshonneur ignoré des uns et blâmé seulement par des sots, s'il est connu. M. de *** ne veut ni votre infortune ni la sienne. Je lui ai donné ma parole de n'en pas être l'artisan. J'ai aussi mon honneur, madame, et je le perdrais d'une manière plus triste que vous avez perdu le vôtre. Mais ce n'est pas l'honneur que vous avez perdu, c'est la tête seulement. Vous ne pouvez pas courir après l'un, mais reprenez l'autre, je vous prie ». Elle pleura un peu. J'étais près d'en faire autant. Mais on a servi. Nous soupons tête-à-tête. Elle fut extrêmement aimable par habitude. Où aller le soir ? Point de chevaux dans un village. Pas un de ses gens qui sût l'allemand, encore moins le bohême. Toutes les maisons occupées par mes soldats. Le temps était à l'orage. Je lui offre un appartement à côté du mien et nous n'approfondissons point s'ils se ferment l'un et l'autre. Un tonnerre affreux nous réveille. Le coup qui nous annonce que la foudre est tombée fait sortir Mme de *** de son lit et entrer chez moi toute éperdue. Je le suis bien de l'état où je la vois, de ses cheveux en désordre et de son très déshabillé. Je ne sais ce que nous serions devenus tous les deux. Je me souviens pourtant que je me rappelai ma délicatesse, les serments que je me suis fait à moi-même de ne jamais abuser du besoin qu'on pouvait avoir de moi et que j'ai tenus, dans cinquante occasions, sans dédaigner les marques de reconnaissance qu'on pouvait me donner après des services rendus. Ma vertu était partie, mais mon honneur était resté. Mon imagination seule devint coupable, et Dieu sait si elle n'eût pas entraîné mon honneur, mais le général-major qui était sous mes ordres crut de son devoir de m'avertir d'un incendie éteint. Hélas ! celui de mon cœur ne l'était pas. Mais la fuite de celle qui l'avait allumé et un rapport allemand officiel calmèrent enfin mes sens et me rendirent à moi-même.

Ne fût-ce que le temps où je les arrêtai, en pensant aux droits que mon espèce d'amour aurait donné au mariage, je crois qu'on conviendra qu'en comparaison de moi M. de Turenne était un libertin, Scipion un débauché et Alexandre un étourdi, dans les trois actes de continence pour lesquels on les cite toujours.

Voici où j'ai été bien criminel. Plus vertueux par un premier mouvement que de sens froid, je me suis demandé quelquefois à moi-même comment j'avais pu manquer une si belle occasion.

*

Il y a une telle compensation de bien et de mal dans ce monde que je crois devoir mon bonheur à mille petites contrariétés. C'est peut-être comme cela que j'ai échappé à tant de dangers, et que je me porte si bien. Voici la liste de mes petits malheurs.

Quand j'ai eu une affaire décidée en ma faveur, le ministre était disgracié ou mon rapporteur venait à mourir. Quand je joue, je perds ou quand je gagne on me doit. Quand je réponds, on ne paie pas : c'est moi qui suis tourmenté pour cela.

Quand je faisais une entreprise à la guerre, un

exercice à feu, une belle parade, une partie de chasse, ou quand je suis en voyage, ou à la campagne, ou quand je fais travailler sur mes deux montagnes, il pleut comme aujourd'hui, par exemple.

Quand il y a un bac à passer, il est toujours de l'autre côté. Je l'ai remarqué et fait remarquer cent fois. Quand mes chevaux sont commandés à la poste, on se trompe, on les donne à un autre.

Quand je dis qu'on mette mes chevaux pour sortir, mon cocher est à la messe ou l'on me dit que je ne l'ai pas dit. Quand je sors pour aller à l'heure précise où je l'ai promis, je rencontre dans la rue les déménagements de la Saint-Georges, comme hier; pendant l'hiver, des chariots qui apportent de la glace; du foin, pendant l'été; des charrettes de bouchers pendant toute l'année, un enterrement, comme avant-hier; des troupeaux de quatre cents bœufs de Hongrie; du bois qu'on coupe devant les maisons, des chaînes devant celles de tous les sots présidents de nos dicastères et des paveurs qui obstruent tous les passages. Quand il fait froid, partout où moi seul je suis, il fume, jamais pour les autres. Quand il fait chaud, mes gens me donnent une veste piquée, un gros col et mon surtout ouaté.

Quand j'écris toujours avec des plumes détestables, comme on peut voir, mes volets se ferment par le vent comme à présent. Je crie: personne ne vient.

Quand je fais une petite dépense sur mes revenus échus et attendus, la négligence d'un banquier, la neige et les mauvais chemins qui retardent l'arrivée d'une diligence qui m'apporte de l'argent, me font manquer de parole et passer pour un fripon ou un insouciant.

Quand je veux être seul, et quand j'ai surtout un ouvrage intéressant à faire, j'entends assiéger ma porte fermée tous les matins hermétiquement, et la crainte pourtant de manquer à quelque bonne chose, me fait lever. Je l'ouvre. Qui est-ce ? Le plus ennuyeux de la ville qui vient chez moi faire heure.

À moins d'être seul à une chasse, comme par exemple, une fois sur les frontières de Hongrie et de Moravie où je tuai quatre cent trente-quatre lièvres dans un jour, je suis toujours celui qui tue le moins, quoique je sois de la seconde classe des grands tireurs. Cinquante sangliers viennent de droite et de gauche jusqu'à mon poste et rentrent dans le bois, entre moi et les deux voisins à qui je vois faire un feu d'enfer. Tous les rabatteurs aux petites chasses traquent de travers où je suis. Je tue cent pièces : les autres en tuent deux cents à côté de moi. Jamais un daim, un renard, une bécasse. Tout cela passe aussi à mes voisins. Ils ont pitié de moi, ils changent, ma place devient excellente.

C'est à dix heures que cette chasse commence. De peur d'arriver trop tard, je me lève deux heures avant tout le monde. Mon postillon m'égare pendant la nuit, me verse, casse ma voiture. Je trouve un débordement et un pont brisé.

Je veux avancer un brave officier plein de talents et de blessures dans mon régiment, on me l'enlève dans un autre.

Sans faire ma cour, j'y vas pour la défaire certains jours d'obligation. On me donne une autre heure. Je fais attendre toute la cour qui me donne au diable et Leurs Majestés Impériales qui, à la vérité, ne me font pas plus mauvaise mine qu'un autre jour, en grognent entre elles.

Si je voulais voir celle que les souverains qui m'aimaient autrefois et aussi les commandants d'armée me feraient en passant, j'étais sûr de perdre ma peine. Ils regardaient et saluaient à droite quand j'étais à gauche.

Quand je joue la comédie, un chien paraît sur le

théâtre : on bat des mains, on rit. Un enfant crie au parterre, une actrice se trouve mal dans la coulisse pour une chauve-souris, l'acteur avec qui je suis en scène reste court, le souffleur a une distraction, ma culotte se déchire comme l'année passée. On rit. L'actrice, par pudeur, ne sait ce qu'elle fait. Elle dit un mot pour un autre. On rit, on ne m'entend pas : on dit que je ne sais jamais mon rôle, quoique je n'y aie pas manqué le moins du monde.

Je suis gourmand. Je me sers comme par distraction le meilleur morceau. Un chien le prend sur mon assiette ou ma voisine me le demande de manière à ne pouvoir pas le refuser.

On annonce un ballet aux deux théâtres de la ville, ou l'un de ces petits opéras de sorcellerie chez Gasperlé, ou une pièce militaire et de cavalerie chez Schikander. Je renvoie ma voiture. L'indisposition d'un acteur fait qu'on donne au lieu de cela une pièce qui m'ennuie. Il y a un grand souper. Je veux me mettre à côté d'une femme aimable qui même m'en prie. Un autre prend sa place. Je m'ennuie à mort. Je vois sur l'étiquette d'une bouteille, sur un beau collier d'argent : vin de Champagne. Point du tout, c'est un petit vin blanc de Hongrie détestable.

Quand je vas au Prater tout le monde en revient. J'arrive trop tard partout.

Un homme me confie qu'il va se battre. Une femme qu'elle va voir son amant. L'un et l'autre en parlent à d'autres et croient que c'est moi qui l'ai dit. De peur de faire un commérage de plus en allant à la source, je passe pour commère.

Les battus à la guerre se disent malheureux. Ce n'est pas comme cela que je l'ai été, mais par hasard, trahison ou défiance, je n'ai pu battre, deux fois entre autres que c'était immanquable.

Sans être battu, j'ai été chassé, tourné, parce que je n'ai pas été soutenu, dans des postes intéressants où j'avais trop peu de monde, et où je perdis, avant de me retirer, à peu près tout celui que j'avais.

J'en ai vu louer à la guerre pour ce que j'avais fait: et remercier d'autres de services que j'avais rendus.

J'ai réussi quelquefois dans un autre genre où je m'en souciais très peu, et point où cela m'eût intéressé davantage.

Paul Ier a quitté notre alliance dans le moment où je lui écrivais une lettre qui aurait pu l'y retenir, car il eût été sûr de moi, sachant que je ferais valoir les Russes et que j'éviterais l'aigreur, l'insolence et la jalousie de nos généraux. Ma lettre était dans son genre chevaleresque, et juste tout ce qui lui convenait, surtout en confiance. Je le priai de me demander à notre empereur pour commander les Autrichiens, avec ou sans Souvaroff, comme il aurait voulu et promettais non sur mon honneur, mais sur ma tête de battre les Français.

Voilà par exemple bien plus qu'une contrariété, mais un vrai malheur, car je suis sûr que cela aurait réussi.

Ce que je vais dire rentre dans le genre des contrariétés tout au plus, mais est extraordinaire.

L'archiduc Charles a perdu son titre et sa place au moment où il voulait que je fusse maréchal, et qui a contribué à la brouillerie avec ses deux frères.

Par une suite de la même disgrâce, l'archiduc Jean ne tient plus de sessions au conseil de guerre pour le moment. On devait traiter dans la première les affaires de Sidonie dont les biens sont du ressort d'un département du chef du génie qui est mon camarade en tutelle.

Un autre malheur encore. Le préfet d'Aix-la-Chapelle est amoureux précisément de l'hôtel que j'y ai et empêche, malgré la levée du séquestre, que la seule chose que je me suis réservée de tous mes biens ne soit vendue pour payer ici mes petites dettes qui en sont justement le prix qu'on veut m'en donner.

Encore une contrariété. Mon gilet de nuit est trop étroit, mon bras droit en est engourdi. Mes bottes me font mal. Mon uniforme est trop long, ma veste est trop large.

CAHIER XXIII

J'avais autrefois une grande branche d'amusement aux réceptions des francs-maçons. On m'accordait les honneurs de maître écossais dans les provinces qui dépendaient de moi. On ne pouvait pas croire que je ne fusse qu'un apprenti, et même compagnon. J'y ai eu de rudes pénitences, comme de boire trois verres d'eau de suite, entre les deux surveillants pour leur avoir manqué, parce que souvent, étant ivres à force des santés d'usage, ils faisaient de fausses liaisons dans des harangues ridicules. On me jeta un jour sur les cadavres : c'est ainsi qu'on appelle les bouteilles vides. Je faisais quelquefois le chirurgien. Je piquais avec mon cure-dents et faisais boire de l'eau chaude, en faisant croire au récipiendaire que c'était son sang. On tua un jour innocemment, dans une de nos loges, un pauvre diable qu'un frère terrible qui n'était pas assez fort, laissa tomber dans un tournement entier qu'il fit faire à sa personne et dont il ne put jamais se remettre. Je ne faisais mourir personne que de peur par tous les tourments que je faisais éprouver. Les bancs sur lesquels je les élevais jusqu'au grenier les y faisant tenir par les cornes, les rames sur des baquets d'eau qui passaient pour la mer, et mille autres choses pareilles. Je faisais faire des confessions générales. Je faisais croire qu'il se passait des horreurs dont on nous a soupçonnés. Je faisais choisir parmi nous l'artiste du crime prétendu. Je mettais le courage à toute épreuve.

Mais voici ce qu'il y eut de pis, à une loge du duc de Luxembourg qui devint celle de M. le duc d'Orléans et, de proche en proche, celle de sa sœur Mme la duchesse de Bourbon, car nous avions déserté la première. Nous recevions le prince de Pignatelli[302] à Moussau. Je ne savais pas qu'un glissoir depuis le haut du toit avait été placé pour le faire tomber sur le fumier qui était dans une cour. Cela m'embarrassa en passant. Je l'appuyai contre le mur, comme une gouttière. On l'y lança et cette chute perpendiculaire et très haute contribua, à ce qu'on dit, à déranger sa tête qu'il garda ainsi jusqu'à sa mort.

*

Le hasard ou l'espièglerie, comme par exemple, l'impératrice Marie-Thérèse une fois contribuait à me faire peur de mon père que je craignais, ainsi que j'ai déjà dit, comme le feu.

Un jour, dans une de nos assemblées maçonniques, la garde vint m'annoncer que mon général propriétaire est à la porte, et nous voilà tous en désordre courant pour l'aller recevoir. On s'était trompé, ce n'était pas lui.

J'étais aussi de la loge de la Persévérance à Paris que la Kreschin Potocka ayant sous elle Mme de Genlis avant qu'elle se donnât la peine d'être chrétienne et révolutionnaire, avait renouvelé non des Grecs, mais de la Pologne. C'est là que celle-ci faisait son cours d'hypocrisie, car il fallait qu'on rendît compte de quelque action de bienfaisance : et elle avait une manière lorsqu'elle était au pied du trône de raconter six fraises qu'elle avait données à une vieille femme malade qui prouvait déjà son goût pour la comédie. Le récipiendaire dès qu'on lui avait débandé les yeux devait dire si l'on ne savait rien contre la réputation des sœurs qui étaient présentes. J'ai été obligé, mais non sans rire, de leur donner un brevet de vertu.

*

Il y avait tant de petites pratiques, de précieux, de devises à prendre, de traits d'histoire à savoir, d'humanité à afficher, de connaissances à avoir et de petites manières que malgré nos belles écharpes gris de lin et argent, nos rubans, nos uniformes brodés avec des caractères, nous avons prêté au ridicule et on nous a fait tomber. C'était la seule arme dont on se servait alors en France et qui lui allait si bien. Elle était moins funeste que celles que la folie, la cruauté et la barbare philosophie ont mises entre les mains de cette détestable, exécrable et abominable nation qui avait été si heureuse pendant cent cinquante ans.

*

C'est l'humeur, l'horreur et l'honneur qui m'empêchent d'aller dans ce pays qui a commencé à être tel qu'il est par erreur. L'ancien évêque d'Autun m'a fait dire vingt fois que pour le bonheur de tous les chiens d'amis que j'y ai laissés, tous coquins fort aimables, puisqu'ils arrangeraient mes affaires, je devais aller à Paris. Les remords qu'ils auraient dû avoir en me voyant les eussent empêché de m'y servir, et puis les souvenirs... cette place de Louis XV... le petit Trianon, grand Dieu!... et puis la crainte d'être interpellé par le grand homme d'Italie (mais le petit homme des Tuileries) qui, par ignorance ou impertinence, avec le ton niais de la bêtise des souverains, inséparable des trônes, m'aurait demandé peut-être si j'avais servi dans cette dernière guerre... il m'aurait été impossible de ne pas lui dire: « Vous devez, au lieu que je vous vois, vous apercevoir que non. »

*

J'ai manqué de périr à cette place de Louis XV, le jour que l'adorable reine commença son heureuse et malheureuse carrière. Pressé par la foule qui voulait éviter le seul carrosse qu'il y eût dans cette bagarre, celui de Mme de Langeau dans la rue de la Franche-Morue, je demeurai en équilibre un pied sur une borne, jusqu'à ce que n'en pouvant plus, je me jetai comme à la nage sur les têtes. Elles me portèrent ainsi jusqu'à ce que ceux qui étaient étouffés me firent en tombant une petite place.

*

Le lendemain j'allai voir cinq ou six cents de ces étouffés et écrasés dans le cimetière de la Madeleine. Il arrive souvent que par un contraste extraordinaire le rire échappe, au milieu de la plus grande tristesse, ou du plus horrible des spectacles. C'est ce qui m'arriva, lorsque je vis un beau M. de Lion, nous dit-il, qui vint demander à un commissaire si son oncle n'était pas là. « Je ne sais qui est votre oncle, lui répond-il, ma foi, cherchez si vous voulez. » Ce monsieur qui espérait hériter apparemment tournait et retournait les cadavres, trouvait les physionomies dérangées, disait-il; et nous dit, comme s'il avait cherché quelqu'un à l'Opéra: « Il n'y est pas. » Cela me fit encore rire, si bien que lorsque le commissaire me remarqua il me dit: « Cherchez-vous aussi quelqu'un, monsieur? » Je ne pus m'empêcher de lui répondre que je n'étais pas un connaisseur, mais seulement un amateur. Les Français étaient en tout si comiques dans ce temps-là qu'on ne doit pas s'étonner si même dans les scènes les plus tragiques d'alors, il y avait le mot pour rire.

*

Je me souviens d'avoir nommé Souvaroff avec qui je me serais bien arrangé, puisqu'il se serait souvenu peut-être qu'un jour qu'étant ivre qu'il tomba sur l'épaule de Catherine II, je l'apaisai en lui parlant des grands services qu'il avait rendus. Mais cet homme, le poison de l'histoire, qui ne dira que les grands résultats dus à la confiance qu'inspirait son nom, sa charlatanerie, ses manières extravagantes, sa dévotion, sa valeur et ses blessures, quand il avait bu un petit coup, était méchant. Il s'était aperçu que je n'étais pas en faveur, et avec la manière que je lui connaissais, il me dit devant bien du monde : « Altesse, servez-vous toujours aussi bien Apollon et l'Amour ? » Je fus piqué de ce qu'il ne pouvait point nommer Mars, car il m'empêchait de le servir. Et quand il me dit, un moment après : « Il y a bien dix ans que nous ne nous sommes vus. — Plus longtemps, lui dis-je, monsieur le maréchal, pas depuis le jour que vous partîtes du siège d'Oczakoff pour Kinbourn. » C'était lui rappeler qu'il y avait été renvoyé de l'armée, en pénitence, pour une sottise qu'il avait faite, et qui nous coûta mille hommes dans un quart d'heure.

*

On parle de guerre. Je suis assez bête pour m'en réjouir ; et serais assez sot pour demander d'en être.

CAHIER XXIV

On m'a montré ces jours-ci ces lettres qu'on va lire qui ont été trouvées dans d'autres papiers et que j'ai fait copier ici, parce que cela a rapport aussi à la vie que je menais[303].

PREMIÈRE LETTRE

De mon Quartier général de Bezesnow,
ce 26 juin 1778.

« Eh bien, mon génie, tu te fortifies donc toujours et tu ne te fortifies pas dans ta considération pour le génie de notre génie. J'ai beaucoup de peine, moi, à me fortifier contre l'ennui.

« L'empereur est venu ici faire ce qu'on peut bien appeler ses embarras. Il dit qu'il souhaite la guerre et qu'il ne la croit pas. — Qui veut parier, nous a-t-il dit l'autre jour ? — Tout le monde, a dit le maréchal Loudon, toujours de mauvaise humeur. — Ce n'est rien dire, tout le monde. — Mais moi, par exemple, a dit le maréchal Lacy. — Combien ? a dit l'empereur qui s'attendait à une proposition d'une vingtaine de ducats. — Deux cent mille florins, a dit le maréchal. L'empereur a fait une mine diabolique et a senti que c'était une leçon publique. Il a été très aimable pour moi. Il craint toujours qu'on ne fasse le docteur avec lui. Il a été content de mes troupes et m'a dit tant de bien de vous, mon cher Charles, qu'il a vu travailler comme une merveille. Le voilà parti. Je le vois encore à ma fenêtre.

«Je ris de moi et des autres quand je pense que point apprécié, je trouve que je vaux mieux qu'on ne croit. J'exerce ici chaque peloton moi-même. Je m'égosille à commander six bataillons à la fois. Il n'y a pas ce qu'on appelle en Bohême un kaloup, la plus mauvaise baraque, où il y eût seulement quatre soldats que je n'aille visiter pour goûter leur soupe, leur pain, peser leur viande pour voir si l'on ne les trompe pas. Il n'y en a pas un à qui je ne parle, à qui je ne fasse avoir des légumes, à qui je ne donne quelque chose ; pas un officier à qui je ne donne à manger et que je ne tâche d'électriser pour cette guerre-ci.

« Mes camarades ne font rien de tout cela : et c'est très sage à eux, car on ne leur en sait pas mauvais gré. Aucun ne se soucie de la guerre. Ils tiennent les propos les plus pacifiques vis-à-vis des jeunes gens qu'ils veulent rendre avec le temps aussi zélés et bons généraux. C'est encore très bien. Ils seront maréchaux plutôt que moi et ce sera aussi très bien.

« Il y a six semaines que je n'ai parlé français, mais, en revanche, pour me payer d'un ennuyeux dîner, en sortant de table, on tire une trentaine de pieds à la fois pour me faire la révérence. Tu as des voisins et je n'ai qu'un capucin que je fais traquer dans les joncs pour des hirondelles de mer.

« Si un officier d'infanterie peut saluer un officier du génie et du génie en travail, je t'embrasse, mon garçon. Je suis charmé que tut te fasses du mérite à faire de mauvais ouvrages. Adieu, mon excellent ouvrage. Adieu, chef-d'œuvre presque comme Christine. »

« *P.-S. à la même première lettre.* — J'apprends dans ce moment que le maréchal a demandé, le jour de la Saint-Jean, à l'empereur ce qu'il venait de répondre à la lettre du roi de Prusse qu'il a reçue ce jour-là. "Je l'ai mis au pied du mur, dit-il. Je lui ai représenté que la saison s'avançait, que je voulais avoir des leçons d'un si grand maître. Quand croyez-vous, mon cher maréchal, que j'aurai sa réponse." Celui-ci a compté sur ses doigts et a dit : "dans six, non, dans huit jours, Votre Majesté l'aura, mais c'est lui qui vous l'apportera lui-même." J'apprends en même temps qu'il entre en Bohême. C'est le 25 de juillet. Le compte est juste. Tant mieux. Je reçois l'ordre de marcher avec tout mon corps.

«*Autre P.-S. à la même lettre.* — Comme je ne vous crois pas encore revenu de Pardulitz à votre armée, il faut que je vous en donne des nouvelles. On est venu faire rapport à l'empereur que le roi débouchait sur je ne sais combien de colonnes. Il a été au grand galop à la redoute n° 7 et a demandé vingt fois: "Où est le maréchal" qui, au pas, pour la première fois de sa vie est arrivé. — Eh bien, feld maréchal, je vous ai fait chercher partout? — Eh bien, sire, voilà le roi. — Votre grande lunette? Oh! le voilà lui-même. Je parie, grand cheval anglais, peut-être son Anhalt, voyez. — Cela se peut, mais ils ne nous battront pas tout seuls. Voyons plutôt la force des colonnes. Oh! en voilà une sûrement de dix mille hommes, entre autres. — Ils vont donc nous attaquer? — Peut-être, quelle heure est-il? — Onze heures. — Ils ne seront formés que dans deux heures. Ils feront la cuisine. Nous aussi. Ils n'attaqueront pas Votre Majesté aujourd'hui. — Non, mais demain? — Demain? Je ne le crois pas. Après-demain non plus, ni de toute la campagne.

«Vous reconnaissez bien là le genre froid et un peu amer de notre bon maréchal, ennuyé de ce qu'on veut se mêler à tous moments de ses affaires et l'inquiétude de l'empereur qui, dans ces occasions-là, sent que tout cela est trop fort pour lui.»

SECONDE LETTRE

À Versailles, ce 10 décembre 1780.

N'est-ce pas, mon cher Charles, que c'est bien drôle d'être marié? Tu t'en tireras toujours bien. On l'est plus ou moins selon l'occasion. Il n'y a que les sots qui ne sachent pas tirer parti de cet état. En attendant, tu as une très jolie petite femme qui, sans te déshonorer peut être ta maîtresse. Quoique nous nous appelions vous et moi, et tous de père en fils, Lamoral, sans que je sache si c'est un saint, je ne suis ni assez moral, moraliste et moralisateur, pour prêcher et me moque de ceux qui ne croient pas à ma moralité, mais elle consiste à rendre tout le monde heureux autour de moi. Je suis bien sûr que c'est la vôtre aussi.

« Sans avoir un régiment de principes, en voilà un des quatre ou cinq que j'ai pour la seconde éducation, comme pour la première je vous disais que d'être menteur et poltron me feraient mourir de chagrin. Assurément, mon garçon, tu as bien saisi cette courte leçon.

« Eh bien, nous avons donc des affaires à présent ? prends tant d'argent que tu en as besoin, et que mes gens d'affaires en ont ou prendront. En voilà une finie.

« La reine dit qu'elle fera aller mon affaire de Kœurs. Et quand je lui dis que mes affaires de cœur réussissent bien sans elle, elle me dit que je suis une bête. Si mon Charles l'avait entendue il aurait été un flatteur pour la première fois de sa vie. Kœurs fini, voilà donc deux affaires qui le sont.

« Ton oncle, l'évêque de Wilna[304] qui croit que vous ou moi nous seront peut-être un jour roi de Pologne, veut que nous ayons l'indigénat. Nous l'irons chercher. Autre affaire finie.

« Notre tante des Tuileries veut que votre femme ait le tabouret, s'il lui prend fantaisie d'aller à Versailles, et que pour cela je vous cède la grandesse. J'ai déjà écrit au roi d'Espagne pour cela, au ministre et parlé à l'ambassadeur. Quatrième affaire finie, quitte à m'enrhumer pour être obligé de descendre à la porte de la cour, où entrent seulement les carrosses des grands d'Espagne, comme au Luxembourg et ailleurs.

« Voici deux branches d'économie pour moi : le jouer et le coucher qui ne me coûtent rien. Ce qui me coûte le plus c'est d'entendre dire tant de sottises aux gens d'esprit : entendre parler guerre aux faiseurs qui n'ont jamais fait que l'exercice, encore très mal ; désintéressement aux femmes qui à force de tourmenter la reine, mille fois trop bonne, et les ministres, attrapent des pensions ; et sentiment à d'autres qui ont eu vingt amants ; et puis les intrigants, les importants et les méchants ! Cela me fait faire quelquefois du mauvais sang, mais un quart d'heure après je n'y pense plus.

« Notre De Lisle n'a pas de tact, comme vous savez, mais il a du toucher malheureusement. Hier, un dimanche que tous les plus illustres ennuyeux de la France font leur cour chez les Polignac, après dîner, à la reine, De Lisle perce la foule des cordons bleus et des maréchaux de France, prend la robe de la reine et dit : "J'avais raison. C'est brodé. Comme on travaille aujourd'hui !" J'étais mort. Je ne savais où me cacher pour elle et pour lui. Cela m'a rappelé ce que vous et moi nous avons remarqué chez le roi de Pologne, lorsque étant derrière lui qui regardait des estampes, il tournait celle dont il ne voulait plus et que le roi regardait encore.

« Veux-tu encore une bêtise de moi reconnue pour telle par toute la famille royale ? Vous savez où je suis sous sa loge au parterre du spectacle de la ville. Vous connaissez le miroir de *la fausse magie*[305]. À la fin de la pièce il faisait un froid terrible. Le roi s'en plaignait ainsi que du froid des acteurs. — C'est, lui dis-je, que le dénouement est à la glace. Les deux frères, entre autres, m'ont hué tout haut pour cette platitude.

« C'est une vie charmante pour moi que celle de Versailles : vraie vie de château.

« J'embrasse votre femme et votre mère pour avoir eu l'esprit de me faire un Charles comme toi.

« *P.-S.* — À propos, j'ai déjà dans la tête un bosquet pour mon Charles, une fontaine qui portera le nom d'Hélène et un berceau de roses pour leurs enfants. Je vais y travailler dès que je quitterai Versailles pour aller vous dire à vous tous *tutti quanti* que je vous aime de tout mon cœur. »

TROISIÈME LETTRE

De notre Quartier général de Potemkin,
d'Élisabeth Gorod, ce 12 mai 1788.

« Que dirais-je, mon cher Charles que tu ne saches que j'ai éprouvé, en recevant une lettre de Sa Majesté pleine de bonté et de grâce. Elle te vaut mieux que tous les parchemins, nourriture des rats, les titres, les diplômes, les patentes. Il y a des expressions si touchantes pour nous deux que, quoique je commence à être un peu grand pour pleurer, il m'a été impossible de m'en empêcher toutes les fois que j'ai voulu lire cet article. Et tous les généraux, officiers, Circassiens, Zaporogues[306], Tartares, Cabardiens[307], Allemands, Russes, Cosaques, etc., sont venus en foule, chez moi, me dire des choses charmantes que je n'oublierai jamais.

« Le père et l'ami le plus tendre de mon Charles ont sûrement été bien touchés de l'honneur que tu t'es fait et qui est bien plus que je n'ai fait toute ma vie, mais le général Ligne a diablement souffert.

« Pouvez-vous vous imaginer, mon garçon, le beau moment que c'eût été pour nous deux, si j'avais été le premier que tu eusses aidé à grimper le parapet, où vous êtes arrivé avant tout le monde.

« Mon Dieu ! comme on est bête de loin ! Moi qui avec sens froid t'aurais vu à Hünnervasser ou à Nîmes recevoir un bon coup de feu dans le bras ou dans quelqu'une de tes superfluités de chair, je suis inquiet comme une femme. De cet état à celui de ministre il n'y a pas beaucoup de distance à la vérité. Mais cependant je me suis arrangé avec quelques régiments de chevau-légers pour une bonne charge bien vigoureuse. Je n'en ai jamais faite qu'à la tête de dix houlans contre cinq ou six houzars prussiens ivres. Vous m'avouerez que ce n'est pas là l'action la plus mémorable de ce siècle. Je ne veux pas m'enfermer dans ces carrés où l'on se met comme dans une boîte, d'où l'on ouvre une porte pour entrer et sortir.

« On commande toujours quand on a envie un jour de bataille, de façon que je suis bien sûr que sans avoir un corps, il n'arrivera que ce que je voudrai où je serai. J'ai déjà appris tout ce qu'il me fallait pour cela et commence à entendre beaucoup de russe.

« Crois-tu, mon cher Charles, à présent que j'ai eu raison, de te vouloir toujours dans le génie ? Le génie a voulu aussi être dans vous et je le savais. Mais ne seriez-vous pas blessé un peu aussi, par hasard, quoique vous ne me l'écrivez point ? Ne laissez jamais partir un courrier de Sa Majesté pour moi, sans une lettre. Mille choses à mon camarade Rouvroy[308], dont j'envie le sort et la blessure. Ce pauvre Poniatowsky[309]. Je tremble qu'il ne prenne le chemin de son père. Il y est bien pour la valeur, l'esprit militaire, l'attachement personnel à Sa Majesté, la générosité, etc., mais qu'il n'y soit pas pour le malheur. Embrassez-le pour moi.

« Sais-tu, mon ami, qu'avec bien de l'économie pourtant, j'ai l'air d'un satrape de l'Orient, avec mes dromadaires, un chameau, mes buffles, mon troupeau de bœufs, soixante-dix chevaux et le diable en hommes et en bêtes ?...

« Écris-moi souvent, je te prie, je t'en conjure encore, et conserve mon Charles pour le meilleur de ses amis qui est devenu son admirateur. Il faut que j'y revienne encore. Songez-vous combien je suis fier de ce que vous avez fait.

« L'empereur aura reçu à peu près en même temps une lettre où je lui disais que vous valiez bien mieux que moi, et que je lui prédisais que tu lui serais un jour bien utile.

« On a, par maladresse, négligé le temps d'attaquer Choczim, où je comptais aller. Je tâcherai de me procurer un peu de plaisir et d'honneur au retranchement d'Oczakow dans une quinzaine de jours.

« Nassau commande quatre-vingts bâtiments à rames pour battre la forteresse, du côté de la mer.

« Adieu, cher chevalier de Marie-Thérèse, qui l'as été d'une manière si brillante. Je t'embrasse et t'aime comme on ne peut pas aimer. »

QUATRIÈME LETTRE

De notre Quartier général du maréchal Romanzow, en Pologne, ce 8 juin 1788.

« Si vous me demandez, mon cher Charles, comment je me porte, je vous dirai toujours de même. Je cours les armées, les maréchaux pour leur faire faire quelque chose. Le diable s'en mêle malgré tous leurs signes de croix à la russe. Voici ce que j'ai fait de mieux. C'est de partir de chez ce persifleur, complimenteur, mon admirateur, dit-il, pour Kaminiecz. Oh ! si j'avais encore un cœur ! comme je serais amoureux ! La gouvernante[310], cette superbe Grecque connue et admirée de toute la terre, m'a mené en berline à la demi-portée de canon de Choczim qui en a tiré quelques coups au-dessus de notre tête.

« Je vous avoue que j'ai eu plus envie de la reconnaître et trouver son faible pour l'attaque, que celui de la forteresse. Je loge chez elle. Mais quel sabbat d'enfer ! Un bruit de chaînes toute la nuit. J'ai cru que c'était des revenants. C'en était aussi, car ils revenaient sans cesse sur leurs pas, pour faire tout l'ouvrage de la maison. Le mari, commandant de Kaminiecz, n'est servi que par des gens condamnés aux travaux. Quel contraste de ces mines de scélérats avec la beauté à qui, à coups de bâton, ils prodiguent leurs soins. Jusqu'au cuisinier, c'est un galérien. C'est économique, mais affreux. Oh ! la bonne chose ! Voici Ismaël, ce drôle de corps, si jeune, si enfant, si neuf, pris dans une de nos affaires (qui m'amuse et que je sers plutôt qu'il ne me sert), qui, en mettant mon sabre sur le clavecin vient d'en jouer presque toute la gamme. Oh ! quelle drôle de mine il fait ! Bon, le voilà qui pour me donner un fauteuil transporte la harpe de Mme De Witt qui m'a donné sa chambre : et il en tire des sons. Il rit, il saute, il touche aux tables. Il croit que tout en rend et que ce vieux château est enchanté.

Je souhaite, cher Charles, qu'Oczakow (car je retournerai à Potemkin, pouvant encore moins faire de cet homme-ci), me procure quelque chose de glorieux dans ton genre. Tu me feras tuer, car je veux que tu aies un père digne de toi. *Tu as pensé à moi*, tu es sublime et touchant. Tu as travaillé pour moi. Je vais travailler pour toi. Je t'envoie un tendre bonjour de cinq ou six cents lieues.

CINQUIÈME LETTRE

Du camp des déserts de la Tartarie,
ce 30 juillet, devant Ockzakoff.

« Je placerai ton officier prussien. Je ne puis faire avancer le prince Potemkin jusqu'au Liman, mais je puis avancer des officiers. J'ai fait des généraux, des majors, etc. Tu as fait la moisson de lauriers, toi, tu te moques de cela.

« Toujours la même inaction, par un tiers de peur, un de malice et un d'ignorance. Je voudrais avoir, au bout de la guerre, le quart de ta gloire de cette campagne. Tes lettres sont braves et gaies comme toi. Elles ont ta physionomie. Je suis obligé de me coucher pour un orage affreux. Un nuage crevé en l'air au-dessus du camp inonde les deux jolies petites maisonnettes que j'ai sous une tente turque immense, de manière que je ne sais où mettre les pieds. Oh ! oh ! on vient me dire qu'il y a un major tué dans la sienne par la foudre. Elle tombe presque tous les jours au milieu de nous. Attrape qui peut. L'autre jour on a coupé le bras à un officier de chevau-légers pour une morsure de tarentule. Pour les lézards, personne ne peut mieux assurer que moi qu'ils sont amis de l'homme, car je vis avec eux, et m'y fie plus qu'à mes amis de ce pays-ci. Quelquefois, j'entends un peu de vent. Je fais ouvrir mais refermer bien vite ma tente. C'est comme si ce vent passait au-dessus d'un brasier. Oh ! nous jouissons de tous les agréments possibles !

« Veux-tu savoir une marque de bon goût du prince Repnin ? Tu sais l'usage de ce service-ci : la bassesse des inférieurs et l'impertinence des supérieurs. Quand le prince Potemkin fait un signe ou laisse tomber quelque chose, vingt généraux sont à terre. L'autre jour, sept ou huit veulent débarrasser le prince Repnin de son surtout. — Non, messieurs, leur dit-il, le prince de Ligne s'en chargera, et il m'appelle pour cela. Bonne leçon! Ils ont plus de délicatesse dans l'esprit que dans le cœur. Ils l'ont sentie.

« Du reste je fais le malheureux, mais Sardi[311] est ici avec un orchestre excellent et cette musique que vous connaissez où il y a trente *ut*, trente *ré*, trente, etc. Nous n'avons quelquefois point de pain, mais des biscuits et des macarons. Point de pommes ni de poires, mais des pots de confiture. Point de beurre, mais des glaces. Pas d'eau, mais toutes sortes de vins. Point de bois pour la cuisine, quelquefois, mais des bûches d'aloès à brûler et sentir. Mme Michel Potemkin, extrêmement belle. Mme Skawrowsky, autre nièce du vizir ou du patriarche Potemkin (car il arrange sa religion), charmante aussi. Mme Samoïloff, autre nièce qui est encore plus jolie. L'autre jour, je joue pour elle, dans ces déserts, un proverbe. Elle y prend goût et me dit: "arrangez encore une énigme pour moi".

« J'ai recommandé au prince un animal que m'a envoyé un sot. L'un s'appelle Marolles[312] et l'autre est M. de La Fayette qui le recommande comme chef du génie destiné à prendre Oczakow. — Bonjour, général, lui dit-il en entrant. Je vous aurai cela dans quinze jours. Avez-vous ici quelques livres? Connaissez-vous en Russie ceux d'un M. de Vauban et d'un certain Coëhorn[313]? Je veux m'y remettre un peu avant de commencer.

« Jugez de l'étonnement de Potemkin. — Quel homme! me dit-il. Je ne sais pas s'il est ingénieur, mais je sais qu'il est Français. Questionnez-le un peu. C'est ce que je fis et il m'avoua qu'il n'était qu'ingénieur des ponts et chaussées. Le baron de Stad, qui dispute à Vigé les aveux difficiles[314], fait ici mon bonheur. Il est bien Français aussi, celui-là, contrariant le prince, déplaisant à tout le monde, faisant des vers charmants, détestant la pétulance de Roger avec qui il est toujours en querelle, et en m'assurant qu'il meurt de peur, il va bien aux coups de canon. “Voyez, me dit-il, comme nature pâtit, mon cheval en tremble lui-même et n'aime pas plus la gloire que moi.”

« Nous avons un autre personnage ridicule comme son nom qui est Gigandé, lieutenant des gardes de l'abbé de Porentruy. Hier, on l'a volé. Furieux, dit-il avec son accent suisse, je me lève, je m'égorge les pieds pour aller tout de suite faire mes plaintes à un chénéral, et il me dit : “si c'est un soldat je vous le ferai rendre, mais si c'est un officier ce sera difficile”.

« Un Français encore qui s'appelle M. Second vint me consulter sur une affaire qu'il avait, car, me dit-il, monsieur, je vois bien qu'il faudra se battre. Je l'assurai que s'il en parlait comme cela à tout le monde il n'aurait pas besoin d'un homme de son nom. C'est bon et bête, n'est-ce pas ?

« Voulez-vous savoir un de mes plaisirs innocents ? Je mets mes dromadaires sur le chemin de la troupe dorée, quand par hasard Malborough s'en va-t-en guerre ; l'autre jour deux ou trois généraux à bas et l'escadron d'escorte, moitié culbuté, moitié au diable.

« Ah ! Charles, quand nous reverrons-nous à Stamboul ou à Belœil ? Si l'empereur et mon maréchal russe ne voulaient pas faire des compliments pour passer la Save et le Bog, comme pour passer à une porte, nous culbuterions la Sublime-Porte et nous nous trouverions où j'ai dit. Alors, cher Cinéas, etc. En attendant, aimons-nous toujours n'importe partout où nous serons. »

CAHIER XXV

SIXIÈME LETTRE

Vienne, ce 25 novembre 1790.

« Tu me fais donc finir la guerre comme je l'ai commencée, en mourant de peur pour les jours du plus intrépide des mortels, de joie de t'avoir fait, d'attendrissement de ce que tu fais et de regret de n'avoir jamais approché de ton mérite en tous genres, mon cher Charles. Malgré ces quatre morts-là, je vis fort bien, et le plus heureux des hommes, de ce que je vais te revoir. Oh ! mon dieu, bon Charles, brave Charles ! quelles peines tu m'as données ! C'est moi qui joue toujours gros jeu. Si l'on t'avait néboïssé[315], comme quelquefois pendant deux ou trois nuits surtout, j'y pensais au lieu de dormir, dis-moi, je te prie, ce que j'aurais fait au monde. Si j'avais pu y survivre, aurais-je été une minute sans me reprocher la force et la faiblesse que j'ai employées à ne pas m'opposer à ton départ.

« Dieu, Dieu, Dieu, cher Charles, tu reviens, toi, mais moi je n'en reviens pas. Je te jure qu'avec le bonheur que tu as eu à échapper à de pareils dangers, tu seras immortel au physique comme au moral. Je ne sais pas comment je ferai pour t'embrasser, où je me mettrai, où ira ton grand nez, et où je fourrerai le mien, comptant baiser aussi ton genou blessé et me mettant peut-être à genoux moi-même devant toi, ou devant le ciel, quoique je n'en aie pas l'habitude.

« Arrive, mon Charles, tu auras un beau moment. Je crois que tout le monde est ton père, car tout

Vienne est pour la première fois dans l'enthousiasme. Oh ! cher Charles, que je t'aime.

Au plus brave et plus joli des volontaires[316].

« Pour vous, cher duc, je ne travaillerai pas à vous exprimer ce que j'ai éprouvé aussi à votre égard. On n'a jamais été plus petit-fils du maréchal de Richelieu. On n'a jamais été un plus charmant et intrépide compagnon d'armes. Vous et Charles avez également contribué à l'honneur l'un et l'autre. Sûrs de votre estime naturelle, vous cherchiez tous les deux à l'augmenter. Quel bonheur pour moi, cher duc, de vous savoir plein de vie et de gloire, et de vous avoir aimé tendrement, aussitôt, presque, que vous êtes venu au monde, dont vous êtes déjà l'ornement.

« Que je vous conte donc, oh mon Dieu, le bon homme que le roi de Naples ! Il m'a embrassé dix fois, c'est-à-dire toutes celles qu'il me rencontrait au bal chez son ambassadeur Gallo, et me menait à tout le monde en disant : *Suo figlio ! Ah ! bravo juvene ! è férito*[317]. »

*

Voici une lettre du caporal d'ordonnance de Louis, le jour qu'il fut pris. Elle est claire et intéressante. C'est par là que j'ai appris ce qui lui est arrivé. Il est à moitié rassurant. Il s'appelle de Villay.

De Molls en Tyrol.
Ce 2 mai 1799.

« Mon Prince,

« Pénétré de la plus vive douleur, je me charge, avec regret, de vous faire part du malheur qui vient d'arriver au prince votre fils, mon protecteur et bienfaiteur. Sony, valet de chambre du prince, m'ordonne de sa part de vous mander que le 30 avril le prince fut détaché avec trois compagnies qui étaient le major Tiroux[318] et Casier[319] pour une expédition. Arès trois postes différents emportés sur les Français, l'on resta dans une position très épineuse, n'ayant pu y parvenir que par un sentier où à peine un homme pouvait passer à la file l'un de l'autre.

« M. le lieutenant-colonel qui commandait ce corps détaché, croyant l'ennemi en déroute et dispersé, fit reposer sa troupe. Quatre compagnies des grenadiers français étant venus au secours de leurs fuyards chargèrent avec succès nos gens qui, ne pouvant se mettre en bataille, furent contraints de se retirer de la même manière qu'ils étaient avancés. Le prince qui fermait le défilé fut obligé de se rendre à un sergent français qui a eu tous les égards possibles pour lui. Et moi qui n'avais au monde que le prince pour soutien, j'espère que vous n'abandonnerez point un infortuné à qui vous avez eu la générosité d'accorder votre protection pendant le siège de Valenciennes. »

CAHIER XXVI

Ai-je raconté (je ne crois pas car c'eût été autant du cynisme à le dire qu'à le faire) une expérience qu'on fit à Mousseaux[320] (en voilà la seule orgie) sur ma présence de corps et d'esprit. Les juges en étaient le maréchal de Ségur[321], MM. de Thiers d'Asson, de Fréhaut, Stainville et autres gens sérieux. Pendant l'acte qui sanctionnait ces deux forces ensemble, Conflans me versa un grand bocal de punch. J.-J. Rousseau, vos *Confessions* sont mieux écrites, mais ne sont pas si piquantes que celles-ci, car excepté vos deux ou trois crimes qui sont des mensonges sur votre compte que vous avez imaginés par singularité, le reste en vérité est trop innocent.

*

Je n'ai jamais aimé à perdre mon temps à Paris à faire toutes ces toilettes différentes depuis celle du cabriolet où je n'ai jamais donné. Je revenais d'Autriche, Prusse. Pologne et Russie et en entrant dans mon hôtel du Parlement d'Angleterre où je logeais, le prince de Nassau qui me voit me propose d'aller dans son cabriolet voir nos meilleurs connaissances en hommes, femmes et filles. Je lui dis : « Je parie que vous allez me verser, moi qui viens de faire deux mille lieues sans que cela me soit arrivé. » Je n'aime pas ce genre de voiture. J'y monte pourtant, et un quart d'heure après m'arriva ce que je craignais.

*

Je suis le seul officier général à qui M. de Loudon, qui était si prompt à être mécontent de tous ceux qui étaient sous ses ordres, n'ait jamais rien dit de désagréable.

*

Le prince de Kaunitz, fantasque pour tout le monde, ne l'a jamais été pour moi que du plus ou moins d'amitié et même de tendresse presque paternelle que m'annonçaient souvent deux doigts sur la joue ou une caresse du menton.

*

Je viens d'arrêter un *Ligniana* qui contenait un tas de bêtises qu'on avait bien voulu recueillir. En voici trois ou quatre que j'avais oubliées et qui d'ailleurs ne valent pas la peine de les écrire.

On me dit et on me nomme les têtes couronnées que Napoléon avait fait venir à Erfurt, et au lieu de dire « l'entrevue de ces cinq souverains » on me dit « cette congrégation ». C'est donc celle de Saint-Maur, répondis-je. Faut-il vous expliquer, lecteurs étrangers, que cela veut dire cinq puissances anéanties et que Saint-Maur était un couvent de bénédictins. Comprenez-vous à présent ?

*

Un gros M. d'Hoyos, sénateur de profession, vint à moi et se mit à bâiller. Je lui dis : « mon cher comte, vous me prévenez ».

Un autre dans son genre, forçant ma porte un matin, me dit : « Avez-vous déjà eu bien des ennuyeux ? » Je lui ai dit : « Vous êtes le premier. »

*

Un jour, polissonnant avec mon fils Louis, il me jeta une de ses pantoufles à la tête. Je lui dis : Tu me bats avec l'arme de ton raisonnement.

*

On dit, lorsque Bonaparte changea la forme du gouvernement : « C'est Rome qui lui a donné cette idée de consuls. — S'il prend aussi, dis-je, celle de créer des *préteurs* comme il y avait à Rome, j'irai tout de suite à Paris. »

*

On parlait du Conseil des Cinq-Cents. Je dis que je n'en admettais pas d'autres, c'est-à-dire des *cinq sens* et que je le suivais tous les jours. C'est passable cela, et m'a peut-être amusé en le disant, mais voici ce qui a été pitoyable à me rappeler, si ce n'était que comme méchanceté. Il y avait quatre cents couverts à un souper du nonce Caprara[322]. « Quel monde ! lui dis-je. — Oh ! beaucoup, répond-il. Il n'y a pas de quoi placer un *demi-seigneur* de plus (expression italienne). — C'est donc pour cela, lui dis-je, que je n'y vois pas M. de France. »

*

Autre aussi pitoyable. On dit : « Paul Ier défend les pantalons. — Comment donc, répondis-je, avons-nous Venise, sans nous êtres battus ? »

*

Un jour qu'il y avait une inondation dans les faubourgs, je dis : « Il y a tant d'eau qu'il y en a même dans le canal de Vienne. » On me dit cependant quelques jours auparavant qu'un homme s'y était noyé. Je répondis que c'était un flatteur.

*

On me montrait un monsieur à bon gros visage. Je dis : « Je ne voudrais pas qu'il me visât à la guerre, cela serait dangereux, car il est extrêmement bien en joue. »

*

Qu'on juge du reste, pis encore que tout cela. Je veux être pendu s'il m'en souvenait d'un mot. Mais ce perfide *Ligniana* non seulement est arrêté, mais il sera brûlé.

On prétend que l'autre jour, ou plutôt l'autre nuit à la redoute, qu'on plaignait le maréchal Brune[323] d'être serré par la foule qui voulait le voir, parce qu'il a été imprimeur, disait-on (je ne sais si cela est vrai, mais peu importe s'il a du mérite), on prétend, dis-je, que j'ai dit : « Ne vous en inquiétez pas, il est accoutumé à la presse. » Je trouve moi-même que cela est assez plat.

*

J'ai été quelquefois juge d'honneur, au lieu d'être juge du camp. Par exemple, j'ai empêché Conflans et d'Escars de se battre pour une querelle de chasse, à Fontainebleau, à la mort du cerf qui aurait entraîné celle de l'un ou de l'autre. Je vis alors le plaisir qu'ont ceux qui n'aiment pas à avoir des affaires à les exciter pour d'autres. Je pourrais les nommer.

*

J'en empêchai une de M. le duc d'Orléans dont l'envie qu'il eut de se battre et le voyage en ballon peuvent bien prouver la calomnie qu'on lui fit de manquer de courage. C'est ainsi qu'on lui fit tort à la bataille d'Ouessant.

*

Je me damne par paresse et faute de logement. Si la messe ne coupait pas ma matinée et n'était pas si éloignée, je n'en manquerais pas et si j'avais de quoi placer un petit autel chez moi, je me ferais venir un capucin, au moins tous les dimanches.

*

Si j'étais superstitieux en fait de pressentiments ou plutôt de lugubres hasards, j'aurais peur. J'ai écrit dans ces cahiers et ailleurs, je crois, que je voulais être enterré sur ma montagne au feu cimetière des feux camaldules entouré de planches. Je ne sais pas pourquoi je les ai trouvées hier abattues comme si l'on voulait y faire un passage pour mon corps.

*

Huit jours après, je donne une espèce de fête, une illumination pour Christine. Partant d'un feu d'artifice au Prater pour donner le mien, j'en vois presque le commencement à mesure que je m'approche du Kaltenberg. Les lampions s'illuminent. Je suis surpris par ma surprise qui se tourne contre moi. Par joie et empressement on vient à ma rencontre avec des flambeaux. Où me rencontrent-ils ? Précisément à cette maudite entrée du cimetière. N'est-ce pas de quoi se donner au diable même avant le temps ?

Une bourgeoise de Vienne qui a d'assez beaux yeux, sur lesquels je compte un peu, vient d'acheter la seigneurie. Je lui ai dit mon intention de lui donner mon corps de toutes les façons et qu'elle m'aurait mort ou vif. Elle me l'a assuré et même pour une éternité, à côté d'elle, puisque je lui faisais venir l'eau à la bouche pour cette situation où elle voulait se fixer elle-même.

*

Et puis Christine vient de rêver qu'elle était à cheval en grand vertugadin et en grand deuil. Quand on se porte mal et que ces choses-là se rencontrent, on en meurt, mais quand on se porte bien, on en vit et on en rit.

*

Je voudrais que cette année-ci tous les empereurs fassent la guerre aux Français. S'ils les battent ils nous vengent, s'ils sont battus ils nous consolent. J'écrivais l'autre jour à Berlin : si votre cabinet est gai il rira de nous avoir mystifiés ; s'il est sensible il pleurera d'avoir fait perdre à l'Autriche l'élection, cent mille hommes et cent millions ; s'il est fin il cessera de l'être car il y sera attrapé.

*

Un Steinach porté par un Lucchesini, un Haugwitz[324] à Paris, le duc de Brunswick à Pétersbourg : parfait accord sûrement de la France et de la Prusse. Flatteries de l'une et compliments de l'autre, révérences de la troisième ; accord parfait ! Oh ! cela est clair, je le parie.

*

Beaucoup d'Éphestions dans les camps d'Alexandre de Russie, mais pas un Parménion.

Y a-t-il dans l'histoire rien de pareil ? Quatre ans après Tilsitt où Napoléon lui disait : « quel bel homme ! Je ne vous aurais jamais fait la guerre si je vous avais connu », cet empereur des Français se trouve dans son antique capitale de Moscou à plus de douze cents lieues de Paris.

*

À propos de tous les deux, quand ils étaient à Weymar avec tous les rois d'Erfurt, on avait donné un signal pour annoncer leur arrivée. On crut, un jour, que c'était l'empereur Alexandre et quand on s'aperçut qu'on s'était trompé, un huissier cria : « Que faites-vous donc ? Ce n'est qu'un roi. »

*

On me dit dans ce moment-ci que Napoléon veut faire canoniser louis XVI. Ainsi celui qui prend et donne les royaumes de la terre, distribue aussi ceux du ciel. C'est bouffon, mais les gens qui viennent de me l'assurer ne le sont pas : personne n'a assez d'imagination pour l'inventer. Ainsi, cela peut être et cela ne m'étonne pas.

*

Napoléon fait des promotions de souverains comme de régiments. Un duc fait électeur et puis deux ans après fait roi, cela est comique. Son camarade de bataille, en me montrant ses troupes il y a trois ans, me demanda comment je les trouvais. « À merveille, lu dis-je, bien habillées, dressées et bonne mine. — Eh bien, mon ami, me dit-il, avec mon petit régiment, à un autre service j'aurais battu tous ces mâtins-là ! »

*

Rien ne m'amuse comme ce qui se passe aux entrées que je lis dans les gazettes. On applaudit. On crie. On pleure. Mon Dieu ! que c'est touchant.

Qu'on mette un singe dans un carrosse à six chevaux. Il en sera de même.

*

Les deux idées sinistres que j'ai citées plus haut ne peuvent plus avoir d'effet. C'était les derniers jours de l'année passée. Il y a eu depuis six semaines plus de deux mille morts dans Vienne : et je me porte bien.

*

Un bon cabinet un peu machiavéliste doit être un serpent pour agacer toutes les puissances entre elles pour les affaiblir. Point de crimes. Cela est tout simple, mais fausses confidences, mensonges, lettres, propos supposés, etc., le diable enfin. C'est ce qu'il faut faire contre le diable et contre ceux qui, le servant, doivent même être écrasés par lui.

*

An 1805.

Qu'il est doux de s'occuper des malheureux et qu'ils sont sensibles ! J'ai été voir Colloredo entre sa disgrâce et sa mort qui en a été une suite, le frère de Calenbach qui venait aussi de mourir de sa disgrâce, et j'envoie au prince d'Auersperg des moyens de se défendre à Königratz, n'ayant pas pu défendre le Tabor[325].

*

Il est sûr que les suites n'en ont pas été préjudiciables. Napoléon croyant que d'abandonner Vienne était de la finesse y est venu en tâtonnant. S'il y était venu quatre jours plus tôt, il aurait coupé Chotusoff et Bagration[326] et quand même Murat aurait trouvé les ponts brûlés, dans moins d'un jour il en jetait un, avec soixante-dix bateaux que les Français avaient menés de la Haute Autriche sur le Danube à cet effet.

*

Il aurait passé peut-être par les îles depuis le Brigitaû jusqu'au Spitz, en y abattant des arbres pour y faire des chemins. C'eût été, je crois, plus court, et il aurait fallu moins de bateaux. D'ailleurs il y a des gués au Lusthauss et dans le bras du Prater, car l'archiduc Charles m'a dit que c'était là qu'il aurait fait passer sa cavalerie, s'il avait eu le temps de venir au secours de Vienne.

*

Mais qu'aurait-il fait ensuite ? Il ne l'aurait point assiégé et Napoléon aurait pris, pour la défendre, la position et les moyens que j'avais proposés.

Les ponts brûlés, Vienne l'aurait été peut-être, ou pillée, car quatre-vingt mille hommes arrêtés par là dans le Leopoldstadt auraient été de mauvaise humeur.

*

Si Auersperg s'en tire, ce n'est pas parce qu'il n'est que très peu compromis c'est parce qu'il est grand seigneur.

*

Des généraux déshonorés s'en tireront encore mais on cassera la tête peut-être à mon brave Funck si on le trouve dans le petit village de Hongrie où je l'ai caché. Je l'aime pour les services qu'il m'a rendus au siège de Belgrade par son active intrépidité. Sa faute est celle d'un fou insouciant tel qu'il a toujours été. Il a été voir de près la colonne française qui entrait la première dans la ville. Il aime à causer. On l'a vu avec de grands gestes parler à des généraux, je crois même que c'était à Oudinot[327] qu'il avait autrefois fait prisonnier. Il montrait le logement des filles, des Juifs et des usuriers qu'il connaissait : on croyait qu'il montrait des trésors et des dépôts.

*

Quels menteurs et Gascons que ces généraux russes ! Quels braves soldats jusqu'à ce qu'un chien les dérange ! Quels enfants ils sont ainsi que leur empereur.

*

Andreossi[328] et Clarke[329] sont des hommes d'un grand mérite à employer à la guerre et dans les affaires. J'ai vu Béliard[330], bon, humain, ayant du mérite ; Saint-Hilaire[331] qui joint au sien l'intérêt des blessures qu'il reçoit partout et Morand[332], bien brave aussi, honnête, d'une figure intéressante.

*

Sans Talleyrand que j'étais obligé et enchanté de voir, je n'aurais vu aucun des généraux. Je craignais les insolents qui pouvaient l'être avec quelque raison, et ai évité chez les Schönfeld[333] et les Vetzlar Davoust[334], Oudinot et, je crois, le sauvage Soult[335]. Mais j'ai vu quatre ou cinq jeunes aides de camp, fils de mes amis de Paris qui, à l'air de l'ancien régime, joignent l'air soldat du nouveau.

*

J'ai parlé en revanche à plus de cent soldats. « Vous autres Hongrois, me dit l'un à Presbourg, qu'il appelait Pétersbourg, vous savez donc tous le français ? »

Un autre me dit : « Monsieur, quel homme que notre empereur ! Si vous l'aviez vu à Austerlitz ! C'est un scélérat dans le feu. Il n'y a pas un homme comme cela dans l'Université », voulant dire l'univers entier.

Un autre plus profond me dit : « Vous me paraissez Autrichien. Eh bien, mon officier, vous avez de braves gens, mais vous serez toujours battus. Vous m'allez demander pourquoi ? Je m'en vais vous le dire. Nous autres, quand nous voyons le feu commencer, nous y courons de nous-même ou pour soutenir nos camarades qui avancent ou pour repousser ceux qui les font reculer ; et puis on nous remplace, et puis on se serre à ceux-là. Et vous autres, vous voyez qu'on attaque un de vos bataillons, par exemple, sur une hauteur. Vous le voyez chasser sans y aller. Vous attendez des ordres. S'ils viennent c'est lentement et trop tard. Vous y allez encore plus lentement. Vous avez une diable de marche d'infanterie à porter le diable en terre. »

Un chasseur de la garde à cheval me dit : « Monsieur, nous veillons sur les jours de ce grand homme, car si nous le perdions, Dieu sait ce qui arrivera de la France. » Ce sont des bonnes gens que sa famille, mais cela n'a pas de grande tête.

Cependant Napoléon était entouré des Viennois à toutes ses revues et on ne prenait aucune précaution. Il a eu bien du tact en ne voulant recevoir à

Vienne aucun honneur. « Je ne fais que passer, a-t-il dit, pour aller battre les Russes. Je ne m'aviserai pas de faire le souverain d'un pays qui a un empereur. »

Je passe à cet homme-démon de s'être fait torrent ; mais tremblement de terre, c'est trop en vérité. Quel fléau ! Que de turbulences, de déplacement. Il fait jouer à toute l'Europe le jeu connu sous le nom de *la toilette madame* où chacun court quand on le nomme à la première chaise vacante.

CAHIER XXVII

Ayant assez de succès dans la société par ma paresse qui a l'air de l'indulgence, mon insouciance qui a l'air de la bonté, la mobilité de mon caractère qui a l'air de la facilité, j'aurais plu et réussi dans les affaires. Bêtise de plus de ne pas m'y employer. Discret sans en avoir l'air, secret sans être mystérieux, prenant le ton des gens avec qui je vis et des pays où je suis, j'avais si bien réussi en Angleterre qu'un intrigant de chez nous, nommé O'Flanigan, me proposa à l'impératrice pour y être ambassadeur et remplacer le rude et sot Festern. Quoique Neny l'appuyât de toutes ses forces, Marie-Thérèse, me trouvant d'ailleurs trop jeune, craignit pour ma religion, mes mœurs et ma santé et envoya à ma place Belgiojoso[336] qui, sur tout cela, n'avait plus rien à perdre.

Sans mission, j'ai souvent été de quelque utilité à notre cour, vis-à-vis de la France bien anciennement ; et puis, vis-à-vis de la Prusse, de la Russie, de la Pologne et des petites cours d'empire.

*

Ce que j'ai entendu dire à Joseph II par les dames de sa société, où je suis, le dernier qui en soit, est inconcevable ! L'une lui dit un jour, à propos d'un voleur qu'il avait fait pendre ce jour-là : « Comment votre Majesté a-t-elle pu le condamner après avoir volé la Pologne ? (C'était dans le temps du premier partage.) — Ma mère qui a toute votre confiance, madame, répondit-il, et qui va à la messe autant de fois que vous, a très joliment pris son parti là-dessus. Je ne suis que son premier sujet. » Une autre fois il prononça le nom de justice. « Certes, je vous admire, dit une autre. Ces messieurs prononcent ce nom : justice. Savez-vous ce que c'est ? Il y en a une de bonté et une de sévérité. Votre Majesté ne connaît que la dernière. »

Je racontais un jour devant lui et devant elles le trait de M. de Turenne à l'égard du comte de Grandpré. « Cela est beau, dit froidement l'empereur. — Comme il dit cela, dit une des femmes de la société. Je parie que Votre Majesté aurait fait casser cet officier, au lieu d'imiter son général. Oh ! comme elle est malheureuse de ne pas connaître l'enthousiasme. C'est que vous n'en avez pas la moindre idée, vous ne vous en doutez pas. »

L'empereur riait, se justifiait doucement, se frottait les mains, ce qu'il faisait quand on l'embarrassait, et me disait quelquefois dans un coin : « elles ont aujourd'hui le diable au corps ! »

*

Une des choses qui m'a empêché d'avoir recours à l'impératrice de Russie lorsque j'ai tout perdu, c'est que j'aurais perdu le plaisir de la flatter. Ai-je dit que Potemkin me montra un jour qu'il jouait avec ses diamants une toison de cent mille roubles ? Je n'ai pas su si c'était pour me séduire et m'engager à écrire du bien de lui aux deux Majestés Impériales ou m'engager à écrire à la mienne qu'il mourait d'envie d'avoir la toison, et qu'il en avait une toute prête à se mettre au cou.

Il avait la Saint-Georges de la seconde classe et il jouait avec ce ruban et sa croix qu'il faisait danser, car c'était un grand enfant. Joseph II qui était à côté de lui en voiture lui dit en présence de l'impératrice : « C'est bien fait, mon prince, cassez-la même si vous voulez, car en deux ou trois mois vous en aurez une plus grande. » Cela lui fit le plus grand plaisir. Bulgakoff avait mandé ce jour-là que tout s'embrouillait à Constantinople et était à la guerre grâce au ministre de Prusse et d'Angleterre, car pour cette fois-ci la France en s'en mêla pas. Elle était à la vérité expirante. Les notables avaient déjà paru.

*

Je voudrais que Napoléon m'envoyât comme au duc de Brunswick son grand diable de cordon. Voici ce que je lui répondrais :

« Aussi enchanté que surpris de cette grâce de Votre Majesté Impériale dont je n'osais pas me flatter être connu, n'ayant pas servi dans cette dernière guerre, je lui présente les assurances de ma reconnaissance, sans pouvoir profiter de cette distinction. Si la Toison et le Marie-Thérèse avaient été compatibles avec d'autres ordres, les bontés, j'ose dire même l'amitié de Frédéric II, de Louis XVI, de Catherine II, de Gustave III, des rois de Pologne et de Naples m'auraient couvert de quatorze cordons. Il n'y a que ceux du roi d'Angleterre, du roi de Danemark et de la reine de Portugal qui, pour plusieurs raisons, ne m'auraient pas offert le leur. Ce serait manquer à ceux dont je n'aurais pas pu accepter cette faveur et compromettre l'autorité et les serments de mon grand Maître et les miens que de ne pas Le prier de m'en dispenser. »

Mais cela n'arriva pas. Le sorcier me devinerait.

*

Ai-je dit que c'est par humeur, horreur et honneur que je ne vas pas à Paris où M. de Talleyrand m'a fait dire plusieurs fois que je ferais bien mes affaires ? Une des choses qui m'en empêche, c'est qu'interpellé par Napoléon qui, avec l'insolence d'un parvenu, me demanderait peut-être si j'avais servi dans la guerre contre lui, je lui répondrais : « Vous devez vous apercevoir que non, je n'ai pas fait celle-ci. »

*

An 1805

Dans un pays où l'on ne reçoit aucune considération il faut en prendre. J'en ai senti tout à coup le besoin urgent. Le militaire nous reste. On ne peut pas l'ôter. Je l'ai été chercher à Léopol où était mon régiment que j'avais vu il y a cinq ans qu'un besoin pareil m'y fit aller après la bataille de Hohenlinden.

Je le vis, une matinée seulement entre ces deux époques, sur l'esplanade de Vienne dont les bourgeois, point accoutumés à voir des généraux s'en occuper, me parurent étonnés de ce que j'y fus quatre heures au moins à m'informer des actions, des blessures et des besoins de chacun de mes soldats.

Mais mes coquetteries pour eux et les Polonais m'ont bien payé des cinq cents lieues que je viens de faire par les succès de caserne et de société qu'elles m'ont procurés. Quelques commandements que je risquai même à l'exercice dans leur langue firent, je m'en suis aperçu, bon effet sur le peuple qui m'entourait à l'exercice et à la parade. Mes anciens soldats se sont bien trouvés de mon arrivée et quelques officiers assez mal. Je leur en fis moins que de peur. J'avais été mécontent de plusieurs que, de deux cents lieues, j'avais fait mettre au prévôt. Peu curieux de recouvrer leur amitié, je dis à tout le corps d'officiers quand je les reçus chez moi : Je viens, messieurs, pour revoir mes anciens amis et camarades de guerre, remercier les bons officiers et embarrasser les mauvais qui se reconnaîtraient sûrement à cette indication et que j'étais certain qu'ils se corrigeraient.

Plusieurs vinrent me demander pardon d'avoir fait des plaintes contre moi. Je leur répondis : Vous avez tort de me le dire, car j'avais oublié vos noms. Ainsi, n'y pensez plus.

*

Quelle entrevue touchante avec feue ma belle-fille devenue, par une erreur qu'elle m'a avoué avoir bien payée, Mme Vincent Potocki ! Que de souvenirs doux, amers, gais, tristes, charmants, cuisants, consolants et poignants ! Que de choses agréables et déchirantes nous nous rappelions avec une volubilité qui n'était arrêtée que par des larmes de regret ou de tendresse ! Quand le cœur se reposait un moment, la même teinte de notre esprit se retrouvait. C'était absolument le même genre que nous avions toujours eu ensemble, et puis nos yeux se promenaient, il fallait voir comme nous nous regardions. Moitié flatterie, moitié vérité, nous ne nous sommes pas trouvés changés depuis dix-neuf ans. Elle est engraissée et cela lui va à merveille. Son amabilité et son bon cœur sont de même.

Enfermée hermétiquement pendant cinq ans à Niemiroff[337], un peu moins depuis ce temps-là, excepté un voyage avec son despote en Russie et en Hollande, c'était la première fois qu'elle prenait l'air et qu'elle fût lâchée toute seule à Léopol pour demander un passeport pour Aix-la-Chapelle où ce monsieur veut prendre les bains.

C'est à ce même instant que moi, qui ignorais presque son existence, toute communication étant rompue depuis cet horrible et éternel terme de dix-neuf ans, j'arrive. Je descends de mon würst chez la princesse Joblonowska à qui Mme Vincent Potocki disait : « On m'a appris ce matin que le prince de Ligne arrive. Je ne le crois pas. Si je le voyais je crois que je mourrais sur l'heure, mais heureusement je pars demain. » Elle n'avait pas fini cette phrase que j'entre.

La princesse Joblonowska se jette à mon cou et me dit à l'oreille : « Votre belle-fille est sur le divan. » Son cri m'en fait apercevoir, car il était presque soir. Des sanglots, non, des hurlements me le confirment. Je me jette à ses pieds. Ses mains ne repoussent pas les miennes. Je crois même qu'elle me les a serrées. Mais j'entends encore les accents d'une voix éteinte ou brisée qui reproche à la princesse de m'avoir fait venir chez elle où elle ne l'avait attirée que pour faire cette scène si affreuse pour nous deux : « Vous me perdez, madame, on achètera une terre en Sibérie pour m'enfermer. On ne croira pas plus que moi que c'est l'effet du hasard.

— C'est à lui-même, lui dis-je, non c'est à la Providence que je dois de pouvoir peut-être... — Cessez, m'interrompit-elle, d'être pour vous un objet d'horreur ! — Hélas ! c'est moi, repris-je, qui craignais de le paraître à vos yeux. Mais c'est pour sauver la fortune de votre fille que j'ai été obligé de gagner un procès, non contre vous, mais contre celui qui a envahi la vôtre. Je l'embrassai et la serrai tendrement dans mes bras. — Je ne connaissais depuis dix-sept ans que ceux de M. de Potocki, me dit-elle, en me regardant d'un air si naïf (qui n'avait jamais été son fort), que pour la première fois je me mis à rire. » Elle-même en fit autant, car les derniers sons étaient encore en son oreille. Nous restâmes en cet état de gaieté aussi longtemps que nous le pûmes, prévoyant bien que cela ne pourrait pas être bien long. Et puis les exclamations, et puis encore quelques anciens souvenirs plaisants...

Enfin des retours sur soi-même, des remords, des prières presque à l'Être suprême en lui présentant ses repentirs. De ma part, mille assurances de la part qu'on avait prise à ses malheurs et du bon cœur de ma chère Christine qui ayant le mien tout à fait était et serait toujours, ainsi que moi, la même pour elle. Cela l'attendrit, la consola, la désola presque par ses regrets de ne l'avoir pas mérité, me disait-elle, et finit par la calmer.

Notre conversation fut pendant quelque temps bien intéressante. Je l'embrassais : elle s'y refusait presque parce qu'elle croyait voir la verge de Dieu ou du seigneur son maître levée sur sa tête.

La princesse et le général d'Asper qui allaient, venaient, écoutaient et nous parlaient nous remirent un peu. Ma belle-fille leur dit : « Menez-moi sous quelque prétexte dans une autre chambre. Je m'échapperai, je n'en puis plus. — Que dirais-je à votre petite Sidonie. Je vas à Vienne. Donnez-moi une bagatelle que je lui porterai. » Elle se coupe une mèche de ses cheveux, la met derrière un médaillon de plus de quinze cents ducats, l'arrache de son cou et le donne.

Elle me nomme, elle pleure, me fait dire qu'elle veut me voir le lendemain et part comme un trait, manquant de tomber sur chaque escalier.

Malheureusement pour elle, entourée d'espions à son service, elle logeait au même hôtel que moi. Elle vit mes gens en passant et fondit en larmes, de même qu'eux. Hélas ! eut-elle la force de leur dire : je vous ai aussi tous bien regrettés.

Je la vois dans sa chambre. Elle lisait douze pages que je lu avais écrites pendant la nuit. Je la vis encore chez la princesse. On peut se faire une idée de ce que nous nous dîmes et nous ne dîmes pas, mais point de ce que nos cœurs éprouvèrent lorsqu'elle s'arracha de mes bras, pour ne plus nous revoir peut-être de la vie.

CAHIER XXVIII

J'arrive de Pologne que je n'aurais pas quittée de six semaines, sans le besoin de revoir Christine que je viens d'embrasser et d'attraper en paraissant chez elle, sans qu'elle s'y attendît. Elle seule compte pourtant sur mon exactitude, puisque pour mon retour de Ratisbonne et d'Edelstetten je lui ai dit le jour et l'heure que je suis arrivé, ainsi que pour tous mes voyages de chasse.

Je voulais lui faire la trahison de jeter moi-même sur son lit une lettre où je lui écrivais que je ne viendrais pas de deux mois, mais mon cœur n'y a pas tenu ; au lieu de cela, je l'embrassai.

*

En tout, c'est un voyage charmant que je viens de faire en würst, ou plutôt une promenade, m'arrêtant sur la paille quatre heures chez les Juifs, toutes les nuits. Sans cela les postillons polonais qui ne savent ni atteler, ni retenir m'auraient cassé le cou.

Une fois, en plein jour, mes chevaux m'ont emporté

dans une descente où, à un demi-pied près des deux côtés, j'aurais été brisé sans le plus singulier des hasards. Mon second würst fut versé pendant ce temps-là de la hauteur de trente pieds. Heureusement mes gens en étaient sautés précisément au même instant. Une seconde de plus, ils étaient précipités. Cinq personnes qui s'occupaient de la mienne en sautant des deux würsts, ou pour arrêter ou diriger les chevaux, ou soutenir, m'ont fait arriver à Tœplitz sans accident.

Le défaut de mémoire et de réflexion de toutes mes connaissances a encore fait dire que je n'arriverais pas à Tœplitz le jour que j'ai dit. On a eu raison, car je suis arrivé quinze jours plus tôt. Mais c'est égal, en petit ou en grand, on ne se corrige de rien.

*

J'ai été en allant et en venant entouré d'une cinquantaine de brûlés qui sortaient successivement des trous où ils passent la nuit, n'ayant pas de quoi rebâtir leurs maisons et qui m'auraient pris, la nuit, la charité qu'ils me demandaient en plein jour. J'ai passé une fois, à minuit, au milieu de quelques-uns de ces paysans réduits au désespoir par la fausse famine dont le mauvais gouvernement est cause dans toute la monarchie.

*

La Palatine Potocka m'a donné une fête charmante, mais plus belle à décrire qu'à voir. Son jardin illuminé par quatre cents vases ou lampes d'albâtre avait plutôt l'air d'un cimetière avec des revenants que des Champs Élysées où se promenaient des ombres. Celles-ci étaient pour la plupart des femmes charmantes. J'en ai aimé deux que je n'ai pas eues, j'en ai eu deux que je n'ai pas aimées: c'est ce qui arrive toujours.

Cent cinquante couverts. Bal magnifique. Des colonnes de marbre, des meubles à grandes raies d'or et de velours nacarat, des parfums d'Arabie, mais mauvaise chère partout en Pologne. Bien des temples, du porphyre, du lapis, mais peu de portes et de fenêtres qui ferment. Quelquefois de l'ennui le lendemain d'une féerie, et souvent de la solitude après une cohue de deux cents personnes, mais partout et toujours la grâce hospitalière.

*

Mon régiment paradait sur la place pendant la procession de la Fête-Dieu. Le prince de Lorraine et les généraux se tinrent à l'ombre des maisons. C'était le seul jour bien chaud de toute l'année. Je restai seul au grand soleil tout le temps, puisque mes soldats y étaient. Je vis avec plaisir combien cela leur en faisait.

*

Partout où je passais dans les provinces pour voir sept ou huit campagnes charmantes, des régiments que j'avais eu autrefois sous mes ordres me traitaient à merveille. Les houzars me donnaient des ordonnances qui, à coups de plats de sabre que je réparais par de l'argent, me faisaient faire une poste par heure.

*

An 1793

Les rassemblements mènent au tumulte, le tumulte au pillage, le pillage à la révolte, la révolte à la rébellion et la rébellion à la révolution. Qu'on y prenne garde à Vienne. Qu'on ait de fortes gardes aux deux arsenaux. Qu'on ferme les portes de la ville pendant la nuit et qu'on prenne garde surtout à celle de la cour, car si elle était forcée… Dieu sait les suites que cela aurait.

*

Ce qui vient de s'y passer prouve bien qu'au lieu de police qu'on croit y avoir et qui coûte tant, il n'y a que l'espionnage. On ne sait jamais qui a tué ou volé dans la rue. On ne le fait pas rendre. On a ignoré le drapeau rouge et noir et les magasins de balles et de pierres, mais on sait si j'ai dit à souper dans ma maison qu'un ministre est un sot ou un incapable ou qu'un autre a dit que l'impératrice a le nez rouge.

*

Napoléon attend-il que toutes nos troupes soient rassemblées pour les battre ? En est-il sûr ? Oh ! oui, avec les gens en faveur. J'écrivais l'autre jour à quelqu'un que je ne croyais pas que nous jouerions la tragédie de *Venise sauvée*[338]. Veut-on avoir de l'honneur ? Qu'on le prévienne et marche à lui. Veut-on faire de l'utile et du sûr, autant, à la vérité, que fâcheux. Un homme d'honneur ne le conseillera jamais, mais un homme d'esprit en serait capable : c'est ceci. Un manifeste. Qu'on cite Louis XIV à l'égard de Cromwel et qu'on fasse une alliance affreuse. On dira qu'on fait une digue contre une inondation, mais point contre un torrent. Qu'on vende cher son honneur par des conditions qu'on serait obligé auparavant d'exécuter. Mais ni honneurs, ni profit, pusillanimité, incertitude, négociations timides sans être prononcées, irrésolutions, menaces de tout côté, petits moyens, demi-mesures... horrible existence, affreux résultats.

*

Une comtesse m'a dit hier, en tenant sa porte soit pour l'ouvrir, soit pour empêcher qu'on entre: « Vous me perdez. Je le vois. Vous êtes un homme affreux. Vous voyez que je n'ai plus ma tête. Ma vertu succombe. Je le sens bien aussi, mais si vous ne la respectez pas, respectez au moins l'état où je suis...

— Oh oui, lui dis-je... et je me sauvai à l'*ordinaire*, comme cela se pratique quand on a de l'amour *propre.* »

*

Il ne tient qu'à moi d'être vieux. J'ai de quoi. Mais j'ai dit: je ne le suis pas, et cela me réussit. On peut s'empêcher au moins d'être un vieillard: c'est la paresse de corps et d'esprit qui la constitue. Tant pis pour ceux qui s'y laissent aller.

Je me dis aussi: je ne veux pas mourir. Je ne sais comment cela réussira.

*

Ah ! qu'un petit billet qu'on vient de me prendre et qu'on a mis dans son corset (car, grâce à Dieu l'on n'a plus de poche) m'a fait plaisir ! J'ai disparu un moment et je me suis aperçu qu'il a fait de l'effet.

Que pourrait faire une délicate qui, sans vouloir faire la prude, voudrait pourtant le refuser. Ce serait de le prendre avec l'air d'étourderie, de plaisanterie, de distraction, ou de jolie petite méchanceté, de le prendre et le laisser tomber. Le pauvre diable d'écrivain le ramasserait bien vite et n'oserait plus recommencer.

*

Depuis que j'ai vu Mme de...[339] belle comme le jour, sensible à l'amour du perroquet de Mme de Nassau, je ne suis plus étonné de l'amour que quantité de femmes ont pour les bêtes, comme plusieurs de leurs amants, singes et magots de tous les genres et de toutes les figures.

*

On dit que je n'aime pas quand j'aime. La plus grande preuve que je puisse en donner c'est que je tolère et caresse même quelquefois les chiens et les enfants de la maison. Je déteste les uns et les autres des femmes que je n'aime pas.

*

Voici un mari qui cause fort bien, qui n'en a pas souvent l'occasion et à qui je plais tant par là qu'il m'empêche, sans jalousie et sans méchanceté, d'être seul avec sa femme. Si ma conversation ne lui plaisait pas, il serait peut-être ce qu'il sera, si seulement il me lâche un jour que je tâcherai de l'ennuyer.

*

Une sorcière m'a prédit que je vivrais tant que j'aurais un cheveu noir. Je regarde ma queue : elle l'est presque tout entière et, à l'exception de quelques petites mèches blanches surtout sur la face gauche. Cela va bien, elle m'a prédit que j'aurais encore de la gloire. Cela va mal.

*

Je viens encore d'apprendre vingt prédictions qui ont réussi d'une sorcière de Berlin. Celle d'être reine faite à Mme Bonaparte m'a été contée par Mme de Poulpri, sa camarade de couvent, il y a huit ans, qu'il n'y avait assurément pas la plus petite apparence : il y en avait moins encore il y a seize ans, lorsqu'on la lui fît : elle ne connaissait pas Napoléon.

*

J'ai oublié de dire, à propos de mon voyage de Pologne que je fis trois postes de détour pour aller voir et avoir une femme de ma connaissance à Troppau. À Hoff, à deux postes de là je trouve la femme superbe du Grünnfin... de bonne volonté. J'hésite, je désire, je me retiens. Je succombe et je me dis : au moins le détour me rapportera quelque chose, et peut-être cette autre sera occupée, absente, aura du monde ou un amant. Et puis, quoi qu'il n'y ait pas loin, on peut recommencer. Précisément ma dernière supposition se réalisa.

En revenant, même détour, même calcul : l'une des deux, me dis-je, peut avoir quelque empêchement, prenons le plus sûr. L'amant n'était plus à Troppau. Me voilà content. Nous avons encore, m'ajoutais-je à moi-même, l'heureuse chance de Hoff à courir. J'avais fait à merveille de prendre mes précautions. Le mari de la belle femme de Hoff était à la maison, et avait, je crois, entendu parler de notre aventure et voyage dans le grenier. Où n'y a-t-il pas des commères ? Depuis les cours jusqu'aux villages de Moravie !

*

Qu'on me dise à quoi sert de se ménager, de se préserver et de se priver de son plaisir ? Qu'on voie comme je me porte et me fais *porter*. J'ai passé un hiver à Paris, où ne pouvant être que deux ou trois heures dans mon lit, j'en passais une au bain pour me rafraîchir, et j'en prenais un intérieur de limonade pour réparer par là l'échauffement du vin de Champagne à qui ma société était extrêmement livrée dans ce moment ; de la chasse pendant toute la journée et du jeu ou autre chose pendant la nuit.

*

Après avoir exercé et commandé moi-même l'exercice à quatre heures du matin, campé à Dippoldisolde, je venais tous les jours jouer à la paume à Dresde, m'y amuser jusqu'à la nuit que je m'en retournais pour recommencer.

*

Le grand Vestris[340], à qui tout le monde a trouvé que je ressemblais, m'a dit qu'il s'était conservé si bien qu'il est même encore à présent, en ne se répétant jamais. J'ai suivi cette maxime : je ne me fais point cocu. Plusieurs danseuses de l'Opéra se sont trompées à cette ressemblance. Un Italien, de ses amis apparemment, me baisa pendant un quart d'heure un jour en m'appelant *Caro Vestris*. Nous étions, par hasard, coiffés de la même manière.

Cette ressemblance si constatée amusait la cour. Le soir, on me disait souvent: «Comme vous avez dansé, aujourd'hui! — Oui, disais-je, *ze manzerai du moton.*» C'est ce que disait Vestris quand il était content de lui, et il se faisait servir un bon gigot.

*

«Tu es tous les jours plus insolent, me dit un jour une impure des chœurs. Comme tu t'es carré tantôt dans la loge de M. le comte d'Artois! Et qu'est-ce que c'est que ton fichu ruban rouge avec un agneau que tu t'es donné?»

*

Si ce n'était pas alarmer la société où l'on est dénoncé comme un homme dangereux, j'aurais écrit tous les soirs tout ce qui se disait et se faisait. Je l'ai vu faire à bien des gens qui ne pouvaient pas avoir des détails bien intéressants. Les miens l'auraient bien été.

*

Quoique mon De Lisle vît souvent et juge de travers dans le monde, son journal aurait été bien amusant. Mais il a été escamoté, à sa mort, je ne sais comment. Deux jours auparavant il me montra pourtant le tiroir où il était. Je crois que le duc de Coigny, sachant que toute la cour et la bonne compagnie de Paris y seraient compromises s'en est emparé par prudence. Il logeait et mourut chez lui, pendant un grand bal près de sa chambre où je l'allai voir, tandis que ses autres amis s'amusèrent à côté de lui.

*

Mesdames de... de... et de... ne méritent pas toutes les trois, quoique fort jolies, d'entrer dans mes contes immoraux. Ce sont de mauvaises payeuses dont on tire ce qu'on peut. Ce sont des brocanteuses qui rachètent le tout pour une bagatelle. Ce sont des ministres timides qui donnent des provinces à la paix pour sauver la monarchie ; ce sont des généraux timides qui laissent prendre du pays et sont bien aises de ces discussions pour qu'on ne marche pas à la capitale.

*

Mme de... en revanche m'aime assez, mais ne me laisse rien prendre, ni toucher. Elle est en amour un marchand en gros qu'on estime plus qu'un marchand en détail.

*

On racontait une fois chez Mme O'Sulyvan vingt traits d'extravagance de Paul Ier. Le commandeur Ferrit se crut apparemment, à cause de l'ordre de Malte, obligé de prendre son parti. Il me dit : « Peut-on appeler cet homme fou ? — Il est *à lier* », lui dis-je, espérant bien qu'il entendrait : il est *allié*, et par conséquent ne méritant pas qu'on dît du mal de lui à Vienne. Heureusement les autres ont compris ce que je voulais, mais lui fut très content et moi aussi.

*

Comme on ne peut pas savoir que lorsque je dis le roi tout court, c'est Frédéric II, le maréchal, c'est-à-dire M. de Lacy, l'empereur, c'est Joseph II, l'impératrice c'est Catherine II, je nommerai celle-ci, cette fois-ci, à l'occasion d'un trait qui la caractérise.

Un jour, pour faire venir les ministres, elle sonne, sonne, resonne, sonne encore. Personne ne vient. Sans s'impatienter elle va chez ses femmes et trouve son valet de chambre jouant avec elles, et qu'un coup important et un cas intéressant avait empêché de venir. « Donnez-moi votre jeu, Zachar, lui dit-elle, je ferai de mon mieux. Faites cette commission et je vous rendrai mes cartes à votre retour, car cela vous amuse et j'ai affaire. »

*

Au milieu des *delicta juventutis meœ*, voici presque une bonne action, même religieuse à quelque chose près. Les parents de Mlle Julien de la Comédie Italienne et de Mlle Bigotini ne pouvaient pas avoir un prêtre pour les instruire pour la communion et la leur faire faire, puisque dans les sots Pays-Bas les comédiens sont excommuniés. Je les menai au Béguinage, espèce de couvent où l'on porte un habit qui va à merveille, établissement moitié mondain, moitié monastique et commerçant à la fois, petite ville à part séparée de l'autre par un large fossé.

C'est là que je leur appris les choses qu'elles devaient savoir et quelques-unes qu'elles auraient pu ignorer encore. Le directeur de ces espèces de bigotes à qui je dis que le nom de *Bigottini* promettait beaucoup, s'en chargea et voulut, puisque je lui avais dit que c'étaient mes nièces, que je vienne de temps en temps pour voir leurs progrès. Je ne les ai plus vues depuis la Révolution. Je ne sais si elles vivent encore, mais au moins, grâce à moi, elles ne sont point mortes excommuniées, car le billet de leur première communion que j'exigeai les a mises en pouvoir et en droit de continuer, quand cela leur aurait fait plaisir.

*

Mme D*** lirait ce portrait-ci et en serait bien contente : elle croirait que c'est celui d'une autre.

Elle parle bien, mais ne s'écoutant point apparemment pas plus que les autres, elle redit vingt fois par jour les mêmes choses et les mêmes mots. Elle n'a retenu que quatre phrases qu'elle a entendues, car heureusement elle n'a pas de mémoire.

C'est une des plus aimables femmes qu'il y ait pendant huit jours et, ayant le rang sur les ennuyeuses, c'est la plus impatientante que je connaisse.

Eh bien, on le dit. On en est consolé en le remarquant. On rit quand elle sort. On n'a pas bâillé parce qu'on se fâche de devoir entendre un bourdonnement continuel. Mais Mme D*** est belle, presque bonne, quoiqu'elle gronde ses enfants et ses femmes.

Elle est complaisante, polie, a de la grâce et aime à plaire. Eh bien, soyons-en donc contents puisqu'elle veut qu'on le soit autant qu'elle l'est d'elle-même. Elle fait valoir tout le monde. Elle dit du bien de tout le monde. Eh bien, disons-en d'elle aussi.

*

On me raconte encore une histoire de moi que je me rappelle. Il s'agit encore de coups que j'ai reçus. Je n'en ai jamais eu des ennemis de l'Autriche, mais plusieurs fois, par des suites de malentendus, par exemple au camp d'Ockzakoff, j'entends une femme battue par son mari qui criait aussi haut qu'elle. C'était un trompette. J'ouvre sa petite tente pour lui dire que c'est un gueux. Je n'avais pu y passer que la tête. Il me saisit par le toupet, parce que mon chapeau était tombé, et il me donne dix coups de trompette dans le ventre en jurant en russe comme un païen qu'il était peut-être.

*

J'ai déjà dit vraisemblablement que j'aime la vengeance quand il s'agit de plus haut que l'on n'est et qu'elle ne tombe qu'aigrement, en piquant sans blesser. En voici une de cette espèce.

Le goût pour le changement encore plus que pour l'économie engagea l'empereur Joseph à supprimer les gouvernements. Le mien de Mons, des forteresses qui en dépendent et de la province est du nombre. Il y avait une pension de deux mille florins d'assignée pour la marquise de Los Rios. Je lui écrivis (car je me doutais bien que cela serait lu dans la société et irait jusqu'à l'empereur) :

« Vous avez peut-être appris que mon gouvernement était supprimé, mais il ne faut pas que vous vous en aperceviez. N'allez pas demander ailleurs votre assignation. Point de requête, ni de peine pour Sa Majesté pour vous l'accorder ou vous la refuser. L'un coûterait à son économie et l'autre à son cœur. J'ai donné mes ordres pour que vous receviez toujours également les trois mois de votre pension. »

Je ne sais pas si ce fut honte ou autre chose qui empêcha Joseph II de suivre son projet. Mais il en changea : je reçus mes 16 000 florins comme auparavant et la marquise ses 2 000.

Tout cela est joli, mais toutes ces petites tapes qu'on donne à ces messieurs ou à leurs ministres *sunt alta mente repostum*.

*

J'ai parlé de mon vivant, c'est-à-dire dans *Mes écarts* ou mélanges de prose et de vers du plaisir que m'ont fait les souvenirs de plusieurs auteurs. Si ceux de Mme de Caylus qu'on n'a pas connus en font tant, à plus forte raison, ceux des gens avec qui l'on a passé sa vie, comme par exemple le baron de Bésenval dont le style est brillant comme lui. Ses portraits sont extrêmement vrais, il n'y en a pas un de manqué, tous les traits, les plus petites nuances sont saisis. J'en suis enchanté. Je l'ai vu, un moment, amoureux de la reine sans le savoir. Ce qu'il raconte au sujet de l'intrigue où il me cite[341] le dégrisa : et rien ne pouvait le dégrisonner. Il n'en avait pas moins, à près de soixante-dix ans, Mme de la Suze. Je lui disais quelquefois : « Baron, je t'ai cru Suisse et en cette qualité on devrait te mettre à la porte, mais tu n'es qu'un Grison. »

Il donnait quelquefois dans ses gaietés ou ses colères, au jeu, par exemple où il était sujet, des noms très plaisants. Je le gagnais au billard et je babillais à droite et à gauche, en vanteries et plaisanteries qui l'impatientaient, car il était encore plus mauvais joueur que moi. Nous sortions de table où l'on avait admiré son appétit. « Allons donc, me dit-il, jouez et taisez-vous, maudit Don Bavardo d'Avalos. »

Cela fit rire tout le monde et on m'appela ainsi à Versailles pendant huit jours. On s'y était souvenu que de Charles qu'on m'appelait du vivant de mon père, pour me distinguer de lui quelques femmes avaient fait Charlot, et le roi et ses frères m'appelaient ainsi, lorsque j'étais avec eux presque seul.

Apparemment que la poste entrait dans ces détails de société, car je reçus une fois une lettre de M. le duc de Chartres d'alors, à M. Charlot, archevêque de Sainte-Gudule à Bruxelles. Le nom de cette église qui est vis-à-vis de l'hôtel de Ligne frappa le facteur et la lettre m'arriva.

*

Tout est bien dans le monde, excepté la maladie et la mort. Combien de fois ne me suis-je point aperçu que le contraire de ce que je désirais arriver, valait beaucoup mieux. Souvent j'ai cru m'ennuyer et je me suis amusé. J'ai cru que j'aimerais ailleurs et point du tout, c'est à l'endroit que je craignais que cela m'est arrivé. Je regrettais un poste à l'armée, je me distinguais à un autre. J'envoyai chez le maréchal de Browne pour être de son armée qui était à la mode. Il allait me l'accorder lorsque l'ennemi entrant en Bohême me fit rester avec son régiment à l'armée qui sauva la monarchie, au lieu d'être battu, pris et peut-être tué à la bataille de Prague.

*

J'espère être le dernier de ma maison qui servira la très ingrate maison d'Autriche. Je prierai tous mes petits-fils de n'en rien faire.

CAHIER XXIX

Ai-je parlé de mes traits continués de Scipion? Mme D. P. D. F. Pitschula de Politzka et de cette femme qui, pour m'engager à lui dire une infidélité de son mari, me dit que c'était ainsi que le commandeur Sinzendorff (point Zinzendorff) très aimable et très bossu avait eu la femme du prince de Kaunitz.

*

J'ai envie quelquefois d'écrire mes bêtises, car on me les raconte toujours de travers ! Quand on dit lors de la déclaration de la guerre de Napoléon avec l'Angleterre et de son projet de débarquement qu'une *rupture* n'était pas toujours une *descente*.

*

Je n'ai que trop prévu que l'inquiétude, et le malheur qui en est souvent une suite, serait le cachet du règne de l'intéressant Joseph II. Je dis que ce serait un érésipèle continuel, car celui qui le tourmentait souvent au physique était la cause de la morale qui agita pendant dix ans son empire et ceux de ses voisins.

J'exprimai cela d'une manière moins délicate et si grivoise que je laisse aux lecteurs les mots sacramentaux à prononcer. Milord Mamsbury me demanda à la mort de Marie-Thérèse ce que ferait son successeur. Il b... toujours, lui dis-je, et ne d... jamais.

Une manière plus honnête ou moins indécente de faire entendre la même chose, c'est dire, par exemple, que ce prince aurait des irritations sans pouvoir les satisfaire.

*

On prétend que je répondis au même empereur qui me demanda ce qu'on disait de ses arrangement aux Pays-Bas, qu'il voulait *notre bien*. Je ne me souviens plus si cela est vrai.

Ai-je raconté que je dis au duc Albert qui avait été extrêmement battu à Jemmapes et extrêmement malade ensuite, et qui me demanda si je ne le trouvais pas changé ? Je vous trouve, monseigneur, l'air encore défait.

*

M. de*** avait l'habitude de me dire toujours: *et moi aussi.* Je lui fournis deux occasions de s'en corriger dans deux genres différents. J'avais tué cent pièces. J'avais fait une chute de cheval, et lui aussi. J'avais un torticolis, et lui aussi. Je dis: «j'ai reçu aujourd'hui cent coups de bâton.» Je m'attendais: *et moi aussi.* «Pourquoi point *et moi aussi*, lui dis-je? Il y avait plus à parier pour vous que pour moi.» Il me dit un jour, devant beaucoup de monde qui savait que j'avais eu sa femme: «j'ai couché avec Mme de*** (en la nommant). — *Et moi aussi*, lui dis-je.»

*

Je n'aime pas les sottises. Celle-ci n'est que pour mes lecteurs qui savent l'allemand. Il y en a bien dans les souvenirs de la mère du régent. À Spa où le maréchal Lacy s'amusait de celles que je faisais et que je disais, il me recommanda de m'abstenir des unes et des autres à un grand dîner qu'il donnait à de vieilles princesses et comtesses d'Empire, duchesses française et prudes miladies.

Je mets la conversation sur les langues. Je dis que l'illyrienne ou slavonne, russe, polonaise, bohême enfin, qui en sont des branches, est douce. Je dis jusqu'au Diable, il est doux: *Tzerta* ou *Tcherte*; que froid est harmonieux: *Zima* et que *Sedlack*, qui veut dire paysan, va très bien avec un autre mot.

«Qu'ont-ils de commun, dit le maréchal que je vois encore debout découpant un gigot d'Ardennes. Cela n'a pas le sens commun. C'est comme si vous disiez...[342].» Le son de cette affreuse polissonnerie que le rassemblement de ces deux mots auquel je me doutais que je l'engagerais, resté dans son oreille, le démonta au oint qu'il n'osa regarder de longtemps les personnages respectables qu'il avait scandalisés sans s'en douter. Il ne vit pas, moyennant cela, que je me mourais, sous ma serviette, de rire et de joie de lui avoir fait dire à lui-même une sottise.

*

Mes éditeurs, ne vous donnez pas la peine de réformer mes répétitions s'il y en a. Je ne me lis jamais. J'écris quelquefois ce qui m'est arrivé il y a cinquante ans. Mes lecteurs passez-les si vous avez assez de mémoire pour vous en ressouvenir.

*

Je viens d'écrire à l'empereur que pour ma récompense de mon jubilé d'années de service, c'était aussi de sa justice de me donner dans ce moment-ci l'occasion de lui en rendre encore et que par respect pour la mémoire de ses prédécesseurs qui m'aimaient ou m'estimaient je l'y croyais obligé. Votre Majesté, lui dis-je dans ma lettre, sent si bien qu'elle le doit que, les douze fois que je l'ai priée de m'employer depuis la révolution, elle n'a pas osé me le refuser tout à fait. Ce sera la première et la dernière marque de bonté de votre règne, Sire, ai-je ajouté, si vous m'accordez ma demande.

*

Il me semble qu'il n'en fait rien. Tant pis pour son jugement. Il ne me répond pas. Tant pis pour son cœur.

C'est aujourd'hui le 24 septembre[343]. La guerre ou la paix ont été décidées avant-hier. J'ai parié pour celle-ci et je suis le seul au monde. Nous verrons après-demain si j'ai eu raison.

*

Encore rien de sûr le 16 octobre. Quel drôle de commencement s'il y en a une. Un roi et trois empereurs à une armée ! des premiers ministres qui voyagent, des cordons, des neutralités. Est-il vrai que l'un et l'autre ont été violés à Anspach ?

Tant mieux si Frédéric-Guillaume est pour nous comme le diable le dira. Adieu le tigre royal, ce n'est pas assez de le museler, il faut lui ôter les dents et les griffes.

*

Pourquoi Mme*** fait-elle la merveilleuse même pour ses femmes et ses gens ? Elle a un amour-propre mal entendu qui la fait souffrir d'autant plus qu'elle le cache maladroitement. C'est cette attention pour elle-même qui fait qu'elle n'écoute jamais.

*

Pourquoi Mme*** parle-t-elle pour la galerie et voit, lit, juge et entend toujours de travers ? Lui répondre est ennuyeux. Ne pas lui répondre lui fait dire : vous me méprisez. Aimable, bonne et presque spirituelle, elle déplaît quelquefois à force de vouloir plaire.

*

Pourquoi Mme*** fait-elle la gaie, la triste, l'enfant, l'indifférente, l'aimable, la jeune, la belle, la rouée, la bavarde, la taciturne, l'élégante, la passionnée, l'ignorante de tout ce qui se fait, la distraite, l'oublieuse, la légère, la profonde, la fine, la non-intelligente, la rieuse, la mélancolique, la naïve, la dissimulée, la coquette, la curieuse, l'insouciante, la femme à aventures et la femme de bien ? C'est une excellente femme. Voilà ce qu'elle est, et elle serait mieux que mille autres si elle était aussi simple qu'elle est douce, bonne, compatissante, spirituelle même quelquefois et généreuse.

Qu'on ne cherche pas à connaître ces portraits : ce sont deux femmes que j'ai connues ailleurs, je ne sais si elles existent encore.

*

Je crois que je suis dévot sans être pieux, chrétien sans être assez catholique, mais près de le devenir. Aujourd'hui, j'ai été à la chasse. Une perdrix passe en volant près d'un de ces crucifix qui sont sur le grand chemin. J'ai tiré à côté de peur d'y mettre seulement un grain de plomb.

*

J'ai oublié de dire avant de rapporter ici ma lettre à François Second que contre mon ordinaire j'ai été chez lui en partant de Vienne pour mon régiment. « L'Europe se barbouille terriblement, lui dis-je. Tant mieux. Il vaut mieux que ce soit plus tôt que plus tard qu'on en impose aux Français. — Oh ! j'espère bien, m'a répondu l'empereur, que cela n'ira pas si loin. Oh ! non, non, nous n'aurons pas la guerre. — Enfin, si nous l'avons, lui dis-je, je prie Votre Majesté de me donner la plus mauvaise commission, dont personne ne voudra, le poste le plus détestable, le moins honorable. Je m'engage à le rendre bon et à en tirer parti. — Oh ! je sais bien, me répond l'empereur avec un air obligeant, que l'ennemi ne vous passera pas sur le ventre. »

Il a passé sur le dos de plusieurs de nos généraux. Gare que cela ne recommence. Quand je dis à l'archiduc Charles que j'avais demandé une mauvaise commission : « Il n'en manquera pas, me dit-il en riant. Je vois, depuis que je le leur ai demandé, plusieurs qui même n'en veulent pas de bonnes[344]... »

*

On me reproche d'être fâché du départ de M. de*** et de Mme de***. On me dit : « Vous aimez donc les ennuyeux ? — Non, mais j'aime à voir du monde, même sans qu'il me parle. C'est par cette raison-là que je n'aime pas même quelques Claude Lorrain où il n'y a que des paysages sans figures. Qui sont les gens qui amusent ? Quand est-ce qu'on s'amuse ? Quand ce n'est ni l'amour, ni l'esprit, il faut prendre la quantité pour se dédommager de la qualité. Je parle à ces gens-là pour qu'ils ne m'ennuient pas. »

*

J'ai déjà dit qu'on me répétait quelquefois des bêtises que j'ai dites. En voici une qu'on vient de me conter en disant qu'un patineur, sur une des grandes pièces d'eau de Versailles, s'était cassé la jambe en traçant sur la glace avec ses patins l'y grec de *Vive le Roy!* « Pourquoi cet y grec, dis-je alors ? S'il avait mis simplement un *i* il en aurait été quitte pour un point de côté. »

*

Encore de ce que dit Le Gros de mon esprit du matin ou un mot pour l'autre me fournit l'occasion d'en dire un mauvais. Je demandais des fraises. On me dit : « nous n'avons que des fram*baises*. — J'en suis bien aise, répondis-je. »

Et puis à celui qui me disait qu'il s'était cassé la canicule. « C'est dangereux, lui dis-je, quand cela arrive au temps de la clavicule. »

*

« Je voudrais faire faire mon portrait, me dit un jour un prince d'Empire. À Paris, quel peintre me conseillez-vous ? — Prenez, lui dis-je, Oudry[345] ! » Comme plusieurs de ceux qui l'avaient entendu savaient que c'est un peintre d'animaux, cela les amusa et moi aussi.

*

Un baron allemand (le prince de Stahremberg, chez qui nous étions aussi à Paris, s'en souvient), nommait toujours le général Germain au lieu de Saint-Germain et je lui parlais du maréchal Saint-Broglie.

*

Je n'ai pas Mme de*** parce qu'elle croit que, n'étant plus bien jeune, je ne l'aime que parce que je crois que je suis encore moins bien qu'elle. Je ne l'aime que par la persuasion où je suis que personne ne pouvant plus l'aimer elle me prendra l'un de ces jours.

*

M. de*** est plus méchant que M. de*** qui passe pour l'être pour appuyer une bonne grosse méchanceté que tout le monde sait et faire en parlant des yeux bien méchants. Mais l'autre a un air doux, parle presque bas et dit : « j'aime beaucoup Mme Une Telle, mais je la trouve bien changée de figure et d'humeur. C'est dommage que M. Un Tel soit devenu si ennuyeux, car il est de mes amis. » Je suis désolé de la méchanceté de cet autre, car il est bon homme dans le fond, et que celui-là perde tous les jours sa fortune, son crédit, sa réputation et sa santé.

*

J'ai tué hier trois cerfs et aujourd'hui six perdreaux sans manquer un seul coup et par un temps affreux de brouillard à ne pas voir presque à côté de soi dans les montagnes pour la première chasse, et au froid et à la pluie pour la seconde. Je suis fort content.

*

Quelle bonne chère ! Quelles belles chasses et superbes opéras à Eisenberg[346]. Je suis fort content.

*

Quelles superbes chutes d'eau, ruisseaux et tout à Rotenhaus[347]. Je suis fort content.

*

Comme je suis charmé de mon joli salon barbare en dehors, policé en dedans, de mon temple un peu sauvage, mais pittoresque, sur cette hauteur que je viens d'acheter et qui s'appelle *Mont Ligne*[348]. Et puis le petit toit peint en rouge qui percera au travers de la balustrade peinte en vert, et puis les deux autres... et puis des canapés sur les rochers... Je suis fort content.

*

Je ne sais si c'est Mack[349] ou l'archiduc qui font tous les arrangements, les marches, les positions, mais notre armée d'Empire étant déjà à Stockay, je suis très content !

*

Je pars d'ici demain. Je suis très content. J'y reviendrai, je serai très content.

Je le serai bien plus si l'on attaque les Français à mesure qu'ils passent le Rhin.

*

Tous mes ouvrages de corps, de cœur et d'esprit sont finis. Je n'ai plus personne à aimer, ni autrement ; pas une pensée à écrire. Mon temple barbare en dehors, policé en dedans, sauvage, drôle, élégant, rustique et presque magnifique a été achevé aujourd'hui.

J'y vas. J'y ai donné à déjeuner au reste de la société, aux éclopés de Tœplitz. Nous serons vingt. C'est mon inauguration. J'y mets le cérémonial de Bonaparté. J'ai nommé des dignitaires. On a voulu me faire des couplets, mais personne ici n'en sachant faire on m'a prié de les faire pour me surprendre et me louer moi-même.

C'est ce que j'ai fait en contre-vérités pour moi, et pour ceux et celles qui les chanteront. On les lira si l'on veut, dans mes *Mélanges*, chez Walther.

*

J'en reviens. Tout a été pour moi d'un bon goût, d'une bonté et d'une amabilité sans égales. Ces trois choses-là annoncent la princesse Basile Dolgorouki qui, outre son couplet fait par moi et les autres chantés par mes déjeuneurs et déjeuneuses, en a ajouté et fait ajouter de touchants et gais à la fois. J'ai fait tout à fait le Bonaparté ou Paul Ier ce qui est la même chose dans ce genre-là et ai salué et remercié de la tête. Je mangeais comme un diable pendant ce temps-là, et comme dans un de mes couplets pour moi, je vantais ma sobriété, c'est une des choses qui a le plus amusé.

On m'a couronné, on m'a donné des bouquets ridicules. C'était la plus jolie parodie de couronnement, de cérémonie d'inauguration et de fêtes populaires et autres.

Je suis fort content. On l'a été de mon joli petit salon anglais, divans et fenêtres d'où il y a les six plus jolies vues du monde, surmonté d'une colonnade.

Dans l'instant, je monte en voiture avec la princesse Dolgorouki pour aller à la chasse et à l'Opéra à Randnitz chez Lobkovitz et de là à Prague et à Vienne.

Je suis très content.

*

Hélas ! quelques semaines après je n'ai plus dit : « je suis très content. »

CAHIER XXX

Si chacun écrivait comme moi ce qu'il croit, ce qu'il éprouve, on ne pourrait pas dire toujours comme je vois tous les jours : « Je l'ai dit, je le savais, je l'ai prévu. » J'aime mieux chanter la palinodie et dire : « je n'ai su ce que je disais. » On a vu dans mon dernier cahier que j'étais content de ce qui se faisait, mais c'est que j'étais loin des faiseurs qui croient avoir de l'énergie. Ce n'était que de l'extravagance qui provient de la léthargie, de la lenteur et de l'irrésolution à la promptitude d'une part, c'est par cela que c'était fait pour me plaire. On verrait pourtant dans mes lettres à Gentz, si on les lisait, que je prévoyais que par quelque maladresse on manquerait la Prusse, on ne profiterait pas de la Russie. Je ne voyais pas de coalisés dans la coalition.

Je lui écrivais après un prétendu demi-succès du 11 octobre : « Je croyais que tout irait bien, qu'on attaquerait chaque corps français qui passerait le Rhin. Je vois des corps autrichiens en paquets séparés. Tout va mal. Tout ira plus mal. Mes premières espérances sont au diable. »

Si Féfé garde mes lettres on verra que j'y disais : « On berce, on flatte, on attrape l'empereur. Vous dites les Russes passants, arrivants, arrivés. Cela n'est pas vrai. Les premiers sont peu et bien loin. Les autres ont voulu et ont changé d'avis. » Je les voyais clairement par les lettres et les personnes de Berlin qui étaient à Tœplitz. J'appris ensuite, après les premiers malheurs dont je vais parler, le voyage pittoresque à Pulavi[350] et puis sentimental de l'empereur Alexandre à Berlin[351]. L'ambassade ridicule de l'archiduc Antoine si insignifiante que les gazettes mêmes ne l'ont jamais nommée, et après les derniers malheurs et la platitude d'une proclamation de Brünn où l'on disait : « Mes alliés le roi de Prusse, l'empereur de Russie », c'est compromettre le premier qui aurait risqué beaucoup et serait arrivé trop tard, où l'on citait un traité du 3 novembre, j'écrivais : « Si Haugwitz est gai, il rira d'avoir mystifié l'empereur. S'il est sensible, il pleurera d'avoir fait détruire cent mille hommes à l'un cinquante mille à l'autre. S'il est fin, il ne doit plus être si fin », car je prédis que Napoléon, malgré les marques publiques d'amitié entre lui et le ministre, il la lui garde bonne. Je reviens à présent à ce que j'ai éprouvé et écrit le 16 novembre à Presbourg où je me sauvai de mes amis qui m'ennuyaient plutôt que des ennemis qui ne m'ont pas même fait l'honneur de me prendre.

HISTOIRE AFFREUSE DES DEUX PLUS HORRIBLES MOIS

Après quinze jours de panique, honte, rage, indignation, stupeur, stagnation d'idées, suspension de toutes facultés et incrédulité de l'état où nous sommes qui me paraît un rêve, voici la première fois que j'essaie d'écrire.

C'est bien de moi que l'on peut dire *nulla dies sine linea*. Mon goût pour les campagnes et la campagne arma ma main d'une plume : à l'âge de neuf ans je faisais des batailles et des jardins.

J'avais parié qu'il n'y aurait point de guerre :

1. Parce qu'il n'y avait rien à gagner et tout à perdre ;
2. Par la pusillanimité, paresse et incapacité des trois C.[352] ;
3. Par l'incertitude des intentions de la Prusse et la lenteur des secours de la Russie ;

4. Par la maladresse de celle-ci qui menaça celle-là, si elle ne voulait point entrer dans la coalition ;

5. Parce que je ne croyais pas que l'empereur, pour faire voir que Mack valait mieux que bien d'autres, lui donnerait vingt millions de sa cassette pour recruter cent mille hommes et acheter soixante-dix mille chevaux ;

6. À cause de la famine dans toutes les provinces, augmentée par le rassemblement de nos troupes et la marche des Russes ;

7. Parce que je ne m'attendais pas à la finesse des excuses et des prétextes pour toutes ces marches et ces camps, et que je croyais, ce que n'a pas cru Napoléon, que nos déclarations amicales étaient la suite de notre avilissement devant lui, que cela l'avait encouragé à cet excès d'ambition qu'on aurait pu arrêter par des notes vigoureuses, un langage ferme et des rassemblement avoués pour ne plus recevoir la loi.

On pouvait dire à l'empereur des Français : « On ne veut pas vous la donner, mais ne vous reconnaissant pas pour roi d'Italie, puisque ce serait vous donner un droit sur Naples, Venise, etc., nous défendrons tout ce que vous voulez encore en usurper. » Mais considérer Napoléon comme un homme prodigieux était une hérésie.

L'épigraphe de cette guerre est ce qu'a dit un habile homme que je ne veux pas nommer : c'est un petit gueux qui a peur de tout, qui n'a eu que du bonheur et que nous allons faire danser.

Si quelqu'un n'avait pas passé pour aimer et un autre pour craindre la France, il n'y aurait pas eu de guerre. Celui-ci craignait encore davantage deux rivaux[353] : Voronzoff, Markoff, etc., et celui-là fut abreuvé d'injures, de menaces et d'insultes redoublées. Pagger[354] et Razumoffsky qui y mêlait et savait mêler quelques caresses à nombre de soldats de réserve qu'ils cultivaient sans avoir l'air de vouloir les ramener à eux, n'empêche qu'ils les masquaient presque sous les fleurs et voilà cinq cent mille hommes en marche, sans plan de campagne, mais dirigés par un sot choisi par trois C et la présomption vigilante d'étrangers.

Voilà les pensants ou fougueux aboyeurs et quelques exagérés enchantés qui délibèrent sur la cage de fer qu'ils destinent à Bonaparte ou la potence ou les petites maisons. Moi-même, je désirais la guerre, dans l'espérance d'être employé, mais je ne l'aurais pas conseillée et fort aise de la voir commencer avec rapidité, je disais pourtant comme Mithridate :

> *... Que pour être approuvés*
> *De semblables projets veulent être achevés*[355].

Mes lettres à Gentz prouvent que j'ai deviné une partie des malheurs et qu'on n'en aurait pas éprouvé si l'archiduc Charles avait commandé en Empire ou avait eu la permission de chasser Masséna de l'Italie. Maladroitement astucieux, dupe et fripon à la fois et anticonstitutionnellement l'Être brillant prend la Bavière et on manque en séduction ou force l'électeur et 26 000 hommes, et sans attendre les Russes derrière le Lech, Mack est lancé à une marche du Rhin.

C'est un peu follet, disais-je, en l'apprenant, mais c'est apparemment pour y culbuter toutes les troupes qui voudront le passer à Kehl, Fort-Louis, et même encore plus bas, excepté à Cassel.

Si Mack perd beaucoup de monde en battant la tête de toutes les colonnes françaises, Chotusoff, qui arrive dans quinze jours, sera son armée de réserve. Voilà, me disais-je encore, 150 000 hommes qui vont tout au moins prendre la Suisse, et peut-être l'Alsace de revers.

J'ai bien des témoins qu'à la lecture du premier bulletin de la prétendue victoire du 11 octobre qui prouvait que Mack était tourné, j'ai vu les Français à Vienne, mais pas aussi vite, ne pouvant pas prévoir la rapidité des événements désastreux qui ont amené en peu de semaines la destruction de 80 000 hommes sous les ordres de Mack.

Je croyais que ce serait le corps de Bernadotte qui marcherait à Vienne, en battant successivement les colonnes de Chotusoff, derrière Mack battu ou tenu en échec par Napoléon. Voilà en quoi je me suis trompé.

Le 29 octobre, en arrivant à Tœplitz à Vienne, j'appris la honte de l'armée et j'en prévis encore une autre, celle de la Cour. On n'y sait que la retraite de l'empereur Léopold à Olmütz au lieu de défendre sa capitale, et on oublie presque qu'un autre l'avait défendue et qu'elle était à présent bien plus en état de l'être. François II qui avait déjà quitté son armée la veille qu'elle se battait avait déjà décidé sa fuite par Presbourg à Brünn, puis à Olmütz, et puis Dieu sait encore.

Ma fuite sans conséquence qui n'est pas si intéressante s'est arrêtée jusqu'à présent à Presbourg où je suis arrivé le 9 novembre et j'y écris aujourd'hui 21 tout ce qui déchire mon âme par la lâcheté de celle de tant de gens et la stupidité de leur esprit.

En 1797 et en 1800 on avait eu assez de prudence pour faire quelques mauvais arrangements de résistance. J'en ai parlé dans mes cahiers de ce temps-là et de ceux que je proposai. Je m'adressai le lendemain de mon arrivée encore, en mémoires et conversations à tous les gens en place. Un suffisant entre autres, en disant : « Tout le monde a peur. Je reste.

Les Français ne viendront pas. Je voudrais le voir », ne voulut pas jeter les yeux sur la carte, et mon projet que je lui envoyai par Funck à qui je voulais en laisser l'honneur.

On comprendra ce que les sots dictateurs autrichiens et étrangers de la monarchie et son chef n'ont pas voulu entendre et que je ne veux pas répéter. Neuf mille pas qu'il peut y avoir du Spinnencrant[356] jusqu'au Lager Veld défendus par quinze cents pièces de canon dont la plus grande partie de 48, 36 et 24. Vingt mille insurgés hongrois, vingt mille bourgeois de Vienne. Chotusoff au Rittersberg. Merveld et Kyenmayer disputant le passage des montagnes..., etc.

Si Napoléon, dégoûté de perdre 20 00 hommes toutes les fois qu'il aurait voulu attaquer cette position, avait voulu passer le Danube à Krems, Chotusoff descendait de son camp inexpugnable pour y jeter le corps qui n'aurait pas eu le temps de traverser le fleuve, s'il l'avait tenté du côté de Fischamen, Merveld et Kienmayer. Et ce qui aurait réussi peut-être à la faveur de la nuit à passer aurait trouvé cent pièces de canon au Spitz pour engager les Français à renoncer à Vienne.

Je fais grâce ici de mes dispositions pour la cavalerie entre des redoutes, etc., mais je promets que le 10 de novembre tout aurait été assemblé et retranché. Les chicanes de bois, montagnes et défilés, les embarras des déploiements de colonnes sous le feu de cette artillerie d'arsenal qui est à présent entre les mains des Français, leurs tentatives et leurs combats auraient donné le temps à l'empereur de Russie, revenu de son voyage pittoresque et sentimental, d'être un Jean Sobiesky[357] à bon marché, car toutes les colonnes de Michelson, Benigsen[358] et Buxéven[359] auraient eu les quinze jours dont elles avaient besoin pour se joindre.

Au lieu de cela, grand Dieu ! après un mois de victoire, ou plutôt du grand chemin de poste depuis Ulm jusqu'à Vienne, l'ennemi possède cette capitale qui avait vu deux fois les Turcs à sa porte, une fois les anciens Français, deux fois les nouveaux, les Suédois et les Hongrois rebelles.

Napoléon apprendra à la défendre, si même l'archiduc Charles ou les Russes arrivaient victorieux sous ses murs.

*

C'est une horrible tragédie que la prise de ce qu'on appelle tous les états héréditaires à peu de chose près, mais celle de la Hongrie est une assez jolie petite pièce. En voici la petite histoire.

Le 15 novembre, jour de saint Léopold et fête de notre général de Presbourg où je suis du nombre des fuyards, trois Français mal bâtis, mal peignés, passant dans une petite barque, montent sur le pont volant, jettent dans le Danube le fusil de la mauvaise sentinelle qui le gardait, le détachent, passent obligeamment deux comtes Esterhazy, l'attachent à l'autre bord et ne le rendent plus.

On regarde, on tremble, on voit de travers ou plutôt double, triple ou quadruple. On découvre qu'il n'y a que vingt-deux hommes qui gardent et regardent ce malheureux pont volant. Mais les montants qu'ils passent sur les bords du grand chemin de Vienne passent de l'autre côté, superbe chaussée de Hongrie due aux Daces.

Ce qu'on appelle la députation, *le Committat*, s'assemble. Je ne sais qui propose aux Français de renoncer à l'insurrection, qui n'existe qu'en projet, s'ils veulent renoncer à la Hongrie. Ils lui promettent une neutralité parfaite si la Hongrie leur donne des vivres et en refuse aux autrichiens. On écrit au

Palatin. On attend son consentement, on craint, on espère, on se dérobe. Notre général écrit au général français qui n'existe pas et promet de renvoyer la garnison qu'il n'a pas. On ne trouve personne à qui parler. Notre général s'arrache les cheveux. La députation va pour parlementer et ne trouve que quelques ivrognes de dragons français. Notre général se plaint d'elle. Elle se plaint de lui, mais sa lettre partie va jusqu'à Vienne chercher qui voudra la lire. On ne répond pas aux articles de la capitulation où, entre autres points, on proposait de ne point faire prisonniers de guerre les inutiles comme moi.

Un adjudant général du maréchal Davoust, un commissaire, un trompette, viennent souper chez notre général. On lui dit qu'on rendra le pont après qu'ils s'en seront servis pour s'en retourner. La députation est intriguée des conversations de notre général. On délibère si on peut se hasarder à chercher ce pont volant volé.

Notre général, tout en eau des peines de corps et d'esprit, se jette à l'eau dans une petite nacelle, va chercher ce fameux pont, le ramène, l'enchaîne, et après s'être assuré d'un bon cadenas en met la clef dans sa poche.

Parlementés, écrits, capitulés, nous sommes pris moralement. Mais nous allons l'être physiquement demain ou après-demain. La réponse et les refus du Palatin, de la neutralité avec ces conditions, vient de partir pour le maréchal Davoust dont l'adjudant a été notre vainqueur. Il va avoir par force ce qu'il demandait, en promettant de protéger ce beau royaume qu'il n'épargnera pas à présent ; et l'insurrection, brillante armée de spéculation, tombera d'elle-même. On n'emploie pas à présent le seul moyen de s'en servir. L'enthousiasme ne dure qu'un moment, mais c'est un torrent à qui rien ne résiste. Qu'on dise aux Comitats les plus voisins de la position critique où est l'archiduc Charles : « Courez avec un sabre ou un de vos vieux marteaux d'armes des Daces, vos ancêtres, le délivrer. Jetez-vous sur les derniers des corps français qui les obsèdent. *Maggiar Vitis*, c'est-à-dire héros hongrois, vous avez sauvé ainsi sa grand-mère, sauvez-le aussi. Ceux qui auraient un cheval se réuniront ensemble, à poil s'ils n'ont pas de selle. Les premiers qui arriveront et auront coupé une tête seront vos officiers. »

On verrait 50 000 hommes dans trois fois vingt-quatre heures sur le dos ou le flanc de Bernadotte qui est à Gratz à ce qu'on dit. Mais dès qu'après les premiers mouvements d'un zèle général, on met de la mauvaise grâce à n'en pas profiter, une cocarde autrichienne au lieu d'une sensibilité hongroise, des difficultés au lieu de la reconnaissance, l'air de la timidité au lieu de celui de la confiance, on donne le temps à chacun de penser à ses intérêts.

Les bras tombent, les sabres restent dans le fourreau, il y a des propositions, des congrégations, des uniformes, et point de troupes. Ce sont des troupeaux de guerriers combattant à la turque qu'il faut dans ce moment-ci.

Ainsi je les aurais voulus dans les défilés du Wienerberg. Ainsi je les aurais voulus dans le camp du Spinnercreutz.

Cette belliqueuse nation ne ressemble pas à une autre. Lorsque le prince de Wurtemberg à qui j'offrais mes services, en 1797, dans la masse autrichienne, après mille compliments, m'offrit de la commander et d'y servir sous mes ordres, je lui dis que je ne savais pas *jouer de la masse* et que je me *blouserais* tout de suite. Mais si cette espèce de rassemblement qui tient au véritable mot *surgere* était soutenu par quelques bataillons de réserve qui se trouvent encore en Hongrie, je suis sûr du plus grand succès.

Qu'on me donne cinquante pièces de canon, je défends Presbourg, ses deux rives et les magasins dont l'ennemi se trouvera à merveille dans quelques jours.

Encore une fois et pour la dernière, les trois maladroites et imparfaites insurrections que j'ai vues ne peuvent point guérir d'une grande maladie, qui ne peut pas se traiter en grand et en général. Elle ne peut s'appliquer qu'à un mal local.

Vingt-quatre heures au point de rassemblement où chacun se rendra dès qu'il le pourra. Pleurer de tendresse et d'élévation. Crier : « Vive la Hongrie ». Tirer son sabre et courir. Voici la seule chose qui reste à faire pour déterminer à une paix moins infâme que celle qu'on sera obligé de faire.

*

L'histoire trouvera les faits mémorables d'une nation jadis d'Athéniens, à présent de Lacédémoniens et de Romains. Avec bien de la peine à démêler le vrai d'avec le faux, au milieu des incrédulités des gens platement zélés, dans Presbourg, la capitale des mensonges, j'appris enfin la perte de 25 000 hommes et de 177 canons à Austerlitz.

L'armistice proposé par l'empereur de Russie dont le reste de l'armée était éparpillé, l'entrevue de celui d'Allemagne avec celui des Français, et l'envie de celui-ci de donner la paix, dans sa lettre à Talleyrand, datée *de la terre où reposent*, dit-il, *les cendres du prince de Kaunitz qui a fait l'alliance avec la France*.

Les Russes partis s'arrêtent pour quelques jours, faute de vivres. L'archiduc Charles craint d'en manquer, arrête ce qui vient de Hongrie pour la subsistance de Vienne. Les bourgeois se ruinent par la nourriture de 40 000 hommes et la taxe de 4 millions, tous les jours davantage. Les paysans qui le sont tout à fait, pillés, brûlés, tuent les Français qu'ils peuvent attraper. Il y a eu quelques coups de fusil pour la ligne de démarcation, par un malentendu entre les avant-postes de l'archiduc et Marmont. On ignore les intentions de ce prince dont l'armée voudrait venger la honte de celle d'Allemagne. Il n'en faut pas plus pour achever de nous perdre. Les sots propos de vengeance, ce courage tardif, les prétendues masses de gens armés de faux sont cause de cette garnison immense, et destruction, malgré le bon ordre qu'elle tient, les Français étant défrancisés.

*

Voici l'état où nous sommes le 18 de décembre 1805, et voilà ce qu'a dit hier Napoléon devant tous les généraux et grands officiers aux députés des États de la Basse-Autriche et de la ville. Il y a eu du grand, du noble, du sublime, du médiocre, du trivial, du Charlemagne, du Mahomet et du Cagliostro, mais comment parle-t-on une heure de suite ? On dit plus qu'on ne veut dire, on est entraîné, on dit mal. Si l'on dit bien, on s'enivre de ce qu'on dit : mais malgré cela quand on parle... Napoléon est indésirable.

Qu'on en juge par tout ce que j'ai ramassé et confronté des trois meilleurs écouteurs.

Ils en étaient encore trop stupéfaits pour me rendre compte des phrases dans leurs ordre, mais lisez ou écoutez celles-ci :

« Je suis fâché d'une imposition qui vous est onéreuse, mais qui m'est nécessaire pour récompenser mon armée. Votre empereur devrait avec son trésor venir à votre secours. Soixante-dix millions en or peuvent vous aider. Je n'aime pas, moi, ces trésors. Je n'ai ni poche, ni cassette, ni terre, ni métairie. Je ne crois pas avoir plus de mille louis en ma possession. Je ne connais et ne veux connaître de caisse que celle de l'État.

« Les négociations traînent. J'étais plus avancé à Brünn en traitant avec votre brave général Jean Lichtenstein dont je fais beaucoup de cas (il le nomme trois fois en bien). Oh ! c'est que Cobenzl est arrivé à Höllistch. On s'en aperçoit. C'est un homme aimable fait pour la société, gai, bon vivant, aimant la bonne chère, mais il est obéré de dettes et alors on cherche à les faire payer. Enfin celui qui a déterminé à cette guerre injuste et malheureuse mérite d'être pendu.

« Je plains votre empereur d'être mal servi, mal entouré. Un Colloredo et un Lamberty ! Un Collenbach qui a du crédit ! Cela fait pitié et puis une Colloredo mauvaise Française. Je n'aime pas les renégats et cette dame Cobenzl, une femme comme celle-là, avec sa correspondance ridicule dans tous les pays (vilain terme que je passe pour son honneur et celui de Mme de Rombeck, qu'il appelait Mme de Cobenzl par distraction).

« J'en ai lu beaucoup pour la Belgique, c'est pour dire qu'elle reviendra tôt ou tard à la maison d'Autriche ; en France, c'est à des émigrés. C'est tout ce qu'elle aime, et ce qu'elle voit ici. Quelle pauvre lettre encore que celle que j'ai vue l'autre jour, qu'elle irait à Pétersbourg, le dos chargé de bouteilles de vin de Madère pour les porter à l'empereur, après ses succès, pour sa récompense puisqu'il l'aime beaucoup.

« C'est tout cela qui me fait peur et m'oblige à exiger des garanties pour être sûr de ne pas recommencer encore malgré moi. Si vous aviez une constitution, une espèce de pouvoir intermédiaire entre le souverain et le peuple, je n'en demanderais pas, mais je ne veux pas qu'une intrigue de femme de chambre gagnée par un Razumoffsky, un Paget, vous fasse faire la guerre, quand cela leur plaît, ou à cette Cobenzl, leur amie.

« Ce mauvais entourage et l'ignorance sur les choses et les gens tient toujours à ceux qui sont nés souverains, quoique je ne sache pas toujours tout non plus. Au mois la connaissance des hommes que j'ai un peu, vient de ce que j'ai été un particulier, et que du rang de simple soldat je me suis élevé au trône où je me suis établi. J'aime à lui donner de l'éclat et à m'entourer de ce qu'il y a de mieux dans toutes les classes.

« Cette grande Marie-Thérèse, dont le portrait et l'habitation que j'occupe me fait souvent penser à son glorieux règne, aimait à consulter les grands de son empire et à les rapprocher d'elle. Tout ceci l'étonnerait bien, si elle le savait, et ne serait point arrivé.

« J'ai trouvé votre empereur mieux que je ne pensais et je lui crois de bonnes qualités. Mais elles ne me rassurent pas. Ce qui fait, comme je l'ai dit, qu'il me faut une garantie géographique et militaire.

« Vous êtes tous intéressés à me la procurer. Allez à Höllitsch. Dites que je partirai tout de suite. Je croyais que la signature me suivrait ici où je m'ennuie. Je ne sais que faire. Tout mon monde a envie de retourner à Paris où nous sommes mieux, où nous avons de jolies femmes.

« Qu'on finisse donc et qu'on se souvienne qu'après avoir, la veille de la bataille d'Austerlitz, proposé de ne pas répandre le sang de 40 000 hommes à l'empereur de Russie, j'étais le maître le lendemain de sa personne, celle de l'empereur d'Allemagne et de leurs restes d'armées si j'avais marché à eux.

« Enfin, tout est à moi dans ce moment-ci.

« Et en cas de malheur ou d'une coalition mieux arrangée, n'avais-je pas encore la garde nationale, les conscrits, des armées de réserve ? Tout aurait passé le Rhin. C'était encore 250 000 hommes. Mais je n'en ai pas eu besoin.

« Je n'en reviens pas de me trouver ici. Quel fut mon étonnement lorsqu'à Lintz on vient me proposer la capitale d'un grand empire ? La livrer à l'ennemi ! L'y appeler ? Cela ne s'est jamais vu. C'est le doigt de Dieu, me suis-je dit. Il me dirige à Vienne et j'y suis venu. Mais mon étonnement a redoublé quand j'ai vu cette immense et superbe artillerie dont on ne se servait pas pour se défendre, qui m'aurait empêché d'entrer dans cette capitale, et qu'on me livrait tout entière. Je l'ai dit à votre empereur. Il m'a répondu : « J'ai cru qu'on l'avait sauvée. » Son intérêt à lui est de me faire partir d'ici, car son peuple saura ce que je fais pour le mien auquel je pense sans cesse, tantôt pour l'agriculture, tantôt pour le commerce, tantôt pour l'industrie ; enfin, tout vivifier et tirer parti de ma population que j'ai tant augmentée.

« Quels peuvent être les accrocs à cette paix ? Que peuvent les petites armées du prince Ferdinand, du prince Jean et celle du prince Charles si fatiguées et diminuées ? Il ne vous manque plus que de compter encore sur les Prussiens. On devait bien se douter que si je n'avais pas été sûr d'eux, je n'aurais pas fait une pointe non seulement jusqu'à Vienne, mais encore jusqu'à Olmütz. J'ai là (en frappant sur sa poche) de quoi vous prouver qu'ils n'ont jamais songé à vous aider. Ils ont fait toujours leurs affaires, et ne pensent qu'à eux. En tout cas ils ne sont plus ce qu'ils ont été. L'infanterie n'est plus la même et mauvaise artillerie. Voilà ce que c'est qu'une longue paix. Mon armée si fanatisée à présent, au bout de dix ans, perdra cet esprit militaire qui la rend victorieuse. Aussi, si l'on me force à faire la guerre, j'aime mieux que ce soit à présent que je suis jeune encore.

C'est un bon âge que trente-six ans et je ne me soucie pas d'attendre soixante ans ou que je devienne podagre pour ne plus être aussi actif, mais je suis obligé de vous dire que si je recommence et si, par hasard, j'étais encore aussi heureux, je ne laisserais plus un pouce de terre à la maison d'Autriche. Je diviserai, partagerai, organiserai et n'aurai plus besoin de demander, en grâce, une garantie. Mais voilà ce qui m'arrive, on me force à tout, comme par exemple à détrôner le roi de Naples par son manquement à la neutralité. — Pouvait-il l'empêcher avec si peu de moyens, dit le commandeur Zinzendorff ?

« — Il était à la chasse quand il apprit le débarquement. Mais j'ai su comme tout cela a été préparé et conduit. Et cette reine, si peu digne d'être fille de Marie-Thérèse, a été se jeter presque au cou des généraux russes, à leur arrivée. Et des remerciements, des transports et des espérances : enfin tout ce qu'il faut pour perdre une couronne, à moins que les troupes que j'y envoie en soient battues, et je ne le crois pas.

« Je serai ou je *serais* (ce qui est bien différent) désolé de vous reprendre Venise que je vous ai donnée. J'estime l'électeur de Salzbourg qui pense et gouverne à merveille. Je voudrais que les raisons d'État ne gênassent pas les sentiments des souverains obligés à se sacrifier eux-mêmes, leur repos, leur vie, leur personne, quelquefois leurs conquêtes, tout enfin pour lui.

« À propos de conquêtes et de pertes de provinces, qui est-ce qui empêcherait l'Autriche de se refaire un peu aux dépens de quelques-unes de l'Empire ottoman ? Je ne m'y opposerai point, car il nous faut à tous des barrières contre la Russie. »

Cette conversation rapide ne laissa qu'à deux autres interlocuteurs le moyen de dire un mot. Lorsque Bonaparte dit que les souverains n'étaient pas instruits de tout, le margrave de Fürstemberg[360] dit : « Le prince de Trauttmansdorff qui avait le portefeuille pendant les premières hostilités a trouvé bien des affaires qui n'avaient pas été rapportées à S. M. l'Empereur.

— Pourquoi avez-vous été mis de côté, lui dit Napoléon. Vous aviez la confiance générale, je le sais.

— Il est vrai, dit M. de Trauttmansdorff, que j'ai toujours cru qu'une alliance avec Votre Majesté était nécessaire.

— Comment parler d'alliance, dit-il, quand la paix n'est pas seulement faite encore !

— Je parle, dit Trauttmansdorff, de celle que Sa Majesté l'Empereur m'ordonna d'offrir alors à Votre Majesté. M. de Cobenzl, l'ambassadeur de ce temps-là, ne lui communiqua pas cette proposition.

— Voilà la première fois, répondit l'empereur des Français, que j'en entends parler. Je regrette de ne l'avoir pas su. Messieurs, leur dit-il pour la seconde fois, ne perdez pas un instant. Allez en députation chez votre empereur, pour le conjurer de signer la paix. »

J'aurais voulu qu'un quatrième interlocuteur prît la parole lorsque Bonaparte parla des dettes de M. de Cobenzl pour lui dire que c'était une preuve de son désintéressement et insouciance de ses affaires, et que l'or d'Angleterre n'avait pas plus opéré sur lui que sur Mme de Colloredo.

Cela lui eût épargné ce rabâchage éternel déjà si connu par les gazettes qu'un grand homme comme lui ne devrait point lire, encore moins les faire.

Quand il s'animait, sa tabatière passait rapidement de sa main gauche à la main droite et les prises de tabac se succédaient. Il a remis plusieurs millions de contributions qu'il avait demandés.

*

M. de Haugwitz a eu une seule audience de lui hier. On le croit mécontent. Au moins il est humilié et vient de partir. Mais pour la galerie, il lui a donné un superbe portrait et pour déjouer les espérances des amateurs de coalition, il déclare partout qu'il est plus que jamais l'ami des Prussiens.

On dit dans ce moment la paix signée et Talleyrand arrivé. C'est le 18 décembre. Nous verrons.

*

Voici deux choses que j'aurais dites à cet empereur si j'avais été un député :

« Augmentez votre gloire, Sire, en n'effaçant pas tout à fait celle de notre Empire. Si par des conditions trop dures, l'Autriche devient province de France comme la Suisse et la Hollande, et l'empereur un roi de Danemark, vous le livrez à la Russie. Adieu nos Gallicies, puisque Votre Majesté trouve que tout dépend d'un caprice ou d'une intrigue. Elle vient de parler avec sa sublime éloquence des points de contact par le partage de la Pologne. (J'ai oublié de rapporter sa longue tirade sur cet objet qu'il trouvait immoral et impolitique, car il y eut quelques lieux communs et répétitions dans sa harangue).

« C'est alors que la Russie, aidée par tous les gens qui confessent la religion grecque dans la Hongrie, viendra porter son double aigle à la place du nôtre.

« Et puis, oserais-je vous le dire, Sire ? si contre toute apparence, conduite par le désespoir, secondée par celui de plusieurs millions d'hommes ruinés, exaspérés, l'armée de l'Autriche...

« Il n'est guère possible que celle de Votre Majesté cesse d'être victorieuse... mais la retraite est longue. »

*

Je ne sais pas si ce petit coup d'œil qu'on est trop bête chez nous pour l'obliger à jeter, n'aurait pas fait quelque sensation. On ne devait l'essayer qu'au milieu d'un tourbillon d'encens, où l'on aurait mêlé avec bien de la précaution quelque graine de confiance et quelques onces d'humanité, après avoir crié contre l'humeur des particuliers de la ville, par exemple, et l'ingratitude des mécontents du bon ordre qui y règne.

Point arrêté dans ce petit tableau, on aurait pu esquisser celui de la campagne, en vomissant mille horreurs contre la cruauté des paysans. Ainsi je vois le bien qu'on peut dire et le bien qu'on peut faire. Ainsi, très éloigné de plus en plus d'en être chargé, j'en ai quelquefois de la rage. Je jure, je hausse les épaules et puis n'y pense plus.

*

Je l'ai presque aperçu ce matin, ce petit grand homme à peu de chose près, monter en voiture. Le bas de son visage m'a paru agréable Il regardait les chasseurs à cheval de sa garde. Je n'ai pas eu le temps de le distinguer.

*

J'ai un bon prétexte pour lui demander une audience qu'il m'accorderait sûrement. C'est une injustice qu'il me fait en me volant, lui ou un préfet, mon hôtel d'Aix-la-Chapelle.

Quel beau supplément à mes conversations du grand Frédéric, Voltaire, Catherine II, etc.

Mais cet homme-ci aime trop à compromettre et je me verrais demain dans la gazette du jour, avec toutes les belles choses qu'il m'aurait inspirées sur la circonstance présente.

*

Voici précisément ce qui m'arrive à ce sujet. La paix n'est pas signée.

Talleyrand arrivé hier 19 a demandé à dîner à Clarke, notre gouverneur général de l'Autriche, avec moi. J'en sors. Quelle bonne conversation intéressante nous avons eue ! Mais pour en revenir à l'article précédent, il m'a demandé si je ne serais pas aise de voir son empereur. « C'est ce que je fais tant que je peux, lui dis-je, et même l'autre jour j'ai attrapé en passant les deux tiers de sa physionomie. — Voyez la tout entière. — Volontiers, à quelque revue, mais encore je n'aime *les moutons que lorsqu'ils sont à moi*[361], et n'ai aucun plaisir à voir des victorieux. — Mais non, voyez-le chez lui. — Oh ! cela ne se peut pas. — Je réponds, dit Clarke que cela lui fera le plus grand plaisir. — Bon, il ne sait pas que j'existe ! — Comment pouvez-vous le croire, dit Talleyrand. Je viens de lui dire que je ne partirais que demain pour Presbourg, puisque je ne le quittais que pour dîner avec vous. — Je voudrais le voir. Mais que dira-t-il ? Que dirai-je, que dira-t-on ? J'ai tout quitté, ayant été quitté. Je suis mort avec Loudon, Lacy et Joseph II, et si je suis encore un peu au monde, ce n'est que pour ma famille, et l'obscurité. Comment mettre un habit blanc dans ce moment-ci ? Il est taché. — Il ne l'est point par deux événements. Venez parler de vos affaires à l'empereur. — Elles n'en valent pas la peine. Qu'est-ce que c'est qu'une fois cinquante mille francs, quand on en a perdu cinq cent mille de rentes ? — Tant mieux, il verra que ce n'est qu'un prétexte. Il en sera flatté. — Je ne l'ose pas. — Comment refuser à votre imagination fraîche comme à vingt ans, ce qui est fait pour lui plaire, ce qui la nourrira dans un pays où rien ne peut lui parler. Il est sûr de vous enchanter, vous êtes sûr de lui plaire. — Je le crains. — J'espère. — Et moi, je décide, dit Clarke. M. de Talleyrand vous fait assez entendre que Sa Majesté s'y attend et le désire. Je me charge de toutes les démarches ; je vais parler à Duroc[362] qui me dira l'heure qu'on vous recevra à Schönbrünn. »

Voilà où j'en suis. Quoique j'en meure d'envie, puissent les circonstances lui faire oublier celle de me connaître.

*

Nous sommes le 25. Rien n'avance. Encore les mêmes sots propos de nos ministres, de nos commères et des bourgeois de Vienne. Encore : *les Russes retourneront... L'archiduc Charles... Cent mille Hongrois, cent mille paysans des environs... Cent cinquante mille Prussiens... diversion... Hollande... Hanovre... Naples... Venise... Corfou... des Suédois... des Russes... des Anglais partout.* Propos des sots et sottes de la ville sur la rupture de l'armistice à laquelle donnent lieu, quelque tasticotage de ligne de démarcation et d'interruption de vivres et de poste de l'archiduc qui a trop de monde pour faire la paix et trop peu pour faire la guerre. Je lui suppose une victoire. Bombardera-t-il ? Assiégera-t-il la capitale ? Les Français feraient contre lui ce que je voulais qu'on fît contre eux, défendront les lignes à la droite et, à la gauche, mettront leur armée du Spinnencrantz jusqu'au Danube.

*

Voici mes espérances et mes craintes de mon entrevue avec l'empereur des Français finies. Il m'a fait dire qu'il me verrait avec plaisir. Il devait recevoir aussi Landriani. Mais, fussions-nous même plus importants, rien n'arrête cet homme-là. Hier au soir 26, on lui apporte la paix à signer, et aujourd'hui 27 il vient de partir aux flambeaux. Elle fait autant d'honneur à Jean Lichtenstein que la bataille d'Austerlitz où il s'est pour la dixième fois tant distingué. Nous en sommes quittes à bon marché et mieux que nous le méritons.

J'ai eu bien peur, hier, veille de son départ. Pour mystifier ma famille, je laisse sur ma table une proclamation noble, sensible, généreuse et touchante signée *Napoléon, en partant*. J'attrape assez bien son style un peu échafaudé de sentiment et de sentences. Tout le monde pleure. On dit : « Quel homme ! Il a tous les genres de séduction. Nous ne l'aimons pas, mais il n'y a pas là un mot qui ne porte à l'admiration. »

Je ris tout seul. Je m'en vais et n'y pense plus. Christine montre ma pièce d'éloquence napoléonique à la princesse Jablonowska, Mme Maztotska, etc. Elles la copient. Elle circule. Je tremble de la rattraper. Aujourd'hui, lui-même en fait une tout à fait pareille. Il n'y a qu'une politesse de plus pour les bourgeois de Vienne.

*

Une phrase une fois dite sans réflexion et répétée par les sots, devient sentence. On dit : « Le Tyrol perdu, adieu la monarchie. » Voilà ce que je réponds à ces gens-là :

C'est un malheur, mais souvenez-vous, messieurs, qu'il l'a été dans ces trois guerres avec la France, et le sera toujours soit par le défaut de vivres ; soit par la trahison des habitants gagnés par de l'argent qui est rare chez eux ; soit parce qu'on aura été battu en Italie ou en Allemagne. Mais nous en avons la porte de ce côté-ci, ayant Saltzbourg qui rapporte dix fois plus que le Tyrol.

Si Würtzbourg, qui appartient à cet électeur et à qui il rapporte autant, est un peu enclavé, il gêne de même ses alentours et n'est pas fort éloigné de la Bohême.

Le point le plus odieux du traité est favorable à l'Autriche. C'est la grande maîtrise de l'Ordre teutonique qui devient fief de l'Empire. Rien n'est plus extraordinaire qu'un Corse qui s'est fait Charlemagne oblige l'empereur d'Allemagne à être anticonstitutionnel.

La Prusse a joué dans tout cet espace de temps un pauvre personnage. Sa montre a retardé alors que celle de l'archiduc a avancé. Si le cabinet de Berlin est gai il rira d'avoir mystifié deux empereurs. S'il est sensible il pleurera d'avoir détruit à l'un 150 000 hommes et à l'autre 50 000. S'il est fin il cessera d'être fin, car il y sera attrapé. Bonaparte la lui garde bonne.

Je crois de même que si le roi de Bavière n'a pas été mieux traité c'est que Napoléon se ressouvient de sa lettre à notre empereur plagiée par un malheureux génie.

Pourquoi l'empereur Alexandre n'a-t-il pas attaqué avant la jonction de Bernadotte et de Davoust ?

Pourquoi, s'il n'attaquait pas trois jours plus tôt, n'a-t-il pas attaqué trois jours plus tard que 7 ou 8 000 hommes d'Essen l'auraient joint ? Pourquoi son armée sans réserve était-elle formée sur une ligne ? Pourquoi était-elle adossée à un lac ?

Pourquoi Bonaparte a-t-il formé dix carrés de ses troupes qui n'ont pas donné ? Ils auraient été percés, au lieu de faire sa retraite, s'il avait été battu, contre toute apparence à la vérité.

Mais je m'imagine qu'il en aurait formé des colonnes serrées pour percer ceux qui auraient voulu couper sa communication avec les ponts de Vienne.

Pourquoi les corps russes ont-ils marché si lentement ? Ce sont des colonnes de tortues qui, par l'armistice, sont devenues des colonnes d'écrevisses. Maître de toute la monarchie, de fait empereur d'Autriche, puisque le nôtre ne l'est plus que de Höllitsch, pouvant mettre les bornes de son empire sur la rive droite du Danube, de même qu'il l'a à la rive gauche du Rhin ; remonter la Save, faire de là un crochet jusqu'à l'Adriatique ; et nous déclarer puissance du Nord, avec la Bohême, la Moravie, la Gallicie, et le reste de la Hongrie sur la rive droite. L'empereur des Français a montré, selon moi, de la modération.

Les ministres, les prétendus bons patriotes qui crient contre lui, au lieu de se battre, et de chercher à le battre, me paraissent comme les chiens qui aboient contre la lune qu'ils voient répétée dans l'eau.

*

Le mariage de la princesse Auguste se fait aujourd'hui, mais Napoléon conservera toujours dans son cœur royal corse l'expression du roi de Bavière lorsqu'on lui fit la première proposition indirecte : J'aimerais mieux perdre mon électorat que de m'encanailler.

Savoir si cela est vrai, car on fait tant de mariages…

*

Dans la seule conversation particulière que Napoléon a eu ici avec Zinzendorff, il lui dit : « Votre empereur m'a étonné par sa réponse puérile quand je lui ai demandé pourquoi il me faisait la guerre. C'est que j'ai cru, m'a-t-il dit, et on me l'a dit, que vous vouliez la monarchie universelle. » Il parle si haut qu'il n'est pas étonnant que, quoique j'aie parlé bas, on ait entendu un peu de notre conversation à notre entrevue.

Il dit à Zinzendorff encore en parlant de lui :

« Le fils de tant d'empereurs peut-il loger ici dans tous ces galetas ? Moi qui ne suis qu'un petit gentillâtre, je voudrais que vous vissiez comme je suis meublé. Je n'ai pas pu seulement avoir un tapis dans ce Schönbrunn.

« Il lui dit : Qu'est-ce que vos Teutoniques et chevaliers qui ne sont ni religieux, ni militaires ? Ce n'est pas parce que je ne suis qu'un gentillâtre, mais je n'aime pas la noblesse héréditaire. Je ne fais cas que de celle que je fais.

« Si je voulais m'allier avec les Russes, que deviendriez-vous Autrichiens et Prussiens ? Heureusement je ne veux pas attirer des barbares hors de chez eux, prenez sur les Turcs pour les empêcher de prendre.

« On fait bien des contes sur moi. Tantôt l'on dit : cet homme est fou. Tantôt : il est maigre, malingre. Il se tue. Il ne vivra pas longtemps.

« Je n'aurais pas souffert que mes ministres et généraux logeassent dans les appartements de l'empereur et de l'impératrice ; mais qui pouvait croire qu'ils habitent des galetas.

« Je pourrais vous jouer un mauvais tour. J'ai entre mes mains cent millions de vos papiers si bien contrefaits que je défie de s'en apercevoir si je les mettais en circulation, mais je les brûlerai et vous les renverrai. »

Quelqu'un prétend avoir entendu, mais je ne le

garantis pas. Je suis sûr au moins que plusieurs généraux l'ont dit: «Si j'avais perdu la bataille d'Austerlitz, le préfet de Berlin m'aurait échappé, votre ancienne Allemagne serait devenue austro-russe.»

Une autre fois il a dit: «Je demande à tout le monde pourquoi l'on m'a fait la guerre. L'un m'a dit: c'est parce qu'on a été insulté dans le *Moniteur*. Belle raison! Faire tuer et ravager pour des articles de gazette.»

L'autre m'a dit: «c'est que vous en vouliez à Venise. Moi, sur l'Océan, j'aurais pensé à l'Adriatique! J'avais bien d'autres choses en tête, je vous assure.»

*

Ce qu'il a dit et fait de mieux ici, c'est de refuser toutes sortes d'hommages et d'honneurs: «Vous avez un empereur. Tout cela n'est dû qu'à lui. Je ne fais que passer pour aller battre les Russes.»

*

Si le roi de Suède avait été vraiment fils de son père, s'il n'avait pas eu des Gustave et des Charles pour prédécesseurs, il ne serait peut-être pas devenu fou. *Mais il est chevalier*, me disait-on l'autre jour. Oui, *chevalier errant*, répondis-je. Et comment encore, menacé d'être insulté par les positions de Leipzig, précisément sur le champ de bataille de Lutzen, si fameux par Gustave-Adolphe. Il n'eût pas deviné que celui-ci fut obligé de donner cinquante ducats pour engager ces Saxons à ratteler leurs chevaux, en remontant bien vite dans sa voiture, ainsi qu'ils le lui avaient ordonné.

*

Parmi les fois que j'ai dit avoir vu la mort de bien près, je ne crois pas avoir dit qu'en quittant Catherine II et Joseph II pour aller voir ma terre d'Iphigénie en Tauride, seul avec un Tartare, nous nous perdîmes toute la nuit sur le Tetscherdar, l'une des plus hautes montagnes du monde. Il y avait là de quoi se casser le cou, mais l'obscurité m'empêcha de le voir.

Entendant crier à la prière du haut d'un minaret, à la pointe du jour, nous courûmes à la voix. Personne ne put m'indiquer le chemin de Parthenizza, parce qu'il n'y en avait point.

Revenir sur mes pas, retourner à Karasbazar..., on se serait moqué de moi. On me fit entendre qu'il y avait un moyen dangereux d'y arriver. Mon Tartare ne savait guère plus de russe que moi, mais moitié par geste et autrement, je compris qu'il fallait suivre le lit terriblement pierreux d'un torrent et m'y voilà.

Ce lit devint si étroit que la ruelle d'un côté était la mer, à deux ou trois cents pieds au-dessous, et de l'autre, un rocher. Je ne pouvais mettre pied à terre ni à droite, ni à gauche. Mon cheval se mit tout d'un coup à trembler. Je tremblais déjà avant lui. Mon Tartare n'était pas plus à son aise. Enfin nous arrivâmes je ne sais comment.

*

Un trait assez caractéristique à saisir par ceux qui savent ma manie de me mêler de tout ce qui a rapport à ce que j'aime, leur plaira peut-être. Je voyageais en Suisse. Je traverse une vallée où exerçait la milice du canton. Me voilà hors de ma voiture, et je commande. Les bonnes gens, sans savoir si j'ai quelque mission pour cela, m'obéissent : *à droite, à gauche, en front, des alignements, des déploiements*. Je les instruis. Je corrige leurs principes donnés par quelques déserteurs et je remonte en voiture, en me moquant de moi-même, en me rappelant que je donne des conseils de même, sans en être prié, à tous ceux que je rencontre qui bâtissent ou font des jardins.

*

Si la caresse à la bourgeoisie n'avait pas été un signe de révolte et gâté le mot citoyen, patriote, et s'il n'y avait pas eu une garde nationale dont on a abusé, les grands seigneurs s'encanaillant par là dans une...[363] Je leur aurais fait honneur, en 1805 et en 1809 et aux bourgeois de Vienne aussi, en me mettant avec leur uniforme dans la garde de 25 000 hommes qu'ils ont formée à présent et qui devaient servir à défendre la ville, si l'on veut employer celui que Napoléon nous révélera.

*

Depuis que je disputais à douze ou treize ans au jeu de balle, de crosse ou de bricotiau[364] avec les petits garçons de mon âge pour avoir l'occasion de jurer un gros juron que M. le curé m'avait dit être un blasphème, ou un autre moins fort, mais moins décent, j'ai toujours été mauvais joueur et je ne conçois pas qu'on ne le soit point, puisqu'à tout on met de l'amour-propre aux jeux d'adresse et de l'intérêt aux autres jeux.

Ce sont cinq mille louis que je regagnai sur un seul coup de 30 et 40 et quatre mille de perte malgré cela, qui me faisant faire trop de mauvais sang, m'ont guéri du gros jeu.

*

Ai-je raconté qu'avant l'heure où Platon Zouboff devait partir de Tœplitz pour aller se battre avec le chevalier de Saxe, je l'ai trouvé lisant. « Quel livre, lui dis-je. — C'est, me répondit-il, la manière de prolonger ses jours. »

Ne sachant pas que la police de la part de Cobenzl et Razumoffski devait s'en mêler : « Ce n'est pas trop le moment », lui dis-je, en riant et en l'admirant.

Comme ce fut, malgré toutes ces précautions, le 18 juin qu'ils se battirent sur un coteau près du château ruiné du Geyersberg, j'appelai ce petit combat la bataille de Colin (colline), du même nom qui sauva la monarchie en 1757.

*

J'attrapai bien le vieux prince de Stahremberg, glorieux mais bon homme à cela près, qui avait imaginé, représentant le grand maître de la Toison, de se faire accompagner de tous les chambellans et de se faire faire la génuflexion.

Le duc d'Arenberg, que nous devions recevoir ensemble, avait été averti de la lui faire et y avait consenti, je ne sais pas pourquoi. Il y avait beaucoup de spectateurs et lorsque mon ancien et mon aveugle s'y attendaient, je tournai celui-ci devant l'autel et détournai ainsi, sans qu'il le sût, l'hommage qu'il croyait rendre à M. de Stahremberg.

*

J'ai éprouvé la veille de mon départ pour Presbourg, quelques jours avant l'entrée des Français ici, une des sensations les plus touchantes de ma vie.

Le bon duc Albert a fait faire pour son archiduchesse défunte, par Canova, un des plus beaux monuments que la Grèce et l'Italie n'ont jamais possédé[365]. Fini très peu auparavant, je vais pour l'admirer. La sublimité de la conception et de l'exécution m'inspire cette sorte de sensibilité qu'un lugubre chef-d'œuvre excite d'abord. Il n'y a qu'un pas de là aux larmes. Voilà qu'elles m'arrivent à la vue d'un bas-relief de la figure de l'archiduchesse Marie. Cette idée me mène à celle de Marie-Thérèse; des bontés que l'une et l'autre avaient quelquefois pour moi; des temps heureux et glorieux qui, sans même tant de rencontres différentes, conduisent l'âme à la mélancolie. La pensée de notre situation présente la prononce en douleur profonde à laquelle ajoute encore la croyance que ce que je venais admirer, serait dans quelques jours enlevé par les Français.

Je vois arriver clopin clopant le pauvre duc, sortant de maladie, que je n'avais pas vu depuis deux ans, qui me dit de l'air le plus touché et bien accablé de notre honte: « Je viens prendre congé de ma femme et de Canova. Mes chevaux sont mis. Je pars et je ne sais pas pour où. »

Il voit mon attendrissement pour lui, pour la monarchie, pour le triste chef-d'œuvre. Il le partage. Le mien redouble. Nous tombons dans les bras l'un de l'autre.

On disait la messe. Tous les spectateurs de cette scène de sensibilité en fondent en larmes, de même que M. le duc m'embrasse, me dit: « Quel moment, grand Dieu! » et je me sauve.

*

Le nom de *Mouchette*, quoique je n'aime pas les petits noms de société, s'est trouvé tout d'un coup donné à Mme Vincent Potocka d'à présent, jadis, hélas ! la princesse Charles de Ligne, pour une plaisanterie dont la source était assez drôle. Dans notre voyage du coche à Paris, son mari toujours actif cherchait les chevaux, visitait les roues et se faisait valoir. Pour diminuer nos obligations, je lui dis qu'il était la mouche du coche.

Sa femme était jolie et quelquefois beaucoup moins que cela, presque toujours bonne, quelquefois un peu malicieuse, sentimentale et philosophe, esprit fort et dévote, tiède et bigote, désagréable et juste, raisonnable et superstitieuse, sensible et indifférente, naïve et trop fine, adorable et insupportable, amusante et ennuyeuse, prude et coquette, charmante et capricieuse. Toujours beaucoup d'esprit, de grâce, de physionomie, de connaissance, de générosité, de bienfaisance, beaux yeux, beaux cheveux, joli pied, joli teint, belles dents ; ensemble plus agréable, divertissant, ayant plus de bon qu'autre chose et enfin trente femmes qu'on pouvait aimer dans une.

*

Ai-je dit que revenant de la chasse et mourant de sommeil, jouant un 30 et 40, ne sachant ce que je faisais, je gagnai un soir au palais royal 15 000 louis. Dans le temps que rêvant presque je recevais cet argent, sans m'en douter, du duc de Luxembourg et de milord Carlisle[366], entre autres, une vieille Mme de Montauban me réveillait pour me demander quelques écus de 6 francs qu'elle me trichait.

Ai-je dit que c'est après avoir perdu 11 000 louis et en avoir regagné 5 000 sur une carte que j'ai quitté le gros jeu ?...

*

Et ai-je dit pourquoi j'avais été, au commencement de mon mariage, de Mons à cette redoute masquée de Bruxelles ? C'était pour ma troisième amour intéressante. Une bien belle Anglaise qui s'appelait Mme Martin. Et au couvent pour l'échapper de son tyran de mari. Et échappée de ce couvent des Anglaises pour me voir à ce bal bien délicieux pour moi. Nous n'y dansâmes pas pourtant.

Ai-je raconté que pour qu'on ne s'aperçût pas que j'avais quitté ma garnison dont il était sévèrement défendu de sortir, j'y revins sur un cheval de poste, masqué comme j'étais au bal où j'avais été à douze lieues de là ?

On l'a su sans doute, on se moqua de moi vraisemblablement, je crois qu'on a ri, car je n'ai pas été aux arrêts.

*

Un jour que champêtrement, par raffinement de volupté sur laquelle on se blase en ville, j'avais une bien belle et excellente bonne fortune dans l'épaisseur du bois au Prater, dans le moment le plus intéressant, un bruit affreux se fait entendre en s'approchant de nous avec la plus grande rapidité.

À peine eus-je le temps de me dire : voici enfin la punition de tous mes péchés et entre autres de celui qui se consommait que, quoique je regardasse à terre plutôt qu'au ciel, je vois sauter trente biches au-dessus de notre tête.

On conviendra que c'était bien de quoi arrêter le pécheur le plus *endurci*.

*

Parmi toutes les preuves que j'ai données ailleurs que la vie est un rondeau, je ne dois point oublier que je fais, comme il y a cinquante et un ans et aussi souvent, le même chemin le long du Danube.

Je revenais alors de Clösterneubourg où mon père avait une maison très agréable, un beau terrain, superbe terrasse et grand jardin que j'eus la bêtise de laisser vendre à bien bon marché. Mais c'était dans un moment où j'étais fou de Paris et dégoûté de Vienne.

*

Je ne me soucie pas plus de l'un que de l'autre à présent. La Cour, le climat sont changés. Sans Christine j'irais chercher le soleil je ne sais où. Plus d'asile sûr nulle part. Plus de Hollande, de Suisse, de villes libres impériales, de république ou petit souverain en Italie. Napoléon par la grâce du diable, tremblement de terre, a changé et dérangé la face des quatre parties du monde. On s'en ressent bien plus loin encore que du tremblement de terre de Lisbonne. Il fit disparaître les sources, et celui-ci tous les royaumes, surtout en en créant. Il a fait des rois en défaisant les autres et ceux qu'il laisse sur leurs trônes chancelants ne sont que des vice-rois.

CAHIER XXXI

Voici une petite aventure, dans ma soixante-douzième année[367], qu'achèterait un fat de vingt-cinq ans.

Je cherchais un chemin ou je voulais en faire un sur une montagne pour pouvoir aller plus commodément au temple que j'ai fait faire à Tœplitz.

Une blonde assez jolie que je pris pour une paysanne de Schönau, tant elle était médiocrement mise, me propose de faire faire ce chemin au travers du petit jardin de la petite maison qu'elle habitait. Je l'y suivis et exécutai tout de suite son conseil. Le lendemain j'allais y voir travailler. Ma petit obligeante y était déjà et faisait les honneurs du petit terrain que je croyais lui appartenir. Je remarquai qu'elle n'avait que vingt ans et lui demandai si elle était mariée. Hélas ! oui, me dit-elle, à un officier blessé de trois coups de feu aux jambes qui demeure ici, parce qu'il prend les bains, et qu'il n'y a qu'un pas d'ici au Steinbaden[368]. Il s'y traîne tous les jours. Il s'appelle le baron de Goltz. Je suis née Goltz aussi. Nous sommes abandonnés de nos parents, je ne sais pas pourquoi. Les riches n'aiment pas les pauvres, nous le devenons tous les jours davantage.

J'entre dans la cabane. Je vois le boiteux sur son grabat. Je le prie de vouloir bien accepter quelques petits secours et lui dis que puisqu'il ne peut plus servir je le placerai ou dans la chancellerie de mon régiment ou d'un autre plus près d'ici.

Le lendemain à l'ouvrage, et la petite blonde aussi. « Asseyons-nous, lui dis-je, sous ce gros cerisier. » Elle me remercie. Je la remercie de ses remerciements, et pour la mieux remercier je la prends entre mes bras. Les ouvriers dînaient au pied de mon temple. Je l'embrasse. Elle me dit : « Si mon mari me voit vous le rendre, il me tue. — Eh bien, lui dis-je, là-haut, embrassons-nous demain. »

Le lendemain nous y voilà à la même heure. Une autre aurait profité du temps. « Ce n'est pas assez, dit-elle, de nous faire du bien, faites-en à la pauvre paysanne chez qui nous logeons. Voyez d'ici son toit. Il a besoin de réparations. Donnez-lui trente florins pour votre passage dans son jardin. »

Tout en m'y engageant volontiers je voulais fermer la porte du temple, car nous y étions entrés insensiblement, elle me dit : « Laissez-moi la tenir. Si nous voyons arriver ici quelques curieux, je m'échappe à l'instant. » Mais quel curieux, grand Dieu, se présente à une fenêtre : non, jamais cette apparition ne sortira de ma mémoire. Le visage hâve... un bonnet de nuit sur la tête..., des yeux hagards, étincelants de rage... qui me menaçaient... Voilà ce que je remarque en parlant de si près à la baronne qu'elle ne vit point grimper le baron.

Qui eût cru que la méfiance fît plus que les bains et pût rendre les jambes pour monter véritablement à l'assaut. Car quoique nous fussions bien occupés dans ce temple de l'amour qui devint presque celui de la mort, nous aurions au moins entendu quelque bruit par le chemin ordinaire. Mme de Goltz, plus tôt en état de sortir que moi, est dans l'instant culbutée par deux soufflets terribles. Remis à moitié seulement de mon désordre physique et moral, n'ayant ramassé que ma canne, j'attire sur moi son regard dévorant, prêt à parer tout ce que j'attendais de sa part. Il hésite. Je me jette sur sa femme qui s'était ramassée. Je pare de ma canne, mais trop tard, un coup terrible qu'il lui porte. Je me jette entre eux deux et lui dis que je suis prêt de m'oublier vis-à-vis de lui, qu'il me tue s'il le veut ou s'il le peut, mais non une victime de la reconnaissance qu'elle croyait peut-être pouvoir me témoigner.

Mme de Goltz saute comme une biche, mais une biche blessée, tous les escaliers. M. de Goltz qui l'était doublement la suit, comme il peut. Je rétablis mon ajustement de manière à pouvoir les suivre aussi.

J'entre dans sa maison lorsque M. de Goltz la tenait à la gorge. Je lui dis : « Lâchez-la ou je ne me retiens plus. Croyez-vous votre honneur offensé ? — Oui, me dit-il, avec un ton déchirant, je suis gentilhomme. — Eh bien, monsieur, peut-on vous le rendre avec une paire de pistolets ? »

Il se jette encore sur sa femme et veut l'assommer, ne m'ayant peut-être point entendu. Je l'arrête et crie à la police. Un passant, par hasard, s'arrête devant la fenêtre. Je le fais entrer. « La voilà, lui dis-je, et vous ne tuerez pas votre femme. — J'en suis le maître, répond-il tout en fureur, ou bien, fuis, malheureuse. Je t'abandonne. » Elle se jette sur ses enfants. Il les lui arrache. Elle fond en larmes et ne sent plus ses coups. Je lui dis : « Ce monsieur que j'ai appelé n'est point de la police, mais sera notre témoin. Je vous répète, baron de Goltz, que je vous offre la seule réparation que vos blessures vous permettent. Des pistolets... » Il hésita, m'entendit bien cette fois-là, et dit, en s'arrachant presque les cheveux : « Je suis déjà assez malheureux ! — Ne me punissez pas plus cruellement, lui dis-je, que si vous m'ôtiez la vie. Reprenez ce que vous m'avez dit dans votre premier accès de fureur, que vous ne vouliez plus de la place que je pense vous procurer, ni des secours que j'ai offerts à vos malheurs, le premier jour que je l'appris. »

M. Grip (c'est je crois le nom de l'homme que je fis entrer) le prêcha, lui dit que ce que le désordre de son esprit prévenu lui avait peut-être fait entrevoir criminel tout à fait, ne devait pas lui faire juger sa femme l'être autant qu'il le pensait.

— Non, sans doute, dis-je alors, moi seul, moi seul, je le suis. Elle, jeune, sans expérience, n'ayant le temps, ni la place de m'aimer... ni de se défendre...

L'épuisement de forces de corps, de jambes, de bras et d'esprit lui donnant un instant de calme, je le priai de ne plus battre sa femme. Il hésitait toujours dans les grands partis à prendre. Je lui pris la main.

– Donnez-m'en, lui dis-je, votre parole d'honneur.

Quand je voulus la lui faire répéter il me dit : elle est sacrée. Mon honneur de gentilhomme et d'officier, au moins, me reste. Je voulus disserter dans mon mauvais allemand sur celui de mari, mais je m'en allai.

À peine rentré chez moi, je lui écrivis de ma plus belle écriture mais mauvaise construction allemande pour m'accuser et excuser encore sa pauvre femme et le conjurer de recevoir ce que je voulais lui porter ce jour-là même. Mon valet de chambre le trouva habillé, un mauvais petit manteau sur le dos, prêt à aller Dieu sait où. Il lut ma lettre, se recoucha, ne battit plus sa femme, la fit pleurer trois jours, grogna tout seul le quatrième, et est malade aujourd'hui de fatigue sûrement, car ses blessures ne lui permettaient pas d'en faire autant.

Ses yeux, en me jurant qu'il ne tuerait point sa femme, ne disaient pas la même chose pour moi. Je vis cependant, et j'ai déjà passé deux fois devant sa fenêtre pour aller à mon temple fatal, par le petit chemin du petit jardin aussi funeste pour moi presque que le premier de tous les jardins où l'on apprit à Ève la science du bien et du mal. Hélas ! cette terrible scène s'est passée le 18 du mois de juin, anniversaire de la bataille de Colin où nous avons battu les Prussiens il y a quarante-neuf ans, et j'ai bien manqué de l'être et pis que cela par un Prussien.

Je viens de faire demander comment il se porte. Cela va mieux. Tout est tranquille et j'espère que tout ira mieux.

*

Quinze jours après. En vérité guère mieux, car la femme qui a la clef de mon temple m'a dit qu'il lui avait avoué avoir voulu deux fois m'assassiner. Une fois quand je sortais du théâtre et une autre quand m'attendant dans le petit chemin du jardin, je le trouvai avec une hache pour cela. Mais je lui tendis la main, et cela le toucha.

La résolution de se défaire de moi existant toujours, je me dis en allant quelques jours après à Dresde : Peut-être le bonhomme m'attend à la frontière. Je dis au prince Belozelsky que je menais sur mon würst : « Mettez-vous, je vous prie, dans le fond, à ma place, pour un quart d'heure. Je vous en dirai alors la raison. » Quand il l'a su, il m'a dit : « C'est vous qui êtes un assassin. » Et il a ri de son drôle de rire précipité qui fait rire tout le monde.

CAHIER XXXII

An 1807.

Enfin, je l'ai vu ce faiseur et défaiseur des rois. Sachant qu'après ses victoires, ses entrevues et sa paix, il passait par Dresde pour s'en retourner à Paris, j'y ai été de Tœplitz, le 17 de juillet. Je me suis mis dans la foule avec le duc de Weymar au bas de l'escalier de la cour. L'empereur et le roi qu'il a créé le montèrent assez doucement, à cause de la quantité et la maladresse des courtisans saxons, pour que j'examinasse bien le premier depuis les pieds jusqu'à la tête. Je lui trouvai un beau port de tête et de noblesse militaire. Ce n'est pas celle des parchemins ni du trône qui donne du dédaigneux ou de l'impertinent qu'on prend souvent pour du noble.

Son coup d'œil était ferme, calme et imposant. Il avait l'air, en montant, de penser à bien des choses importantes ce qui donnait du repos à sa physionomie qui paraissait dans son naturel. Mais il me déplut le lendemain par un sourire grimacier de fausse bonhomie, sensible et protégeant, dont il régala la canaille et moi à la galerie de tableaux. Quand il se tourna ainsi vers nous, une demoiselle aussi curieuse que moi me dit: « Qu'il a l'air bon et doux! — Ah! mademoiselle, lui dis-je, c'est un mouton. »

Je le côtoyais avec la foule comme un amant suit son objet qui danse une écossaise, montant et descendant la colonne pour ne pas le perdre de vue.

Ainsi, je ne perdais ni un regard, ni un son. Celui de sa voix m'a paru un peu commun. Il fit quelques questions et observations en style un peu haché et ce qu'il y a de singulier, à la Bourbon dont il a aussi un peu du balancement en marchant ou en s'arrêtant. Est-ce le trône de France qui le donne? Est-ce joué? Malheureusement il ne balance pas autrement. Tout est à remarquer dans un homme qui ne fait et ne dit rien pour rien. C'est ainsi que je l'ai remarqué passant légèrement sur *la Madeleine* du Corrège, les Titiens, *les Trois Grâces*, charmante esquisse de Rubens, le fameux Vanderbergh, etc., pour s'arrêter avec affectation devant un tableau de bataille ou d'un grand trait d'histoire. Je dirai encore: Est-ce naturel? Est-ce joué? C'est bien là, je crois, l'occasion de dire que c'était pour la galerie.

Je trouvai que ce sourire bonhomme n'était nullement à sa place. Il faut porter vers un assemblage ou une assemblée quelconque de peuple un air touché de son empressement, mais sérieux, parce que le public est respectable. On doit éviter la familiarité, à plus forte raison la bonté factice. Voilà des nuances qui échappent à un grand homme et en vérité cela ne vaut pas la peine d'y penser. Mais elles sont de bonne compagnie. Il vaudrait mieux pour l'Europe subjuguée qu'il eût l'usage du monde au lieu de celui du camp. Le roi avait fait préparer un souper de trente couverts pour Talleyrand. Je le reconnus à la lueur de l'illumination sur le pont, en arrivant. Je le gagnai de vitesse et arrivai plus vite que lui au palais du Bruhl qui lui était destiné. Nous soupâmes tête à tête à cette table de trente couverts où il fut, à son ordinaire, un des hommes les plus aimables qu'on connaisse.

Il n'osait que sourire à quelques plaisanteries sur les hommes et les affaires, par exemple, lorsque m'ayant dit que le roi de Saxe était fait duc de Varsovie je lui demandai si c'était pour s'être distingué à la guerre comme Lefèbre[369] fait duc de Dantzig.

Napoléon se baigna, donna des audiences dans son bain, se coucha, se leva à cinq heures, alla à l'hôpital voir des blessés d'Iéna, puis les fortifications et l'école des cadets qu'il questionna en les prenant par l'oreille.

C'est une drôle de manie ou de manière. Il en faisait autant à Jean Lichtenstein dans les négociations de Paris et de Presbourg, et un jour qu'il avait changé d'avis sur quelques articles, il fut fort étonné que le négociateur lui refusât son oreille en lui disant : « Si le héros du siècle ne dit pas le mardi comme le lundi et manque à sa parole, il ternit sa gloire. Un militaire n'est pas fait pour traiter avec lui : je lui enverrai un ministre. » Et cela lui en imposa.

*

Je dînais tous les jours chez mon bien cher et bien aimable duc de Weymar, avec tous les princes confédérés du Rhin, à qui je disais qu'ils avaient l'air de venir dans la vallée de Josaphat pour le jugement dernier.

Je me trompais, car les voilà tous à Paris pour en subir un autre. J'ai été le seul possédant ou dépossédé (ce que je suis) qui n'ai pas voulu me faire présenter et demander la charité à Paris. Napoléon était de bonne humeur. Il m'aurait peut-être donné quelque petit pays pour entrer dans la Confédération Rhein-*âne*. Mais j'aurais été obligé de quitter le service et voici le seul moment depuis dix-sept ans que je ne le peux pas honnêtement puisque l'archiduc Charles m'a fait donner par l'empereur une de ses compagnies de gardes du corps et l'autre compagnie de héros, gardes du palais, qui m'ont fait tant de plaisir.

Et puis, combien de temps durera cette mosaïque de l'Empire ? Une chute de cheval. Tout revient en confusion.

Autre chose qui m'a empêché de le voir à Dresde, ainsi qu'à Vienne. Il m'aurait traité trop bien ou trop mal peut-être. Dans le premier cas il m'aurait ou je me serais moi-même compromis et dans le second s'il m'avait reproché des plaisanteries sur son compte (car il sait tout), j'aurais été fort embarrassé : « Tantôt, monsieur, vous m'appelez Satan Ier, Tremblement de terre, l'homme-diable, Mahomet, Cagliostro. »

Qu'aurais-je pu dire ? Il ignore peut-être mon admiration pour l'être le plus prodigieux qui ait existé.

*

Je suis revenu à Tœplitz prendre part à la douleur des vertueux et respectables Choteck, famille si intéressante qui venait de perdre le fils le plus intéressant. Voilà les trois séjours de Tœplitz empoisonnés par une sensibilité bien juste, la mort de celui-ci, cette année-ci, celle du prince Louis-Ferdinand l'année passée, et celle du chevalier de Saxe, il y a quatre ans.

*

L'ennuyeuse noce de ma petite-fille Sidonie ne m'a pas ragaillardi. La tête de cinq ou six autres aussi Polonaises ont presque fait tourner la mienne par des arrangements de contrats et encore plus par des conseils que je ne demandais pas et que je n'ai pas suivis, puisque ma méthode est de n'en recevoir ni d'en donner.

*

Enfin, me voici dédommagé de tout cela. Les charmes de la figure, de l'esprit et de l'âme et de la société de la princesse de Solms. J'ai trouvé ce que je sens pour elle. Ce n'est point de l'amour. Elle ne me le rendrait pas. Ce n'est pas une passion car elle serait malheureuse et je ne suis pas malheureux. Ce n'est point de l'amitié, qui est un peu trop fade et trop désintéressée. C'est de l'entraînement, et sans réfléchir, sans calculer que plus ou moins de minutes pour la voir, je me laisse aller à mon sentiment. Nous nous écrivons deux ou trois fois par jour. Je fais des petits vermisseaux. Je suis fort content.

*

Deux femmes d'esprit et de bonté et d'instruction qui sont ici, à force d'avoir lu Chateaubriand: *le Génie du christianisme,* pourraient intituler leur conversation: *la Rage du christianisme.* C'est bien fait à elles et à tout le monde d'en avoir. Mais à la vérité, pour n'être pas catholique, cela n'en vaut pas la peine.

Le protestantisme suppose des connaissances, des interprétations, peut-être l'étude des langues, puisqu'on y a le diable au corps pour arranger l'Écriture à sa façon. Un bon musulman, un bon Hébreu, si par hasard il n'est pas fripon, un bon sauvage trouveront plutôt grâce devant Dieu que Mme de Krüdener et Mme Maurice Bruhl et tous leurs docteurs.

*

Il y a de quoi devenir fou avec toutes les apparitions, vision, évocations, spectres, revenants, que racontent les Prussiens et les Saxons. Ce qu'il y a de sûr, c'est qu'ils n'ont point retenu d'esprit.

Ces esprits dont ils parlent sont de tristes espiègles qui font mourir de peur, et puis c'est tout : par exemple la comtesse de Rex à qui l'on fit apparaître un joli coureur, son amant, mort à son service.

*

Il y a encore dans les montagnes de Saxe un paysan nommé Frölich qui travaille dans le genre de Schröpf. J'ai parlé ailleurs de celui-ci dont mon ancien ami le prince Charles de Saxe, qui avait du courage, le ministre Wurm qui avait de l'esprit, le ministre Hohenthal qui n'en a pas, m'ont conté tant de merveilles.

Cela ne valait pas la peine de faire revenir le chevalier de Saxe, oncle du premier, pour passer devant lui en criant trois fois de son gros son de voix terrible que je lui connaissais : Charles ! Charles ! Charles ! Il savait son nom. Il fallait lui apprendre autre chose. Il a couché avec sa femme et a entendu la messe, et c'en fut le résultat.

*

Quand les Prussiens et les Russes gagnaient des batailles, ils n'étaient pas aussi gascons qu'à présent et ils n'avaient pas besoin de mentir.

Ils sont insupportables par leur vanterie quand on sait à quel point plusieurs se sont déshonorés, et puis par leur haine personnelle contre Bonaparté. Pourquoi n'ont-ils pas commencé plus tôt ?

*

Hélas ! il y a aujourd'hui un an, peut-être à la même heure que j'écris, que la belle âme du malheureux prince Louis-Ferdinand s'est échappée de son beau corps, n'ayant personne auprès de lui qui entendît la guerre, et lui, ne l'ayant faite que très peu.

S'il n'avait pas été tué un revers l'aurait rendu bon général.

Mais que de bêtises. Toute la troupe dorée, à Iéna, était en paquet devant la droite où un brouillard empêchait de voir l'ennemi. Une décharge tue trois ou quatre généraux, blesse le cheval du roi (qui seul se conduisit à merveille et montra un grand courage) et d'un de ses frères. Point d'avant-garde, de patrouille, d'aides de camp curieux, de housars précautionnés. Oh ! mon Dieu, mon Dieu.

*

Si les Français avaient attaqué le Danemark aussi injustement que les Anglais et tué 2 000 bourgeois par le bombardement à Copenhague, comme on crierait contre eux. Quels monstres ! dirait-on. Mais les Anglais sont des anges[370].

*

Voilà ma ridicule alliance avec la Corse manquée et tous mes parents d'Ajaccio de moins. On dit que ce que j'appelais Ligne-Fouché au lieu de Ligne-Arenberg n'aura pas lieu. Le grand homme ou la grande fille ne veulent pas du petit duc.

À propos du mariage d'une de leurs nièces avec le prince Pie de Bavière, je leur écrirais : Voilà le mariage Pie, à quand le mariage impie ?

Le voilà au diable !

J'apprends dans ce moment qu'il se fait[371].

*

J'en reviens encore à mon Louis qui se tient si tranquille, ainsi que je l'ai remarqué. Quelle bonne tête ! Il prouve qu'il en a autant qu'il a montré de cœur et de talents à la guerre.

*

Me voici prédicateur, confesseur, directeur sans m'en douter, des disputes de religion entre les deux femmes que j'ai nommées plus haut et moi ; et des réflexions sur l'ouvrage de Villers[372], l'oracle de Mme de Bruhl sur le protestantisme sont venues aux oreilles de Mme de Omptède. La voilà qui me consulte sur l'instruction à lui donner sur le catholicisme pour lequel elle me dit qu'elle est portée en secret. Mme de Bruhl s'en alarme, l'ayant appris je ne sais comment. Nous nous cachons. Nous nous glissons nos billets sur la religion. Je trompe un mari, mais cette fois ce n'est pas pour avoir un corps : c'est pour une âme que je vais donner à Dieu. Je n'ose plus lui dire : Faites mourir de chagrin votre pauvre mère, d'inquiétude votre bon joli mari et de rage l'exagérée baronne, mais, en bon élève des Jésuites, je viens de composer pour elle une prière précisément propre à la circonstance où elle se trouve. C'est une femme excellente qui mérite d'être catholique, parce que sa religion est trop sèche pour une âme aussi sensible. Et de très bonne foi, je crois que si ses devoirs de famille l'empêchent de faire davantage, comme abjuration, séparation, etc., qu'ordonnerait peut-être un janséniste, elle peut être sauvée par le Dieu miséricordieux qui lit dans son cœur qui est tout à lui et à nos divins mystères.

*

Mme de Bruhl croit que j'ai rendu Mme de Gentz catholique, et que c'est ma manière. Cela n'est-il pas plaisant ?

*

Je parie que Napoléon n'a ramené ce culte en France que parce qu'il a vu que c'était le plus ferme appui du trône et des autorités. Il aura trouvé le protestantisme cousin de la démocratie.

En attendant qu'il s'arrange sa monarchie universelle, qu'il en fasse une en catholicisme. Un bon Concordat avec le pape, un Concile, un patriarche grec. Qu'on y arrange pour celui-ci l'affaire du Saint-Esprit[373] et pour les autres la communion sous les deux espèces. Cela sera bientôt fait.

*

Le roi de Suède n'a pas plus de tête que de ce qu'il faut pour s'asseoir, aussi est-il toujours debout. Je n'ai jamais rien vu d'aussi plat que ce monarque. Je ne veux pas prononcer, excepté la manière dont il se conduit, n'ayant pas encore essuyé un coup de fusil ; il fallait dans ces guerres-ci que les inséparables alentours des souverains leur disent : Chargez dans les premiers rangs de vos escadrons pour éviter la guerre et pas les balles.

J'entends dire qu'il faut recommencer la guerre, à des hommes et des femmes qui ne conçoivent pas comment je suis assez barbare pour tuer une bécasse qu'ils sont pourtant enchantés de manger. Je ne les nomme pas puisque je les aime.

*

J'ai écrit l'autre jour, à une mauvaise petite tête que je ne veux pas nommer, la date ainsi : « *Ce tel jour* (que je ne veux pas nommer non plus), huit jours après votre mariage, et trois semaines après nos amours. »

CAHIER XXXIII

En mai 1808.

C'est une sorte de régénération à la Cour. Une exactitude ou plutôt une habitude impérieuse de devoir m'y fait aller presque tous les jours et l'habitude des souverains est de bien traiter ceux qu'ils ont l'habitude de voir.

Je ne suis pas comme Mme de Sévigné qui, comme disait son cousin, était près de crier : vive le roi, après son menuet. Mais l'empereur qui, comme je crois avoir dit dans d'autres cahiers, est bien né, avec des dispositions à tout ce qu'il y a de bien, à le sentir, l'aimer et le faire exécuter, redevient ce qu'il aurait toujours été si quelques personnes ne l'avaient bien des fois retenu. Alors même il n'y avait pas de mal à dire de lui, mais à présent, il y a du bien.

On est toujours bon et presque aimable quand on est heureux : et l'empereur ne l'était pas. L'impératrice l'avait éloigné de nous tous et je sais qu'il s'apercevait que cela n'était pas bien. L'autre jour que lui et cette jolie charmante femme qui a remplacé celle-là sont venus se promener à mon Kaltenberg avec tous les archiducs, je leur proposai de leur montrer mon autre habitation sur le Leopoldberg. « Volontiers, me dit l'empereur, montez dans la calèche de ma femme », et l'impératrice en même temps m'appelait pour m'y faire entrer.

Je crois que c'est la première fois qu'on a été en voiture avec une impératrice de chez nous. Mais comme je lui dis : ce n'était pas pour l'honneur que j'en était charmé, c'était pour le plaisir. « Quel dommage, lui disais-je, pour qu'il soit plus long, que mes deux montagnes soient si près l'une de l'autre ! »

L'archiduchesse Thérèse, c'est-à-dire la princesse Antoine de Saxe, nous faisait valoir sans le savoir, car nous ramassions ce qu'elle disait pour en tirer parti : l'impératrice du côté de l'esprit, de la finesse et de la grâce et moi du côté de la gaieté pour l'amuser. L'archiduchesse nous dit qu'elle avait trouvé son frère à merveille, en santé et en tout genre. — Surtout, lui dis-je, depuis le jour des rois qui, à la vérité, est encore plus le jour des sujets. Car c'était ce jour-là que l'impératrice s'était mariée et elle fit là-dessus la plus jolie mine du monde. C'est un ange.

Lorsqu'elle reçoit les délégations de tous les royaumes et provinces de la monarchie, elle parle latin aux Hongrois et si bon allemand aux autres, d'un son de voix si agréable, avec un air si bon, si enchanteur, que moi, qui suis alors à côté du trône, et tous les spectateurs en ont les larmes aux yeux. Il y a quelquefois de bons provinciaux qui lui font demander ce qu'elle a dit. Elle leur fait répondre que le cœur ne sait pas écrire. On voit, en vérité, qu'elle est du pays de l'improvisation, et au lieu d'en faire une folie poétique comme les Corylle, les Corinne, etc., les siennes sont en souveraine et en femme d'État.

La cour est redevenue cour. Les fêtes du mariage ont été superbes. On voyait plus de cent millions en diamants, danser ou se promener dans la nouvelle salle.

On nous a fait sortir de la déconsidération où nous étions. Leurs Majestés nous parlent et ont toujours quelque chose d'agréable à dire. L'empereur, par exemple, me remercie du bien et du beau que j'ai introduit dans mes deux compagnies de gardes rouges et bleus. Il est en général gai et bien portant. Tous les archiducs, à qui il ne manque que de l'usage, ont chacun du mérite, un grand zèle et application.

Ils étaient ce jour du Kaltenberg comme des écoliers en vacances, ainsi que le frère aîné lui-même, car ils n'avaient pas avec eux leurs tristes entours et tout d'un coup ils font faire halte pour la première fois de leur vie pour descendre mes montagnes à pied.

J'ai fait voir à l'archiduc Charles la facilité qu'il y aurait à défendre Vienne et ses avenues en exécutant le projet bien simple que j'ai exposé si souvent.

J'ai montré aussi (tout cela du haut de mon panorama naturel) les îles où l'on pouvait jeter un pont dans quinze heures, si le malheureux Auersperg l'avait brûlé. C'est ce que j'ai dit hier à son juge au procès et il m'a dit que j'avais raison.

Que ne lui rend-on l'honneur qu'on lui a pris en lui ôtant la croix de Marie-Thérèse, ce qu'on ne pouvait pas faire ? Mas à qui s'en prendre ? Ni à l'empereur, ni à l'archiduc, mais à l'auditeur et aux conseillers qui lui ont fait peur. La peur d'être l'un ou l'autre, m'a empêché de leur faire savoir que le corps de M. de Merveld défendant les montagnes et les débouchés aurait donné le temps à l'archiduc de sauver Vienne et par conséquent la monarchie et l'Europe.

*

J'ai passé l'hiver entre les deux femmes les plus distinguées d'un genre bien différent. L'une Mme Rosalie Rzewuska[374] qui sait aura deviné tout. Figure noble et sérieuse d'une part, quelquefois sourire de dix-neuf ans. Une des premières beautés du monde, ravissante plutôt que séduisante et d'autant plus aimable, lorsque son froid ou paresse ne lui empêche pas de l'être, qu'elle passe pour dédaigneuse.

Sans aspirer à être aimé, à quoi peu de gens ou peut-être personne ne réussiront, sans l'aimer moi-même d'amour mal entendu, je suis enchanté pour elle et pour moi que nous nous plaisions : c'est ce qui nous convient le mieux et d'un agrément continuel sans inconvénient.

L'autre est Mme de Staël dont l'admiration qu'elle inspire par des ouvrages qui la mettent hors de Ligne est le moindre des attributs. Elle est bonne, facile à vivre, reconnaissante d'un rien. Je ne sais ce qui est le plus chaud de son cœur ou de sa tête. Ces deux ennemis ont de la peine à s'accorder entre eux. Son luxe d'esprit enchante ou impatiente car, s'il s'agit de discuter elle paradoxe, et si le mot sensibilité se prononce, la voilà qui part. Mais quelle grâce et bonhomie à faire valoir chacun ! Quelle éloquence ! Quelle improvisation ! et quelle âme !

*

Voilà mes deux seules visites de la journée et je puis dire de Mme Rosalie: *Chaque jour je la vois et crois toujours la voir pour la première fois.*

Ma troisième est ma soirée chez mes belles-sœurs où je suis le reste des homme de la société de l'empereur Joseph qui y allait tous les jours. J'y fais l'office des morts, car je le remplace, le maréchal Lacy et Rosenberg. C'est doux, sûr et tranquille sans être piquant.

Mon cœur et mon esprit sont assez agités dans les deux autres maisons pour se reposer dans celle-là, sans compter mon corps qui l'est par une couple de baronnes et une espèce de vierge (qui au moins l'était-il y a quinze jours). Elle me dit qu'elle m'aime. Je ne le crois pas et ce ne serait que parce que, étant demoiselle de compagnie dans une maison retirée, elle ne connaît personne.

Je me suis confessé l'autre jour et de si bonne foi, croyant par ma facilité et ma mobilité que je ne pécherais plus, que j'ai été tout étonné de m'y remettre comme si de rien n'était. Mais le nombre de mes trois péchés diminue à vue d'œil. Je ne manque jamais la messe, car j'y suis obligé par ma charge. Je dis moins de mal de mon prochain, car je vois peu de monde. Et quant au troisième article, je ne suis pas bien empressé de voir Mme L..., Mme S... et Mlle A...

*

Je soupe tous les jours chez moi et y dîne aussi. Ce qui y vient me fait plaisir, m'ennuie peu ou me fait rire. Ma fille est tout ce que je connais de meilleur et de plus aimable. Je suis tout ce qu'il y a de plus heureux dans le monde. Je me porte fort bien. Quel dommage que la perte de la moitié de moi-même ait dérangé depuis seize ans la plus belle des existences!

Je remercie Dieu de ses bienfaits à cela près. Je l'aime, crois et espèce en Lui.

*

On se moque de mon optimisme lorsque je dis que la musique d'église, à laquelle je suis obligé d'aller si souvent, m'enchante. Mais, en vérité, c'est que cela est vrai. D'ailleurs que ceux qui veulent tirer parti de tout pour leur bonheur imitent mon exemple et, qu'on cherche, étudie et saisisse la grâce d'état !

Le seul mal à tout cela, c'est que lorsque Haydn, Mozart, Schubert, etc., me ravissent dans un cantique, j'ai une distraction, d'autant plus aisément que je n'ai jamais su dire mon chapelet et que j'ai oublié mes prières. Je m'y remets insensiblement, mais je me suis surpris l'autre jour, en marmottant celles que je croyais me rappeler, à dire une ode d'Horace.

Depuis ce temps-là, pour ne plus me tromper, je tâche de m'unir au curé de la cour ou à l'évêque pour les trois parties principales de la messe ; et je chante tout bas avec lui et les enfants de chœur le *Gloria*, le *Credo*, la *Préface* et le *Pater*.

*

Il y a des jours que je mène une vie de chien, par les importunités de gens qui viennent me demander des lettres ou des visites pour les recommander, et tous les bas officiers de l'armée qui viennent me prier de les prendre dans mes gardes.

Mon maudit amour pour le bien et mon envie de rendre service me donnent un département plus fatigant que ceux qui en ont un véritable. Le mien s'étend sur tous les autres.

Tantôt c'est un mémoire sur les finances pour l'archiduc Rénier[375], tantôt un livre sur les fortifications ou un plan pour l'archiduc Jean ; une demande pour un emploi sur les frontières à l'archiduc Louis[376], un projet d'arme à feu pour l'archiduc Maximilien[377], un tableau de l'Europe militaire et politique pour l'archiduc Charles ; de Constitution nouvelle pour leur frère palatin[378] et des canonicats à leur frère et cousin priant et archevêque[379], une commanderie de l'Ordre teutonique à l'archiduc Antoine ; un escadron de houzars à l'archiduc Ferdinand et une place d'intendant ou d'agent à l'archiduc François[380], une pension pour une jolie veuve à la charmante impératrice ; une aumône aux archiduchesses Élisabeth[381] et Béatrix[382] et une clef de chambellan pour un jeune brave officier à l'empereur.

*

An 1808, au mois de septembre.

Me voici encore à Tœplitz où l'on a la malice de demander la milice, comme partout en Bohême. Cela et la faim qui chasse les loups du bois pourraient bien nous attirer les Français qui, nous entourant dans deux cent lieues, font de notre monarchie une île : j'aimerais mieux que ce fût l'Océan.

Peut-être que la moisson nous sauvera.

Je crains pour le 14 octobre, jour heureux pour notre Satan Ier. Peut-être aussi qu'il n'arrivera rien. Il faudrait être Satan pour savoir ce qu'il fera. Pour l'escamotage de l'Espagne c'est un tour de Figaro.

*

Donner le Saint-André et le grade de lieutenant général à Selim Gherar[383] et une garde d'honneur en cette qualité pour lui voler la Crimée n'en est-il pas un aussi ? Les trois partages de la Pologne sont un crime plus réfléchi.

On parle de ces vols de royaumes parce que c'est sur une plus grande échelle : car il m'a volé de trois maisons. Il m'oblige de céder deux cent mille florins de rente à Louis qu'il vole, en ne lui en laissant que le quart pour les droits seigneuriaux et les dîmes qu'il lui prend. Il me confisque mon hôtel d'Aix-la-Chapelle que je m'étais réservé pour vendre et me reprend une souveraineté qu'il m'avait donnée sur la rive droite du Rhin, en indemnité de celle que j'avais sur la gauche.

*

Il y a tant de royaumes vacants qu'il ne sait qu'en faire. Vive Lucien qui les refuse. Il devrait m'en donner un dans les Espagnes, par exemple celui d'Aragon dont une de mes grand-mères portait le nom ; ou celui de Portugal, car j'ai une de mes grand-tantes qui a épousé un Bragance ; ou celui de Naples par une certaine Yolande d'Anjou qui m'y donne les mêmes droits qu'aux La Trémoille qui protestaient toujours autrefois à chaque vacance : mais je ne leur conseille pas à présent.

Il me reste au moins des châteaux en Espagne, comme on peut voir. Je n'en ai plus ailleurs.

*

Je commande les miliciennes de Schonau. C'est la garnison de ce faubourg de Tœpliz. Jamais Dresde n'y en a fourni d'aussi jolies que cette année 1808.

La charmante princesse de Solms est ici, plus blanche, plus aimable que jamais, et je l'aime toujours. Je ne lui connais pas une seule imperfection. Elle est aimable au point juste, distingué et distinguant. Mais une autre femme que j'aime bien plus est supérieure aux autres et même aux deux sexes en tout genre, quand elle veut s'en donner la peine. Mais cette jolie sœur de la belle et malheureuse reine de Prusse est la seule au monde que j'aurais voulu avoir pour femme.

Lombard est bien persécuté[384]. On ne lui rend pas justice. Il aurait été un excellent homme d'État s'il avait été grand seigneur et est au moins excellent homme de lettres. Je suis bien sûr que si j'avais été envoyé à Potsdam je lui aurais persuadé aisément que chaque puissance serait détruite à part si les trois ne se réunissaient.

Il est ici pour sa santé. Je lui tiens compagnie. J'aime les malheureux, les mal jugés et les gens hors de place. C'est pour faire voir à ses ennemis qu'il n'était pas gagné par les Français qu'il a fait son indiscret et trop aigre manifeste l'année 1806.

*

Je souhaite que la malice de la milice qu'on rassemble à présente ne nous attire pas quelque malheur.

*

Pensons vite aux anciens temps heureux. Ai-je dit quelque part que me souvenant de mes différentes parties, pour être plus considéré dans chacune, je me fais étranger partout. Français en Allemagne et Allemand en France. J'y faisais exprès une faute de langage en disant *oui, Votre Majesté*. J'aurais pu y avoir l'appartement de ma tante au pavillon de Flore, mais cela aurait fait crier contre la reine. Quand mon père et moi-même (avant de venir si souvent à Vienne et ensuite d'y rester toujours) nous y arrivions, il n'y en avait que pour nous en distinction et en plaisir.

*

Ces noms de Fontainebleau, de Compiègne, de voyages et chasses de cour me font mal dans les gazettes. Pourquoi Napoléon fait-il le roi de France, étant le roi du monde ? C'est de l'Italien, pas même du Corse. Quand on chasse les rois il ne faut pas chasser le cerf.

*

Est-il vrai que Lucien a accepté le royaume de Naples ? Je ne le crois pas et j'en serais fâché. Si cela est il n'est plus le premier homme du monde. Son frère a fait neuf rois. Avoir ceux d'Espagne dans ses maisons de campagne est pour un siècle civilisé, comme d'en traîner à son char autrefois chez les Romains.

Les aboyeurs, boute-feux et sottes femmes de toutes les sociétés veulent qu'on aille prendre la Saxe et la Silésie. Comme si c'était aisé, et ne pas livrer toute la monarchie dont nous serions coupés. L'homme est le seul animal qui ne réfléchisse pas, qui n'a pas de mémoire et qui est incorrigible. Le chien, le cheval, se souviennent des leçons, le loup et le renard des pièges qu'on leur a tendus.

*

Voici une fort jolie lettre que m'a écrite l'archiduc Ferdinand en réponse à la demande que je lui ai faite ou de commander dans une place (ou même sans permission je me jetterai s'il y a guerre), ou d'être son aide de camp, etc.

Prague, le 10 juillet 1808.

« Mon cher Prince,

« J'ai reçu votre lettre du 5 juillet. J'y ai trouvé avec plaisir l'expression des sentiments qui vous ont toujours si particulièrement distingué, mais je n'ai à disposer d'aucune place qui soit digne d'être offerte à un feldzeugmeister, capitaine des gardes. Chargé de l'organisation de la milice en Bohême, je ne puis donner que des commandements de bataillons. S'il s'agit un jour de les former en corps d'armée et s'il faut nous servir des moyens que nous organisons, je désire alors que Sa Majesté l'empereur vous donne un commandement qui soit selon vos vœux. Je serais bien charmé, mon cher prince, si cette occasion vous rapprochait de moi. En attendant, je confie à vos soins l'éducation militaire du comte de Clary à qui j'ai donné le commandement d'un bataillon.

« Sa bonne volonté, dirigée par vous, le mettra bientôt à même de nous rendre de bons services.

« Je saisis avec bien du plaisir cette occasion de vous assurer de mon attachement, de l'amitié et de la considération distinguée avec laquelle je suis

« Votre très affectionné,

FERDINAND. »

Toute ma charmante famille existe et, entre elle, trouverait, au milieu de la douleur de ma perte, quelque soulagement. Deux ou trois personnes encore m'accorderaient des regrets qu'on n'a plus lorsqu'on a tout à fait cessé d'être intéressant. Je finirais sans douleur et sans chagrin, et pour que mon bonheur ne soit pas troublé, je ferais très bien mes affaires, si un bon boulet de 24 venait, cette année-ci, terminer mon heureuse carrière.

CAHIER XXXIV

An 1808

Au bout de deux mois de fêtes publiques et particulières, de cérémonies où j'étais toujours à côté du trône, ainsi qu'Esterhazy de l'autre côté, après tous les aboiements de la Chambre haute que je trouvais *basse* et de la Chambre basse que je trouvais *haute* ; après le contentement qu'elles avaient de la Cour et que la Cour croyait avoir d'elle ; après s'être attrapé soi-même de part et d'autre sans le vouloir, sans malice, car on avait été séduit par le charme permanent de la figure et de la prévenance de grâce, de bonté, de manière et de discours de notre céleste reine de Hongrie ; après avoir décidé unanimement une *insurrectionem personalem* de 100 000 hommes, impossible, nous voici à Vienne depuis cinq mois et une guerre terrible et horrible va commencer dans huit jours. Je sors du jeu, cercle ou appartement comme on veut le nommer ; et, en voyant la tranquillité de l'impératrice qui y a été plus aimable que jamais et la confiance de bonhomie de l'empereur, je n'ai pas pu retenir mes larmes, en craignant que ce ne soit notre dernier jour de cour.

Je mens sans cesse pour ne pas décourager, et je ne le serais pas moi-même, en cas de malheur, si l'on me laissait faire, car je parierais de sauver la capitaine en me battant sous ses murs. Mais je parie qu'on l'abandonnera encore si l'on est battu par l'armée qui, à ce que je crois, après avoir coupé Trieste et Fiume, pénétrera ici par la Styrie, dans le temps que les nôtres auront peut-être quelque succès en Saxe, en Bavière, en Franconie et peut-être même en Souabe.

Notre attitude avait été bonne. Notre cour avait repris son antique splendeur. L'hiver avait été brillant et l'empereur affable et bon et aimé de tout le monde.

Une conversation qu'il a tous les dimanches avec un ministre qui est sensible au peu d'estime que Napoléon a pour lui et bon seulement à une cour étrangère a vaincu sa répugnance et fait de l'Autriche[385]...

Ce ministre honnête, noble, désintéressé, point important, a été entraîné par un ou deux ambitieux et des fausses bonnes nouvelles d'Espagne qui du Café de Krammer ont passé dans la société.

Un autre ministre qui nous a plongés par ses *bancozettel* dans la détresse où nous sommes, ne sachant comment s'en tirer a soutenu l'autre et voilà 500 000 hommes et peut-être la plus belle des monarchies près de périr, car grâce aux imprimés injurieux c'est une guerre à outrance. Malheureuse diplomatie de salon sur des *Je crois,* des *J'espère* et malheureuse politique d'hypothèse sur des *Peut-être!* Car c'est là le grand mot: *Peut-être,* dit-on, Napoléon nous aurait attaqués. Que ne le laissait-on s'épuiser dans les Pyrénées.

J'ai parlé à l'empereur, je lui ai écrit une lettre bien touchante pour lui dire qu'il convenait qu'il prît au moins avec lui un capitaine des gardes, d'autant plus qu'il y en a trois de ma brave compagnie bleue avec des médailles qui l'accompagnent.

Il m'a répondu avec bonté, mais ne m'a ni accepté ni refusé. L'impératrice, en revanche, m'a dit que je la garderais. Je lui ai dit que la garder et la regarder me ferait bien plaisir, mais que dans cette occasion-ci je voudrais garder l'empereur.

Si l'archiduc Charles à qui j'ai recommandé hier

pour la première fois de ne pas s'exposer (car ce serait un crime de lèse-majesté puisque tout tient à lui), peut donner une bataille de 100 000 hommes, je crois qu'il battra Napoléon, mais que ce ne sera jamais une victoire complète.

Mais Dieu nous préserve des corps assez détachés pour ne pas s'entraider

*

Laissons-là les *corps* et pensons à l'âme. La mienne est en bon train. Mon docteur angélique plus subtil que saint Thomas d'Aquin, plus spirituel que saint Augustin, Mme Rosalie, veut que je la sauve. J'ai des conversations qui mériteraient d'être imprimées avec son curé de Valais, vrai saint, éloquent comme Bossuet, avec l'air plus pénétré. Nous ne sommes d'un avis contraire, elle, lui et moi que sur la vertu morale et chrétienne. Je soutiens que la vertu est plus ancienne que le christianisme et ne veux pas me faire valoir auprès de Dieu pour les bonnes œuvres qui ne me coûtent rien, mais que je lui rapporte avec ma reconnaissance de m'avoir fait naître charitable et point rancunier. Je n'ai point menti. Je n'ai point blasphémé. Je n'ai voulu de mal à personne, mais j'ai donné mauvais exemple trop facile à la plaisanterie, mais peu sur la religion. Quelquefois médisant par gaieté, négligeant toutes mes pratiques et devoirs comme par exemple depuis ma première communion, un intervalle de quarante ans jusqu'à la seconde. J'ai séduit et ai été séduit sans alarmer cependant les mères et les maris, les ayant trompés avec adressse. Je suis de bonne foi depuis quatre ans que je me confesse, lorsque je promets de ne plus retomber dans mes fautes, mais je recommence malheureusement quinze jours après. Je n'ai jamais entretenu que de mauvais propos. Mon inconstance et mon avarice m'ont sauvé du péché d'habitude. Les rigueurs de la charmante D. Carliska, qui *à cela près* m'aime pourtant on ne peut pas plus, m'ont obligé à avoir cet hiver deux de ses amies.

Je viens de faire baptiser mon bon Ismaël qui vient de mourir comme un saint. Ceci par exemple a été pour son âme et la mienne et pour Dieu et le bon exemple, voulant prouver aux incrédules que je ne le suis pas. J'espère que cela me servira. Enfin je crois, j'aime, je crains, j'espère. Je prie Dieu et ceux dont j'ai parlé peut-être légèrement dans ces *Posthumes* de me pardonner.

*

Je préfère la religion aux mœurs qui deviennent plus pures à mesure qu'on vieillit. Ce n'est pas ma faute si la nature m'a prodigué de certains bienfaits dont j'use et que j'use sans en abuser. Je répète souvent le peu de prières que je sais. Je sors de confesse. Le Père Chrysostome, par un son de voix doux et touchant, m'a presque fait pleurer. Le curé de Valois est une colonne de l'Église, mais celui-ci sans être aussi éloquent est un pilier qui, sans architecture, soutient la clef de la voûte. Je crois que je deviens meilleur.

*

Hélas ! Encore bien peu. Je viens de pécher.

*

Ce 8 avril 1809

Eh bien, voilà l'empereur qui vient de partir pour la guerre et qui ne me prend pas avec lui. Que Dieu l'y assiste. L'autre jour il me disait du bien de mes gardes. Je vis qu'il se repentait de me donner occasion de lui demander encore de l'accompagner.

Pour le mettre à son aise (et cela le soulagea tout de suite), je lui dis que je ne lui recommandais pas mes gardes, mais que je le leur avais bien recommandé et que je voulais qu'il y en eût toujours quatre à cheval auprès de lui et deux pour porter des ordres ou demander des nouvelles.

*

Je n'aurais pas osé le mener dans le plus grand feu. On ne m'aurait pas consulté. Je m'en console. Pourquoi[386]...

C'est un combat à mort. Pourquoi trois mois de perdus ? Avec les premiers cent mille hommes on aurait eu tout l'Empire. On en a attendu cinq cents. Les deux seuls buts de la guerre sont déjà manqués. Profiter des embarras de Napoléon en Espagne ? Ils ont cessé. Vivre aux dépens de l'ennemi, puisque chaque jour coûtant presque un million est un suicide, ne se peut plus. Il faudra mourir à présent pour pouvoir vivre.

Gare qu'il n'arrive comme une flèche par l'Italie, pendant qu'on rusera, s'observera, manœuvrera, on se battra sur la Lech[387].

*

Où sont donc les Hongrois ? Que de gasconnades ! Qu'on les mette en réserve quand il y en aura pour défendre Vienne, si l'on est battu. Il fallait de la milice faire aussi une armée de réserve dans nos pays, pour des camps retranchés en cas de malheur, au lieu de croire à ce qu'on appelle le bon esprit qui disparaît sous le feu d'une batterie de vingt pièces de canon.

*

L'archiduchesse Béatrix ! quelle femme c'eût été pour gouverner un empire ! C'est la seule qui voit et entend juste.

Que de bêtises à mes soupers tous les jours ! On dit que Napoléon a peur ; contre-révolution en France ; insurrection de tout l'Empire ; descente des Anglais partout ; levée de 30 000 Hessois ; neutralité ou alliance des Russes va étranger les deux empereurs ; jonction de Czerai George ; bataille des Turcs ; les Prussiens avec nous… Que sais-je ! Tout cela soutenu par des sots et un seul homme d'esprit qui, abhorrant Napoléon, veut que l'Europe entière, au risque de sauter, soit sa machine infernale.

*

On arrive à présent à la folie avec l'enthousiasme des chansons qui ne tient pas à une batterie de vingt pièces de canon. On ne sait pas que cette fausse chaleur mène à la cruauté. Rendre une nation politique et l'instruire de ses affaires est une drôle d'idée. Il n'y en a pas une à présent qui ne soit déformée. Elles ont été toutes raisonnables pendant cent ans et cela a fini partout en 1790.

*

Je n'ai rien vu de plus heureux que le temps de mon enfance et jusqu'à l'époque de la révolution flamande à Belœil. Chansons de jeunes filles à leurs portes, des gardeurs de troupeaux dans les bruyères, de jeunes soldats en semestre, des faneuses, des chasseurs. Rondes, danses au-dessus et au-dessous d'une corde. Feux de Saint-Jean. Couronnes et guirlandes dans les rues. Jeu de crosse, de balle, de bricotiau, de l'arc, de l'arbalète, d'oie, etc. Courses d'œufs. Vingt bateaux remplis sur mon grand étang. Joutes et combats qui s'y faisaient pour se jeter dans l'eau. Tocsin sur les loups. Affût aux lapins. Chaque jour de Belœil et surtout de mon sauvage Baudour était une journée de fêtes. On était bon, pur et gai par nature et la naïveté du patois de vieille bonhomie gauloise.

*

Je vois des gens qui se tiennent bien droits ; ils croient avoir de la droiture. Ils sont raides : ils croient avoir du caractère.

CAHIER XXXV

An 1808 à la fin d'août.

J'ai fini mon voyage de Tœplitz en quittant *tristement* la princesse de Solms, parce qu'elle était extrêmement triste elle-même pas pour moi seul, précisément, mais pour nous *tutti quanti*. Mme de Crayen pour une amabilité sans exemple, ses yeux pleins d'esprit et de gaieté ; et par *reconnaissance* ; et la comtesse de Las parce que sa figure, qui a le calme du plus beau firmament azuré, me ravit autant que tout ce qu'elle a de bon, de vrai, de simple, et tant de choses que les autres femmes n'ont pas. Voilà donc trois raisons de mon *tristement* souligné d'en haut.

J'aimais tant celle-ci qui me traite à merveille et a l'air de me vouloir du bien, que si elle m'en *avait fait,* et peut-être même si son mari ne l'avait pas amenée à Dresde, je ne serais pas maréchal à présent; et ce sentiment d'amour véritable ajouté à celui d'amitié pour Christine m'aurait fait annoncer malade et manquer toutes les fêtes du couronnement pour lequel j'avais reçu l'ordre de me rendre à Presbourg avec un détachement de mes gardes.

Il est clair que cela aurait déplu et que soit qu'on eût pensé à moi dans ce genre ou qu'on n'y eût pas pensé, je ne serais point maréchal.

Je m'amusais d'ailleurs très bien; une autre femme me disait: « Puisque le Destin a décidé, même avant que je vous connaisse, que je vous aurais, il le faut bien. Ne le dites pas vous-même, car ce serait de mauvais goût, mais laissez-moi faire: je m'en vanterai. »

Y a-t-il jamais eu quelque trait plus charmant à citer de toutes ces femmes de la cour de France dont nous lisons tant de choses drôles et spirituelles.

*

Enfin, le jour fatal arrive. C'était le 24 auguste à minuit et demi ou le 25 comme disent ordinairement les femmes de chambre.

Hélas! bien des larmes de tous les côtés et trois ou quatre embrassades, chacune de genre différent. Serrement de bras de deux côtés, entre autres, bien tendre en vérité. Sans compter un bien triste adieu à ce cher duc de Weymar, dont l'amitié m'est si précieuse et qui me mit sur mon würst où il reçut mes derniers regrets pour lui, Christine, etc., et me voilà parti.

Ce n'était pas, et n'a et ne sera jamais, ainsi que je crois l'avoir raconté, comme lorsque je quittai, à ce même Tœplittz, cette folle de Mme de***, si sage alors car elle m'aimait bien.

J'ai dit, me voilà parti, et me voici arrivé à Vienne au bout de trois jours, car je ne pouvais y en passer qu'un et me voilà le 30 septembre en bateau avec mon détachement arrivant au bout de six heures à Presbourg où j'écris.

Voilà bien des choses et du chemin dans deux mois pour mon cœur, mon corps, mon devoir et ma fortune.

Le 27 septembre nous faisons notre entrée.

*

Ah! comme j'y fis le beau sur le plus beau cheval de la cour et du monde, et si superbe que l'empereur le monta le jour du couronnement. Il me dit même alors: « Vous lui avez appris l'autre jour à danser. Il ne me laisse pas tranquille un seul instant. » Il se donnait même tant d'air, ce beau cheval, ainsi que moi, que nous eûmes bien de la peine à ne pas écraser le grand maître Altheim qui, ayant été mettre son pied droit dans l'étrier de Schaffgotsch, pour ne pas être écartelé, tomba entre les pieds de nos chevaux. Je rassurai bien vite, marchant à ses portières, notre charmante impératrice, dont l'âme et l'esprit font la plus jolie physionomie de circonstance.

*

La magnificence hongroise, tantôt un peu orientale, tantôt un peu sauvage, se déploie à toutes nos fêtes qui ne finissent pas plus que les affaires.

Les sept jours du couronnement sont tout ce qu'il

y a jamais eu de plus brillant. L'empereur, entre Esterhazy et moi, avait l'air si content des *Vivat* qu'il méritait que je lui dis : « Le ciel s'est déclaré pour Votre Majesté par le beau temps des jours de la statue, du mariage, de la Fête-Dieu, et à présent de Presbourg. Elle n'aura plus que de beaux jours. »

*

Mon Dieu ! que l'impératrice fut belle et touchante lorsqu'une minute avant de communier elle se trouva mal sur les marches de l'autel ! La fatigue, l'émotion, la sensibilité, la reconnaissance, la ferveur de ses jolies petites prières qui lui donnait un air de sainte Thérèse et que je voyais distinctement portées sur le bonheur de l'empereur et la gloire de la monarchie causèrent ce joli petit évanouissement dans un fauteuil qu'on lui porta aux pieds de son frère le Primat, qui la communia lorsqu'elle revint à elle. On dit que le petit prince, un peu bigot (il s'en corrigera), la gronda de s'être assise devant le Saint-Sacrement, comme si c'était de sa faute.

Quelle chaleur ! Comme mon casque était pesant ! Le double de ceux des héros d'Homère bien sûrement. Combien d'heures j'ai passées sur mes jambes, à côté du trône, avec Esterhazy de l'autre côté pour lui parler banquets, députations, harangues, propositions, etc.

*

On s'occupe de tout cela à présent. Je dis aux Hongrois : « Tant que Bonaparté vivra, suspendez votre Constitution. Faites comme les autres pays de la monarchie, et pour bien régler votre insurrection, faites le contraire des trois dernières inutiles. »

On parle beaucoup et bien dans les deux Chambres

des sessions. Mais quand on parle on n'agit pas. Voyez les nations babillardes : l'anglaise et la polonaise. Celle-ci a été détruite, et l'autre le serait sans l'Océan.

Je dis encore aux Hongrois : « Arrangez-vous pour courir au feu, si l'on sonne le tocsin. Une ville serait brûlée si l'on voulait organiser ceux qui doivent l'éteindre. L'organisation nuit à l'électrisation. Vous, pauvres gentilshommes, montez à cheval quand on vous le demandera ; vous, riches, nobles, battez-vous ou payez. Et vous, clergé, si bien payé, payez et priez. »

La loyauté de l'empereur, son air satisfait, sa bonne tenue en habits hongrois, la charmante mine de l'impératrice, feront peut-être plus que je l'espère.

*

Le zèle pour notre honneur m'emporte. J'oublie de dire que Ferraris[388], Alvinzi[389] et moi nous avons été nommés maréchaux en rentrant de la cérémonie du couronnement.

Le jour était bien pris. Cela a eu bonne grâce et quoique ce fût une dette de dix-huit ans, pour moi, cela m'a fait plaisir. Mais voyez comme on est bête et malheureux quand on est susceptible et lorsqu'on aime à s'inquiéter, et comme j'aurais été l'un et l'autre si je ressemblais à tout plein de gens. L'empereur nous fait dire de nous mettre tous les trois sur son passage pour lui faire nos remerciements. L'impératrice passe, fait compliment à Ferraris à ma droite, à Alvinzi à ma gauche et ne me dit pas un mot. Je me dis à moi-même : « À force de posséder d'esprit, elle est quelquefois distraite. Je parie qu'elle croit m'avoir parlé. C'est cependant peut-être l'effet d'un commérage, d'une imprudence de sa sœur l'électrice de Bavière[390]. Je me souviens de plusieurs choses que je lui ai dites qui pourraient y avoir donné lieu. Je m'ajoute à moi-même : Ce n'est que par hasard et puis tout cela d'ailleurs se débrouillera. » Le lendemain, au jeu, elle m'appelle et elle me dit : « Il faut que je recommence encore tous mes compliments d'hier sur votre promotion. Mais je ne finirais pas, si je vous disais tout le plaisir que m'a fait cette justice de l'empereur, autant par intérêt pour lui que pour vous. »

Celui-ci m'a dit gaiement avec son air de bonhomie, quand on ne lui est pas désagréable : « Comment ferez-vous avec deux cannes, celle de capitaine de la garde et celle de feld-maréchal ?

— Je les jetterai toutes les deux, lui dis-je, pour prendre un fusil si Votre Majesté est attaquée. Et je lui dis : L'année passée, le 18 juin, cinquante ans d'anniversaire de la bataille de Colin, dont je suis le seul existant de l'armée qui s'y est trouvée, j'ai eu ce qu'on a appelé dans nos cérémonies ici *Trabanorum seu Satrapum Turma*, c'est-à-dire mes deux compagnies des gardes ; et cette année, et ce jour-ci 7 septembre, c'est l'anniversaire d'une affaire bien vive près de Görlitz où Alvinzi et moi nous nous sommes extrêmement distingués, il y a cinquante et un ans. »

*

Je viens de demander ainsi l'indigénat en Hongrie pour qu'un de mes petits-fils s'appelle comme moi et ne soit pas ennobli par Napoléon qui a fait roturiers mes enfants. Voici mon mauvais latin :

Propter fidelitatem meam Auguste Domus Austriacæ perdidi omnes patrias meas : Belgiam, Galliam et Sanctum Romanum Imperium. Non possum unum mihi eligere, mobiliorem et pulchriorem quam hongrarium quem rogo in sinu tuo me accipere. Vul iterum nobilis fieri. Comes sœpe aut Dux in tot praœliis generosorum militum ista inclita gentis, amor meus pro illa et jures cum bellum ad indigenatum obtemperare sunt jura mea.

Cela n'arrivera pas à présent, mais j'ai porté guignon jusqu'ici à toutes mes patries. Outre celles que je viens de nommer, à la Pologne où j'avais l'indégénat et à l'Espagne où j'avais la grandesse.

J'ai presque envie de compter la Prusse, car j'en ai été sujet pour la ville de Wachtendonck que le roi obligea mon père de vendre l'ayant séquestrée à la Bonaparté.

*

À propos d'Espagne, je crois que la noblesse de sa langue contribue à celle de son âme, ainsi le grec et la langue latine autrefois pour avoir eu tant de grands hommes. Il n'y en a eu que très peu en Allemagne, en Angleterre et dans l'Italie moderne : mais une infinité en France, quoiqu'au-dessous de ceux de Rome et d'Athènes.

*

Ai-je raconté ce que m'a dit à Presbourg (où la rage me prend lorsque j'y pense) il y a trois ans, un soldat français : « Vous serez toujours battus, messieurs les Autrichiens, parce que lorsqu'un de vos généraux est attaqué celui qui devrait le soutenir en attend l'ordre, perd du temps et y marche lentement et trop tard. Et nous, messieurs, dès que nous le sommes, nos voisins, d'eux-mêmes, sans attendre l'ordre et laisser la moindre ouverture, courent nous soutenir si nous avançons et nous remplacer si nous sommes repoussés. »

Voilà, me dis-je à moi-même, une meilleure leçon que tous les livres de guerre que je sais par cœur, où l'on apprend tout hors ce qu'il faut savoir, car je me ressouviens que sans un déserteur français qui était dans ma compagnie, je ne sais pas comment faire pour construire une flèche pour y placer mon piquet.

*

En me rappelant le temps horrible que je viens de citer lorsque, fugitif dans Presbourg, où je craignais d'être pris peut-être pour otage par les Français ou maltraité dans les rues par quelque soldat ivre, je me dis tous les jours : Tout change dans le monde. Il y a une rotation générale dans les événements comme dans le cours des astres. Il y a des comètes (c'est Napoléon). Il y a des éclipses (c'était nous). Mais le monde est comme les joujoux d'enfants qui, par le moyen d'un plomb, se redressent d'eux-mêmes après avoir été culbutés. De même l'équilibre revient de lui-même après avoir été renversé.

*

Quelle différence ! Je suis, au lieu de l'état dont je viens de parler, tout éclatant d'or à côté du prince Esterhazy, tout éclatant de diamants, dans toutes nos cavalcades, parades et cérémonies magnifiques.

La dernière a été bien touchante. L'empereur et puis l'impératrice, quand il est descendu du trône, ont répondu aux harangues d'une manière si éloquente, si simple et si loyale, que j'en ai encore les larmes aux yeux, à présent que je l'écris deux heures après que tout est fini.

C'est la première fois qu'on n'a pas cherché à attraper. La cour et le pays ont été de bonne foi, mais s'attrapent eux-mêmes. C'est une vraie Diète d'illusions, où l'on croit avoir beaucoup fait et dont les résultats seront coûteux et peu utiles. Je disais au palatin, au primat, et j'ai écrit même à l'empereur :

L'organisation sera frayeuse et nuit à l'électrisation. On ne donne pas de bataille le premier jour qu'on campe. Quinze jours feront plus alors pour l'instruction que vos rassemblements de paix, etc. Point de vos vieux généraux ni de vos jeunes colonels. Où seront leurs instituteurs ? Des compagnies seulement et 5 000 insurgés à un corps de 20 000 hommes à la tête des attaques, sabre à la main, etc.

*

Je suis cause qu'on ne donne pas d'indigénat et cela sauve la nation de son embarras à cause de quelques protections des archiducs qui se croisaient. Voici comment.

Mon mauvais latin, que j'ai cité plus haut, avait réussi à merveille et, outre cela, les Hongrois m'aimant beaucoup ont vu avec plaisir que ne voulant pas demander la charité à la cour comme les autres qui cherchent d'avoir une terre, c'était seulement un hommage que je leur rendais. Quelques imbéciles confondant les temps, ayant su que Louis avait été au service de France, ont cru que c'était la nouvelle France. Là-dessus beaucoup de débats, et presque un refus. Pour être tous d'accord, puisqu'ils en ont été honteux, ils ont dit : « Personne n'aura l'indigénat. — Mais, à la prochaine Diète, ai-je dit ?... — Oui, m'ont-ils répondu. — Non, messieurs, ai-je dit. J'en serais au désespoir : 1° parce que, au lieu de l'acclamation générale à laquelle je m'attendais comme en Pologne, quelques sots ont hésité ; 2° parce qu'il y a trop mauvaise compagnie qui la demande, et à qui vous l'aviez déjà accordée. Je vous tire de ce mauvais pas, en reprenant votre parole aux uns, et ne la donnant pas aux autres dont quelques-uns sont de mauvais choix des gens en crédit. Ceci, messieurs, devrait être un honneur pour vous et pour les braves militaires qui ont défendu votre pays. Je vous remercie de votre bonne volonté, et n'en aurai plus besoin. »

*

Ne voilà-t-il pas quelque chose de singulier ? Me voici encore désolé de partir de Presbourg, comme de Vienne il y a quatre mois, et de Tœplitz il y a deux mois ; et depuis l'âge de quinze ans que je fondis en larmes en quittant une jolie petite Flamande qui s'appelait Mlle de Bayer, me voilà encore dans le même état.

*

Cette fois-ci c'est pour Mlle Charlotte de Bernbrünn. On en a vu le portrait dans plus de deux cents vers que j'ai faits pour elle, imprimés dans mon trente-troisième volume[391]. Je n'ai rien à y ajouter, tant ils sont ressemblants : c'est beaucoup que la prose confirme la poésie.

Je ne l'aimerais pas tant si elle m'aimait davantage. C'est ce que me fait Mlle Adelaïde, — gouvernante de vingt ans de petites demoiselles qui n'en sont pas moins bien élevées, — pendant que j'aime Mlle Charlotte que j'appelle Carliska, parce que ce nom est moins commun et qu'elle est née à Varsovie. Le peu de retour qu'elle m'accorde suffit pour me faire passer quatre ou cinq heures tous les jours avec elle, les portes ouvertes, ce qui me fait lui dire que mon amour s'enrhume. Mais enfin c'est une de ses décences. Elle rit ou se fâche lorsque je réponds, au désir qu'elle a de conserver l'estime, que je la trouverais bien plus adorable si elle la troquait contre un joli petit mépris qui nous rendrait tous les deux plus heureux.

*

Adieu Carliska! Adieu la Hongrie! Puisse la Constitution de l'une m'être plus utile que celle de l'autre ne le fut à son roi. Je voudrais pour la première la Constitution[392] et pour la seconde que les États assemblés avec le souverain arrangeassent des secours d'hommes et d'argent, pour qu'on ait tout dans huit jours si l'on en a besoin. Mais on dirait que la Hongrie est un pays nouvellement découvert. On dit quatre-vingt mille familles nobles. On en dit moins. On interprète les lois d'André le Jérosolomitain[393]. On ne sait rien. On ne veut rien savoir, et on aime mieux se ruiner pour ne rien faire de bon.

*

Ai-je dit quelque part que je n'ai jamais suivi la mode? Elle m'est venue trouver quelquefois et a passé souvent autour de moi. Pour ne pas perdre mon temps à plusieurs toilettes, je n'allais jamais en cabriolet. J'ai toujours eu un frac noir et jamais l'enseigne de l'anglomanie en bottes, chapeau rond, etc.

J'ai voulu en détourner les princes de la maison de Bourbon et tous les jeunes gens qui ont commencé ainsi les malheurs de la France.

*

À propos de frac dont je parlais tout à l'heure, il n'y avait guère que moi qui en eût, il y a trente ans à Vienne. J'avais un uniforme de général ou de régiment chez le suisse du prince de Kaunitz, de Colloredo et d'Esterhazy où je passais la soirée. Un jour que j'allais le prendre chez le premier il me dit: «Je l'ai sur moi, vous ne le trouverez pas à la place où il est. J'ai la fièvre, pardonnez-le-moi, il me sert de couvre-pieds. » Ceci m'en corrigea et je me rhabillai chez moi pour aller chercher dans l'une de ces trois maisons la femme dont je m'occupais alors avec succès, car toute la volée des femmes de ce temps-là était aussi galante que belle. Celles de la grande société depuis quinze ans ne sont ni l'une ni l'autre.

CAHIER XXXVI

Cahier à ajouter à mes Posthumes, chez le docteur Ambrosi, à Tœplitz.

Je crois les avoir laissés au commencement d'une campagne qui a duré un mois jour pour jour, et qui ayant mis l'Autriche, Vienne et toute la rive droite du Danube jusqu'à la mer Noire entre les mains de Napoléon, s'il le veut, est plus importante que des guerres de trente et quarante ans n'ont été.

Jusqu'où la poussera-t-il cette campagne finie mais qui ne fait que commencer ? S'il engage les Russes à prendre la Galicie et la Transylvanie, où sera pour la famille impériale de quoi mettre sa tête à couvert ? Si les corps de Bernadotte (je crois qu'il y en a encore un autre) s'emparant de la Bohême marchent sur le dos ou une aile de l'archiduc, pendant qu'il attaque l'autre, après avoir passé le Danube, tout est dit. S'il fait prendre Trieste, s'il veut s'emparer de la Moravie, après avoir battu l'archiduc Charles, où en est et que reste-t-il de la monarchie autrichienne ?

Je parie qu'il va apprendre l'Autriche à défendre l'Autriche et qu'il se fortifie déjà partout où je l'avais conseillé.

*

J'arrive à Pest de très mauvaise humeur, le 14 mai[394]. Vienne se rend vraisemblablement à présent. Quand même elle tiendrait encore, l'archiduc Charles ne pourrait pas déboucher par les lignes de Maria Hilf ou de la Wieden pour se faire écraser par Napoléon. Il n'a pas de grosse artillerie. Il n'est pas aussi fort qu'on le dit. Vienne perdue il n'y a plus qu'une besogne bien dangereuse et une mauvaise paix à faire.

*

Caché dans mon faubourg de Pest, honteux pour moi et pour les autres que je ne vois pas heureusement, j'ai entendu hier de quelques brouillons de la légation anglaise, à la comédie, qu'on se plaignait de l'archiduc Maximilien pour avoir rendu Vienne. Si l'on jette sur lui le tort, on a tort, car s'il avait voulu continuer à défendre les avenues de Vienne contre toute la grande armée de Napoléon avec un nombre de troupes aussi disproportionné, il aurait risqué d'être forcé sur sa gauche, de perdre la communication avec le grand pont de Tabor et d'être forcé à capituler honteusement. Dans ce moment l'essentiel était de sauver ses troupes. L'archiduc Charles ne pouvait arriver au Danube avant le 14 de mai et même au plus tôt, car il aurait dû prévenir l'ennemi pour passer le Danube, ce qu'il aurait fait sans quelques subalternes du général Staab.

Mais pourquoi, dira-t-on, cet archiduc s'en est-il chargé avec plaisir à ce qu'il paraissait, et l'air de vouloir y périr, ainsi qu'il y haranguait mal la pauvre bourgeoisie dont on payait mal la bonne volonté. Et puis pourquoi partir si vite sans le dire et faire prendre tant de gens et de choses ? Pourquoi s'il savait comme il est vrai qu'on ne pouvait pas se défendre avoir gâté, brûlé, abattu pour des millions ? Ce prince plein d'esprit et d'instruction s'est sacrifié et n'a rien à se reprocher.

Je remercie ma petite étoile point assez puissante pour me faire faire de grandes choses, mais assez pour me garantir des nuisibles, de ce que je ne me suis point laissé aller à la velléité de défendre Vienne.

Je l'aurais rendue peut-être un jour plus tard, parce que j'aurais voulu faire un beau coup, mais inutile. C'eût été une sortie générale par toutes les portes pour balayer les faubourgs, très honorable, très sanglante, et puis c'est tout.

*

Je n'aurais jamais cru que la guerre et la morale dépendraient d'une mauvaise phrase : « Il faut armer toute la nation et tout massacrer. » On dit froidement : cinq ou six Français ont été assassinés dans ce village.

Les grands généraux d'autrefois et les trois sous lesquels j'ai servi auraient fait pendre ces assassins, mais en même temps auraient brûlé les villages d'où serait sorti un coup de fusil sur leurs soldats.

Ce genre-ci, qu'on appelle le bon esprit du bon peuple, est abominable et causera des horreurs que des gens sans réflexion accréditent tous les jours ici. Ce sont presque tous des lâches, à la vérité, qui ne courent aucun risque, mais ils ne connaissent ni l'histoire, ni l'art de la guerre et des positions, ni la géographie, autrement que par la carte des postes.

Pauvres mortels, de qui dépendez-vous ? C'est à ces clabaudeurs, menteurs et fausses bonnes nouvelles et flatteuses en espérance qu'ils donnent pour certitude que je dois la fin de la troisième petite existence que je m'étais faite et d'autres celle de toutes les plus anciennes et les plus considérables.

*

Mes espérances pour que tout cela n'arrive point seraient que l'archiduc Charles dérobât et cachât deux marches forcées pour passer le Danube à Krems avec 60 000 hommes, pendant que le reste de son armée, c'est-à-dire encore autant, passerait par Presbourg, et, avec la cavalerie de l'insurrection, tomberait sur l'aile gauche de Napoléon.

Tel sorcier qu'il est, en lui faisant donner quelques faux avertissements, se faisant battre même sur un petit point peu signifiant, si l'on ne peut pas l'enfermer comme j'ai dit que je le voudrais dans son camp sur les montagnes devant Vienne, il est impossible qu'à force de troupes bien dirigées et cette cavalerie hongroise, on ne lui fasse au moins éprouver un revers considérable en le harcelant nuit et jour à ses avant-postes, fatiguant son armée et même, sans passer le Danube, en faisant marcher parallèlement 100 000 hommes sur chaque rive vers Vienne, dût-on attaquer d'un côté le Spitz et de l'autre le Spinnenkrantz. Ce que je dis ici pouvait se faire avant que tous les ponts de l'île de Lobau soient devenus des citadelles. Pourquoi Gylay[395] ne tient-il pas Charles dans nos environs et ne se concentre-t-on pas au moins pour tout ce qui peut arriver.

Outre cela, si pendant la nuit on fait une batterie de vingt ou trente pièces de 24 pour couvrir la formation du point à jeter où l'on veut, on peut y réussir en perdant à la vérité bien des pontonniers et des passants. Mais si l'ennemi n'a pas de quoi démonter ces pièces, il doit diminuer son feu et les derniers bataillons perdent bien peu.

Si Chasteler[396] peut incommoder l'ennemi derrière son aile gauche pour les vivres et la cavalerie hongroise (qu'on ne saura pas bien employer, je le parie), vers son aile droite il sera obligé de se retirer dans la haute Autriche, en approvisionnant auparavant de tout ce qu'il a encore la ville de Vienne et en faisant sortir les bouches inutiles qui ne demanderont pas mieux. Il y a de quoi faire encore une belle et savante campagne des deux côtés ; mais je ne vois pas que du nôtre l'on s'y prépare comme on devrait.

Les Français viennent de demander le pont volant de Presbourg. On l'a refusé. Je m'imagine qu'ils se le feront donner par quelques bombes qu'ils tireront dans la ville hors d'état de se défendre et bâtie en amphithéâtre pour qu'aucun coup n'y manque. C'est aujourd'hui le 21 de mai : nous verrons bientôt ce qui arrivera.

*

On s'y bat à merveille. On a fait une tête de pont. Bianchi[397] repousse l'armée victorieuse du vice-roi et je crois Davoust qui brûle la ville inutilement.

Pendant que j'écrivais cela, Napoléon jetait les ponts. On les a détruits à la réserve d'un. On l'a battu. La victoire la plus brillante, la plus glorieuse pour nos armes est inutile. Nous aurons eu un bonheur passif. L'archiduc en courage de corps et d'esprit s'est surpassé. Trente-cinq ou 40 000 hommes tués ou blessés tant d'une part que de l'autre attestent la valeur des 140 000 qui se sont battus. Je justifie l'archiduc Charles sur un article qu'on lui reproche. C'est de n'avoir pas poursuivi. Les vainqueurs sont aussi fatigués que les vaincus et ne savent jamais à quel point ils sont vainqueurs.

Pourquoi n'a-t-on pas mis des pièces de 24 au château de Presbourg et à celui de Bude ? Et au lieu de cela les sauve-t-on ainsi que les boulets et les bombes sur des bateaux pour Peterwaradin ?

Pourquoi l'archiduc Charles n'en a-t-il pas ? Mais pourquoi ne s'est-il pas occupé davantage à détruire le pont qui restait ? Le corps de réserve qu'on appelle ainsi si mal à propos en aurait dû être chargé en se battant assez près du Danube pour que des artificiers et les moulins à l'eau embrasés y mettent le feu.

Pourquoi a-t-on fait d'aussi mauvais arrangements à la bataille de Raab[398] où entre autres bêtises on a fait celle de mettre la cavalerie de l'insurrection tout ensemble à la gauche ? Pourquoi se sont-ils laissé couper, et fait faire tant de prisonniers ?

Ils craignent de perdre l'avantage qu'ils ont eu. On s'embrasse, on se fait compliment et j'ai vu à une douzaine de batailles qu'on ne poursuit jamais. Un pont sur une rivière est un pont d'or où l'on laisse passer presque toujours l'ennemi qu'on ne sait que le lendemain avoir été aussi battu qu'il l'est effectivement. D'ailleurs 51 000 coups de canon qui ont été tirés à cette bataille d'Aspern prouvent que l'archiduc ne pouvait guère avoir de munitions pour recommencer.

Mais ce que j'espérais c'est qu'il eût donné 5 000 hommes de plus aux deux autres archiducs que les Français ont laissés se joindre.

Ils auraient attaqué Napoléon dans sa position près de Vienne dans le temps que l'archiduc Charles marche parallèlement sur la rive gauche pour essayer en plusieurs endroits et menacer ainsi le passage du Danube pour réussir au moins sur un point et attaquer en même temps la gauche de Napoléon. C'était là le seul moyen (en le battant totalement à la vérité) de lui faire abandonner Vienne qu'il a rendu, par cela, imprenable en fortifiant tout ce que je me suis tué à dire et à écrire dans plusieurs mémoires. Le général de Vaux[399] peut me rendre justice là-dessus, lui en ayant parlé il y a quatre mois et lui en ayant écrit il y a deux mois passés.

Au lieu de cela, l'insurrection hongroise ou dépourvue de beaucoup de choses (de courage, par exemple), tardive parce qu'on ne le savait pas, passe sous mes fenêtres au nombre de plus de 6 000 hommes par bandes de 200, ou de 10 ou de 12 après avoir volé et assassiné en chemin, et s'est enfuie aux premiers coups de canon qu'ils ont entendus à une bonne lieue du champ de bataille.

Quand on sait que dans une guerre comme celle qu'on fait dans ce pays-ci, tout dépend d'un fleuve aussi important qui traverse la monarchie, c'est bien le cas d'avoir du gros calibre de position. L'archiduc Charles en eût gagné mieux sa bataille d'Aspern et en eût moins perdu celle de Marchfeld[400].

J'ai trouvé hier des bêtes à qui d'autres bêtes plus malicieuses ont fait croire que d'avoir du canon de siège dans une bataille ne s'était jamais vu et était contre la bonne foi.

*

On aurait dû dégentilhommiser et décimer presque, au moins faire rosser ces fuyards. Point du tout ! On les a fait mourir de faim pendant deux jours aux casernes, où ils se sont laissé conduire comme des moutons et auxquelles je craignais qu'ils ne missent le feu. Menés par des pauvres généraux, par le Palatin et des officiers pris à la hâte, ceci leur est arrivé. Mais je réponds que les nouveaux qui arrivent tous les jours se battront à merveille et voudront réparer la honte de ceux-là. Pourquoi ne les mêle-t-on pas avec les troupes réglées, ainsi que je l'ai conseillé à l'empereur ?

CAHIER XXXVII

La plus petite partie qui est restée à cette honteuse bataille de Raab s'est distinguée, ce qui prouve qu'on en aurait pu tirer parti.

Aujourd'hui, 6 juillet, on dit que l'on se bat à Marchfeld. Dieu veuille que cette plaine, berceau de la maison d'Autriche, n'en soit pas le tombeau.

En voilà des nouvelles. Cela n'est pas tout à fait cela, mais cela y mène. La gauche Rosenberg est en fuite vers Brünn. La droite et le centre qu'on dit victorieux ne l'est pas à mon avis, puisque l'archiduc Charles se retire vers Znaim le 19 juillet[401]. Battu ou ayant battu, à sa place j'aurais mis ma droite au Danube et un front retiré après avoir occupé[402] de manière à empêcher Napoléon de tourner ma gauche que j'assurerais par des redoutes faites pendant la nuit et de grandes masses d'infanterie, puisque la cavalerie, si faible avant la guerre (ce qui seul aurait dû l'empêcher n'étant alors que de 30 000 hommes), est depuis la victoire et les trois batailles perdues, réduite à 12 000 répartis en cinq corps.

Le malheureux Rosenberg battu par 10 000 hommes de cavalerie qui se sont jetés sur lui comme à Ratisbonne, ne peut résister. Aussi il est déjà vers Olmütz. Pourquoi l'archiduc n'a-t-il pas laissé de cavalerie...

*

Ce 14 juillet 1809.

On dit que Napoléon arrivera à Znaim avant l'archiduc. Attendons et écoutons...

*

Cela est arrivé. Il a passé par Fayo, Stas, etc., et il aurait peut-être attaqué en tournant son aile gauche, si Jean Lichtenstein, qui s'est encore couvert de gloire toute cette campagne en se battant un peu et en manœuvrant beaucoup, n'avait pas occupé toute la journée les Français. L'armistice est fait ou accepté.

L'esprit de parti, plus fort que jamais parce qu'il est réuni dans un petit nombre de pauvres têtes et méchants cœurs, a désapprouvé cette suspension d'armes. Les Français à l'exception de Gratz, qu'ils auraient eu quand cela leur eût été nécessaire, avaient tout le reste.

*

Ce 14 auguste.

L'incertitude de sa continuation, de la reprise des hostilités et des conférences qui commencent aujourd'hui, est affreuse pour les bien et mal pensants, car ceux-ci ne savent où aller si la paix se fait et désirent pour se tirer de la crise où ils sont, un de ces heureux qui n'arrivent jamais. Ce sont les mêmes propos qui vont peut-être nous achever. En attendant chaque jour coûte deux millions à la Hongrie et à l'Autriche.

Peut-être qu'aujourd'hui 15, fête de Napoléon, il y aura un coup de théâtre pour publier la guerre ou la paix.

Mais que pouvons-nous faire quand même nos 40 000 hommes seront armés ? et avec nos 35 000 jolis garçons d'insurgés hongrois à cheval que l'artillerie immense des Français mettra tout de suite en confusion on mettra cela par politesse sur le compte de leurs chevaux mal dressés, le peu de temps d'exercice, etc. Mais ils sont mal commandés et peut être mal prêchés, car je suis persuadé qu'il y a dans ce pays-ci beaucoup de gens gagnés pour la paix.

La Landwehr qui s'est bien conduite (il n'y a pourtant guère que celle d'Autriche) est bien faible et mal renouvelée. Les autres sont mal composées en lieutenants et en zèle, car il y a plusieurs bataillons qui se sont sauvés au premier coup de fusil.

Il faut être bien boutefeu acharné pour compter sur ces 100 000 hommes de deux espèces différentes, compris 15 000 de Hongrois à pied, qui à peine ont tout ce qu'il leur faut. Pourquoi ne ferait-on pas les mêmes sottises qu'on a faites ? Ce ne seraient plus d'aussi graves peut-être. Mais il y a encore quatre ou cinq commandants de corps qui recommenceront. Malgré une ou deux fautes de l'archiduc Charles, il a eu quelques beaux moments de présence de corps et d'esprit qui les ont fait oublier et qui laissent à l'armée des regrets et des souvenirs qui la rendront moins bonne. Les parlementages approuvés, l'armistice aussi et puis désavoué qui l'ont compromis vis-à-vis des Français et de ses troupes, ont occasionné cette démission bien nuisible dans ce moment-ci. Napoléon peut finir cette guerre-ci et ruiner, prendre ce qu'il veut sans tirer un coup de fusil. L'archiduc Ferdinand n'a pas assez et n'ose pas couvrir la Bohême. Les Français peuvent suivre le grand chemin de Prague et y aller chercher cent millions.

Sa position environnante, même sans armistice, empêche nos communications, nos vivres, nos fusils, nos munitions d'arriver et lui fournit tout cela abondamment de trois côtés.

Le corps que mène Jean Lichtenstein peut être écrasé s'il ne passe pas le Danube et le siège de Commorn se fera tout de suite s'il le passe. L'armée de l'empereur court de grands risques en le passant pour le faire lever aux Français.

S'il veut marcher vers Vienne, il n'y a pas une seule avenue pour y arriver à moins de gagner deux batailles décisives qui nous écraseraient.

Je voudrais qu'on obligeât tous ces enragés pour la guerre à donner des plans ou à se taire. Attendons et entendons ce qui s'est passé hier à Altenbourg.

Une ou deux batailles gagnées même seraient notre perte totale. Nous n'aurions plus assez de monde et de fusils pour entrer dans Vienne, quand même les Français battus s'y retireraient en confusion et si Lichtenstein ou deux archiducs qui ont deux corps de réserve ou Bellegarde[403] étaient encore à côté de l'empereur. Enfin son armée (car je n'y conçois rien) est battue près d'Œdimbourg où Napoléon viendra peut-être à sa rencontre. Tout est dit. Je plains l'empereur s'il se laisse tromper. Il est bon, intéressant. Je l'aime véritablement. Que le ciel détourne de lui les maux que je prévois.

*

La preuve que ce n'est que l'esprit de parti soufflé par cinq ou six ministres des impuissances nos alliées parmi lesquels il se trouve un espion des autres, c'est qu'ils ne s'embarrassent pas du choix pour commander ni des dispositions. Pourvu que le mot guerre de leur bouche passe à celle de notre cabinet, ces enragés sont contents, et en le souffrant, c'est déjà la déclarer. Nous sommes le 29 auguste. Je la vois très prochaine. Bonaparte fait semblant de croire à la paix et a commandé ses chevaux pour Paris, afin de dire à Vienne : « Je la croyais signée. Mais votre empereur à qui je voulais vous rendre ne vous veut pas et ne veut que sa perte, malgré moi. »

Le parti des étrangers dont j'ai parlé plus haut, qui nous aiment trop et s'intéressent trop à notre honneur, n'ayant rien à perdre, pour réussir mieux a fait perdre tout à ceux qui ont beaucoup et qui les méprisent, disant assez que la paix est sûre pour que les gens raisonnables ne s'opposent plus à cette malheureuse guerre qu'ils sont bien certains de faire éclater dans quelques jours.

Il est impossible, cette fois-ci, d'empêcher l'empereur Alexandre de tenir sa parole qu'il n'a fait qu'éluder, en s'emparant doucement de la Galicie. On m'a dit qu'on l'avait dit à notre empereur, mais d'autres assurent que, trop occupés d'une espèce de guerre avec les Turcs qui ont eu quelque avantage, les Russes ne prendront que d'un côté la Transylvanie et la Bucovine pour de l'autre donner la main aux Français en Moravie, comme ils le peuvent.

*

Je ne vois à présent autre chose à faire et à dire que cette lettre que je viens d'écrire à l'empereur, avec cette espèce d'ordre de bataille qui peut être employé dans un pays de plaine comme celui-ci. Je parie tout au monde que nous aurons la guerre, puisque ces malheureux petits ministres des impuissances nos alliées (Angleterre, Espagne, Sicile, Prusse, Hanovre et Sardaigne qui même n'existent plus), et leurs tristes suppôts et faiseurs font accroire que Napoléon est bien embarrassé pour l'Espagne, le Tyrol, Naples et la Hollande dont il se moque. Mais tout cela finira d'ici huit jours, tout ce qu'on fait semblant par malice de croire que cela le portera à faire de meilleures conditions.

À L'EMPEREUR LORSQU'IL ARRIVA À COMMORN VENANT DE LA MORAVIE

Voici le dernier fruit de tant de campagnes, études et méditations militaires d'un vieux soldat, dans le moment le plus décisif qu'il y ait jamais eu, et je n'oserais pas présenter même ces idées à Votre Majesté si je ne me flattais pas de rencontrer les siennes. J'ai souvent eu occasion de voir que ses aperçus étaient de la plus grande justesse.

Je suis persuadé que l'intention de Votre Majesté est de s'allonger sur la droite de l'ennemi, tant qu'on le pourra, pour la déborder, en lui refusant la sienne pour tomber sur son flanc et ensuite dans son dos, de manière à lui couper ses communications avec toutes les positions militaires qu'il a devant Vienne. Ce sont celles que j'ai pris la liberté de représenter à S.A.I. l'archiduc Charles, à côté de Sa Majesté, lorsqu'elle est venue au Léopoldsberg, en disant qu'avec le Rittersberg qui défend les montagnes, le Spiennenkrentz qui défend la plaine et le Spitz et le Lusthaus qui défendent le Danube (tout cela fortifié), il était impossible à l'ennemi de s'emparer de la capitale qui aurait conservé sa monarchie.

Il est à désirer que la fougue de Napoléon s'en éloigne et qu'il vienne donner ou recevoir la bataille vers Œdimbourg ou enfin de ce côté-ci, sans attirer l'armée de Votre Majesté dans la plaine en avant de Laxembourg où le terrain, se rétrécissant vers Vienne, il a l'avantage du Danube à gauche et des montagnes à droite, d'où il pourrait déboucher pour tomber sur la gauche de Votre Majesté indépendamment des troupes qu'il aurait parallèlement.

Il n'est presque point à craindre qu'il ose se mettre entre votre droite, Sire, et le Danube, pouvant en être puni et évitant sûrement d'y être acculé. Ce ne le sera que par l'effort le plus rapide et le plus soutenu de toute la cavalerie qu'on pourra l'y contraindre et à quoi servira l'inspiration militaire, le coup d'œil et l'ardeur du brave Jean Lichtenstein. Voilà ce que je désire. On peut espérer alors un succès bien considérable avant la plaine de Vienne, si l'on peut le battre avant d'arriver dans cette espèce d'entonnoir.

Sans ouverture, sans corps détaché et en ligne, comme on était lorsque nous avions le bonheur de camper si utile pour la sûreté, la salubrité, la propreté et la conservation de la monture qui conserve la santé.

Si l'on voulait tourner les montagnes par Lilienfeld, Mariazell, etc., on trouverait le Riederberg dont j'ai parlé et le Wiener Wald aisé à défendre avec des abatis. Le Spitz et la Lobau sont devenus des citadelles. Il n'y a donc que l'espace entre l'armée de Votre Majesté et celle de Napoléon sur cette rive droite du Danube où doivent se passer tous les événements les plus intéressants. Je souhaite, puisque Olmütz, Theresienstadt et Josephstadt couvrent bien du pays, que l'archiduc Ferdinand appuie sa gauche à l'Elbe, à Colin, et que dans un camp bien retranché couvrant ainsi Prague, il marche derrière le corps français qui voudrait s'y porter, en tournant sa droite. L'archiduc pourrait en faire autant pour un corps qui voudrait passer entre les deux forteresses de la Bohême qui j'ai nommées, et devrait surtout éviter la bataille et tout genre de combat.

Je ne marque ici que l'intention du mélange des armes et du soutien des unes par les autres. Les trois lignes me paraissent nécessaires pour faire relever l'une par l'autre quand l'une a trop souffert et qu'elle n'a plus de munitions. Je ne marque pas les distances entre les escadrons et les masses d'infanterie, de même qu'entre les lignes d'infanterie que je veux sur deux rangs, à cinquante pas l'une de l'autre pour pouvoir se serrer à quatre hommes de hauteur, si elle est menacée par la cavalerie ou remplacer bien vite les morts et les blessés des deux premières lignes afin qu'il n'y ait jamais d'ouverture.

Ces troupes d'infanterie et de cavalerie ainsi mar-

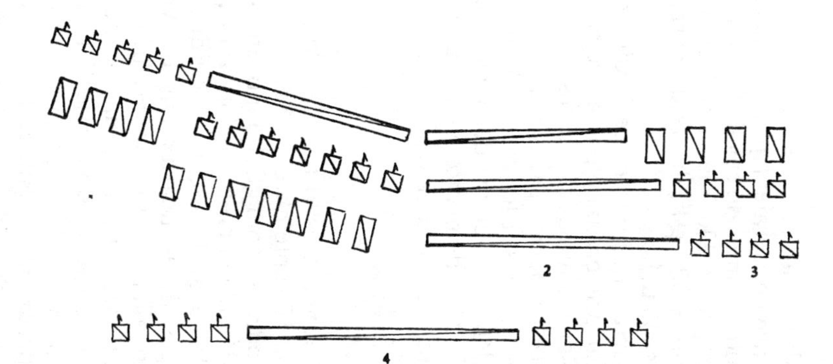

1. Si cette cavalerie où il y aurait beaucoup de celle de l'insurrection était culbutée, la cavalerie ennemie serait arrêtée par les masses d'infanterie qu'elle ne pourrait pas percer.
2. Toute l'artillerie serait dans les intervalles de la première ligne.
3. Les masses de la droite serviraient à empêcher la droite d'être défaite par la cavalerie et la nôtre, s'allongeant sur sa droite, la déborderait et la tournerait.
4. Corps de réserve pour poursuivre ou pour réparer.

quées ne sont que des échantillons de celles qui, suivant la force de l'armée, seraient placées dans ce genre ; s'il y a 40 000 hommes de cavalerie, j'en voudrais 30 à l'aile gauche, 2 000 à la deuxième ligne, 2 000 à la troisième, 3 000 à la droite du corps de réserve et 3 000 à sa gauche.

L'ennemi ne pourrait pas percer ces trois lignes d'infanterie et serait pris en flanc par notre cavalerie de la seconde ligne. J'aime les masses de quatre bataillons parce qu'elles peuvent se déployer où l'on veut, avantage qu'elles ont sur les carrés qui ne sont bons que pour la défensive, et sur des masses d'un seul bataillon que le désir de manœuvrer n'annonce pas, mais seulement la peur de la cavalerie.

*

Après une conférence très orageuse dimanche passé, c'est-à-dire le 17 septembre, on rappela Jean Lichtenstein qui partait pour Schönnbrun ainsi qu'on l'avait décidé. L'empereur le fait venir, lui parle et pour résultat Jean Lichtenstein lui dit : « Je pars d'après les premières instructions de Votre Majesté. — Eh bien, allez, lui dit l'empereur. »

Dieu veuille qu'il revienne avec une signature quelconque. Sans cela, je ne sais si je l'ai dit, il faut une barque à Sa Majesté l'empereur pour aller joindre son malheureux sort à celui de Louis XVIII.

Il vaut mieux avoir celui du roi de Prusse qui existe au moins et notre faiblesse nous rendra forts avec le temps. Qui comprendrait les grossiers et peu nobles procédés de cet extraordinaire Napoléon. Rendre Vienne avec ses fortifications démolies est de ce nombre. Crier (et même le faire dire à notre empereur) qu'il doit abdiquer pour son frère Ferdinand. Faire illuminer Schönnbrun et le théâtre de Vienne avec les armes d'Autriche pour la Saint-

François est du même genre. Ne lui avoir pas envoyé un général ce jour-là, par représaille de compliment.

Je l'aurais tourné du genre des Prussiens si l'on m'avait envoyé traiter de la paix avec lui. On peut saisir un moment d'élévation ou de vanité, ou de coup de théâtre, ou d'hypocrisie, ou même de grande politique.

*

S'il nous rend Fiume et quelque chose de la Galicie pour faire enrager les Russes, nous ne devons pas faire la petite bouche avec 103 000 malades et un manque total de presque tout, sans compter les chemins impraticables pour les vivres. Quel temps d'ailleurs pour recommencer la guerre !

*

Nous sommes le 8 octobre. Bubna[404] vient d'arriver de Vienne à Totes. Au bout d'une heure il y est retourné. C'est bon signe. Il y est resté. Sa vivacité et son instinct pour tout ce qu'il y a à faire de bien, comme un jour de bataille qu'il les fait toutes gagner ou rétablir lui donne du crédit sur Napoléon sans qu'il s'en doute. Il l'estime et la tête bohême et carrée de Bubna, son calme de cœur et de visage, sa franchise qui lui plaît, nous servira mieux que la finesse et même l'esprit de deux ou trois autres, les seuls chez nous à citer.

*

Une de ses raisons peut-être de ne pas nous écraser tout à fait est le plaisir d'avoir à son Cercle un ambassadeur d'Autriche pour la traiter en puissance tributaire et faire voir qu'il aime mieux conquérir qu'acquérir. D'ailleurs les voyages lui plaisent et si quelque ministre d'une cour quelconque met la plus petite aigreur dans ses propos, ses gazettes et ses cafés, il ne demande pas mieux que de marcher avec 100 000 hommes sans se gêner pour punir et se venger.

*

Enfin, grâce à lui et à ce Jean, cet inspiré, comme j'ai dit, en batailles et en affaires, enfin, enfin, la voici donc cette paix si désirée par ceux qui ont le sens commun. Comment Napoléon l'a-t-il accordée[405] ?

On voulait faire une bonne paix, après avoir fait une mauvaise guerre. On en est quitte à bon marché, et si l'on sait s'y prendre, Napoléon laissera tirer parti de Trieste et de Fiume pour notre commerce qui n'est point dangereux pour lui. Il lui suffira d'en profiter lui-même et d'en exclure les Anglais.

Ah ! mon Dieu, j'apprends que notre empereur n'a pas encore ratifié. Oh ! il le fera. Il le fera. Jean est retourné à Vienne avec la signature vraisemblablement. Comment pourrait-il faire autrement ? *Te Deum*, publication de la paix à Vienne, à Presbourg, à Raab avec trois décharges générales de toute l'artillerie des remparts.

*

Oui, je prétends qu'on doit mettre la statue de Bubna sur le pont de Prague, à la place de celle de saint Jean Nepomuce qu'il ne faut pourtant pas jeter à l'eau, pour cela, une seconde fois.

Jean Lichtenstein s'est tant démené aussi que nous avons encore plus que je ne pensais. Il est clair que la paix a été taillée à coups de ciseaux. Mais s'ils ont servi bêtement à 600 millions pour faire la guerre il ne fallait pas les ménager pour deux cents nécessaires pour la paix. Enfin, nous existons.

*

Ce que les critiques pourront dire, c'est que rien n'est à sa place: les ministres font la guerre et les généraux font la paix. Donc elle est nécessaire, puisqu'ils savent mieux que les premiers ce qu'on peut ou ne peut point faire. Mais il fallait nous consulter avant de commencer. Ne doit-on pas savoir le désordre qui règne dans toutes les parties? J'ai appris le manquement de vivres, de souliers, de dispositions, d'ordres, de libertés d'agir, d'allées et venues de courriers, de contradictions et de contrariétés dans les deux expéditions de Dresde et de Bayreuth qui pouvaient être des chances bien heureuses pour nous: Napoléon étant si occupé en Autriche et en Hongrie, si j'en avais été chargé avec un plein pouvoir, je me serais bien moqué du roi Jérôme et du Partima Tillmann qui ont fait rentrer nos troupes en Bohême, et j'aurais battu tout jusqu'à Francfort.

CAHIER XXXVIII

An 1809.

Enfin, me voici vraisemblablement au bout de mon séjour de Pest. Quelle peste! Tout le monde y meurt. Que de troupeaux d'insurgés, de bœufs et de moutons et d'enterrements sur cette place où je suis logé. Dans ce moment-ci je vois un de ces chars funèbres à six beaux chevaux fringants, cocher et postillons coquets, renversé avec six gentilshommes hongrois, parce que étant pauvres, on attendra quelques jours pour que la carrossée soit complète. On les ramasse dans ce moment-ci. Mais j'apprends en même temps (et je jure que cela est très vrai) que derrière chez moi, un chariot de cinquante cadavres de soldats tout nus vient de casser et qu'ils sont tous tombés au milieu de la rue. Il y en a toujours une trentaine sur les bords du Danube parce qu'on n'a pas le temps d'enterrer tous ceux qu'on trouve dans les bateaux. Que Dieu veuille pardonner à ceux qui ne se piquant pas d'humanité, à la vérité, croient au moins avoir de la religion. On fait des recrues. Je vois passer des ouvriers. J'entends le tambour des premiers et les trompettes de cette superbe cavalerie hongroise pleine de bonne volonté. C'est un délire bien cruel de vouloir faire croire que la paix n'est pas faite, mais qu'on y prenne garde.

Nous sommes aujourd'hui le 23 octobre. J'ai écrit à l'empereur que ne pouvant pas être tué pour lui, je voulais vivre pour lui et partir pour aller retrouver ma bonne Christine à Vienne. J'attends demain la réponse. Dieu sait si elle sera favorable.

*

En attendant, faisons une récapitulation de la vie que j'ai menée ici, qui aurait été odieuse pour un autre, mais dont, à mon ordinaire, j'ai eu le talent de tirer parti.

Me lever à trois heures à demie pour manger trois plats tous les jours tête à tête avec Émile, mon adjudant, bons et économiques ; me promener dans mon würst depuis mon dîner, long quoique court, jusqu'à six heures et demie que je vais au théâtre et me coucher à dix heures en revenant, après m'être assis incognito une demi-heure à la porte d'un café pour boire deux verres de limonade.

Fuir tout le monde, d'humeur et d'honneur, puisque ce n'est que là-dessus que je ne suis pas insouciant, et que toujours fuir m'est odieux. Ne pas aller seulement au jardin d'Orzy, puisque c'est la promenade générale.

Éviter quatre ou cinq endroits où j'aurais pu rencontrer les gens qui me déplaisent, à cause de la guerre et, au bout de deux mois, ayant rencontré Mme A..., autre sauvage qui ne voit personne, charmé de sa société et bonté pour moi, me faire promener par elle, depuis mon dîner jusqu'au spectacle ; et ensuite, pour épargner ma limonade, aller boire du punch chez elle en sortant du spectacle allemand ou hongrois jusqu'à dix heures et demie.

Petites amours juives et heureuses pour Éva, Rachel et Régina. Malheureuses pour Fanny. Heureuses en chrétiennes, Wilhelmina, et orageuses en Amélie, démon qui a fait enrager toute ma maison. Grandes amours, vers, aventure, passade et passion tout ensemble.

*

J'ai compté cinq cent cinquante heures que j'ai passées à la même place au parterre du théâtre allemand sans avoir dit une seule parole et connaître mes voisins ou voisines qui changeaient tous les jours et je me suis encore mieux dit que l'on peut se passer de société, de parler et d'entendre, ainsi que j'ai prouvé ailleurs que même l'homme est le seul animal qui ne soit pas sociable.

Mais j'aime le monde et la foule lorsque je ne connais personne. J'aime à me trouver au milieu et à y être solitaire.

Paix signée, ratifiée et publiée, et je reçois dans le

moment la permission de partir. Je vous remercie, sacrée Majesté.

Je commande mes chevaux et mes paquets. Je vais voir mon régiment à Commorn, ensuite coucher à Raab chez Narbonne qui est plus fait pour commander à Athènes qu'en Hongrie. C'est mardi 24. Je serai samedi au milieu de mon adorable famille et laisse ici deux pages pour conter mon voyage.

*

À Vienne, cette fin d'octobre.

Me voici donc revenu après six mois à ajouter à ma vie, en conscience, puisqu'ils ont été perdus par ma non-existence. Ai-je dit quelque part qu'une Mlle Adélaïde qui, à la vérité, m'accorda les prémices de son cœur au commencement de mars, m'a dit six semaines après : « Monseigneur, je suis déshonorée ! » Voyant à ses larmes ce qu'elle entendait par là, je lui dis : « Non, mon cœur, c'est moi, parce qu'on ne croira jamais que je sois le père, ce qui peut être vrai pourtant. On soupçonnera quelque petit juif du comptoir de la maison où vous êtes gouvernante. » Huit jours après mon arrivée elle me dit : « Voyez comme cet enfant descend, il n'y a pourtant que huit mois... — Ne vous gênez pas, lui dis-je, on ne compte pas avec ses amis. »

Quatre jours après, non, je crois que c'est le lendemain, elle accoucha. La mère et l'enfant se portent bien. Dieu soit loué ! Le baptême m'a coûté sept florins.

*

Quelle injustice, quelle erreur, quel égarement j'ai trouvé ici contre l'archiduc Charles. Qui ne ferait pas des fautes vis-à-vis de Napoléon ! C'est en Bavière qu'il y en a eu. Mais je crois l'avoir déjà justifié de celles dont on l'a accusé en Autriche.

J'ai vengé de même la mémoire du comte de Cobenzl accusé bien mal à propos. Me trouvant à côté de lui, par hasard, au parterre de Pest, je lui dis : « Je n'aime pas les gens en place. Vous voici aux Champs Élysées. J'y suis depuis dix-neuf ans. Faisons un dialogue des morts. » Je lui ai proposé des dates, je lui ai fait des questions. Son écriture, son caractère, ses idées. Je n'ai rien vu de si clair, de si net. Il a trop de mérite pour ne pas être persécuté.

*

Les quatre maréchaux Berthier, Masséna, Oudinot et Davoust qui ont demandé à dîner à Andréossi pour faire ma connaissance, rendent justice à l'archiduc Charles qui à la vérité a retrouvé son talent par l'électrisation de 51 000 coups de canon à la bataille d'Aspern... Il n'avait été qu'un peu arrêté à l'arrivée subite de Napoléon. Bubna lui dit alors un mot excellent : « Vous croyez que c'est lui ? Point du tout, c'est Jourdan. »

*

Nous voici au mois de novembre. Les Français tiennent parole et comment. Pourquoi gâter leur gloire par le ravage, le pillage et la volerie des généraux dont les deux tiers sont grossiers comme ceux d'Attila. Pourquoi, Napoléon, ajoutez-vous à tous les maux qui pèsent sur le peuple d'Autriche en faisant sauter nos remparts ?

C'est un peu corse. C'est une petite humeur rancunière pour notre malheureux et intéressant empereur qui, tous les jours, depuis qu'il est revenu, fait et dit à merveille.

Dieu le préserve de faire rétablir les fortifications que deux ou trois sots lui conseillent.

Je suis si ennuyé d'en rencontrer que je regrette ma solitude de Pest où, de même que les grands généraux, je craignais de passer le Danube, évitant les fanfarons de politique et de guerre que j'aurais trouvés à Bude.

*

Je puis dire, à l'inverse de la dernière phrase du père de famille[406]. « Qu'il est doux ! Qu'il est cruel d'être père ! », car sans elle j'irais je ne sais où. Qu'on se tienne bien tranquille par peur de Bonaparte... Napoléon est immortel, mais pas éternel et quand il disparaîtra de ce monde pour aller faire enrager l'autre, il y aura peut-être quelque moyen de reprendre notre place en Europe. Prêtons-nous en attendant à toutes ses fantaisies. Comme je crois avoir dit, il n'y a que les cruches qui n'ont point d'anses et qu'on ne peut tenir. Mais un Corse vaniteux, parvenu, un homme de génie et de fortune inattendue donne prise aisément et offre des moyens de le saisir.

*

Ai-je dit qu'autrefois les femmes avec moins de vertus et plus d'appâts pendant les trois ou quatre guerre que j'ai faites, ne pensaient qu'aux opérations de leurs amants et point à celles des armées. Leur jugement, celui des hommes, femmes, les mensonges et ignorances sur ce qui s'est passé cette campagne-ci, me dégoûtent si fort de la guerre que, pour la première fois, je crois que si cela était à refaire je n'entrerais pas au service. Ceux qui ont été aux deux dernières batailles auxquelles ils n'étaient point accoutumés puisque les autres n'étaient que des misères m'en chargent continuellement. Si nous avions entretenu des nôtres la société pendant la guerre de Sept ans, nous n'y aurions pas eu des succès, mais ces messieurs assez peu faits pour plaire peuvent parler de leurs vrais ou faux exploits à ces dames qui ne sont pas plus aimables.

*

Eh bien, messieurs, dites-moi pourquoi vous vous vantez d'avoir passé tant d'heures sous la mitraille ? Vous ne courriez pas plus de risque en joignant la ligne ennemie, soit en y marchant de front avec deux bataillons, soit en la perçant avec une colonne au centre et deux sur les ailes. En s'approchant des mitrailleurs leurs coups deviennent bien mal assurés et quelques escadrons qui prendraient de revers ces batteries feraient finir cette ennuyeuse destruction.

*

C'est dimanche 9 de décembre aujourd'hui. Après huit heures de marche et de réflexions, j'arrive de la Lobau et du champ de bataille du 22 mai, d'où j'ai découvert celui du 6 juillet. Me voici confirmé dans l'idée que puisque le village d'Esling a été entre les mains des Français toute la nuit et celui d'Aspern jusqu'à dix heures du soir, pris et perdu et repris sans cesse, il avait été impossible à l'archiduc de faire plus qu'il n'a fait, ces deux villages tenant presque au Danube. Le pont est entre eux deux. Comment y aurait-il suivi l'armée qui se retirait dans l'île. On disait qu'elle y était encombrée, et les menteurs dont le nombre augmente ainsi que celui des fanfarons, ont fait croire qu'on y était les uns sur les autres. Cela eût été (car ils s'y étaient diablement battus) si l'île n'avait pas eu plus d'un mille d'étendue d'un côté et d'une lieue de l'autre.

Quand même un des officiers généraux qui s'y seraient retirés les derniers n'aurait pas eu l'esprit de faire front avec une compagnie et une pièce de canon pour défendre le pont ; quand même l'armée de l'archiduc n'aurait pas été dans le désordre où met même la victoire, qu'auraient fait toutes les deux armées, toute la nuit, dans cette île ?

Faute de munitions elles l'auraient donc passée tout entière à se larder à coups de baïonnettes et les Français qui connaissaient cette Lobau ne se seraient-ils pas servis des fossés et des broussailles et des fonds pour exterminer les Autrichiens ?

Adieu le succès passif de la journée où il n'y avait aucune déroute, car l'ennemi n'a perdu ni canon, ni aigle. Soyez une muraille, a dit Napoléon à sa garde, pour empêcher l'archiduc de pénétrer plus loin. Sans ponts pour passer le grand Danube et en gagner la rive droite, Autrichiens et Français y seraient morts de faim ou d'ennui.

*

Quel radotage et esprit de parti de la part des sots et des sottes qui font les généraux d'armée. Voilà un grand avantage de cette guerre-ci, c'est d'avoir fait les femmes, les abbés, les ministres et tous les oisifs généraux d'armée. Chacun aurait battu Napoléon et croit qu'on l'aurait laissé faire, jeter des ponts, passer au-dessus et au-dessous de Vienne, tourner, etc. On va se réjouir d'un tableau de Du Vivier[407] où l'empereur des Français a l'air tremblant et se sauve avec toute son armée en déroute (dont le contraire est prouvé puisqu'elle n'a perdu un canon ni un aigle). On va se laisser aller aux mêmes illusions que l'année d'après on exagère les victoires tyroliennes, anglaises ou espagnoles. Dieu veuille que nous n'en soyons pas encore punis.

*

Metternich se conduit fort bien et veut entretenir l'union en éloignant tous les prétextes de vengeance. Il pense aussi que ce serait un moyen de redevenir plus puissant que jamais, de donner l'archiduchesse Louise à Napoléon qui se divorce à présent. J'avoue que j'ai fait plus que le souhaiter, et que si cela arrivait j'y aurais un peu contribué. Quelqu'un que je ne veux pas nommer m'a dit avant-hier que l'empereur y consentirait si on la lui demandait. Je l'ai écrit à Narbonne dans sa chambre en ajoutant que je croyais qu'on ne m'avait fait cette confidence que pour que je la lui fasse passer. Il a envoyé ma lettre à Fouché par un courrier qu'il lui a expédié il y a huit jours. Peut-être que Napoléon la lit dans ce moment-ci. Quel changement dans l'Europe si cela est ! Quel bonheur pour l'humanité ! et si cet homme qui, jusqu'ici, a tout détruit sans bâtir s'allie aux vrais Césars par leur dernière descendante, c'est alors que son édifice sera stable. Il est jusqu'ici construit sur le sable. Toute autre princesse ne lui donnera point de consistance. Ses frères, comme il dit plaisamment, sont des rois comme les autres : Qui respectera, ou fera respecter ses dispositions après lui ?

*

J'ai envie d'envoyer à notre empereur un petit livre aussi extraordinaire que la manière dont je l'ai trouvé dans la boue, tombé apparemment de la poche d'un officier français tué à la bataille d'Aspern, six mois après. Il a pour titre *Derniers conseils et Testament politique d'un ministre de Léopold Ier*. Il y a tout ce que Napoléon a fait cent ans après, et son portrait, en traçant les moyens qu'il a pris pour y réussir, extinction des électeurs, de la puissance temporelle du pape, etc. J'y ai ajouté quelques feuilles sous le titre de *Derniers conseils et Testament politique d'un feld-maréchal de François Ier*. Je ne sais pas s'il lira tout cela et ce qu'il en dira. N'importe : j'ai satisfait mon zèle pour lui et pour sa monarchie.

*

Mon enfant vit toujours, sa mère vient de me le dire. Il faut avouer que je suis un malheureux père. On dit que c'est une fille et qu'elle s'appelle Adélaïde ; aussi elle me coûte 30 florins chez sa nourrice, c'est bien cher.

*

An 1810.

Voici à la fois les deux plus violents chagrins que j'ai eus dans la vie, aujourd'hui second dimanche du carnaval 1810. On se doute bien que ce n'est pas pour moi, si l'on me connaît, mais pour une autre en amour et un autre en amitié.

Dimanche passé, je fis tort à ma chère Charlotte. Je la pris pour un autre masque reconduit par un beau monsieur. Nous voici raccommodés au bout de huit jours d'excuses et elle de vengeance de mes reproches mal fondés. Plus amoureux encore de sa réputation que de sa jolie personne, j'avais été bien fâché et puis bien désolé de mon injustice.

*

Venons à l'autre chagrin qu'un autre général aurait mis avant celui-ci qui n'aurait même peut-être point effleuré son âme. Les lettres de Grünne courent les rues. Je me suis laissé aller comme M. du Corbeau de La Fontaine à l'admiration, non pour moi, mais pour lui et mon envie de le justifier aux yeux de l'intrigue, de l'ignorance et de la calomnie fait son malheur.

Le prince Esterhazy était chez moi lorsque je reçus les deux ou trois premières et en était aussi surpris qu'enchanté, ce qu'étaient aussi deux ou trois personnes qui étaient chez moi. Il me les demanda pour les relire chez lui. Assez juste pour vouloir repousser l'injustice, vaniteux pour lui, insouciant pour moi, je suis assez bête pour y consentir. La preuve que c'est de chez lui (quoiqu'il ne l'avoue qu'à moitié) que les copies sont sorties pour inonder la Hongrie, la Bohême et l'Autriche (hélas! peut-être la France) c'est que M. de Hardenberg et M. de...[408] l'un par intrigue d'espion et l'autre par intrigue d'amour en ont été les premiers instruits.

Autre preuve, c'est que son adjudant ou secrétaire, ne mettant guère de prix aux copies qu'il a été chargé de faire, en avait fait une d'une invitation à dîner que j'avais placée dans ma lettre qui accompagnait encore quelques lettres du comte de Grünne.

À peine arrivé à Vienne j'appris que cela avait été jusqu'aux Français et qu'il y avait eu une rixe d'écritures entre Grünne et Stadion[409] qui lui reprochait quelques passages, mais où le premier, comme de raison, avait tout l'avantage en vérité, raison, style et mépris pour ses ennemis. Quand je vis que ces malheureuses, sublimes et intéressantes, trop parfaites, belles en style, en raison, étaient connues, j'en fis faire des extraits où il n'y avait que les faits, les dates et point d'augustes noms, pas même de ceux qui ne se sont pas, ainsi que je viens de l'écrire à l'empereur, et ayant refusé les originaux aux commères et bureaux d'intrigues comme X... et X...[410], je montrai ces copies à quelques personnes pour rire de les voir déçues de la méchante idée qu'elles en avaient.

J'ai vu bien des cours et des armées. Je ne savais pas que ce pays-ci fût devenus un bois, un coupe-gorge. Sentant l'orage gronder j'ai mis le conducteur sur ma tête ; il n'est tombé malheureusement qu'à moitié sur moi. Je l'ai senti par un terrible *Handbillet* de l'empereur[411]. Mais l'autre partie de ce tonnerre tombée sur la tête du général Grünne est bien plus forte encore à ce qu'on vient de me dire. Dieu veuille que nous en soyons quittes (lui surtout) par cela, car je craignais l'exil, la perte de mes deux compagnies de gardes, et pour lui une disgrâce encore plus considérable que celle qu'il a déjà essuyée, avant que je lui aie procuré celle-ci.

*

J'ai voulu m'étourdir sur tout cela. Je crois avoir bu deux bouteilles de vin de Champagne, mais je ne puis jamais me griser. Gare le *Moniteur*, car l'orage recommencera.

Je suis raccommodé avec ma chère Charlotte que je regarde comme la femme de César (sujet de notre brouillerie comme on a vu). Je respecte même son honneur et n'ose plus lui rien demander qui le dérange et je cours chez elle. L'amour fera ce que n'a pas pu faire le Sillery excellent de F. Palfy.

*

Autre chagrin d'ordre bien différent mais dont je me moque puisqu'il ne regarde que moi.

On vient de la part d'un créancier qui m'a fait

signer par mon inadvertance 3 000 florins au lieu de 1 000 que j'ai reçus (il y a dix ans que ce procès dure) pour faire arrêt sur mes pauvres petits meubles. Je menace de faire sauter par la fenêtre ceux qui viendront pour cela. Je veux rosser ceux qui me l'annoncent. Je m'arrête pour n'avoir pas un second procès dans un pays où l'on ne sait pas que le juste se défie de la justice et je laisse arrêter mes gages et non mon écritoire qui est le seul meuble qui m'appartienne, ainsi que trente portraits des grands hommes, mon seul avoir. C'est si bien mon unique possession que cela ne vaut pas la peine de faire un testament et d'avoir un triste notaire à ma mort : et je dirai pour mes deux petits anneaux d'or, mon flacon d'eau de miel, ma petite boîte de bois où j'ai sept ou huit pastilles de menthe : « Attrape qui peut ! »

*

Ah ! voici un billet de Trautmansdorff, notre grand ministre qui prouve que Sa Majesté s'adoucit. Je lui ai écrit la vérité, la source, le fil et l'imprudence de cette malheureuse correspondance. Il me semble qu'il m'a su gré de ce que j'avais pris tout sur moi, en demandant grâce pour celui de la confiance de qui j'ai abusé, et celui qui a abusé de la mienne. On m'écrit que l'empereur a si bien senti tout cela et apparemment aussi que ce n'était pas une entente entre la France et moi que cette publicité, qu'il avait repris ses bonnes dispositions, que « ma démarche avait été bien vue et très bien reçue ». Voilà les termes.

Comment avait-il pu croire que c'était concerté et la suite d'une cabale contre une autre cabale, l'archiduc Charles ne sait pas seulement ce que je pense et ce que je dis pendant la campagne, non pour lui, mais pour la vérité.

*

Quel triste hiver que celui-ci ; si je sors un instant de ma famille (ce qui ne m'arrive guère), c'est pour entendre des gasconnades, des mensonges, des relations à la diable de nos guerriers et les dissertations des autres sur tout cela. Mêmes propos, mêmes sots jugements ! Oh ! quel métier que celui dont j'étais fou et dont tout ceci me dégoûte ! Je sais plus que personne ce qu'on pourrait faire : mais je savais ce qu'on ferait.

Ces messieurs qui n'ont jamais vu une grande bataille, même quand ils ont fait la guerre, croient qu'on remue 100 000 hommes comme les doigts de la main. Le tapage de 100 000 coups de canon, la confusion, l'incertitude des rapports, des ordres donnés et reçus, quelque stupidité, quelque poltronnerie, le diable enfin, empêchent tout ce qu'on croit être facile quand on ne s'y entend pas.

*

Je voudrais qu'au lieu de rétablir les maudits et détestables bastions on fasse mettre en jardins pour la cour tout le terrain entre le château et les écuries impériales et la garde hongroise.

Avec une petite aile sur la droite comme celle de la gauche, une colonnade au milieu et une balustrade sur le toit, comme au-dessus de la grande salle, l'ensemble de ces trois grands immenses bâtiments, prolongés, plantés d'arbres jetés en petits groupes, et peut-être un bras du Danube qui traverserait pour vivifier la rivière de Vienne, tout cela serait auguste, salubre et économique, car on vendrait les matériaux et le reste du terrain pour y faire des jardins, mais sans bâtir ailleurs que dans les fossés, afin de ne point intercepter l'air.

*

Pourquoi au lieu de vendre les vases d'argent et les fourchettes, vrai coup de canon de détresse, la cour ne recherche-t-elle pas tous les ducats pour extirper petit à petit 8 ou 900 millions de papier monnaie, et une Caisse d'amortissement par les nouveaux impôts, pour les pouvoir tous brûler insensiblement.

*

Quel bonheur que jusqu'à notre bon archevêque bien pur et homme d'État si l'âge ne l'affaiblissait pas un peu, personne n'ait été effrayé du mariage et divorce aussi équivoque l'un que l'autre de Napoléon, de la mystification ou concubinage de Joséphine et de l'excommunication du pape heureusement mal prononcée.

Napoléon, malheureusement pour son âme et même son esprit, ne met point sa religion à l'épreuve. Pourquoi fait-il du cas de la messe et point de la confession ? C'est aussi peu chrétien que politique, car en y faisant entrer la religion seulement en théorie, il manque son but. Il a cependant assez de grâce à rendre à Dieu de sa carrière et de sa conservation au milieu de tant de dangers de tous les genres.

Il ne craint rien, pas même le Diable !

À propos du Diable, je crois que le tremblement de terre qui m'a fait dresser sur ma chaise il y a quelques jours, aller la pendule comme une folle et sonner quantité de sonnettes dans la ville, annonce la descente de Napoléon aux Enfers pour remplacer Joséphine par Proserpine. Quel homme que cet homme ! On en apprend tous les jours quelque chose. Hier, on m'a dit que le général Du Rosnel[412] a été pris à côté de lui, à la bataille d'Aspern.

De même que dans ses discours d'apparat et sa conversation il a des mots de mauvais goût et de mauvaise éducation et disparates, il a de grands mots, par exemple celui-ci. Un Crillon lui a demandé une place dans l'administration. — Comment ? lui dit-il tout étonné. Point à mon armée ? Eh bien, je donnerai votre nom à un autre.

Un autre moins piquant, assez gai. On m'a raconté que l'autre jour il avait dit : « Le métier de souverain est dur, mais si je ne m'en trouve pas bien, je ne puis en vouloir qu'à moi qui l'ai pris. » Et puis ceci quand sa sœur Murat se plaignait qu'il n'avait rien fait pour elle : « Cette drôlesse-là croit-elle que je lui ai fait tort dans l'héritage du feu roi notre père ? »

*

Quelle déconsidération ! Je suis censé avoir besoin de mes chevaux pour mon service de capitaine des gardes. Eh bien, on vient pour les saisir. Mais l'avocat qui me fait rire, en me disant que pour éviter ma prostitution, il veut se contenter d'une caution bourgeoise, s'en retourne content, parce qu'il la trouve dans mon tailleur Jetz qui se trouvant ici, par hasard, signe dans ce moment-ci pour moi.

*

J'ai dit, et prouvé bien souvent, une espèce de superstition en goût pour le merveilleux qui ne se réalise jamais qu'en mal. Voici ce que dans ce moment-ci je crains. Notre charmante impératrice diminue tous les jours de force, à ce qu'on dit. Hélas ! ils ont duré bien peu ces jours heureux de Presbourg bombardé et brûlé pour l'anniversaire du couronnement où nous étions si brillants. Eh bien, pour en revenir aux augures qui me font trembler et qu'on met toujours sur le compte du hasard, à ce même Presbourg au milieu des fêtes en 1808, et à Pest au milieu de nos tribulations, il y a eu un spectacle de fantasmagorie où après tous les morts illustres, comme Voltaire, le prince Eugène, le roi Frédéric II, des empereurs, les deux grandes impératrices du Nord et de chez nous, on a fait paraître la nôtre en figure de revenant. Voilà la première fois qu'on a montré des vivants avec le teint et l'équipage de la mort. Heureusement nous n'avons plus rien à craindre. La santé est revenue. Tœplitz lui a fait grand bien et elle en fera à l'empire pendant cinquante ans au moins.

*

Veut-on un autre genre de singularité ? Il n'y a jamais eu ici de tremblement de terre. Au dîner des bien-pensants et mal dînants tous les dimanches chez Razumoffsky, qui ont recommencé, on en prononça le nom au sujet d'une lanterne qu'on allumait. Le véritable tremblement de terre que nous avons tous senti, dans toute la ville et qui a fait danser ma chaise et mes pores, arriva une demi-heure après.

*

Autre événement aussi extraordinaire dans le même genre, à dîner, à Tœplitz, en revenant de la faisanderie de Prostau, où j'avais vu près d'une route des pièges en fer pour attraper les renards par la patte. Je dis : il est bien heureux que quelque curieux n'y soit pris et il faudrait bien du bonheur pour que le fer emboîtât assez le bas de la jambe pour qu'elle n'en soit pas cassée. Au même instant que je faisais cette phrase, cela arrivait à la comtesse de P***[413] dont le joli pied échappa, parce que, précisément, cette espèce de collier en fit le tour. L'embrassant assez rudement il lui fit pourtant un peu de mal, et je la trouvai couchée lorsque j'allai chez elle en sortant de table.

Quelle analogie y a-t-il entre une idée qui n'était venue à personne et le fait pour ces deux histoires ? D'où cela vient-il ? Est-ce pressentiment pour une chose indifférente ? Supposé qu'il y en eût pour des accidents, ce n'en était pas le cas, puisqu'il n'y en a pas eu ; que de choses étonnantes dans la nature ! que de secrets dans l'organisation, la dépendance des ressorts, leur détente, et tout ce qui a rapport aux rêves où il n'y a que des contrariétés et aux airs qu'on chante machinalement sans le savoir et sans en avoir la volonté.

*

Voici ce 15 février l'époque la plus singulière, la plus inouïe, etc. (on connaît la phrase de Mme de Montpensier), Berthier nous est annoncé pour venir demander l'archiduchesse Louise pour l'empereur des Français. Celui de l'Autriche se couvre de gloire en la lui accordant, car de surmonter ses justes ressentiments pour le bonheur de son pays, le soutien de sa maison, le rétablissement de ses finances et la paix éternelle est la plus grandes des victoires. C'est la plus difficile car Napoléon n'en remporte que sur ses ennemis.

Voici ce que je sais sur ce qui a précédé. Il tint à Schönnbrun, quelques jours avant la paix, un grand Conseil de guerre qui pouvait bien en porter le nom, car ses quatre maréchaux lui conseillèrent d'achever la dynastie autrichienne ainsi qu'il avait dit qu'il le ferait. Napoléon rêva un petit moment à tout ce qu'il venait d'entendre et se levant tout d'un coup il leur dit : Non, messieurs. Je veux que cet empire-ci existe, et j'ai mes raisons pour cela. Comme on ne peut deviner ni concevoir cet homme-là, personne ne pensa à ces dernières paroles.

*

Voici des *on dit*. On prétend que Joséphine et son fils ont été les premiers à lui faire entrevoir l'utilité et la possibilité d'avoir notre archiduchesse, mais que ne croyant pas à la dernière de ces deux choses il s'était assuré d'une grande-duchesse qu'on lui a accordée et qu'il n'en a seulement plus parlé ni écrit à cette cour depuis qu'il est sûr de la nôtre.

Je ne puis pas assurer du jour qu'il l'a été. Mais voici ce qui s'est passé de ma connaissance, puisque j'y suis peut-être pour beaucoup.

Le jour de l'an, étant avec les officiers de mes deux compagnies de gardes chez notre grand maître le prince de Trautmansdorff il me dit, nous en étant un peu éloignés : « Puisse cette année-ci être plus heureuse que l'autre. Il n'y aurait qu'un moyen, ce serait un mariage. — Eh ! bon Dieu, lui dis-je, de qui et avec qui ? — Napoléon avec l'archiduchesse. — Jamais il n'y penserait. Jamais François ne la lui donnerait. Quelle colère de l'un ! Quel ressentiment de l'autre !

— Que diriez-vous si je vous apprends qu'aujourd'hui je tiens de la bouche de Sa Majesté que sans faire des avances pour cela il y consentirait ? »

Je crus entendre dans l'instant ce qui me procurait cette confidence. C'était pour que j'en fasse une qui constaterait la vérité de l'intention de notre empereur. L'une et l'autre furent remplies.

J'allai tout de suite chez M. de Narbonne qui passait par ici pour aller à son commandement en Illyrie, qui depuis trente ans est mon ami, et ce qui vaut mieux encore, un des plus aimables hommes qu'il y ait jamais eu. « Bon, excellent, parfait, me dit-il. Lisez la lettre que j'écris à Fouché, duc de je ne sais quel nom. Je lui rends compte d'une conversation que je viens d'avoir il y a une heure avec Metternich qui m'a permis de la lui écrire par le courrier qu'il envoie à Paris à Schwartzemberg. Mais ce que vous me dites est encore plus positif. — Pour que cela paraisse tel, je veux que votre empereur l'ait de deux part. Je vais vous écrire comme si c'était de ma chambre à la vôtre. Voici à peu près ma lettre : « Que direz-vous, mon cher Narbonne, d'un homme frivole ou blasé sur les affaires générales et assez effacé pour ne jamais être employé et qui va faire dans ce moment-ci, le bonheur de l'Europe ? L'homme le plus considérable de la cour vient de me dire, comptant bien sur mon indiscrétion vis-à-vis de vous, que notre empereur donnera sa fille au vôtre s'il la demande.

— Puis-je vous trahir et envoyer cette lettre à Metternich pour la mettre dans la mienne à Fouché ?

— Très volontiers. Je me comprends tant qu'on veut, et si je m'y suis laissé aller ces jours-ci pour l'honneur de Grünne que j'ai voulu justifier, à plus forte raison pour celui de la monarchie. D'ailleurs je me tire de tout. L'empereur que j'ai vu, il y a quelques jours à un petit incendie à la cour où je m'étais rendu avec mes gardes, me paraît avoir tout oublié et m'a parlé comme à un autre.

— Vous me rendez le plus grand service et à nos deux pays.

Et je réponds : « en vous trahissant, à la confiance de Metternich que je confirme par là dans l'opinion qu'il a de celle de l'empereur. »

— Oui, mon cher Narbonne, car pour assurer le résultat de quarante victoires de votre homme qui a tout détruit sans rien fonder jusqu'à présent, il a besoin d'appuyer son édifice bâti dans le sable contre le vieux mur d'une illustre maison, ou, si vous l'aimez mieux, nous sommes un trône respectable mais desséché qui reverdira avec l'arbre mince et haut planté dans un terrain mouvant, qu'il garantira du vent qui pourrait le déraciner.

Enfin, voilà qui est fini, ou si l'on veut qui commence.

*

Nos fêtes se préparent. Nous allons voir ce qu'on appelle le prince de Neufchâtel et malheureusement de Wagram, dont je voudrais qu'il laissât le nom à la frontière.

J'écrirai le 8 de mars tout ce qui se sera passé jusque-là.

Celui-ci dira peut-être souvent à la jeune épouse qui le dit à une fille d'ici qui me l'a raconté : *Vite, vite, dépêchez-vous*. Il se dépêchait lui-même et ensuite restant dans une attitude très gênante pour elle, il avait l'air de penser à tout ce qu'il préméditait.

On n'ose plus dire du mal de lui. La Cour l'observe et s'observe elle-même, surtout l'impératrice qui sait unir la malice avec tant d'esprit et qui met de la grâce en tout, comme par exemple, avec l'ambassadeur de France qui ne revient pas de l'étonnement de son amabilité. Je ne sais si j'ai déjà dit qu'elle met une partie de son esprit à en cacher la moitié. Voilà ce qu'il faut pour réussir...

Je crains que sa force ne vienne de sa faiblesse, car sa fièvre presque continue l'a tellement épuisée qu'il n'est pas naturel de parler autant, sans pouvoir marcher, et de montrer tant d'activité de tête et de caractère.

CAHIER XL

An 1810.

Quel honneur à Metternich de sauver l'empire par un mariage ! Nouveau Kaunitz ! Celui que l'ancien avait fait n'empêcha pas le partage de la Pologne, la paix de Teschen, ni la révolte des Pays-Bas. La France notre alliée, et point notre amie, s'opposa à nos entreprises contre les Prussiens, les Russes, les Bavarois, l'empire, les Hollandais et les Turcs.

Malgré les agents de la fierté ou de la haine, ou de la rancune, ou de la gourmandise et d'espionnage, ceci a réussi je ne sais comment. Il n'y a que quelques pauvres femmes sans tête qui en pleurent ou qui en enragent, moitié par la prévention qui était à la mode, moitié par air, pour être piquantes et citées...[414].

Gare la Légion d'honneur dont les rubans ne nous en feront pas beaucoup.

*

Enfin, voilà les fêtes passées. Le prince de Neufchâtel a fait sa demande à merveille. On lui a fort bien répondu. Esterhazy et moi, à côté du trône de l'empereur, nous étions les seuls ; et sommes restés de même un demi-quart d'heure jusqu'à ce qu'on ait fait arriver l'archiduchesse Louise, à qui le prince de Neufchâtel, qui était resté au milieu de la salle, vis-à-vis de nous, fit aussi son compliment.

La renonciation se fit un autre jour, avec la solennité accoutumée, comme pour Anne, Marie-Thérèse et Marie-Antoinette d'Autriche.

Les dîners chez l'archiduc Charles, où j'étais du

très petit nombre de généraux, et chez le prince de Neufchâtel[415], se sont passés à merveille. De temps en temps bonne conversation militaire.

L'air d'une antique splendeur servait à la destruction d'anciens usages, une vieille habitude de cour surnage au-dessus des événements. Une puissance même éteinte fatigue le temps. Les Français ont admiré nos restes de magnificence et de grande noblesse. Ils ont trouvé seulement qu'on faisait trop de bruit et qu'on ne respectait pas assez la famille impériale. Chez eux, cour de parvenus où il n'y a qu'un éclat emprunté au lieu de la solide splendeur dont j'ai déjà parlé, où tout est moussé et échauffé de cérémonies, ce n'est pas le souverain qu'ils respectent : c'est le grand homme, grand général qui leur en impose ; et peu faits pour la réflexion, ils ne savent pas en saisir les nuances. Cette criaillerie de synagogue, à la vérité, de nos antichambres ne vient pas du manque de vénération, mais de ce maudit idiome allemand qui nécessite un ton et des manières de parler grossières, comme par exemple, parmi les femmes de se tutoyer.

Un *Dû* qu'une jolie Autrichienne envoie à une autre, d'un bout de salon à l'autre, la déforme à mes yeux. La gravité de la langue espagnole en avait donné à notre cour depuis Charles Quint jusqu'à François Ier. Celui-ci y avait apporté la langue de son pays et la politesse en même temps qui existe encore un peu dans les restes de Marie-Thérèse et de Joseph II. On s'est remis à l'allemand sous ce règne-ci où l'on a tant perdu dans tous les genres, surtout de l'aménité, société, hospitalité, générosité, etc.

Lecteurs posthumes ! pardonnez-moi cette petite digression très philosophique.

*

Quelques maladroits de la cour ont mis dans nos spectacles, redoutes, cérémonie des épousailles, banquet, fête de nos quatre ordres, dans nos habits, un peu de confusion, mais elle n'a pas été remarquée par les étrangers. Il y en a eu trois plus essentielles dont tous les mauvais esprits qui, pour avoir raison, sous prétexte de nous aimer, désirent que le mariage n'ait point de bonne suite, espèrent tirer parti.

1. L'archiduc aurait dû aller jusqu'à Brannau complimenter la reine de Naples, au lieu de s'arrêter aux presque frontières où s'est faite la remise de la princesse et l'échange des deux cours ;

2. On aurait dû faire des présents à celle de France, puisqu'on en a faits à la nôtre qu'on a doublée sans le dire, puisqu'il ne devait y avoir que six dames du palais ;

3. On aurait dû faire expliquer l'accompagnement de la grande maîtresse Lazansky[416] qui devait ou ne devait pas aller jusqu'à Paris. Elle est revenue hier de Munich et, depuis une heure après son retour jusqu'à présent qu'il est dix heures du matin, ce 24 mars, j'ai entendu, de toutes les classes, les plus sots propos de commérages des uns, de bêtise des autres, d'inquiétude des indifférents et de malice des gens dont j'ai déjà parlé. *Il n'y a pas de plus mauvais augures*, disent ces différents genres de personnes ridicules ou dangereuses, *Cette archiduchesse sera malheureuse ; tout est dit ; les Espagnols ne sont pas si mal qu'on pense ; les Anglais sont à Madrid.* Sans la prudence de Metternich qui heureusement est à Paris, tout serait perdu et l'on ne tirerait pas parti du terrible parti que les circonstances ont obligé de prendre.

*

An 1810.

Mon enfant, ce cher enfant vient de mourir! Mlle sa mère vient de me l'annoncer en pleurant, et nous réglons nos comptes pour l'enterrement. Je lui dis: « Songez que la sage-femme a coûté 70 florins, le baptême 7, la nourrice 90, et puisque la terre couvre à présent votre faiblesse et mon crime, il ne faut pas les rappeler par un beau spectacle à la paroisse. » Elle me le promet. Elle a fait faire le plus joli cercueil du monde, couleur de mahoni. On disait: « On voit bien que c'est la bâtarde d'un prince. » Et en rubans couleur de rose dont elle a été entourée et petite procession de petites filles que la maman y a fait venir pour accompagner la mienne, elle vient encore de me coûter 80 florins. Comptez, mes chers lecteurs, ce que cela fait et dégoûtez-vous d'avoir des enfants naturels.

*

Je sais très bien lire, écrire, parler, entendre et ordonner en allemand, mais dans mes *Meldungen*[417] à Loudon, entre autres, que je faisais sans le secours de mes aides de camp, il y avait des fautes de construction ou quelquefois de termes. Il n'était pas rieur et les deux fois qu'il a ri dans la campagne de 1778, c'est un jour que ne croyant pas qu'il y eût, malgré ce que je lui disais, une décharge générale sur nous d'un bataillon prussien derrière un abattis, il nous vit abandonné de notre suite; et l'autre jour qu'il lut dans mon rapport *ich wende seyn Morgen in meinen Vorposten in Spitz des Tags* au lieu de *Anbruch des Tags*[418].

L'ai-je déjà dit peut-être ailleurs?

*

Quoique le mois de juillet ne soit pas encore tout à fait passé, il me semble qu'il s'est déjà passé assez d'événements depuis six semaines que je suis à Tœplitz pour en rendre compte aux amateurs de mes *Posthumes*.

*

An 1810.

Depuis un mois que l'impératrice y est, il n'y a pas eu un quart d'heure où elle n'a plu à tous ceux qui même n'ont fait que la regarder. Pour ceux qui en approchent, ils en perdent la tête. Il est sûr que sa jolie mine aussi fine que son genre d'esprit qui y est empreint, sa gaieté ou son obligeance dans ce qu'elle fait ou ce qu'elle dit toujours d'une manière neuve ou distinguée, son égalité, son joli son de voix, sa grâce dans son parler et son regard sont au-dessus de toute expression. Depuis les plus hauts personnages qui la voient jusqu'aux plus petits dont on lit les noms dans la liste des bains, il n'y a personne qui ne voulût l'avoir de sa famille ou de sa société. Elle a la plus jolie petite majesté du monde et de la dignité sans qu'on s'en doute.

Quand quelque importun ou importune approche d'une de ses oreilles avec confiance pour lui faire une espèce d'accusation ou de rapport sur l'un ou sur l'autre, rien n'est perdu devant elle. Elle s'aperçoit très bien de la mesure qu'on a plus ou moins et de la discrétion dans la manière de chercher à lui parler, ou de se retirer à propos pour ne pas l'obliger à continuer la conversation. À table, elle trouve moyen de la rendre même piquante. Elle raconte à merveille. Hier, au milieu de gros calembours, même allemands, que Lignowsky lui faisait à bras raccourcis, dont on ne peut quelquefois s'empêcher de rire ; en disant qu'elle ne les entendait pas, elle s'est amusée pour voir si nous n'entendrions pas non plus, à nous faire deviner des charades, des énigmes, des rébus, et tout ce qu'elle appelait elle-même des bêtises. Et, devinant tout depuis les choses les plus intéressantes jusqu'à ces espèces de jeux d'esprit et devinations en douze questions ou en différences, ressemblances, ou mots à chercher dans une histoire, elle est réellement étonnante.

*

Nous jouons la comédie pour elle, une fois par semaine. Hier j'y ai eu beaucoup de succès dans le rôle de La Fleur des *Ricochets*[419]. Cela nous amuse aussi. Il n'y a pas la moindre gêne les deux heures qu'elle est le soir, à la salle ou au jardin. On s'associe comme on peut de temps en temps. Elle n'est pas gênée non plus, car je crois qu'elle aime assez à être regardée et appréciée. Christine en est souvent pour une heure de canapé à ses côtés, où elle rit souvent comme ailleurs, quoique lorsqu'elle s'y est logée elle prétend que la position est embarrassante.

Chaque jour, accoudée sans s'en apercevoir, elle est plus à son aise et l'impératrice apprend à connaître en elle le genre que nous aimons.

*

Mais nous voici tout d'un coup atterrés par l'affreuse nouvelle de l'horrible catastrophe du bal du prince de Schwartzenberg, notre ambassadeur à Paris. Pauvre Pauline, sa belle-sœur ! Que n'a-t-elle pas souffert soit des lustres tombés sur elle, soit des flammes qui ont consumé tant de charmes et de qualités ! Cela étouffe ! Je la vois, surtout la nuit, toute en feu ! J'entends ses cris[420].

*

Loin de m'en remettre, mais distrait par un événement extraordinaire dont je rendrai compte plus tard, j'apprends la mort de la reine de Prusse. La beauté, la bonté, l'amabilité sur le trône viennent donc de disparaître. On se souviendra de ce que j'en ai dit et des raisons que j'ai eues de l'aimer. Je me faisais illusion en la voyant. Je croyais que c'était la reine de France.

Quel mois horrible que ce mois de juillet ! Ces deux malheurs dans dix-neuf jours !

*

Et un roi qui ne m'intéresse pas autant, mais qui pourtant me fait de la peine. Voici ce que j'ai promis de raconter.

Un étranger, sous le nom de M. de Saint-Leu, se trouve sur la liste des bains. On ne sait ce que c'est. Il passe pour un aventurier. Il a un passeport hollandais signé du roi de Hollande. Il se trouve que c'est le roi de Hollande lui-même[421] qui, après avoir abdiqué, est parti le 3 de ce mois d'Amsterdam, bien en cachette, craignant que ses sujets, dont il est adoré, ne s'y opposent et n'en viennent aux armes avec les Français qui, tout doucement, prenaient possession de son pays.

*

« Vous et votre frère Lucien, lui disais-je tantôt, vous avez trouvé le seul moyen de jouer les plus grands rôles après celui de Napoléon que personne n'égalera jamais. Vous, monsieur (en me gênant, car sa belle action m'inspirait le désir de lui dire : Sire), par votre délicatesse et fidélité à vos serments et vrai patriotisme batave, et Lucien par sa philosophie. Il est presque plus beau à vous de quitter une couronne qu'à lui de n'en pas accepter. »

*

Au lieu de pleurer le malheur de ceux que Napoléon a faits malheureux, je pleure son bonheur, car celui de se passer tant de fantaisies, diminue sa gloire. J'ai tant de plaisir à admirer. Il serait mon idéal. Pourquoi réunir la Hollande, subjuguer et tourmenter l'Espagne ? Il devait se contenter de régner indirectement sur le monde entier. Nous verrons comme ceci va se débrouiller. Ce petit ex-roi a en bonté, douceur, sincérité, intérêt dans ses beaux yeux, tout ce que Napoléon y a de génie et de grandeur militaire et politique. Il a écrit aux deux empereurs pour avoir la permission de passer sa vie dans les États du nôtre.

*

En attendant, il y a encore d'autres scènes tragiques ici. Nos officiers se battent avec les officiers saxons pour une place dans une écossaise. Il y a déjà des balafrés. Il y en aura davantage. Les Saxons prouvent bien qu'on les appelle avec raison les Gascons de l'Allemagne. Ils se donnent des airs qu'on ne souffrira pas. Tout ici aura de terribles suites.

*

C'est dommage car l'on s'amuse. Il n'y a jamais eu, comme à présent, deux ou trois promeneurs bien tournés sans compter huit ou dix jolies femmes qu'on rencontre déjeunant ou assis sous les beaux arbres.

*

Voilà l'impératrice partie. J'en suis bien fâché. Et le monde qui diminue. J'en suis fâché. On se bat. Des malveillants, médisants, sans autre intérêt que celui de la méchanceté ou l'amour des événements que tant de gens apportent en naissant allaient faire du tort au prince Bernard de Weymar[422]. Il s'est bien montré dans une petite affaire qu'on lui avait suscitée. Il a mis le sabre à la main et ne demandait pas mieux que de continuer lorsqu'on est venu le séparer. L'espèce de baron de Rochner en a été content. Que veut-on de plus ? J'y ai pris d'autant plus de part que le duc que j'aime bien tendrement, et qui m'aime aussi de tout son cœur, était absent pour quelques jours et je désirais que tous les commérages d'hommes et de femmes là-dessus fussent finis avant son retour.

*

Comme je l'aime ce duc qui me le rend bien ! Qu'il est bon ! Qu'il est aimable, comme il s'amuse de tout. Je prétends que c'est Démocrite de même que le duc de Dessau[423], aussi un excellent homme, est Héraclite. Ils se remplacent chez moi tous les matins sûrs de me trouver dans mon lit après avoir baguenaudé dans la rue, car je les appelle des illustres fainéants. Ils ne le sont pas chez eux car ils s'occupent sans cesse de faire le bien.

*

Ne voilà-t-il pas que le farouche Napoléon, au lieu de ne s'occuper que de sa gloire, de ses plaisirs, de l'hymen et de l'amour, mû par une sorte d'amertume corse, fait publier un article contre Boldoni, et puis huit jours après contre S... Il faut que je m'y trouve mêlé.

On dirait qu'il a voulu réparer son reproche d'excessive légèreté par un éloge sans fin qu'il fait ou permet ou ordonne à une autre feuille de faire de moi et de ma belle carrière en tous les genres. Quel homme extraordinaire en tout ! Il faut lui pardonner bien des choses en raison des grandes et quelquefois bonnes qu'il fait.

*

Hélas ! il n'y avait pas eu assez de malheurs dans cet affreux mois de juillet, car la maladie et peut-être plus encore de la princesse de Solms en est une suite. Des coussins de sa sœur la reine qu'elle embrassait après sa mort, qu'elle couvrait de fleurs et de baisers, jusqu'à ce qu'on la lui enlevât pour l'enterrer, sont l'effet de l'exaltation de cette maudite littérature allemande et des conversations des extravagantes du nord de l'Allemagne.

*

Mme de***[424] qui est ici et assez aimable est jalouse de Mme de Lustzow plus jolie encore et ne trouve pas que Mlles[425] le soient. Il n'y a rien de beau comme elle, je le soutiens. Elle se fâche. Cela m'amuse tous les jours. Une autre demoiselle me console physiquement de mes amours moraux. Nous allons quelquefois faire un petit tour de jardin après le spectacle. Sa femme de chambre me paraît avoir la vue basse ou bien distraite ou complaisante.

*

Mais que je traite un article plus sérieux. Je ne me souviens pas d'avoir parlé jamais assez dans *Mes Posthumes* de la créature la plus parfaite en figure, esprit et caractère qu'on puisse rencontrer. Fille de mon bon Charles, elle lui ressemble pour quelques traits dans la figure, la promptitude et la justesse de ses aperçus les plus plaisants et pour tout plein de choses qui me font rire et pleurer à la fois.

Quoique assez légitimée par la fin glorieuse de son père et par mes larmes, j'ai cru qu'elle devait l'être tout à fait par un décret de l'empereur.

Christine ou Titine, premier nom de son enfance, s'appelle Mlle de Ligne. Elle a déjà été recherchée en mariage et en amour avant ceci par plus de vingt passionnés pour elle, car elle l'inspire par de la beauté, de la gentillesse, du sérieux, du comique, du touchant et de la singerie.

Un joli petit comte Sobotzski, qui ne s'y attendait pas, s'est mis à l'aimer. Il m'exprima le désir de la voir. Celui qui nous l'avait fait connaître m'engagea à le présenter à la famille. De la rue sa jolie le fit passer au salon et du salon à la chambre où il répéta l'aveu de son amour, et déjà ensorcelé par ce commencement, l'opéra qu'il joua avec elle l'eut bientôt achevé. La gaieté, la finesse, les caprices de ces deux jolis personnages pouvaient les attacher, mais elle a une si bonne tête. Qu'est-ce que cela deviendra ? Rien, si cela ne nous convient pas.

Le grand maître qui s'en est aperçu et connaissant le jeune homme, à qui j'ai déjà remarqué tous les genres d'honneur et de délicatesse, conseille le mariage. L'archiduchesse paraît s'y intéresser et moi aussi beaucoup en vérité. Ils dîneront et souperont chez nous à Vienne tous les jours comme le reste de la famille. Ils logeront chez la mère Sobotzki.

Eh! mon Dieu, il faut si peu pour vivre! Un bon lit est tout ce qu'il leur faut.

Eh! bien tout est fini. Le pauvre jeune homme. Une mère, un tuteur et des grands enseignes. Il n'y a pas moyen[426].

*

Ai-je déjà écrit dans ce cahier, car je n'ai le temps ni la force de me lire, ce qui m'est arrivé avec Mme de Pachta[427], celle dont je dois avoir parlé dans d'autres cahiers, que j'ai adorée ici à Tœplitz il y a quinze ans, qui me le rendait bien, et de chez qui l'on m'arracha tout en larmes pour me jeter en voiture.

M'ayant quitté deux ans après nos amours pour l'amitié, disait-elle, le sublime de la philosophie, la pureté de la morale et la métaphysique de Kant, la physique et la physique expérimentale d'un sot professeur de Prague qui lui expliquait tout cela nous a éloignés pendant treize ans. Les billets dont elle parle dans le sien, ne sont que des cartes de visite que je jetais à sa porte en passant toutes les fois à Prague, essayant de la trouver assez raisonnable pour me recevoir et parler de l'ancien temps.

*

Comme je n'en veux jamais à personne et que je crois qu'on est de même à mon égard, j'oublie même les torts que je puis avoir et me présente avec tant de confiance et une espèce de bonne conscience que Mme d'Eybenberg[428] disait l'autre jour que j'étais un demi-Bayard, chevalier sans peur mais non sans reproche.

C'est ainsi qu'apprenant hier que cette Mme Pachta venait d'arriver à Tœplitz, je quitte le spectacle à huit heures et demie pour l'aller voir. Deux heures du matin n'étaient pas une heure indue il y a quinze ans et je ne pouvais pas croire que celle-là le fût pour ce temps-ci. J'entends une voix d'assez mauvaise humeur et une voix d'homme qui me demande qui je suis et ce que je veux. Je crois que je me suis trompé de porte et que peut-être ce professeur laid et dégoûtant, qui lui ne s'était pas trompé de porte, était dans la chambre de l'ancien objet de mes amours et je me retire tranquillement pour ne pas déranger les siens.

« Quel plaisir, dis-je alors, nous aurons demain à nous revoir. » Le matin, je reçois un billet de cette écriture si chère jadis à mon cœur et dont j'ai encore un morceau de lettres. Je suis prêt à la baiser et voici ce que j'y trouve :

« Votre visite d'hier était une impertinence pour laquelle il faut avoir un front pareil au vôtre pour oser la tenter. Si je ne puis plus jouir de la tranquillité que la loyauté du seigneur de cette terre accorde à chacun qui vient y séjourner, je saurai me servir du droit de maîtresse de ma chambre pour vous faire passer l'envie d'y mettre les pieds ou de me poursuivre par billets. Votre noble effronterie s'en trouvera mal, je vous en réponds. »

Signature : comtesse de Pachta, née Fanny de Canade. Tœplitz, je crois que c'était le 1er ou 8 septembre.

Ce billet que je me pressai de communiquer à tout Tœplitz en fait encore la joie tous les jours et il en a eu, je crois, deux cents copies. La bonne dame, qui est sortie une fois de chez Mme de Grothus[429] au moment que j'y entrais, est partie. Elle m'a paru vieille de taille, mais bien encore du peu de visage que j'ai aperçu sous son chapeau. Le très aimable prince Georges de Mecklembourg-Strelitz me dit : « À onze ans, j'ai été amoureux de cette femme belle alors comme le jour. » Je lui écrivis sur cela de sa part une lettre, contrefaisant bien toutes les écritures, comme si elle était fâchée de ce qu'il avait dit. Il en fut assez la dupe pour lui répondre là-dessus, mais ce qu'on ne peut empêcher, les rides des complices des perfidies, l'en instruisirent.

*

Voilà trois femmes qui, cessant de m'aimer à la folie (ce qui n'en était pas une) sont devenues folles. La jolie, charmante petite[430] à Prague qui se cachait derrière son rideau, riait, pleurait quand j'ai été la voir dans le couvent où elle était enfermée et une troisième qui se porte trop bien pour que j'ose la nommer. Sa folie, à celle-ci, est plus fâcheuse car elle fait enrager tous ceux qui ont le malheur d'en approcher et à plus forte raison ceux qui en dépendent.

*

Voici un autre événement. La princesse Lubomirska, fantasque pour tout Vienne, ne cesse de l'être que pour nous. Comment faire ? Ne pas lui rendre plaisirs, amitiés et procédés ? Cela est impossible. Mais voici le diable. Son Benjamin Henry s'est assurément conduit comme un sot dans les affaires de Pologne. Tout le monde lui tourne le dos. On voudrait qu'il ne fût pas reçu au château, mais ce serait faire de la peine à la princesse qui ne le mérite pas. Et puis qui se serait peut-être mieux conduit à sa place ? Cela n'était pas si aisé ! Et qui d'ailleurs est sûr qu'on ne l'a pas accusé à tort ?

*

Le duc de Weymar qui, chaque fois que nous nous rencontrons, donne et reçoit une couche d'amitié de plus, car on ne peut pas le voir sans s'apercevoir qu'elle augmente, vient de partir. J'en suis désolé.

*

Le prince Henry de Prusse part aussi. Mais on s'en console. Il est beau et bon, mais si taciturne qu'on est réellement à en étudier la raison. Est-ce parce qu'il bégaye quelquefois le peu de paroles qu'il dit ? Est-ce faute de comprendre ? Pour le faire parler je lui dis hier dans la rue : « Comment trouvez-vous cette fille-là ? — Oh ! jolie. — Voulez-vous que je vous mène chez elle ? — Oh ! je le voudrais bien. »

Et après l'y avoir laissé s'amuser : « Eh bien, monseigneur, êtes-vous content d'elle et de moi ? — Oh ! oui, sans doute. — Vous aimez les filles ? — Beaucoup, certainement. » (Ah ! quel homme ! quel homme !)

*

À propos de filles, la petite marchande de joujoux d'enfants fait une fois par semaine (ordinairement le vendredi) joujou avec moi, et une autre d'une classe supérieure, demi-castor, a eu des bontés pour moi dans le jardin.

*

Mais pour mon cœur il est à Mlle Évangeline Knydat dont le portrait qu'on peut voir dans mes vers est bien véritable. Sans oser prétendre à rien c'est du pur de ma part. Je ne crois pas que la reconnaissance qu'elle me témoigne aille jusqu'à me prouver le petit intérêt qu'elle prend à moi. Un cœur de dix-sept ans… Une âme fraîche comme son visage… Éducation de l'abbé M…[431] qui lui a appris fort bien le français... surveillance de son espèce de père le baron d'Essling... homme de beaucoup d'esprit et d'une excellente conversation... Enfin, elle en a elle-même assez pour avoir eu occasion de lui envoyer quelques petits vermisseaux. Le besoin d'en faire, et point le sentiment comme pour ma chère Évangeline m'en a inspiré pour Mme de Lutzow, mais c'est tout ce qu'elle peut, cette charmante petite novice que je vais aller voir à Dresde vendredi prochain ! C'est pour elle seule et le doigt de sa main que je serrerai tout au moins, me fera plus de plaisir que tout ce que j'y pourrais serrer encore par une suite de l'indulgence qu'on a quelquefois encore pour moi.

*

Le célèbre Gœthe est ici aussi. Voilà encore une occasion de lâcher quelques vers que sa gloire et son amitié m'inspirent.

*

Je donne pour cela, pour servir à l'éducation de son fils, ma soixantaine de portraits de grands hommes. Si on parvient à lui en faire connaître l'histoire, peut-être que cela lui sera utile, et au service, quand même on ne pourrait lui apprendre que cela, et je veux qu'ils soient tous placés dans un cabinet à cet usage. Pour ce que j'ai dans mes poches, attrape qui peut !

*

Je reviens au courant de ma journée. Il y a tous les soirs trente ou quarante personnes à souper au château. Cela a bon air et est fort agréable.

La famille de Rode est d'une très bonne société.

La princesse de Solms va y rentrer des portes de la mort à qui le docteur Ambrosi l'a arrachée par sa science et plutôt encore par sa prudence.

Il y a quelques talents. On chante, on dessine. Charles Clary entre autres à merveille, et qui, outre son esprit et son goût, a apporté de ses voyages plus d'aplomb, une bonne conversation et l'art d'écouter.

*

N'ai-je pas dit qu'on vole ici tous les jours ? À trois heures du matin on a pris deux montres sur la table de nuit de Christine et puis chez le duc de Weymar et chez Mme d'Harrach, nos voisins, car nous avons logé dans le *Fürsten Hauss* lorsque l'impératrice habitait le château. La police qui ne sert dans tous nos pays ainsi qu'à Vienne, qu'à avertir un ministre qu'on a dit la veille à souper qu'il était une bête, ne cherche pas seulement à prévenir, poursuivre et punir les voleurs.

*

Il y a eu trois duels. Il devait y en avoir encore autant. On s'est cherché, on ne s'est pas rencontré. Quelques friponneries où l'on joue comme à tous les bains et enfin ce qui y est d'usage. Le spectacle assez bon. J'y vas toujours, parce que je ne suis chez personne, personne n'est chez soi. Je pense ce que je veux et ne parle à personne ainsi qu'à Pest l'année passée.

*

Eh bien, voilà qu'à présent, comme une volée de pigeons qui quittent le colombier, ou plutôt des hirondelles qui s'envolent à l'automne, plus de cent personnes de la société qui partent dans l'espace de deux ou trois jours. Plus une seule des cinquante qui étaient tous les soirs au château.

La famille de Rode entre autres... C'est dommage, Mlle Adélaïde, la petite-fille, est une des plus grandes beautés qu'on puisse voir. Une autre beauté peut-être, même supérieure et plus agréable, nous reste: Mlle Saaling, sœur de Mme de Frohberg jadis Friedlander Salomon[432] qui fait des romans dont on dit beaucoup de bien, très jolie, ne faisant point de l'esprit, car elle en a beaucoup, du bon, du simple et de l'aimable. Il me semble que je l'aime tous les jours davantage... Elles confirment mon goût pour les juives. Leur excellence conversation, les soirs, et la chasse, le matin, me dédommagent de ce que j'ai perdu en grands ou petits sentiments de cet été-ci. Si celui qui commence ne réussit pas, tout en s'augmentant comme je le prévois, il ne m'en restera qu'un très subalterne.

*

J'aime à la folie Mme de*** et j'admire sa sœur pour sa figure. Hélas! elles vont partir ces belles Israélites. J'ai fait préparer un bateau à Aussig pour les mener à Dresde, puisqu'elles s'en retournent à Berlin. Mais voilà un élément conjuré contre moi. L'eau nous manque. Il n'y en a pas assez dans l'Elbe. Eh bien! nous irons par terre[433]...

*

Voici une belle affaire qui est venue faire diversion à ma triste et déchirante pensée de toute la journée, car c'est l'anniversaire du seul malheur de ma vie, mais assez fort pour être dispensé d'en avoir d'autres, la perte de mon bon, brave et malheureux

Charles. *Le 14 septembre,* mon valet de chambre Louis a dit je ne sais quoi en passant qui a déplu à sept ou huit officiers qui l'ont poursuivi à coups de bâton jusque sous les fenêtres du château. Comme ils ont déjà eu quelques histoires dans ce genre-là et comme ils se battent très légèrement entre eux, je leur ai dit que je n'aimais pas leurs petits coups de sabre et leurs grands coups de bâton.

*

Flore nous arrive de Bruxelles, Paris et Belœil où son pauvre frère, ce beau, brave et brillant Louis, est perclus et, avec la plus belle existence en figure autrefois, en richesse à présent, et en jolie femme, il est le plus malheureux des hommes. C'est un autre souvenir déchirant pour moi dans ma famille où je suis si heureux d'ailleurs. Mais enfin il vit.

Charles Clary...[434] et par conséquent trop faible, tremble de joie d'abord et puis de crainte d'être grondé par Féfé. Il aurait dû être charmé de ce qu'elle s'est amusée pendant dix mois ou plutôt ennuyée par amour de son pauvre frère. Qu'est-ce que l'amitié exigeante! La Clary, femme de mon petit-fils, aussi sensible et très triste d'une longue séparation et puis jalouse de tous ses succès à Paris pour notre empereur, puis du plaisir qu'il a eu à parcourir la Suisse l'a excusé.

*

Je reviens de Drese aujourd'hui 1er d'octobre. Je ne trouve plus la charmante princesse de Solms, toujours permanente en bonté et amabilité; la vieille princesse Lubomirska qui en a beaucoup pour nous; le roi de Hollande qui est parti pour je ne sais où, cinq ou six ennuyeux de deux ou trois femmes. Il n'y a plus personne et, dans quelques jours, nous partons nous-mêmes.

*

J'ai passé toute la journée d'hier à la cour. Mon Dieu ! que de bonnes gens, toute cette famille de Saxe ! Quelle cordialité ! Quelle bonne conversation que le roi malgré sa timidité ! Quel ennui à l'appartement ! Quelle mauvaise chère à dîner ! Quelle bonne femme que la reine causante pendant tout ce temps-là de bonne amitié ! Le prince Paul Esterhazy, notre ministre, y est fort aimé. Il est venu nous reconduire ainsi que la belle et jolie israélite Saling que j'ai nommée plus haut, jusque chez le prince Pontiatin où nous avons déjeuné et admiré les nouvelles extravagances en apparence, mais raisonnables et spirituelles qu'il a ajoutées en ruisseau, en jardins, bâtiments et inventions dans tous les genres. Quel excellent homme qui m'aime et sait par cœur les vers que j'ai faits pour lui.

*

On m'a accablé d'éloges de mes ouvrages dans mes deux voyages de Dresde et ici, par toutes les étrangères surtout, car on ne me lit je crois jamais dans nos pays. Mais quand par hasard on m'en parle ici, je dis aux uns et aux autres : je suis imprimé chez vous ou près de chez vous depuis quinze ans et vous ne vous êtes pas donné la peine de me lire. Pas six officiers autrichiens connaissent mes ouvrages de guerre et sur la guerre, et à présent que Mme de Staël si bonne pour moi et trois autres ont bien voulu me ramasser par des extraits, me voilà à la mode. Voyez ce que c'est que le jugement et les jugements. Mes *Mémoires du prince Eugène*, vrais pour le fond et mystifiés pour les conversations, ont aussi la plus grande vogue.

Adieu, Tœplitz. Adieu deux ou trois personnes intéressantes que j'y ai vues. Puissé-je vous y retrouver dans huit mois.

*

Voici ce qui m'est arrivé dans l'espace des quatre mois que j'ai passés ici. J'ai tant promis à cette charmante femme de ne point la nommer dans mes ouvrages posthumes qu'elle connaît que je ne désignerai ni le lieu de la scène, ni le mois. Seulement les lettres initiales pour qu'elle seule s'y reconnaisse tout de suite, et en même temps mon sentiment et ma discrétion. Ce sera vraisemblablement ma dernière grande aventure. Gens de mon âge où l'on parvient rarement, vous êtes bien jeunes si vous aimez, plus jeunes encore si vous l'êtes. Je suis dans ma soixante-seizième année. Je n'en conviens, comme on voit, qu'après ma mort.

Lisez-moi avec intérêt, vous que j'aime pour la dernière fois, et portez, le jour anniversaire de cette petite espèce d'aventure, un bouquet de roses d'hiver, de pensées et d'immortelles.

CAHIER XLI

An 1811

LETTRE À M. DE LA BORDE[435]

N'est-ce pas, cher Alexandre, que votre presque ou future Excellence, me permet encore ce nom chrétien de baptême, et païen d'un héros que vous vouliez imiter dans les rangs autrichiens ? Mais comme vous vous êtes avisé d'avoir du mérite, vous avez plus l'air à présent de son précepteur Aristote, sage, savant et peut-être aussi distrait que vous.

Dites-moi, car je ne sais jamais ce que je dis ni ce que j'écris, si je vous ai envoyé tout ce que je vais vous dire ?

Eisenstadt, régénéré par le prince Esterhazy, fameux par des serres où la quantité et la qualité l'emportent sur toutes les autres ; Weimar, pour les beaux et larges contours fleuris de pelouses, dessinés dans le grand genre, la maison romaine et les roches ; Wieginavitz, château si auguste en Pologne, d'Emblin, tous deux à la comtesse Mniczeck, nièce du dernier roi ; à une autre comtesse de Mniczeck, Kresavicé, dans le cercle de Przemsyl, qui réunit, par son lac et ses bosquets, ses fabriques, une partie du genre de Wörlitz et d'Ermenonville, et Frain, sur un rocher à pic sur la Taya en Moravie ; le jardin d'Orzy, près de Pest, où il ne manque [que] de belles eaux ; celui de Geymüller, près de Vienne, où il ne manque presque rien ; les temples, ruines, maisons gothiques, vieux et nouveaux châteaux, parc superbe et lacs souterrains du prince de Liechtenstein : tous sont dignes d'être ajoutés à l'ouvrage dont vous voulez bien être l'éditeur.

À propos de cela, s'il s'en présentait pour d'autres lettres que celles qui se trouvent dans le recueil qu'on va, je crois, imprimer à Weimar, je me recommande à votre amitié survivante ; c'est un beau cadre aux légèretés, imprudences et méchancetés qu'après moi on pourrait placer ; et je suis trop paresseux pour me donner la peine de soulever la pierre de mon tombeau pour m'en défendre.

On aime à présent les inédits et les posthumes. Ils sont souvent des bâtards ou des enfants mal vêtus. Il n'y a plus un comédien, un musicien, un valet de chambre dont on n'imprime les conversations, qu'on lit pour trouver du piquant qui ne se trouve qu'en noms et choses défigurées. Si je n'ai pas voulu m'amuser à être méchant dans ce monde-ci, je ne veux pas l'être dans l'autre.

Mais on m'a fait dire de mon vivant tant de spirituelles bêtises, auxquelles je n'ai jamais pensé, que ce sera bien pis alors. L'esprit de parti ou de commérage peut supposer des personnages et des phrases embarrassantes pour les survivants. Veillez-y, cher comte, je vous prie. Je suis sûr de n'avoir jamais rien écrit contre la religion et les souverains. Mais on lit de travers ; on remplit comme on peut une lettre initiale, on imagine, on interprète. Je ne sais quel sot article qu'on m'a dit avoir lu, où j'étais très pesamment taxé de légèreté. C'est une chose très ridicule de m'en accuser ; on doit en être honteux. Faites supprimer tout ce qui pourrait en avoir l'air. La postérité est à présent une ouvreuse de lettres ; il n'y en a plus de confidentielles. On est en chemise et on paraît en public. Il y a trop de morts à la Turenne à présent, trop de nouvelles et de batailles inouïes, trop de passages de rivières, trop de belles fêtes, et trop peu de bons sermons à raconter.

Mais sans pouvoir imiter le charmante négligé de Mme de Sévigné, on mettrait sur mon compte dans ce temps-ci des anecdotes plus piquantes que celles qui sont embellies par sa grâce, sans laquelle elles ne seraient rien du tout. J'aime mieux n'être rien du tout moi-même que d'être cité. D'ailleurs je n'en vaux pas la peine, car ce qui m'a fait le plus plaisir et ce qui augmente ma reconnaissance pour Mme de Staël qui a bien voulu me ramasser et sans laquelle on ne saurait pas que j'ai écrit, c'est d'avoir remarqué que j'avais l'esprit sérieux. Il faut l'avoir pour soi et ne pas le communiquer. Il n'y a pas le mot pour rire dans les réflexions que l'on fait et dont on voudrait faire part, mais je n'aime pas la mélancolie à la mode, ou le trop d'imagination pour le peu d'esprit qu'on a souvent. C'est faute d'en avoir qu'on se donne l'air de penser; et on est pensif au lieu d'être penseur. Les Grecs, les Français, les Italiens en ont trop pour être mélancoliques. Cela ne va ni à leur physionomie ni à leur langue. L'une et l'autre des Anglais sont propres à mieux et pis que cela, c'est-à-dire au sombre, que respirent leur poésie et leurs ouvrages intéressants. Ovide était triste lorsqu'il écrivait ses *Tristes* et était plus ou moins mélancolique. Horace, Virgile, Boileau et Voltaire n'auraient jamais pu l'être. Jean-Jacques était sombre comme vingt Anglais à la fois. Et c'est pour ne pas savoir prendre un vol si haut qu'on voit tous ces petits poètes mélancoliques et champêtres. Un petit gentilhomme qui a son petit château et son verger dans un fonds entouré de quelques petites montagnes de mauvaise végétation dit que son site est mélancolique. Un auteur quitté par sa maîtresse, qui l'a trouvé ennuyeux, fait, dit-il, des vers mélancoliques.

Vous n'en faisiez pas à dix-huit ans, monsieur le commandant d'escadron de Kinsky; ils étaient vers Dragons et bien jolis. Oh! mon Dieu, voilà je crois un calembourg sans le vouloir. Pardon, cher comte, et pardon de vous écrire si longuement pour vous prier de corriger ou purifier mes écritures si elles vous arrivent quand je ne pourrai plus vous embrasser de tout mon cœur.

PRÉFACE DE MES POSTHUMES

C'est une terrible chose et bien dangereuse. On se croit mort en écrivant et l'on veut au contraire être vivant après sa mort. On veut plaire, amuser, intéresser. On croit tous ses contemporains décédés le même jour et l'on va son train. On est peut-être injuste à l'égard de bien des personnes. On n'est pas bien instruit, on cède à un moment d'humeur ou d'impatience ou d'une petite rancune.

Si M. de La Borde que j'ai choisi pour mon éditeur, ou un autre qui se chargerait de l'être n'efface pas les noms qui se trouveraient compromis et quelques méchancetés échappées, je les désavoue. Peut-être que les sots dont je parle, qui en ont faites à moi ou aux autres, avaient de bonnes intentions, quoique j'ai remarqué que sottise et malice vont toujours ensemble.

J'ai peut-être jugé trop sévèrement ou trop légèrement. Je ne crois pas avoir cela à me reprocher vis-à-vis de notre Cour, car vraisemblablement j'ai dit que l'empereur ni très bon, même avec des excellents et très justes aperçus était aussi malheureux qu'intéressant et avait été mort politiquement et militairement pendant vingt ans, au bout desquels au moins à présent nous respirons.

*

Clément Metternich se conduit fort bien. Je voudrais, si l'empereur Napoléon immortel dans l'histoire mais non sur la terre, venait à disparaître, qu'on en héritât pour l'Allemagne et l'Italie, en se faisant couronner roi de ces deux pays et s'en mettant tout de suite en possession. Les petits rois et les petits souverains que ce grand homme a faits, épuisés d'hommes, d'argent, de fatigues et d'humiliation de la part des Français, deviendraient presque bons Autrichiens, ou au moins subiraient leur joug fort aisément.

On laisserait la France se chamailler ou se reposer jusqu'au Rhin, et depuis la rive droite jusqu'à la Baltique, le Niémen, la mer Noire et l'Adriatique, tout serait à nous. Les Français en auraient eu tout l'odieux et la Maison d'Autriche tout le profit.

*

Quelques personnes comme, par exemple, une dont le nom commence par un B sont converties. D'autres ont été la victime de leur fausse manière de voir. Indulgence pour les uns et pour les autres. Aucune pour celles qui ont mal jugé le procès du prince d'Auersperg. Indulgence pour l'infortuné Mack qui n'a eu de pleins pouvoirs que pour se tromper et qu'on n'a suspendu ou rétracté que pour empêcher le bien qu'il voulait faire en attaquant les Français à mesure que séparés en petits corps ils passaient le Rhin.

Point d'indulgence pour les présomptueux et les intrigants. Indulgence pour quelques généraux qui, par ordres ou contre-ordres, mauvais rapports, confusion, malentendus et des fautes de temps et de chemins et pour des courriers qui arrivent trop tôt ou trop tard, ont fait souvent des bêtises.

*

Point d'indulgence pour les établissements de bienfaisante ostentation qui dispensent d'aider la pauvre veuve du soldat, l'ouvrier sans ouvrage, le domestique sans condition, le brave militaire estropié devant qui l'on passe sans s'arrêter sur l'escalier où on les rencontre mourant de faim.

Je n'ai jamais vu les redoutes, les bals, les concerts, les souscriptions remplir leur but, soit maladresse ou malversation. Les secours pour les malheureux s'arrêtent en chemin. C'est bien pis quand l'institution est fondée sur une mauvaise base arbitraire, et pour des prétendues améliorations ou espèce de luxe en humanité aux dépens de la réelle qui élève sa voix contre celle-là.

Voici ce qui me fait faire cette sortie et on verra par la copie de la lettre que je viens d'écrire à la princesse Bagration[436] à quoi s'occupent les ridicules membres de cet établissement-ci.

Deux sots et trois commères assez bêtes d'ailleurs arrêtent nos plaisirs innocents sous le prétexte qu'il vaut mieux leur envoyer l'argent que coûtent nos habits de mascarade. Il n'y en a que trois qui coûtent à des étrangers cinq ou six cents florins qui grâce à nos papiers ne font que douze ou treize ducats. Les autres ne coûtent que des bagatelles. Voici ma lettre :

« Est-il vrai, chère princesse, que le philantrophique commérage empêche nos plaisirs innocents. Si même en changeant d'objet pour la fête la princesse Pauline ne voulant pas peut-être qu'on lui en donne, il n'y en a pas.

« J'enverrai mon habit à mon curé pour le vendre au profit des pauvres qu'on rencontre sur tous les escaliers, car avec ce qu'il m'a coûté il n'y a pas de quoi faire un oculiste, ni une ruche, ni apprendre à un aveugle à voir, à un sourd à entendre, un muet à parler, et j'exposerais un petit nageur à se noyer même dans la rivière de Vienne.

« Le profit des marchands pendant le carnaval aurait pu tourner à fonder à l'avantage de l'humanité. Je lui sacrifie votre vin de Champagne. Je ne veux plus en boire. Je n'ai de réforme à faire que chez les autres et malheureusement aucune chez moi.

« J'irai tantôt, chère princesse, recevoir moi-même votre réponse. »

*

Salomon avait prévu ce monde-ci par *infinitus est stultorum numerus* et par *omnis homo mendax.* Les fausses nouvelles des succès espagnols et anglais continuent toujours. Le mal passé s'oublie tout de suite. Le bourgeois qui, à l'illumination pour le mariage de notre archiduchesse impératrice, avait écrit sur sa porte comme je crois saint Paul autrefois : *Melius nubere quam uri* était d'un grand sens. Les autres qui croient les apôtres du Graben et du Café Crammer ne se souviennent plus du bombardement.

Si l'Angleterre avait pour deux sous d'humanité au lieu de son abominable mercantilisme, elle sauverait à Napoléon la continuation du cautère qu'a de la France son honneur, son opiniâtreté, et les braves Espagnols dont on ira baiser les pieds, par admiration pour leur énergie, quand même pour se reposer ils abandonneraient une couple de provinces pour la paix.

*

Par le dernier traité de la plus dure des politiques et l'abus de la toute-puissance qui tire une ligne jusqu'à la Baltique, Napoléon peut ajouter à ses titres de protecteur de la Confédération du Rhin et de médiateur de la Suisse, celui de tuteur du Nord.

Quel pays que ce Nord ! Rois et prince royal assassinés en Suède. Deux empereurs en Russie dans l'espace de quarante et quelques années. Comme on raconte avec plaisir et cependant toujours un peu différemment les détails de la mort du dernier ! Alexandre, aussi bon que borné et par ces deux raisons, intéressant, marchait à son couronnement (je l'ai lu dans une lettre d'une femme de Moscou), précédé par les meurtriers de son grand-père, côtoyé par ceux de son père et suivi peut-être par les siens.

Cela m'a fait venir la chair de poule : c'est du Shakespeare, c'est pis que les taches de sang sur les mains dans *Macbeth*, c'est horrible !

*

Pour écarter cette affreuse image et pourtant à propos du Nord, quelle femme adorable pour le caractère, l'esprit, la naïveté, l'amabilité, avec un air noble, simple et décent que la véritable Mme Razumoffski que je vois tous les jours !

Le nom seul du cardinal de Rohan chez qui s'est fait le prétendu mariage qui a précédé celui-ci prouve bien que ce n'était qu'une farce.

Cette femme était jolie aussi et a trouvé par là de l'appui à Pétersbourg où elle a été reconnue mal à propos. Mais on rendra bientôt justice à celle-ci. Mariée tout à fait à la luthérienne pour elle et à la grecque pour son mari, le comte Grégoire, si elle m'aime encore un peu davantage elle sera parfaite. Je lui ai défendu de me parler de son amitié. Si vous en avez, lui dis-je, prêtez-moi mille ducats. Alors, j'y croirai et cela me dédommagera du tendre intérêt que je veux tout au moins que vous ayez pour moi.

*

Je n'ai plus de droits, par conséquent point de prétentions. Mais on ne sait pas ce qui peut arriver. J'ai vu des femmes aimer des bossus. Mon excressence d'âge vaut mieux encore qu'une excressence d'épaule. J'ai des vues sur une des plus jolies petites bêtes du monde dont le mari insupportable, abominable, est aussi vieux que moi : c'est la jeune comtesse de***. La vie retirée qu'elle mène et ma conversation l'autre jour, à un spectacle où j'étais assis à côté d'elle, peut me mener bien loin. Je sors dans ce moment-ci pour cela. Si je réussis, j'en rendrai compte dans quelques jours.

*

J'en reviens. Non seulement de chez elle, mais d'elle aussi. Ce n'est pas tout d'être bête, il faut être propre. Voilà une de mes branches d'espérance de plaisir et d'une petite gloire brisée dans un moment.

*

Il y a bien des gens et des choses impatientes. Par exemple l'affectation de dire *Bonaparté* au lieu de l'empereur des Français ou au moins Napoléon. Mais c'est là l'enseigne de la pauvreté. On s'écrie tout de suite : celui qui le nomme *Bonaparté* est un de ces bien-pensants. Vous appellerez donc, lui dis-je, l'impératrice *madame Bonaparté*.

*

Quand je rencontre ce maudit esprit de parti qui nous a perdus être tantôt injuste à l'égard de l'archiduc Charles ou se déchaîner contre l'archiduc Jean, juger tout de travers sur parole, accuser de corruption, imaginer, dénaturer tout ou vanter des sots ou quelque mauvaise opération, je regrette ma solitude de Pest, il y a dix-huit mois, ou au moins je ne voyais ni n'entendais personne.

*

Les cordonniers, les tailleurs ne sont jugés que par les gens de leur métier. Le nôtre l'est par les femmes, les abbés et les militaires qui n'ayant pas beaucoup vu leur ressemblent. Le tableau de la bataille d'Aspern, parce que ce n'en était pas un mais qu'il y a de la couleur. C'étaient des combats partiels et comme j'ai dit un duel général. À tout moment, une femme bien-pensante vient dire à Du Vivier[437] : « Monsieur, mettez encore un escadron français dans le Danube », et un soi-disant héros : « Monsieur, placez-moi là, chargeant à la tête d'un régiment de cavalerie. »

*

Grand bonheur si la démarche de l'archiduc Joachim, parti sans passeport pour aller se marier en Allemagne, ne nous compromet pas !

*

En critiquant la fête que nous comptions nous donner à nous-mêmes plutôt qu'à la princesse de Hohenzollern[438], les bêtes n'ont pas senti qu'ils critiquaient ou déjouaient toutes les autres fêtes. Quelle méchanceté de trouver mauvais que Leurs Majestés Impériales qui se privent de tout pendant le cours de l'année, par économie pour l'État, aient donné avant-hier en famille un joli petit spectacle, tableaux et petit bal, même sans souper !

*

Je suis heureux d'être content de tout et de pouvoir me passer de tout. Mme de Razumoffski que j'ai vue tous les jours depuis six mois avec bien du plaisir est partie ce matin. Il n'y a rien de plus doux et de plus naturel qu'elle au monde. Je n'ai pas remarqué qu'elle ait accordé de préférence à personne. Nous étions au moins douze adorateurs et pas un avant. Elle me sait gré de travailler (même en vers pour l'empereur de Russie) pour faire cesser l'équivoque de son existence. Elle est bien mariée tout à fait celle-là. Pourquoi aussi son diable de mari va-t-il se marier partout ?

*

Mais en voici bien d'une autre. J'ai été pendant tout le carnaval, assis tous les dimanches, à la redoute auprès de Mlle Frantzelberg qui trouvait toujours le moyen de me faire une place, en en prenant pour deux sans que sa mère et le public s'en aperçoivent. Cela l'a fait connaître. On a demandé qui était cette belle causeuse et rieuse. On l'a trouvée un peu pâle. Je l'appelai « mon clair de lune ». Le nom lui en est resté. Elle connaît la littérature française, elle a de beaux yeux, on en parle. Cela suffit.

*

J'étudie mon pauvre cœur. C'est le seul de mon gros bagage qui est parti. Je ne sais plus qui appelait ainsi ses yeux, ses oreilles et ses dents qu'il avait perdues.

La femme que j'aimais vient de partir. Une autre femme que j'aime vient d'arriver. Je ne suis pas assez sensible à ces deux événements.

*

Laissons mon cœur et mon corps qui n'est pas si usé, et que je retrouve lorsque j'en ai une belle occasion, et parlons de mon âme. Sans lui elle irait bien tout à fait, mais il ne la dérange qu'une trentaine de fois par an, à ce que je trouve par mon dernier compte rendu à Pâques. La seconde chose dont je me suis accusé, c'est d'avoir manqué la messe une douzaine de fois et d'y avoir eu autant de distractions aux autres que j'ai entendues ; et puis un peu de médisance. Mais, mon Dieu, est-ce ma faute ? Qu'il n'y ait que des honnêtes gens : je ne dirai du mal de personne. Qu'on en dise de moi pour mes défauts, nous serons quittes.

*

Conçoit-on l'égarement de l'esprit humain et du respect humain ? Le seul moment que l'un et l'autre m'ont donné une incrédulité affectée dans un moment très chaud, dans une bataille, un jeune officier de mon régiment, Éphestion de moi jeune Alexandre, me demande ce que je pense de la religion. « Il n'y en a pas », lui dis-je, gaiement, et sottement et croyant, aimant Dieu et craignant le Diable, je me cache pour faire un signe de croix, recommander mon âme et mon corps et animer mes soldats.

*

Il y a tout plein de choses qui m'étonnent et où je trouve une bienfaisance céleste qui a veillé sur ma vie, ma santé et mon intérieur qui n'a été dérangé qu'une seule fois. Les premiers principes de religion qu'on donne et reçoit machinalement reviennent se présenter d'eux-mêmes et servent à tout. Pieux est ainsi. Dévot est plus difficile. Cela ne va pas à toutes les physionomies. Mais qu'on ait au moins la foi, l'espérance, la crainte et la charité. Qu'on soit exact à ses devoirs et désireux de remplacer sa tiédeur par l'onction. Peut-être que petit à petit elle s'introduit dans notre cœur.

*

Je ne sais si l'empereur me donne une marque de faveur ou de disgrâce en ne me disant pas un mot, depuis sept mois que je marche à côté de lui (c'est-à-dire au moins une quarantaine de fois), depuis son appartement jusqu'à la chapelle. Cela m'inquiète fort peu. Peut-être qu'on lui a fait quelque mauvais conte à mon sujet ou qu'il croit que nous sommes assez bien ensemble pour n'avoir pas besoin de me traiter aussi bien que ceux dont il ne se soucie pas.

*

Je ne sais si j'ai dit que je n'ai fait que rire d'un accès de fougue du grand homme dans le *Moniteur*, où l'on parle très légèrement de moi. Je parie qu'il s'en est repenti, car il en a dit souvent du bien et témoigné presque de l'intérêt quoiqu'il ait appris, à ce qu'il me semble, quelques gaietés sur son compte. Mme de Vertami m'ayant écrit que cet article n'étant pas de sa façon, elle et d'autres personnes qui s'intéressent à moi avaient voulu répondre à cet article dans quelque autre papier public ; j'ai prié de n'en rien faire et comme tous les gouvernements ont la bonté de lire mes lettres, je lui ai écrit par la poste de n'en rien faire, et que j'étais si persuadé que ce n'était pas du Napoléon, que j'envoyais en idée et sur le papier une volée de coups de bâton à l'auteur. Attrape qui peut ! J'aime assez les injustices des cours. On doit être cru lorsqu'on leur rend justice.

*

Par exemple, ne pas me rendre mon hôtel d'Aix-la-Chapelle est une petite horreur. Apparemment que le grand homme le sait.

J'aime assez leur colère, mais je n'en pourrais supporter le mépris. Il y a toujours une manière de l'éviter. C'est la bassesse seule qui peut l'éviter. J'aurais été au désespoir de faire comme tous ces messieurs qui, sans avoir rien perdu demandent partout des dédommagements. La cour d'elle-même aurait pu me donner une terre en Hongrie, mais il m'eût été impossible de la demander et il y a du plaisir à se passer des grâces, faveurs et richesses.

*

An 1811.

Une chose très intéressante serait que je puisse survivre au grand homme pour voir un des plus beaux morceaux historiques. Plutarque serait un polisson à côté de moi et au lieu des prétendus bons mots de ce temps-là, où le sel attique tant renommé ne m'a jamais paru piquant, je ferais un Napoléon en grands mots d'élévation, en mots bons d'armée et de gouvernement et en mots de brutalité spirituelle. Car il y a de l'homme, du diable et du génie dans ce qu'il dit et ce qu'il fait.

*

Mon Dieu! que je me suis ennuyé au bal de son représentant d'où je viens. Ce bon M... est bon ambassadeur, ni méchant, ni tracassier, mais il aurait dû donner sa fête pour le roi de Rome hors de la ville. Le peuple l'aurait partagée et lui en aurait donné une, en même temps, dans les guinguettes éclairées où chacun pour son compte aurait bien soupé et peut-être bu à notre santé.

*

J'ai passé aujourd'hui une singulière journée d'amour. J'aime deux personnes et cette fois-ci je ne nommerai pas les masques. J'ai de la difficulté à voir la première, sa famille et une autre encore s'y opposent. Enfin malgré tous ses parents qui ne connaissent pourtant l'honneur que de nom, elle vient quelquefois dans une maison où je ne le lui ôte pas, mais où je suis bien aise de l'engager à venir.

*

À quoi s'est passée toute la matinée? À disputer sur les nouvelles et sur la politique. La société enragée anti-Napoléon a fait croire que les Espagnols avaient passé les Pyrénées et étaient au milieu de la France. Et puis toutes les joies ordinaires du parti anglais des rues de Vienne qui sans l'heureux mariage de l'archiduchesse Louise y feraient revenir les Français... [439].

Nous nous sommes fâchés tout rouges. La première chose que dit le parti exagéré, sot et incorrigible, c'est d'accuser d'être du parti contraire. Depuis dix heures jusqu'à midi, voilà l'histoire de mes premières amours de la journée du 23 mai 1811.

*

Voici l'histoire de mes secondes, bien grandes, bien sublimes de ce jour-là qui est précisément celui de ma naissance, auquel je ne pense qu'à présent et que je voudrais bien rapprocher de soixante ans. Il m'en resterait assez pour entrer joliment dans le monde. Hélas! c'est à cet âge-là que j'avais mes premiers succès.

J'arrive à sept heures du soir chez une superbe femme à qui je suis bien attaché depuis plusieurs années et j'y reste jusqu'à dix heures. De quoi s'imagine-t-on que nous avons parlé ? Elle contre la morale et la vertu, car son diable de janséniste lui fait accroire qu'il n'y a que la religion, et que ces deux autres mots sont inventés par le démon pour s'y soustraire.

« Comment, lui ai-je dit, il n'y a donc eu que des scélérats jusqu'à l'ère chrétienne ? Les sept sages de la Grèce... — Point de sage. — Socrate, Platon... — Croyaient à l'immortalité de l'âme. — On l'a dit ; je n'en suis pas sûr. — Peut-être que Dieu les a éclairés à l'heure de la mort... — Je le souhaite bien. Mais aucun de ces gens d'esprit ne croyait à leurs faux dieux : et cependant ils étaient bons, justes, charitables et n'humiliaient personne.

« Si c'est une hérésie, ajoutai-je, ne me le pardonnez pas, mais que le bon Dieu me la pardonne. Votre prétention à être un ange est une inspiration du Diable.

— Oui, dit une autre femme, on tuerait, on volerait et ce serait très bien fait si l'on y trouvait son intérêt, et enfin tout ce que la secte antimorale peut dire contre ce qu'elle prétend anticatholqiue.

— Faisons de bonnes œuvres, lui disais-je, sans intérêt. Offrons-les à Dieu, avec nos personnes et nos vœux, mais ne comptons pas nous faire un mérite par ce qui ne coûte rien aux âmes bien nées. Le jeûne, les privations, l'abnégation de vous-même, le pardon des injures, voilà de quoi exercer la religion. Mais l'aumône et la crainte de faire du mal à son prochain, de la bienveillance au contraire, la sûreté dans la société, la douceur, la consolation, la discrétion..., etc., tout cela a-t-il besoin d'être inspiré par Dieu directement ? Devons-nous l'en remercier directement ? En tout, certainement et pour tout, et remercions-le de nous avoir créés assez bons pour l'aimer tous les instants de notre vie, sans craindre sans cesse sa foudre vengeresse. Il n'y a, disais-je encore, que Jupiter à qui on la peint dans sa main toujours menaçante. »

Belle journée d'amour ! Je n'aurais pas passé la nuit ainsi !

*

Au Kaltenberg, 1811.

Voici une autre journée plus raisonnable et une bonne soirée, car je l'écris au frais dans mon petit pavillon de verre, où la lune jette aussi ses rayons sur mon papier.

Ce matin, jour de naissance de Christine, je l'ai attrapée par la surprise d'un déjeuner au bord du Danube, dans ce que j'appelle *la maison du pêcheur à la Ligne* que j'ai achetée à vie, ainsi que les huit autres petites maisons que j'ai, qui n'en valent pas une grande, mais qui sont un vrai justaucorps à ma physionomie, à ma fortune. Elle est si propre et si bien ajustée simplement en dehors et en dedans, grâce à toutes les jolies couleurs des balustrades en vert, etc., que Christine, sans savoir qu'elle fût à moi, m'a dit : « Entrons-y. » La table était couverte. Elle voit que je m'y place et pense que c'est à un autre, et des rives et des étonnements.

*

En voici d'autres pour l'après-midi. J'avais fait de ma petite orangerie un joli théâtre en décorations, semblant d'or et d'argent, fleurs, guirlandes, rideaux joliment relevés, etc., tout cela éclairé comme un temple du soleil, tant c'était brillant. Le difficile était d'y faire entrer Christine sans lui dire que c'était une surprise. Heureusement, sous prétexte de la tourmenter pour sa paresse, ses sœurs, Titine et la société qui en était avertie s'emparent d'elle et, malgré ses cris, la portent jusqu'à la porte qui ouverte lui offre ce coup d'œil inattendu.

Elle rit. Elle pleure, me remercie et puis s'imagine que c'est tout et qu'ayant voulu qu'elle crût qu'on jouerait sur ce théâtre, je lui faisais, outre la surprise, une attrape. Nous avons joué deux jolis proverbes. En vérité, c'était charmant, et Mlle Agathe qui y était mon amoureuse, bien faite, bien élevée, avec les plus beaux yeux du monde y a joué à merveille.

*

Voici ce qui me tracasse. Je souhaite que ma petite-fille Titine, plus aimée que jamais du monde entier qui admire en vérité tout ce qu'elle a réellement de charmant, se marie. Le comte Maurice O'Donnel qui s'est distingué à la guerre et outre cela sujet de distinction dans tous les genres, meurt d'envie de l'épouser. On ne le croit pas assez riche, mais il le deviendra ou il ne le deviendra pas. Que diable cela fait-il ? On ne meurt jamais de faim et puis il y a grande apparence qu'il sera grand-maître de l'archiduc Max à qui il est attaché. Son oncle[440] qui est le roi des hommes, jadis le plus beau et toujours le plus gai, le meilleur, désire aussi que cela se fasse. J'espère que cela réussira.

*

Dans le même jour on a vu ici, à ma montagne, au Kaltenberg (car c'est d'ici que je viens d'écrire aussi les deux jolies surprises) les quatre plus belles ou célestes figures du monde, je crois : Mme Rosalie, la comtesse de...[441], Mlle de Trauwieser et cette belle personne, cette jolie Flamande dont je ne sais pas encore le nom, qui a joué avec nous.

La mère de Charlotte Trauwieser est celle à qui appartient la seigneurie. Je suis son sujet. Elle a trente-quatre ans, des yeux superbes... Je ne suis pas fier. Elle n'est pas fière.

*

J'aime mieux écrire ou aller lire dans une des dix ou douze places que nos occupons, dans mes deux grottes, au pavillon ou bosquet suivant le plus ou moins de soleil, que de recevoir des visites de la ville. Toutes ont l'air de me faire un grand sacrifice en venant ici, les uns par amitié pour leurs chevaux, les autres parce qu'ils ont peur en voiture, et tous et toutes m'arrivent essoufflés, ayant grimpé à pied sans savoir pourquoi.

*

Une de mes contrariétés dans le séjour qui m'en donne le moins c'est que malheureusement on en découvre les deux champs de bataille d'Aspern et de Wagram. Messieurs les généraux qui regardent me disent ce qu'ils ont fait ou voulu faire en ajoutant : M. Un tel ne m'a pas soutenu, m'en a empêché. Les sous-lieutenants m'endoctrinent et l'envie de déprécier le génie, à qui se joint bien bêtement la jalousie des gens médiocres, fait voir les folies ou la bêtise de Bonaparté, disent-ils... [442].

*

L'autre contrariété, c'est de voir arriver aussi des gens qui ne sentent pas la beauté de ce site enchanteur. Dans le moment que je veux faire apercevoir à une de nos femmes les coups de lumière, les heureux accidents des nuages, du soleil ou de mes beaux clairs de lune, j'entends dire : « Mon cœur, combien avez-vous payé ce châle ? Avez-vous compté les mailles de votre ouvrage ? » car on tricote au lieu de causer ou d'écouter.

Ma galerie de tableaux que me donne le ciel bienfaiteur est composée de Claude Lorrain, Poussin, Berghem, Wouwermans, Teniers et presque Vernet si l'on veut prendre les bateaux qui passent sans cesse sur le Danube pour des vaisseaux.

*

C'est d'ici que Napoléon a ordonné ses superbes retranchements à la tête des points et qu'il a reconnu l'importance des îles. Il a parlé des dégâts que ses maudits pillards ont faits ici aux deux Clary père et fils qu'on lui a envoyés l'un pour le mariage et l'autre pour les couches.

Pourquoi ne se souvient-il pas d'une affaire dont je lui ai fait parler pour lever le séquestre de mon hôtel d'Aix-la-Chapelle et me l'acheter pour sa résidence dans cette ville de Charlemagne ? Il a tort de me faire cette injustice, mais quel est le ministre assez honnête homme pour en avertir son souverain, ou pour l'en faire souvenir ?

*

Depuis ma confession trois semaines après Pâques, je n'ai fait que deux péchés. J'ai manqué la messe le jour de l'Ascension, et aujourd'hui le Diable m'a tenté. Il faisait si beau, si calme à quatre heures du matin. Je me suis promené en chemise dans mon petit jardin. Je voudrais pouvoir dire une bergère, mais ma cuisinière que je n'avais jamais remarquée, fort bonne, ce qui est un grand mérite, très jolie et très propre (car elle se levait pour se laver à la fontaine), m'a paru extrêmement désirable. Le respect, la reconnaissance de ma déclaration ont plus fait vraisemblablement que mes charmes. Elle a été coupable et j'ai été heureux. Je suis venu me recoucher, comme si de rien n'était. J'ai dormi jusqu'à huit heures que je me suis assez bien réveillé pour écrire notre pauvre petit crime.

*

Voilà comme j'ai déjà dit peut-être, mes deux genres de péchés, et du dernier je ne me corrigerai que trop tôt. Le troisième, qui est la médisance, ne m'arrive que lorsqu'on m'impatiente ou que je trouve une vilaine âme dans mon prochain.

S'il faut que je m'abstienne de dire : cette femme est comédienne, ce monsieur ment toujours, cette dame n'a pas le sens commun, cet homme n'approuve rien, il est susceptible, jaloux, envieux, mauvais coucheur à la guerre, intrigant en temps de paix, cruel par légèreté, incapable, hypocrite, bas et insolent, je ne le dirai plus. J'aime Dieu, je le remercie sans cesse de ses bienfaits continuels. Je lui offre la seule peine dont il a affligé mon cœur. Je ne donne plus mauvais exemple. J'ai toujours été trop inconstant pour avoir ce qu'on appelle en termes d'examen de conscience, une habitude charnelle, outre cela trop fier pour acheter des faveurs, trop économe et ensuite trop peu riche pour entretenir. J'ai par là ménagé mes forces, puisque n'ayant presque jamais couché avec personne, je n'ai pas été comme ces messieurs à maîtresses, dans le cas de vouloir gagner mon argent.

Je prie souvent Dieu à ma manière et je m'abandonne à sa miséricorde.

*

Je crois que l'électrice de Bavière nous arrivera l'un de ces jours, ainsi que l'année passée que je l'ai ramenée par eau jusqu'au Prater avec de la musique. Elle a les plus beaux yeux du monde. Elle est tout cœur. Elle est gaie, aimable. Ai-je déjà dit ailleurs qu'elle est un jardin anglais et l'impératrice un jardin français planté par Le Nôtre ? Elle ne sait jamais ce qu'elle va dire, et elle dit bien. Les petites boutiques, les cochons, qu'elle achète sont plutôt une manie qu'avarice. Elle poursuit cent florins et elle en donne six mille à une pauvre famille. Aime-t-elle son mari ? Je n'en sais rien.

*

Je passe ma vie à nier des aventures, vraies, peut-être quelquefois, mais fausses pour le plus souvent. Les femmes me doivent une pension pour les défendre, surtout contre les sots qui disent dès qu'on leur en nomme une, que tout le monde l'a.

*

À propos de manie, je ne puis attribuer qu'à cela les voleries d'une charmante madame d'... avec qui j'ai été fort lié et qui, sous prétexte de n'avoir pas d'argent sur elle, aurait pu me faire payer ce qu'elle achetait dans quantité de courses que je faisais avec elle. M. de La Fayette, qui en était bien autrement amoureux, m'a dit la même chose, après sa catastrophe.

À la vérité qui conçoit le cœur des hommes, et des femmes encore bien plus difficiles à déchiffrer, je le répète. Je n'en connais pas une à épouser. Il y a toujours le Diable, petites malices, esprit de contradiction, influence d'un sot amant ou d'une société, etc., etc.

CAHIER XLII

À Tœplitz, en 1811.

Ai-je parlé l'année passée d'une fille de Sion de la plus haute volée en esprit, en romans qu'elle fait et en société[443] ? Je la retrouve à Tœplitz où je suis enchanté de son sentiment pour moi. Si le mien est récompensé, je ne le dirai ni ne l'écrirai. Je lui dis (ceci n'est pas catholique) : « Une femme n'a à craindre qu'à voir gâter sa santé, sa taille et sa réputation. Je vous réponds de moi. »

Je lui dis (ceci est chrétien) : « Convertissez-vous, mais à notre religion, car pour se faire luthérienne comme vos fameuses, cela n'en vaut pas la peine et, damnées pour damnées, je vous conseille de ne point quitter Moïse pour Luther. »

Elle a mal à la poitrine et des migraines. J'en suis inquiet. Elle le voit. La mélancolie et la reconnaissance mènent à la tendresse. Oh ! je ne serai jamais assez heureux pour cela. Elle reste ici pour moi encore quinze jours et laisse partir pour Berlin son amie Mlle Robert[444] qui est un garçon d'esprit. Chaque jour augmente mon admiration et mon adoration pour cet être supérieur surtout en délicatesse, que je n'ose pas nommer.

*

Que dira Nani la marchande de joujoux, de ce que je ne vais plus chez elle ? Pour ne pas faire tort à la réputation de la jeune femme que j'aime, il faut que je me conduise comme les trois années passées vis-à-vis de la fille que je n'aime pas !

*

Toujours bonne maison chez les Clary. Plus grande, mais mauvaise et drôle chez le voisin Waldstein à qui il donne cependant l'air grand seigneur. Maison immense et drôle dans un autre genre chez le voisin Lobkovitz avec quatre cents personnes, quarante histrions italiens et allemands qu'il nourrit, pour donner des opéras à ses valets, ses chasseurs, peu de paysans, car Eisenberg n'est pas même un village, et deux ou trois des gens de notre société qui ont la bêtise d'y aller pour revenir la nuit et verser quelquefois.

J'admire toujours les dépenses mal placées, moi surtout qui ai tant dépensé toujours si à propos et qui me suis fait avare. Voilà, par exemple, le prince de Schwartzenberg qui perd un million dans sa banque.

*

Quel plaisir j'aurai à voir dans deux mois notre virginité légitimée, cette perfection, Titine, auparavant Mlle de Ligne, mariée au comte Maurice O'Donnel. Trente ans. Une très jolie figure, beaucoup d'esprit et d'instruction. Jolie carrière. Major, aide de camp d'un archiduc. Bien servi, s'étant partout distingué. Peu de fortune, mais qu'est-ce que cela fait ? Ils s'aiment. Il avancera. Ils hériteront. Ils sont contents. Je le suis. Les méchants, les sots, les envieux ne le sont pas. Tant pis pour eux. Que de commérages, plutôt que de la malveillance ! Quel serpent une femme entre autres qui, pour jaser seulement, a fait mille mensonges, parler à l'un, faire parler l'autre, etc., et puis une tête légère qui a dit le pour et le contre. Enfin tout s'arrange. Les deux Christine seront heureuses et la marraine en pleurant suivant sa coutume à une noce embrassera tendrement l'époux et l'épouse, et moi, je rirai d'avoir contribué à leur bonheur que j'ai deviné.

*

En venant ici à Tœplitz j'ai été voir une campagne charmante à ma nièce Wallis, Budischkovitz ; et une affreuse Rudelitz, à la belle Razumoffsky. Elle a trouvé le moyen pourtant d'y faire une promenade charmante le long du plus bruyant des ruisseaux, où elle s'est bâtie un joli hermitage.

Son mari a mis pour un million de tableaux, cristaux antiques, antiquités, collections en tous genre, surtout en minéralogie, dans son vieux vilain château où, moyennant cela, personne ne peut loger.

*

Parlons un peu politique. Après la sortie que Napoléon a faite l'autre jour au cercle, à l'ambassadeur de Russie, et les 150 000 hommes qu'il a sur ses frontières, on doit croire à la guerre.

Eh bien, qu'elle commence. Sans cela elle sera malheureuse si on la fait. Qu'Alexandre fasse un roi de Pologne, ouvre ses ports aux Anglais et ses portes aux Français pour les geler dans son vilain pays.

S'il tarde il sera battu, prévenu et peut-être révolutionné. Napoléon aidera cet empire.

*

Je ne permets la guerre qu'avec peine, et ce n'est que lorsqu'on ne court pas les risques de 1805, 1806, 1809, mais que ces maudits Anglais fassent la paix, avec quelques sacrifices à la vanité de l'empereur des Français, qui en fera à leur mercantilerie.

*

Quand j'ai peut-être contribué à monter la tête de la famille royale à Berlin[445], ... à la vérité, politiquement, c'était bon pour l'Autriche. La Prusse victorieuse humiliera et diminuera la puissance française ; vaincue, elle ne pourra plus faire tort à l'Autriche. Mais je ne m'attendais pas à la perte d'une douzaine de forteresses qui a fait tout à fait, disparaître cette puissance et trop agrandir l'autre.

*

Parlons de mon âme à présent. Elle s'attiédit parce que j'ai été si longtemps sans voir Mme Rosalie. Le canal de ses grâces est pour moi le canal de la grâce. Si elle voulait être ma Mme Guyon, je voudrais être son Fénelon. Je parie que les Pères de l'Église étaient amoureux lorsqu'ils ont si bien écrit. David aimait Abigaïl Bethzabée lorsqu'il a fait ses Psaumes, et Salomon plus érotique que tous les Ovide et les Bernard aimait un millier d'épouses ou concubines quand il a fait ses divins ouvrages. Cela rappelle une chanson : *Savez-vous pourquoi*, etc.

*

Ceci n'est que gai, n'est-ce pas ? Si c'était impie je le déchirerais tout de suite. Mais je ne le crois pas, ni même dangereux. J'ai eu, il y a deux mois, une excellente conversation avec le Père Antonin. Quel homme de Dieu ! Quelle âme exaltée et communicative. Quelle figure et vie de saint ! J'ai été attendri. Je crois avoir pleuré et je me suis jeté sur sa main que j'ai baisée de tendresse et d'enthousiasme.

Je lui ai dit mon scrupule, après une lacune de quarante ans, d'avoir fait une confession générale quoiqu'en mauvais allemand, bon français et passable latin, à mon curé du Kaltenberg qui ne l'a guère comprise, à ce que je crains. Je crois que je recommencerai si je trouve un prêtre français raisonnable. Il y a deux ou trois articles diaboliques, cela est vrai. Le Père Antonin n'est pas assez homme du monde pour les lui conter. Le Père Chrysostome est peut-être trop doux. Beau défaut dans un genre qui attire et meilleur que celui qui repousse. C'est aussi un homme bien respecté.

*

Ce qui n'est pas manière à confession tout à fait c'est mon avarice qui ne m'est arrivée à la vérité qu'à la suite de ma pauvreté. Je vais prendre tous les jours du thé, du punch et du sucre chez ma charmante Israélite et j'épargne ainsi dans ma journée trois ou quatre florins.

*

Comment finira la Diète de Hongrie ? Il ne faut pas menacer (ce qu'on a déjà fait mal à propos), il faut séduire ou frapper si ce pays-là ne vient pas à notre secours, ce sera mal pour lui et pour nous. S'il se remue, le gendre pour faire semble de soutenir le beau-père sortirait de sa Croatie pour prendre trois Comitats.

*

Si Pierre le Grand vivait, il me prendrait peut-être pour commander ses armées, et je vengerais le duc de Croy, maréchal belge, autrichien aussi, qui s'est fait battre à Narva.

*

Hélas ! Je crois que je suis aimé cette année-ci pour la dernière fois de ma vie. Il faut avouer que c'est pousser bien loin l'indulgence en ma faveur. Si Mme de ... autre femme qui a plus d'amitié pour moi peut-être que pour personne, avait eu un sentiment un peu plus vif, mon Dieu, comme je l'aurais aimée ! Mais celle-ci a plus d'esprit, d'âme, d'instruction. Je ne dis pas qu'elle m'a rendu heureux tout à fait.

*

J'ai bien eu occasion de remarquer la vérité de ce que je trouve du temps qui passe vite ou qui paraît très long. Le premier a été, pour moi, les deux mois que tenant compagnie au prince de Clary qui est revenu malade de Paris, je n'avais que le médiocre plaisir d'aller depuis huit heures du soir jusqu'à dix au bastion de la Cour où il y a des filles, des glaces et de la musique. Les jours étaient longs et leur monotonie me fait croire que je n'ai vécu que huit jours tout ce temps-là.

Voici deux mois que je suis à Tœplitz d'où je suis fâché de partir demain. Mais il le faut pour les noces de la future comtesse O'Donnel.

J'ai aimé. Je suis sûr de l'avoir été. J'ai joué trois fois la comédie. J'ai été deux fois à Dresde. J'ai passé huit jours au charmant voyage de Weymar dont je parle ailleurs. J'ai tué chez Lobkovitz, dans un jour, quatre cerfs, trois sangliers et un lièvre. Un autre jour, chez lui, soixante-dix lièvres ; ici canards, perdrix et faisans.

Nous y avons eu une société charmante. Par exemple, dans notre représentation de tableaux, cinq figures célestes : la duchesse de Sagan, Mlle de Rœde, de Goltz, d'Alopeus[446] et de Ligne. La bien belle et bien bonne Esterhazy la Flamande[447], dont on ne peut dire assez de bien, a été ici. Enfin cet unique et admirable duc de Weymar, chez qui j'ai fait un voyage pour le remercier des pleurs que la fausse nouvelle de ma mort lui a fait répandre. J'en verse en y pensant. Le duc Ferdinand de Würtemberg, excellent homme, mais cérémonieux, la lui apprend avec des révérences et des compliments. Varbourg avec une noble indifférence et son accent prussien la lui confirme. Ce cher duc va chez lui et se trouve presque si mal qu'il est obligé de se faire saigner.

Tous ces événements me font croire que je suis à Tœplitz depuis quatre ou cinq mois, et je me suis amusé tous les jours. Ceux de chasse et de fatigue, je dors une heure au spectacle.

*

J'ai prodigieusement écrit. Je fais imprimer à Weymar et à Dresde. Ma famille d'ici est aimable aussi. J'aime le loto et le jardin. À présent qu'il n'y a plus personne à voir, pour couper mes écritures, je vais un quart d'heure chez cette parfaitement jolie Mlle Mina Knieschel que j'ai employée à me traduire une comédie allemande dont j'ai fait une très jolie pièce française.

Je ne compte pas beaucoup sur les plaisirs de Vienne. Une fois toutes les trois ou quatre semaines souper chez la princesse Bagration où l'on s'ennuie un peu[448]...

Metternich y est simple et aimable et ne fait jamais le ministre.

*

On m'annonce dans ce moment la mort d'une bonne petite jolie femme dont je crois avoir parlé, la comtesse de Lanius dont le mari est un homme de beaucoup d'esprit. Cela me fait bien de la peine. Je lui avais promis de la prendre à Prague, en passant pour aller à Vienne et je croyais, demain, descendre de voiture, chez elle. Qu'il est dur à force de vivre de voir disparaître tant de monde.

Adieu, Tœplitz. Puissé-je vous revoir l'année prochaine et garder au moins toute ma vie le peu de personnes à qui je suis si tendrement attaché.

Ce 24 octobre 1811

CAHIER XLIII

Mon Dieu ! Que la jolie petite Américaine que j'aime est belle et jolie ! Elle me traite à merveille, mais quelle apparence que cela aille plus loin ? Enfin peut-être pour la dernière fois de ma vie... Un petit caprice... gaieté dans la conversation... le climat... hier, par exemple, j'étais d'une tendresse et elle en était un peu *touchée*.

*

Je ne crois pas, aujourd'hui 5 décembre 1811, à la guerre entre la France et la Russie. Napoléon veut être seulement le tuteur du Nord, notre gouverneur et le dominateur du reste de l'Europe.

*

Quand par affectation, ainsi que font ici ceux qu'on appelle les bien-pensants, on dit Bonaparté, je dis Mme Bonaparté en parlant de l'impératrice, et ils s'aperçoivent alors que je me moque d'eux.

*

Quand on rapporte quelques-uns des grands mots de Napoléon qui disent tant de choses ou un mot plaisant, brutal ou non, car il est sujet au premier, on dit : cela est singulier ; cela ne lui ressemble pas. Mais quand cela se répète souvent, on doit lui trouver au moins de l'esprit quand il s'en donne à la peine et qu'il laisse reposer son génie. Par exemple il a dit à la duchesse de Weymar qui me l'a raconté : « Pour faire des Français ce que l'on veut il faut une main de fer et un gant de velours. »

Lorsque Fouché lui représentant qu'il laissait rentrer trop d'émigrés en France, lui dit : « Je crois que vous permettriez à Louis XVIII d'y venir. — Pourquoi pas, répondit-il, il n'a pas porté les armes. » Mot cruel, à la vérité, mais que la malveillance ou maladresse de la coalition a attiré à ce malheureux roi.

Il a dit à un M. de Crillon à qui il offrait une place dans l'armée et qui lui en demandait une dans le civil : « Vous l'aurez et je donnerai votre nom à un autre. »

Ceci est plus gai. Il a demandé l'autre jour à la marquise de Coigny : « Madame, comment va la langue ? »

On n'est pas obligé d'aimer cet homme. Mais comment ne pas admirer un victorieux qui embellit

Paris, Rome, Turin, La Haye, Anvers, à la fois, et qui a la monarchie universelle physiquement et moralement.

*

Un excellent mot de Lucien à qui son frère demandait dans sa dernière entrevue : « Enfin, quel royaume voulez-vous ? — Celui d'Angleterre » ? dit-il. Je ne crois pas qu'il y ait une plaisanterie de meilleur goût et plus de philosophie.

Je disais à leur frère Louis : « Quelle famille ! Quels frères. Vous quittez une couronne, Lucien en refuse et le troisième prend tout. »

*

Hier j'ai vu accommoder singulièrement, et à leur gré, la religion et la morale par des personnes qui en font profession et en mettent où il n'en est pas question.

*

Que de gens m'impatientent ! Tous les jours cela augmente. Plus de justice, ni justesse. On se répète. On prend une opinion générale, sans savoir pourquoi. Elle est presque toujours fausse et le résultat de l'humeur ou de l'irréflexion. Heureusement je ne fais qu'en lever les épaules, si je n'en ris pas.

*

Le ménage de la comtesse Maurice O'Donnel, jadis Titine, va à merveille. L'impératrice lui a dit des choses charmantes.

*

Mme de *** est plus insupportable que jamais par un ramage de politesse, de fausse gaieté, d'air de coquetterie, de tempérament qu'elle n'a pas, de succès qu'elle veut faire croire, de louanges ou de méchancetés qu'elle distribue à tout hasard, tantôt à l'un, tantôt à l'autre. Elle est dangereuse par ses commérages et perd tout l'agrément de sa société par ses confidences et ses *a parte* sur l'amour qu'elle prétend avoir ou donner, ou sur la politique dont sa folie est de vous persuader qu'elle est instruite de tout.

*

M. *** a dit hier au commandeur Zinzendorff qu'il était sûr de la guerre et à 3 heures il m'a dit qu'il était sûr qu'il n'y en aurait pas. Je n'en serais pas fâché. L'Autriche avec prudence pourrait en tirer parti et se faire donner tout au moins par les armes ou par la plume la Valachie et la Servie.

*

Combien de fois j'aurais raison si je ne craignais pas d'embarrasser plusieurs personnes en rappelant les inconséquences, les petites faussetés, leurs espèces de sentiments, l'oubli de leur sensibilité et ce qu'elles ont dit, désavoué ou le reniement de tout ce que j'ai remarqué. Les femmes ont surtout, et bien plus que les hommes, un front d'airain. Elles savent, à la vérité, qu'on veut ménager leur délicatesse, mais elles ne le méritent pas, car elles en abusent.

*

On n'écoute plus. On ne répond plus ici. Les uns sont sourds et les autres ne comprennent pas.

*

Il y a bien de la malveillance dans le monde. Elle se porte sur les innocents à qui l'on suppose une mauvaise histoire et sur les gens de mérite. Mais on fait à présent l'éloge de deux faiseurs politiques guerriers qui ont fait bien du mal. Je pardonne à l'un celui où j'ai été mêlé, mais je ne l'oublie pas.

*

La folie de Vienne est à présent d'avoir de l'esprit. On ne cherchait autrefois qu'à avoir du bon sens. Il est parti. Mais des lectures... des femmes savantes..., des éloges, des monuments, des gazettes pour les morts... On n'a jamais pensé aux braves généraux qui en méritaient. Et puis deux florins à un institut sont consignés dans les papiers. Qu'on donne des sommes ramassées à son curé pour les distribuer sans frais et sans air à sa paroisse. La présomption en littérature et en sagesse augmente ici tous les jours.

*

Le bruit des enfants avec qui l'on joue en faisant une mine si bête et la criaillerie de deux ou trois familles en conversation, me cassent la tête.

*

Comment aurait-on de la considération pour les noms, les rangs, les classes et les supérieurs dans le service ? Jusqu'au cordonnier chacun est mis de même. Frac, bas noirs, souliers en pantoufles... on dirait un enterrement.

*

Quel plaisir a la madame de *** de vouloir compromettre, raconter, augmenter, rire sans en avoir envie, pour être piquante et enfin être insupportable au lieu d'être aimable ? Ce qu'elle serait si elle avait le sens commun.

*

On a gâté ici ce qu'il y avait de mieux, le genre d'esprit un peu grossier, préférable à celui du nord de l'Allemagne, l'ancienne cuisine, le théâtre où l'on jouait les usages, les ridicules, souvent des personnages connus, les calèches, les birotsches, les landaus, les assemblées où il y avait de la bonhomie, de la gaieté, des saucisses et de la bière.

*

Ces habits superbes, uniformes de provinces, feront qu'on aura l'air militaire et que personne ne le sera. Les jeunes gens se dispenseront de prendre un état dont la coquetterie de l'équipement leur donnait l'envie.

*

J'y suis toujours pris. Ne dépensant pas ma sensibilité pour un chien sur la patte duquel on a marché, ou sur la mort de quelque Espagnol, ou de gens sans mérite à la mode, je pleure avec les personnes qui pleurent une perte qui leur est sensible. J'arrive chez elles, le lendemain, encore triste de la veille, je les trouve consolées en riant comme si de rien n'était.

*

Ai-je parlé de mes étourderies à mes premiers voyages de Paris, des scènes qu'on donnait sur les bancs, où l'on était assis alors sur le théâtre, au lieu de voir celles des pièces qu'on représentait ?

Ai-je raconté mon voyage à ma garnison en domino et masqué à Bruxelles ?

Ai-je raconté qu'à Versailles ayant un violent mal de tête et pris pour médecin un accoucheur qui passait, je lui dis : « Monsieur, ordonnez-moi quelque chose. Il crut que c'était pour une femme en couches. — Un bouillon, dit-il aussitôt. » C'était un petit vomitif. Quand je le lui reprochai il me dit son métier et son erreur.

*

Ai-je raconté que reprochant un jour à milord Bristol d'abuser du bien qu'il faisait à un pauvre diable de baron normand obligé d'entendre ses blasphèmes contre Dieu et les rois, je lui dis : « Tout ce que vous dites des Français l'a été bien mieux par Voltaire. Ce sont des tigres-singes. — Oui, me répondit-il. Les premiers sont restés en France et les autres sont émigrés. »

Je trouve, moi, que le Français est inquiet, jaloux, susceptible, plein d'amour-propre et d'envie de dominer dans la société ou dans une maison. Les plaisirs étouffaient ces défauts dans Paris. Mais qu'on examine tous les temps.

C'était le caractère des voyageurs, des militaires dans les armées étrangères, des réfugiés de la révocation de l'Édit de Nantes, et à présent des émigrés !

Les délicats parmi eux, comme MM. de Vargemont[449] et l'abbé Ruffo et peut-être encore quelques-uns doivent bien en être exemptés. Il y a bien du mérite à être bon quand on est malheureux.

Ai-je dit quelques réponses que j'ai faites à l'empereur Joseph, qui l'ont piqué pour un moment et qui me l'ont ramené ensuite ?

*

Je sais que je me vois attribuer des bêtises surtout sur des mots que l'on a racontés de moi, vrais ou faux. En voici un véritable de ce bon mauvais genre. Dans le temps du procès du duc de Guignes avec son secrétaire M. Tort, celui-ci vint à Bruxelles sous le nom de La Sonde. Je trouvai un homme dans la loge d'Angélique qui venait de l'Angleterre et qui me dit des choses qui pouvaient me faire croire que c'était le même. Je dis : « Je vais le sonder pour voir si j'ai tort[450]. »

*

J'ai dit lorsque le prince de Neufchâtel donna à l'archiduchesse le portrait en diamants de Napoléon lorsqu'il vint la demander en mariage, moi étant à côté de l'empereur sur le trône : « J'aime mieux le présent que le futur. » Cela n'est pas vrai, mais c'était pour une espèce de bon mot. On m'a raconté que j'avais dit aux sots qui grondaient contre ce mariage : « Il vaut mieux qu'une archiduchesse soit f... que la monarchie. »

*

Je sais bien que j'ai dit que la vie est un rondeau, mais ai-je assez bien dit pourquoi ?

Excepté, par hasard, Mme *** qui a des bontés pour moi ici, à Vienne, et Mme *** à Tœplitz, on n'a à mon âge comme à quinze ans que des filles. Le temps des femmes est passé pour nous et n'est pas venu pour les autres, et nous passions nos belles années entre ces deux âges à la guerre, des villages et des voyages.

Pour les créanciers et les usuriers, par la perte de ma fortune, c'est comme avant de l'avoir eue.

Mais la meilleure chose du rondeau c'est que les idées de religion reviennent. On se lève et l'on se couche dévot. On s'est égaré dans l'intervalle, par air, mauvais respect humain, mauvaise compagnie ou sot abus de l'esprit. Mais on pense à son salut à près de quatre-vingts ans, comme on y pensait à dix ou douze.

*

Sur plusieurs autres choses je pense à présent comme à quinze ans. J'avais encore une bien mauvaise tête à cinquante. J'avais envie de me battre, ainsi que plusieurs officiers de mon régiment, avec ceux du Royal-Vaisseau[451] qui avaient embauché de mes soldats. Je ne leur donnai pas à dîner (eux exceptés de plus de cent autres officiers français), lorsqu'ils vinrent à un de mes camps d'exercice à Mons. Comme les chanoinesses que j'avais prié de les refuser au bal dansèrent avec eux, je les mis en pénitence publique. Je les envoyai chercher dans plusieurs voitures pour venir danser à Belœil, sous prétexte de les amuser : et ce n'était que comme un hommage à une jolie petite femme de Paris qui était venue exprès pour moi, et à qui je donnai une jolie fête. Toutes mes attentions n'étaient que pour elle[452].

*

Je sais bien que mon neveu le landgrave de Hesse[453] était du réveillon masqué dont vraisemblablement j'ai parlé ailleurs. Déjeuner, etc. Mais n'y avait-il pas aussi un M. de Roth, fils de la maréchale de Richelieu et un M. de Châteauvieux ? Pour les dames, qui étaient-elles ? Je ne l'ai jamais su.

*

Quelle peur on me fit une fois ! On me dit que Louis XVI, sachant que je le contrefaisais, me faisait chercher pour m'envoyer à Vienne dans une voiture toute prête avec trois gardes de la police. C'était un poisson d'avril.

Moi, je ne sais pas en donner, mais celui de la princesse de Stahremberg, au commandeur Zinzendorff, pour la Légion d'honneur, l'année passée, était charmant.

*

L'impératrice annonce la vivacité, la grâce et les à-propos de l'esprit par son regard, son parler et son sourire enchanteur. Tout cela s'exprime à la fois. Je lui fis dire l'autre jour par le comte de Sickingen[454], qui passe ses soirées avec elle et l'empereur, que mon chirurgien Puttmans, homme modeste et éclairé, m'avait dit que pour faire revenir ce qui depuis heureusement est revenu tout seul, il lui fallait prendre du vin martial[455]... et un alentour ou enveloppe de fluide électrique. Elle m'a fait répondre que le mot de martial lui était devenu odieux : que je ne devais pas l'envoyer promener et qu'on lui reprochait déjà assez qu'elle était trop électrisée. On voit bien que le dégoût de ce mot venait de ce qu'on l'avait accusée mal à propos d'avoir conseillé la dernière guerre, ce que j'ai su depuis bien positivement qu'elle n'avait pas fait.

*

Depuis quatre ans je ne parle (sans dire grand-chose) à la redoute qu'à Mlle Rose de Frantzelberg qui a toujours soin de me faire une place à côté d'elle. Comme elle est un peu pâle et qu'on me le reproche, je l'appelle « mon clair de lune ». Ce nom lui reste. On ne nous remarquerait pas ni l'un ni l'autre sans cela. Peut-être que croyant le bien qu'on dit quelquefois de moi dans la société, ou dans les journaux de mes ouvrages, elle prend ma conversation et mes soins pour une dot à faire valoir et à apporter à un mari bel esprit. Pour moi, je fais une bonne affaire. Je suis bien assis et mes attentions, qui amusent le public, sont comme la queue du chien d'Alcibiade, qu'il coupa pour qu'on parlât de lui, s'étant aperçu qu'on commençait à l'oublier.

*

Si la Russie ne peut éviter la guerre, comment s'expose-t-elle à tous les dangers sans en avoir les profits ? D'abord de commerce et d'alliance avec les Anglais en ouvrant ses portes depuis le mois d'août que Napoléon commence son train en propos et menaces ? Gare 20 000 hommes pris à Riga, comme les Espagnols à Valence et une seconde bataille de Narva.

*

Mon respectable Léonard, mon laquais, qui a la médaille et qui a été dans ma garde, me réveille pour me souhaiter le bonjour et rentre chez moi, avant de se coucher, pour me donner le bonsoir. J'aime cette bonhomie et ris, sans qu'il puisse s'en apercevoir, lorsqu'il dit à mon cocher : Allez au *Kohlsmarck*, au second étage.

*

Pâques approche, Mme de *** va partir. Mme de ** ne sera plus ici non plus. Mme de * existe pour moi depuis trop longtemps. Je ne prévois guère d'occasions de pécher. Je n'en retrouverai plus d'aussi agréables et m'en consolerai par la santé de l'âme du corps ! Mais je ne m'aperçois pas que les amants se quittent, à moins de changer d'objet, et que les conseillers, avocats et quelques domestiques, cessent de voler pour avoir été à confesse.

*

L'empereur Joseph a eu tort de toucher à l'arche du Seigneur. Il était dévot et voulait avoir l'air d'un réformateur. Puisque mal à propos on a dérangé et diminué les gens d'église, je voudrais qu'on augmentât le nombre des capucins. Je n'aime ni les moines ni les abbés, mais des respectables pauvres religieux dont l'habit et la barbe annoncent assez l'abandon de ce monde ; et sept ou huit de cet ordre attachés comme des aides de camp à chaque bon curé pour assister, administrer les malades, parcourir les hameaux en missionnaires, prêchant, instruisant et consolant leurs habitants. Si l'on avait tout laissé sur l'ancien pied je ne dirais pas cela. Mais à présent qu'il n'y a plus assez de prêtres et que ceux qui existent sont des chanoines, des bénédictins, etc., j'aimerais mieux voir leurs revenus pour soutenir et étendre la religion par les seuls Franciscains.

*

Avec une douce morale, une marche chrétiennement philosophique (j'ai assez dit comment j'entendais ce mot-là), des bons exemples de la bonne compagnie, on pourrait ramener la religion trop négligée depuis quelque temps et tout le monde au pied des autels. Sans bégueulerie, tyrannie, ordre positif, mais avec quelques espèces de pastorales, un souverain peut-être y parviendrait en fermant les yeux sur ce qu'on appelle les mœurs, auxquelles on arracherait au moins le scandale. Mais qu'on en représente le danger pour les peines éternelles, pour diminuer au moins ce qu'on ne peut empêcher, en occupant ou amusant les oisifs. C'est un moyen. Mais qu'on pardonne et espère le retour à la bonne conduite de ceux que la santé, les passions et les sens doivent nécessairement égarer pour quelque temps.

*

La gaucherie, même un peu de mauvaise éducation comme des négligences ou maladresse dans la société, ne peuvent se passer qu'aux Anglais. Cela leur va assez bien. Leur espèce de piquant, leur justice et générosité habituelle fait pardonner ou estimer. Mais l'horrible politique de gens assez vertueux en détail, mais méchants (par mercantillerie), lorsqu'ils sont rassemblés, est cause du commencement de la révolution française, et vient, après une suite des maux de toutes les nations que les Anglais ont eu l'air d'aider, d'y mettre le comble par l'abdication du roi et de la reine de Sicile.

*

Napoléon s'en réjouira et dira: «Je chasse les rois, j'en fais, j'en défais, mais je ne les trahis pas.»

*

Si les Russes ne peuvent pas éviter la guerre, pourquoi n'ont-ils pas pris le duché de Varsovie aux notables polonais et donné les États au roi de Prusse qui ne demandait qu'un présent pour être leur allié ?

*

L'Europe, à l'exception d'un seul homme, devient plus bête tous les jours. C'est le temps des régents. En Angleterre, au Brésil, en Sicile, en Suède. C'est celui-ci, qui a été copié en France, qui vaut le moins.

*

J'ai un parent en Empire, que j'aime beaucoup, qui croit tout ce qu'il voit et voit toujours en beau: mariage, château, trésor, politique. Je dis: il n'est pas comme l'abbé de Saint-Pierre[456] dont on disait que les rêves étaient d'un homme de bien: ce sont les rêves d'un homme sans bien.

*

Zamet qui écrit le même Z quand il signe est Z de corps et d'esprit, mais pas de cœur quand il l'a bien droit. Mais son jugement est aussi bossu que lui. S'il voyait plus juste et sans prévention et avec un peu moins d'entêtement, ce serait un habile homme. Il a beaucoup d'instruction, de talents, d'application et de caractère, à moins que ceux dont il se plaint ne le saluent en passant, ou que ceux qui approchent le plus de ceux-là ne lui fassent une visite.

*

En repassant l'histoire de ma vie, je trouve que les trois fois que j'ai le plus aimé et été aimé, c'était malheureusement en même temps, et que j'avais alors quarante-cinq ans; et encore une fois après cela que j'en avais soixante. C'était ici à Tœplitz: l'air y est à l'amour.

*

J'ai dit que sans le vouloir j'avais été deux fois cause des malheurs d'un pays et d'une ville. Me voilà à présent que je m'en souviens, m'accusant de ceux de la France, s'il est vrai que M. Turgot en eût fait le bonheur. Il est sûr que dans l'anecdote que j'ai lue, que l'injustice faite par Lacroix, son secrétaire, y avait le plus contribué, je dois seul figurer. Mme Lotre[457], directrice de Lyon à qui il avait fait ôter son privilège, était marraine d'Angélique qui m'engagea à en parler à la reine. Ce despotisme ou corruption de Lacroix, annoncé par moi comme une faiblesse de Turgot, fit un grand effet sur l'esprit de la Cour qui ne l'aimait pas et surtout de la reine, et comme j'y mis beaucoup de chaleur, cela ajouté à autre chose fit renvoyer ce ministre d'ailleurs trop systématique.

*

La comtesse Diane de Polignac m'avait fait promettre de lui écrire des nouvelles de l'armée. Elle reçoit une de mes lettres devant M. de Maurepas: « Voulez-vous savoir, dit-elle, bien des choses intéressantes? C'est charmant à lui de se souvenir de

moi, et de me mettre à même de vous en apprendre. »
Elle lit :

« Notre armée est composée d'infanterie et de cavalerie. Nous aurons des pontons s'il faut passer des rivières. Notre artillerie servira à canonner. Si nous attaquons l'ennemi ou s'il nous attaque, il y aura vraisemblablement une bataille. Le temps est beau, mais s'il y a de la pluie, il y aura bien du monde de mouillé. Brûlez ma lettre, car à la Cour il ne faut rien laisser tomber et je ne veux pas me compromettre. »

On peut juger du compliment qu'on fit à la comtesse Diane sur son instructive correspondance et de la moquerie de M. de Maurepas que j'étais sûr de servir dans son genre.

*

On me rappelle de temps en temps les bêtises que j'ai dites. C'est par exemple quand on racontait la drôle d'insolence du prince Frédéric de Salm aux pages, lorsque après l'avoir obligé de leur faire des excuses, les plus petits qui ne les entendaient pas criaient « oui, oui il faut le berner ! » Je dis : « Voilà bien du bruit pour peu de chose. Mon cousin aurait dû leur en envoyer quatre. — Voilà bien la fierté de vous autres, princes allemands, me dirent les femmes à qui je disais cela. — Sans doute, leur dis-je quatre pages d'excuses[458]... »

*

La marquise de[459] ... qui avait un intérêt en Amérique dont il était arrivé un courrier, lui en fit demander des nouvelles. Nous étions à souper. « Dites à Mme de ..., répond-il à son laquais, qu'elle a bien de la bonté, qu'il s'appelle *la France*, qu'il est un peu fatigué et qu'il est allé se coucher. »

*

Ai-je raconté tout ce que j'ai vu et qui m'est arrivé dans les loges de francs-maçons ?

*

J'aime à la folie qu'on se moque de moi pour ce que je me reconnais en moi-même, par exemple, l'envie de me produire ou sur le théâtre ou à l'église, ou dans la rue avec « mes gardes ». Quand je prononce ce mot d'une certaine façon d'importance, toute ma famille se met à rire.

*

Quelles bêtes que les Turcs s'ils font la paix à présent. Comment Napoléon les a-t-il négligés ? Il fallait y envoyer des millions de piastres et proposer aux Espagnols de se mettre en petites républiques confédérées sous sa protection.

*

Je vis à présent comme un saint. Je respecte la jeunesse. Sans cela je me ferais ici une de ces petites élèves que souvent j'ai un peu trop instruites, et voilà un de mes crimes. À présent, si je m'aperçois que j'ai peut-être, grâce à ma principauté et mon bâton de maréchal ou de capitaine des gardes, quelque succès dans une société, je pense à Rosalie et au Père Chrysostome ou Antonin, véritable saint que j'admire, mon amour-*propre*, moyennant cela est satisfait, et je m'arrête.

*

Le meilleur moyen que j'ai trouvé pour achever ma conversation (quoique la source en soit profane) c'est de donner ma parole d'honneur à ma chère Mme Rosalie de ce que je promets au Père Chrysostome à Pâques. Je vous jure que cela a déjà beaucoup fait. Je n'ai manqué qu'une fois à la messe le dimanche depuis ce temps-là, et l'autre seul péché que j'aime assez, quatre fois. Il y a peu de mérite pour celui-ci. La beauté et la supériorité de cette femme dégoûtent de toutes les autres. Sa figure ôtant toute autre idée que l'adoration, bannit les images de la volupté en l'inspirant et l'arrêtant tout à coup.

*

Me voici à Tœplitz. Au mois de juillet 1812.

Quelle magnificence de cette Cour de France que je viens de quitter à Prague où j'ai été quinze jours. Son impératrice bonne, sensible, généreuse, est si bien faite, a tant de fraîcheur, un si joli pied, une si belle gorge, qu'avec l'air de la représentation outre cela, elle est presque jolie. Elle a une si bonne prononciation, car on lui a donné la musique de la langue, et elle est si touchante avec ses sœurs et son père qui l'est aussi avec elle, qu'elle a plus généralement, excepté à l'espèce de parti dont j'ai parlé si souvent qui ne lui pardonne pas d'aimer son mari et à celui-ci de la rendre heureuse. Cette animosité contre lui est bien le cachet de la sottise, et nous perdrait si Metternich et Schwartzenberg ne l'avaient pas réparé par le mariage, l'alliance et cette entrevue.

*

Tous les mensonges qui nous en sont arrivés de Dresde étaient pitoyables et toujours crus par les automates de Vienne à qui je permets de détester Napoléon s'ils le veulent, mais pas de le voir en ridicule. Il n'y a pas en lui le mot pour rire.

*

On aurait dû pour le bien de la Cour me faire venir à Dresde. Joseph II qui s'est fort bien trouvé de m'avoir à toutes ses entrevues, m'aurait fait venir à celle-ci. Il n'y a que les cruches qui n'ont pas d'anse. J'aurais dit à cet empereur : « Sire, le mien me croit mal à propos un frondeur et sait, moyennant cela, que je ne suis pas courtisan. Ainsi, ce n'est pas pour lui que je vous parle. C'est pour votre gloire qu'il faut augmenter en l'arrêtant. Les victoires de l'empereur ont fait oublier celles du Premier Consul qui avaient fait oublier celles du général. Un Cosaque qui a blessé Charles XII lui a fait perdre la bataille de Puttava. Tremblez, Sire, non pour vos jours, mais pour le jugement de la postérité et laissez en repos, ou plutôt rendez le repos à vos contemporains. »

*

Qu'elle est belle la duchesse de Montebello[460], cette amie que l'impératrice des Français m'a dit avoir été bien heureuse de trouver. Qu'elle a de beaux yeux ! et qu'elle a l'air et l'effet de la bonté !

*

Qu'elle est plus belle encore, avec de bien plus beaux yeux, et plus spirituels, la duchesse de Bassano[461] ! Elle est plus aimable, plus piquante, elle a une jolie méchanceté. L'une et l'autre me paraissent aussi bien pour le ton, la grâce et les manières que les véritables duchesses d'autrefois et il n'y en avait pas d'aussi faites pour plaire. Des quatre dames de l'impératrice, c'est celle qui est la moins noble qui a l'air le plus noble et *vice versa*. J'ai été heureux dans cette société-là pendant ma quinzaine de Prague. C'était un petit bout de Paris que je tenais. Je crois que cela a fort déplu que je m'y trouvasse si bien. Mais c'est ce qui ne m'embarrasse jamais. Tant pis pour ceux et celles qui désapprouvent ce que je fais ou dis.

*

C'est peut-être pour cela, ou peut-être aussi par hasard que je n'ai dîné qu'une fois à une des deux Cours et point du tout à l'autre. J'en ai ri quand j'y ai pensé à la fin de mon séjour. Jusqu'au chambellans, écuyers, pages, tout ce monde était fort bien. Ils sont redevenus Français.

*

Leur impératrice m'a montré le portrait de son petit roi de Rome de quelques jours ou même, je crois en vérité, de quelques heures. Je lui dis : « Oh ! mon Dieu ! il a déjà *des yeux militaires* ! » Elle a souri très joliment et a dit à Mme de Montebello : « Duchesse, allez chercher cet autre portrait *qui a mes yeux*, dit-on. *Ils sont bien à la paix.* »

*

Cette impératrice est bien bonne, généreuse. Elle peut être aimable sans l'être autant que la nôtre, car je n'ai jamais connu de femme qui le fût autant. Bonté, douceur, politesse ou politique, elle s'est accoutumée dès son mariage à beaucoup saluer. Le commencement de cela était très naturel. Il y avait toujours des *Vivat* partout où elle passait, il fallait remercier. Les *Vivat* ont cessé et l'habitude de remercier a continué, on n'y fait plus d'attention. Marie-Thérèse ne saluait qu'un peu de la tête quelquefois, ou des yeux, si cela peut se dire, ou d'un sourire, quand elle voulait bien traiter quelqu'un dont elle était contente.

Marie-Louise de France ne saluant pas non plus, excepté lorsqu'on lui est présenté, qu'elle entre ou qu'elle sorte, a paru fière : elle ne l'est pas.

*

Voici mon cher duc de Weymar qui arrive pour voir notre impératrice qui est arrivée ici à Tœplitz, ainsi que moi, le 1er ou 2 de juillet de cette année 1812. Les dîners à très peu de personnes chez elle sont charmants.

*

Notre empereur a toujours parlé italien à celui des Français à Dresde et a eu l'air à son aise avec lui. Le roi de Prusse y a été bien aussi et Napoléon avait l'air content d'eux et de lui.

*

La rage qui devait être une rage muette, puisqu'elle est impuissante et dangereuse, contre la France, est impatiente. Comment dit-on *opinion* en allemand ? Il me semble qu'il n'y a pas de mot, ni au moins jamais telle chose. J'aime mieux celui d'obéissance, sans raisonner. Des généraux, des officiers et jusqu'aux soldats à qui cette fatale opinion, puisque opinion y a, s'est communiquée, s'avisent de tonner contre l'alliance. Les mêmes imbéciles qui ont contribué aux deux dernières guerres et aux sottises qui s'y sont faites, s'ils savaient lire, sauraient qu'après une guerre heureuse pour Louis XIV finie par le traité de Westphalie, quatre ans après et pourtant ayant de l'argent et des forteresses (ce qui nous manque), la bonne compagnie de France se battait dans les rangs de M. de Turenne, à la bataille des Dunes, à côté de la mauvaise d'Angleterre sous le protecteur, non du Rhin, mais de la Tamise, Cromwell, cet usurpateur et assassin de son roi. Quel exemple je ferais de nos raisonneurs et de trois chevaliers de Marie-Thérèse qu'on a l'indigne, la dangereuse complaisance de laisser aller au service de Russie !

*

Quel esprit diabolique de parti, jusque dans la police de Vienne...[462] qui laisse courir dans toutes les maisons six officiers qui ont quitté notre service pour aller, disent-ils tout haut, à celui d'Espagne. Ils attrapent de l'argent de ce qu'on appelle les biens intentionnés et montrant une lettre d'un fou, le major[463]... qui les recommande à des consuls espagnols ou anglais, et qu'on devrait enfermer

*

Nous sommes au 10 juillet. On a passé le Niemen. Pas encore de sabre ni de pistolet tiré. Les Russes veulent-ils se retirer et laisser entrer et s'enfoncer les Français pour les faire mourir de faim ? Cela ne serait pas si bête. Mais gare que Napoléon ne fasse une pointe sur Pétersbourg ou Moscou, il datera un décret de Czarskosélo pour faire percer une rue dans Paris. Voilà ce qu'il aime. Il a la capitalomanie et puis, il fera la paix.

*

Pour faire un beau morceau d'histoire sur lui, par la rotation ordinaire des événements, il finit bientôt sa brillante et extraordinaire carrière (à présent, par exemple, l'un de ces jours, un coup de canon), je ramasse tous les petits détails de sa vie privée. Son goût pour les choses fortes historiques et politiques le porte aux tragédies de Corneille ou de Voltaire et au seul *Mithridate* de Racine. Il en sort toujours rêveur. Il se met à la place des personnages, veut que l'un soit plus audacieux, l'autre prudent, qu'on dise, qu'on fasse autre chose. Tantôt il protège les Romains, puis il fait la guerre pour les Carthaginois. Il entre en Grèce ou aux Indes, et pense à être plus encore que tout ce qu'on joue devant lui. Mais il est calme à l'Opéra. Il y bâille, s'y repose, et comme Italien aimant la musique et sachant de tout assez pour disputer avec les maîtres dans tous les arts, il sort tranquille de sa loge et reste la soirée de fort bonne humeur. Ce diable d'homme ne sait que trop bien ce qu'il sait.

*

Il a dit à Talleyrand : « Pourquoi ne m'avez-vous pas dit que votre femme avait le duc de Saint-Carlos qui est avec les rois d'Espagne chez vous ? — C'est, lui répondit-il, que cela n'intéresse, Sire, ni votre gloire ni la mienne. »

Une autre fois (car il ne se gêne pas pour dire des choses désagréables), il lui dit : « Qu'avez-vous fait de ce que vous avez volé et des présents à Ratisbonne pour les indemnités ? — J'ai acheté, Sire, lui répond Talleyrand, votre terre de Valence » (où l'on sait que les Espagnols ont vécu quelque temps à ses frais).

« Que faisiez-vous avant la Révolution, dit-il un jour à Narbonne, s'attendant à des vanteries de fortune et d'existence ? — Des dettes, Sire, lui répond l'autre. » Cela lui plut infiniment. « Que dit-on de moi en Allemagne, lui dit l'empereur à son retour de Munich ? — Sire, lui répond Narbonne, les uns vous prennent pour un Dieu, d'autres pour le Diable, et personne pour un homme. » Cela lui fit le plus grand plaisir.

Il l'a fait son aide de camp et vient de lui donner des commissions importantes. — C'est bon pour lui et pour moi, dit-il, quand j'ai besoin qu'on fasse des phrases.

Toujours un peu mal appris, il disait aux princesses de Mecklembourg : « Vous êtes bien élevées. Qui a été votre gouvernante ? Il faut que les princes d'empire se reconnaissent pour des sots puisqu'ils m'envoient leurs femmes pour traiter avec moi. Ils font bien. — Mais vous entendez-vous en affaires, dit-il à la princesse de la Tour[464] ? Je ne le crois pas. — Essayez, Sire, lui dit-elle, et nous verrons. »

« Comment va la langue », dit un jour Napoléon à la marquise de Coigny qu'il sait l'avoir bien pendue. La jeune Mme de la Borde qui entend cela ne peut s'empêcher de rire. « Gardez-vous-en, madame, lui dit-il, ménagez les femmes mûres : elles font la réputation de celles qui ne le sont pas. »

*

J'ai bien raison de m'applaudir du mariage que j'ai désiré du prince Paul Esterhazy, mon neveu ; cette jolie petite princesse de la Tour est jolie, aimable, pleine d'esprit et je crois de caractère[465].

Je ne sais ce que c'est que l'opinion. Cette prétendue reine du monde est souvent une sotte qu'il faut détrôner. Les bêtes, ou mal avisés, ou perroquets se répètent. La voilà établie dans les affaires ou la société. Il en a été de même pour ce mariage-ci que pour celui qui a sauvé notre monarchie. Quoique dans cette occasion-ci cela ne soit pas aussi dangereux que de donner à notre armée un esprit qu'elle n'a jamais eu et d'où je souhaite qu'on chasse les premiers raisonneurs, les mères qui avaient des filles à marier et les commères qui se mêlent de tout, voulaient que Paul en prît un. J'ai toujours tenu le parti du père composé de lui et de moi. J'ai dit qu'il fallait croiser les races. On ne serait devenu qu'un ici par Stahremberg, Stackelberg, Schwartzenberg, Fürstenberg, Auersperg s'épousant toujours. Ce joli mariage-ci, fait il y a quinze ans, va et ira sûrement de même à merveille. On croit que notre impératrice n'aurait pas convenu à Napoléon. On ne sait ce qu'on dit. Il aurait tiré grand parti de sa jolie mine, son regard, son sourire, pour lui faire des conquêtes plus assurées et plus douces que celles de ses armes.

*

Isabey, qui m'a dessiné l'autre jour dans son album, me disait qu'il était difficile à peindre, parce qu'il ne peut pas tenir en place. Je lui ai dit que je m'imaginais voir le léopard marcher dans sa cage jusqu'au bout de sa chaîne. « Comment faites-vous donc, lui dis-je, pour attraper celui qui attrape tout le monde ? » Il me dit : « Je suis sûr d'attraper toujours ou la ressemblance ou de l'argent. »

*

Pourquoi Mme Rosalie ne m'écrit-elle pas ? Je me gêne en ne baisant pas tous les jours son portrait qu'elle m'a donné en camée sur le pavé devant sa porte au Jacoberhoff. Hélas! Je comptais sur du retour, non de tendresse tout à fait, mais d'intérêt.

Est-ce parce que je lui ai écrit, moitié par plaisanterie, moitié fâché de ce que je n'avais pas reçu encore de ses lettres. *Peut-être qu'une bien froide sans cœur et sans esprit* (contrevérité comme on peut bien s'en douter) *est en chemin à présent pour m'arriver.*

Je lui ai écrit tous les jours depuis le 4 septembre de l'année passée que je suis revenu de Tœplitz, jusqu'au 15 de juin que je suis parti cette année-ci pour y retourner, quelquefois deux et une fois trois dans un jour. Ainsi cela fait sûrement deux cents. Belle récompense. Je l'avais admirée un ou deux ans. Je l'avais aimée trois ou quatre et cette année-ci je l'avais idolâtrée. *Ai-je passé le temps d'aimer?* disait La Fontaine. Non, me répondra-t-on, mais celui de l'être. Je le sais; mais cependant elle m'aimait un peu et comme elle n'est pas femme à aimer davantage et *autrement* un plus jeune, et un plus beau, cela me suffisait.

*

Ah! Voilà sa lettre arrivée. Deux sont perdues. Je suis content. J'en avais besoin, comme *Cervus desiderans ad fontem*[466]. Il y a de la mysticité dans ce dernier amour et une sorte de magnétisme spirituel: par exemple, souvent en pensant à elle, je trouve mes mains jointes comme si je l'invoquais.

Les païens, les Juifs l'invoqueront les uns comme leur moitié Vénus, moitié Minerve, les autres comme leur Messie habillé en femme et les bons catholiques comme une sainte dans quatre-vingts ans.

*

Nous en avons une véritable ici à Tœplitz ou plutôt à Mariaschein, mais elle n'est ni jeune, ni jolie, ni aimable, avec une belle taille cependant et l'air distingué en maintien et en conversation. Elle se prive de tout, rôtit un pigeon pour son dîner et son seul divertissement est d'élever une petite Bohême. Abandonnant le monde, amis, famille, son âme bien moins logée dans ce monde le sera mieux dans l'autre que celle de Mlle Rosalie qui fait son salut au milieu de l'admiration de sa beauté, du piquant de sa dévotion, des plus beaux vers sacrés et des augustes cérémonies des églises d'une grande ville.

*

Je ne sais pas dire un chapelet, je ne sais pas lire à la messe. J'improvise à peu près comme ceci :

« Mon Dieu, je vous demande pardon de vous avoir offensé en pensées, actions, paroles, scandales en tous genres, mauvais exemple pour mes gens et mes fils dont je n'ai pas soigné la religion et que j'ai peut-être engagés par là à la négliger. Je vous demande pardon de trois ou quatre genres de péchés plus gros que les autres comme séductions et peut-être ce qu'on appelle cas réservés. Je crois en Vous, je vous adore, je vous crains et j'espère. Votre justice, ô mon Dieu, me fait trembler et votre miséricorde me rassure. Je vous remercie de tous les bienfaits dont vous m'avez comblé depuis près de quatre-vingts ans. Je vous offre pour expiation de mes crimes grands et petits, la perte que j'ai faite d'un fils, la moitié de moi-même, en pensant aux souffrances d'un Dieu fait homme.

« Je me recommande à la Sainte Vierge sa Mère et à mon saint patron pour intercéder auprès de moi. Je promets de me corriger et j'invoque votre bonté paternelle, ô mon Dieu, pour être sûr de me raccommoder avec votre sainte loi, à l'heure de la mort, et pouvoir dormir dans votre sein pendant une heureuse éternité. »

*

Quel contraste, dira-t-on, dans ce que je fais, je dis, j'écris. Rentrez en vous-mêmes, mes lecteurs, et vous vous trouverez aussi une encyclopédie de bonnes et mauvaises choses en contradiction sans cesse entre elles.

*

Il n'y a que les faux jugements sur moi ou sur les autres qui puissent m'impatienter quand les sots croient que j'ai dit ou compris ou fait quelque chose ; et puis même pour les indifférents par bêtise on est méchant et injuste. Je demande s'il y a quelque chose de plus pitoyable que de s'être mis dans la tête à Carlsbad et ici que M. d'Estournel est un espion, lui dont je réponds, dont je connais la famille d'honnêtes gens de qualité ; et pourquoi ? Qu'apprendrait-il ici ?

*

Je n'ai pas fait ressouvenir ou appris hier à l'impératrice qu'il y avait un bal parce qu'elle y aurait été et je sais que cela a déplu il y a deux ans à l'empereur.

*

Je lui ai donné un thé, avant-hier 11 de juillet au Mont Ligne. Elle y a été charmante, a fait des questions intéressantes sur la Chine au comte George Goloffkin qui y a répondu avec tout l'esprit, l'instruction possible, sans exagération ni pédanterie, mais d'un ton parfait.

*

Comme elle est un peu sourde, on parle en public plus qu'on ne le veut. Il y a du mérite à dire la même chose sans se répéter, car il faut songer à plaire aussi à ceux qui ont entendu à la première fois.

*

Que veut Napoléon par son ambassade en Pologne ? Il a fait venir à Dresde son sac à poudre, son éponge, son peigne, etc. (connaît-on ce jeu-là) et à présent que c'est *Madame demande toute sa toilette*, qui retrouvera son fauteuil ou en prendra un autre ? Je crois que c'en sera un tout au plus en Pologne et point un trône.

*

Je crois l'avoir montré Annibal en Italie, Scipion en Afrique, César en Espagne, Turenne en Allemagne. Je vous le présente aujourd'hui Charles XII en Russie, après avoir été Charlemagne depuis trois ans en Autriche, en Hongrie et en Saxe il y a six ans. Gare Alexandre dans quelque Babylone. Gare demain pour les Russes. Le 14 est un jour qu'il affectionne. Marengo, Iéna, Ulm, d'autres dont je ne me souviens pas, et peut-être que les 14 du règne d'Henri IV qui a eu, ce jour-là, dix ou douze époques intéressantes, peuvent y avoir contribué. Il se sert de tout, jusque de l'almanach. Austerlitz, l'anniversaire de son couronnement.

CAHIER XLIV

Je reviens de Dresde où j'ai été pour Mme de ***[467] qui m'aime un peu et que j'aime beaucoup. Mais ses principes, deux filles, enfants qui sont toujours avec elle, la géographie de son logement ici (à Tœplitz) et à Dresde ont trompé mon espérance. Je lui avais pourtant écrit : « On m'a accordé deux fois à Dresde ce qu'on m'avait refusé à Tœplitz. » Elle n'en est pas moins belle et parfaitement aimable. Je souhaite la revoir, et nous verrons.

J'avais été encouragé par le bien qu'elle m'a dit, ainsi que bien d'autres, de mes dernières lettres imprimées à Weymar[468].

*

Mais mon Dieu ! que j'ai eu peur hier à Dresde, moi qui ne veux manquer en rien surtout pour l'empereur Napoléon ; je m'y suis trouvé, sans m'en douter, le jour de sa fête. Mme de Senft dit à Zabielo : « Mon mari vient d'avoir l'indigénat en Pologne. Le prince de Ligne l'a eu, il y a plus de trente ans, avec des acclamations qu'il faut recommencer. Nous boirons à sa santé et le couvrirons de rubans polonais. J'en tremblais et l'ai fait prier de n'en rien faire. Hélas ! Pauvre Pologne, vous vendez trop vite la peau de l'ours. Votre proclamation terrible contre la Russie vous expose à de terribles malheurs. »

*

Il y a cinquante calèches, vingt würst tous les lundis et les vendredis et dix grands goûters au milieu des cerfs à Toppelbourg. Il n'a jamais été plus brillant, et l'augmentation et l'embellissement de la partie gauche du jardin le rend à présent un des plus beaux qu'on puisse voir. Si le prince Clary se sert du rassemblement d'eau qu'il pourrait se procurer, il pourrait en avoir une superbe chute d'un étang à un autre ; et en fermant la montagne du Galgenbuch, par ces deux bordures de bois que je lui demande toujours, des deux coins de son jardin, il aurait alors le plus beau jardin du monde, supérieur à ceux d'Angleterre et de Pulavi en Pologne, Norlitz en Allemagne, Schönhoff en Bohême, Laxembourg en Autriche, Eisgrug en Moravie, Totès en Hongrie, etc.

*

Comme Flore restera ici tout le temps que Christine y sera, je crois que j'irai aux fêtes d'Eisenstad ; sans cela, puisque Titine qui lui était si utile n'est pas ici, j'y serais resté malgré toutes les portes et les fenêtres ouvertes qui font du château une glacière.

*

Comme je ne me soucie pas d'être mis dans les gazettes, et que m'ayant privé du grand intérêt de voir l'empereur des Français, de peur qu'on ne me fît parler, je veux gagner par là la conservation de mon heureuse nullité. J'ai craint quelque transport à son toast chez le ministre des Affaires étrangères à Dresde. Cela s'est passé très tranquillement et je puis dire gaiement pour moi, lorsque j'ai entendu le ministre de France, après la santé en harangue du roi de Saxe, crier tout seul : vive le roi.

*

On plaint ceux qui perdent ce qu'ils ont pris à d'autres qu'on ne plaint pas et qu'on n'a pas plaints dans le temps, parce qu'il n'y avait pas tant de dames Young[469]. Il faut des larmes, et par conséquent des charmes aux femmes, pour les empêcher de rendre femmes les hommes de leur société. Eh ! mon Dieu ! Ne connaît-on pas la rotation des événements ? la bascule des fortunes ? J'ai perdu trois cent mille florins de rente ; peut-être qu'un seigneur de la Croisade, ami d'un de mes aïeux qui était pauvre, a commencé à l'enrichir des dépouilles d'un autre.

Ignorance, injustice, défaut de mémoire ou de réflexion. On dit qu'il ne faut pas penser à ce qui s'est passé depuis si longtemps : comme s'il y avait des prescriptions pour la philosophie.

*

Ce qui me fait donner au diable, c'est de ne pouvoir me flatter d'être connu de ceux qui m'approchent de plus près. L'un est assez bête pour croire que je suis bien fin ; l'autre assez fou pour me croire capable de rancune, ou de susceptibilité, ou d'en vouloir à quelqu'un ; d'autres que j'ai des vues, que je forme des projets, d'autres encore plus sots, que j'ai du chagrin, des remords ; et puis encore des malins qui croient que je ne dis rien pour rien ; que je suis dissimulé, partial, parce que je soutiens des gens dont je ne me soucie pas du tout, mais à qui je vois que l'on fait du tort. Rien ne dégoûte plus du monde que d'en être si éloigné par la manière de voir et d'en être vu. Ô solitude animée, ainsi que je l'ai déjà expliqué, c'est vous que j'aime ! C'est comme cela que je suis seul avec plaisir à *Mon refuge* près de Vienne, dont je vois et entends le tapage, le bruit des vignerons et des cloches des villages, et des promeneurs qui viennent me regarder dans mon lit. C'est comme cela que j'aime le *Mont Ligne*, près de Tœplitz où j'écris, et d'où je vois une lanterne magique de gens qu'heureusement je ne connais pas.

*

J'ai donné, comme cela m'est arrivé presque tous les ans, le dîner touchant et respectable à deux cent soixante-huit héros blessés. Leurs remerciements, leur joie et les santés qu'ils portaient et répétaient sans cesse, surtout la mienne, étaient divertissants. J'avais pris le jour de nom de mon cher duc de Weymar pour cela. C'était une bonne matinée.

*

Les officiers prussiens et saxons nous ayant invités à un pauvre pique-nique pour célébrer, en payant, la fête de leur roi, nous autres officiers autrichiens le leur avons rendu, sans les faire payer, mais ma pauvre économie se ressent des cinq cents florins que tout cela m'a coûté. Qui me les prêtera pour partir dans trois semaines ?

*

Le grand duc de Würtzbourg, qui est ici s'y plaît et est extrêmement bon et aimable. « Voici, me disait-il l'autre jour à une chasse où j'ai tué bien des canards, la première bécassine que j'ai vue. — Comment, lui dis-je, monseigneur, dans trois grands duchés vous n'en aviez pas ? » Il a ri de cette transplantation éternelle que je lui rappelais.

*

L'électeur de Hesse est ici. Il est malheureux et privé de toutes consolations et espérances. Je lui fais ma cour.

*

Troisième thé que je donne au roi. C'est à une autre société de femmes, en partie, car cela se renouvelle. Aujourd'hui il n'y a que de l'eau chaude et des pommes de terre avec du beurre que le roi met dessus avec plaisir.

*

Le roi a donné un grand et fort beau bal d'apparat au *Gartenhaus* pour nous remercier des nôtres, je crois l'avoir dit, et que notre pièce de lui et de moi, la princesse Paul Esterhazy qu'il aime beaucoup en a fait les honneurs à merveille. Hier encore un thé et petit bal impromptu, où il a été bon, simple et bien amical. Il est allé se coucher à dix heures à l'ordinaire.

*

Je pourrais bien intéresser ou amuser mes lecteurs, si je me laissais aller à écrire tant de confidences politiques ou scandaleuses, ou de mes actions dans ce dernier genre, heureusement inconnues, dont je me réjouis comme mondain (car il n'y entre point de vilainie), mais dont je me repens comme chrétien. Vous tous qui voulez l'être, aimez un ange comme Mme Rosalie et ne la quittez pas, car, depuis que je suis à Tœplitz, mon âme religieuse par sa présence et son animation s'attiédit.

*

Napoléon pourrait bien trouver à Moscou la fin de sa belle et unique carrière, comme Alexandre à Babylone.

*

Il vient de partir ce bon, cet aimable roi (car nous avons contribué à le rendre tel) ; en s'apercevant qu'il l'est, il a vu qu'il nous plaisait. Cela lui donnera du courage pour avoir tous les succès de société qu'il voudra et qui feront diversion à la douleur de la perte qu'il a faite plus sensible que celle de sa mauvaise Pologne. Voyez cette bienveillance qui est plus que de la politesse. Il est venu me dire adieu, moi dans mon lit, écrivant à mon ordinaire. Je corrigeais mes *Posthumes*, j'étais précisément à mon voyage d'Anspach où je disais du bien de lui ; je n'ai pas osé le lui montrer. Il aurait cru que j'avais arrangé cela en cas qu'il vînt me voir. Il est très sensible, c'est ainsi qu'avant-hier, dans une des trois pièces que j'ai jouées pour la fête de ma Palfy, j'ai glissé sur une apostrophe indirecte à lui de notre amitié. Le soir il m'assure de la sienne en me serrant la main, comme embarrassé de m'en témoigner assez d'assurance. Que le ciel lui accorde sa bénédiction !

Avant le spectacle je lui ai donné mon cinquième thé au Mont Ligne où j'ai vu tout ce qui est encore à Tœplitz fort content.

*

Ai-je parlé quelquefois de ce qu'on éprouve de mal par les souvenirs ? La cloche du dîner du château ici a le même son que celle du château de Belœil. Cela me fait le même effet que le cri de quelques paons qui sont au Prater. C'est ainsi encore qu'un certain air russe me donne envie de pleurer. Et la chanson de *Marlborough* qu'on m'a chantée dans ma petite frégate du grand étang de Belœil où j'étais, aimant et aimé, en partie carrée. Oh Dieu ! Dieu ! Dieu ! qu'est-ce que la vie ? Qu'il y a peu d'instants de vrai bonheur ! et de quelle durée !

*

Adieu, Tœplitz, pour dix mois, car je voudrais aller à Paris le 1er de mai, si la paix est faite. J'éviterai la place de Louis XV. Point de Versailles, grand Dieu, ni un endroit ailleurs où j'ai été si heureux... mais je verrai les embellissements et passerai seulement par là pour embrasser mon pauvre perclus de Louis, que pour ne pas m'attendrir sur les beaux jeunes moments de ma vie à Belœil, je ferai venir, si je peux, à Condé ou à Valenciennes.

*

Je vais revoir mon beau curé, ce Père de l'Église ; et la mère des amours, ainsi que j'appelle cette céleste Mme Rosalie dont je baise à tous moments le portrait lorsque ses lettres sont rares ou courtes. Quelle excellente femme que sa belle-mère ! C'est elle qui me l'a fait faire, car si c'était Mme Rosalie, ce serait trop m'aimer (ce qui n'est pas naturel) ou trop peu en me traitant sans conséquence. L'ai-je déjà dit peut-être ?

*

J'ai déjà bien souvent parlé de l'esprit de parti de ce pays-ci, soufflé sans qu'on s'en doute par les étrangers, parce que faute d'esprit, on ne sait point distinguer les temps ni les dangers. L'esprit de contradiction qu'ont les femmes souvent outre cela se mêle à celui-là, si les gens raisonnables ont un avis à eux; l'avis aux autres, parce qu'on est mécontent sans le savoir est qu'on est, et doit être malheureux dans l'alliance de l'homme par l'alliance de la femme.

*

Je pars parce qu'il fait froid et je quitte les deux Clary et mes trois filles avec bien de la peine et des regrets. Je laisse ici de même, avec désir de les voir ailleurs, mon cher Roger Damas, Georges Goloffkin, le prince Baratinsky, une jeune princesse d'Auersperg[470] que j'appelle princesse Melanchton, parce qu'elle est bonne luthérienne et que Melanchton était plus savant que Luther. Outre les Majestés et les Altesses royales, il y a eu ici le bien grand, bon et célèbre Gœthe et quelques gens d'esprit, la comtesse de Schimmelman[471], deux Arnim, un Kettenbourg auteur de deux tragédies.

*

Mais voici ce qui termine assez drôlement mon séjour, et je laisse les lecteurs sur la bonne et belle bouche. Une aventurière à la vérité très jeune et très jolie est arrivée avant-hier dans une très jolie voiture avec un enfant et une assez belle et grande femme que j'en croyais la bonne. Je la rencontre au jardin, je cause, elle me dit qu'elle s'appelle Mme J..., épouse d'un commissaire français qui est en Russie. Elle me dit qu'elle va à Vienne. Je lui dis: et moi aussi. Partons ensemble vendredi, nous disons-nous tous les deux en duo. Vous en serez mieux servie, madame, je suis connu sur la route. Je m'aperçois qu'elle prend un désir pour de l'amour. Tant mieux, me dis-je à moi-même, j'en profiterai. Pardon, madame Rosalie ; pardon, Père Chrysostome.

Dans le temps que je dresse mes batteries, le prince B*** dresse les siennes. Il l'avait rencontrée dans une autre allée. Je la laisse retourner chez elle et lui aussi. À l'insu l'un de l'autre, une heure après nous nous rencontrons chez elle. Nous nous mettons à rire. Je le vois plein de feu. Je n'en ai plus, et en général, je n'en ai jamais eu beaucoup à moins que mon cœur ne me parle un peu. Hier cependant j'arrive chez elle de bien bonne heure, puisque je lui avais vu quelque bonne disposition. Elle était allée promener avec le prince à Mariaschein. Je ne trouve que l'espèce de gouvernante. Point du tout : c'était la mère de mon élégante. Je lui trouvai un air de bon accord, un reste de beauté et après quelque prélude un corps superbe. Trente-six ans ne pouvaient pas me faire peur et après l'avoir priée de confier à quelque fille de la maison l'enfant que nos premiers essais de tendresse réciproque auraient fait crier, je profite de la bienveillance qu'on me témoigne et j'y mets le comble, ne croyant pas risquer ma santé et enchanté de l'imprévu et du piquant de cette espèce de bonne fortune.

J'ai demandé au prince s'il avait été aussi heureux vis-à-vis de ma belle-fille, il prétend que non, et comme elle me croit peut-être un genre que je n'ai pas, veut me conserver ou plutôt me destiner une apparence de fidélité dont je n'ai pas besoin, puisque à Prague où je la rencontrerai vraisemblablement demain, et à Vienne où elle va ensuite, je ne compte pas la voir.

En attendant que cela se débrouille, ou plutôt ne se débrouille pas, je pars à trois heures du matin. La maman, point intéressée, m'a paru contente de moi ; peut-être que la fille le sera, si je la trouve dans quelque dessein sur mon cœur et ma cassette aussi vide l'un que l'autre.

Voilà le cinquième aveu à faire à mes deux directeurs de conscience pour les deux mois que j'ai passés ici. Adieu, chère famille, adieu, cher Tœplitz. Puissions-nous être aussi heureux ici dans huit mois que nous l'avons été, et ma santé être meilleure que ma conscience à qui je veux donner plus de soins.

Tœplitz, le 23 septembre 1812.

*

Il est singulier que l'amour soit cousin germain de la dévotion. Quand je ne vois pas si souvent Mme Rosalie, je l'aime moins et alors je manque quelquefois la messe.

*

La mort de mon excellente, aimable, vraiment vertueuse et jadis bien jolie belle-sœur Charles Liechtenstein m'a fait une peine inexprimable. La douce dévotion rend la mort bien peu orageuse. Elle ne l'a pas craint parce qu'elle était sûre de son fait. Après avoir reçu tous ses sacrements elle s'est plus occupée de sa famille que de son prêtre. Il me semble que j'en demanderai peut-être deux ou trois pour me rassurer ; mais ce que je ferai, ce sera d'avoir, outre le Père Chrysostome, le comte de Willezeck, le grand maréchal, près de moi. Je le lui ai fait promettre. Il a une âme si pure, si pleine d'espérance qu'il me la communiquera. J'ai besoin qu'on me représente un Dieu juste qui me fera trembler. Je ne bénirai pas mes enfants, comme font les autres ordinairement, mais je les prierai de me bénir, puisque ce sont des anges.

*

À peine ai-je fini de pleurer cette femme si intéressante, chez qui j'ai dit que j'allais tous les jours depuis la mort de l'empereur Joseph, que j'en pleure une autre qui plonge la ville aussi dans les larmes: Mme de Rumbeck. Son portrait se trouve dans une de mes lettres imprimées à Weymar. Elle sera regrettée de même partout. Car par des rapports singuliers elle a plus d'amis que de connaissances. Elle a nuancé les congés qu'elle vient de prendre en mourant, selon les caractères, entre autres de ma fille Clary, et Mlle de Murray, de Mme de Puffendorff[472], de M. de Rumbeck. Comme elle a été touchante, bonne, douce et pieuse! Je me suis jeté aujourd'hui sur la main de cet admirable Père Antonin qui l'a mise dans la voie du salut. La scène du crucifix qu'avait aussi tenu son frère en mourant... mon Dieu qu'elle a été attendrissante!

*

Quel hiver malheureux par les pertes de toutes les meilleures connaissances! Le prince Kinsky, homme presque parfait... Un vieux général Hager[473], couvert de blessures, est à la mort. Bien d'autres de la société ont fini leur carrière; tout cela en trois semaines.

*

Les raisonnements ou plutôt les déraisonnements sur la politique sont ceux qui tuent le plus surtout quand c'est la partialité et les commérages qui les dirigent. Les salons sont devenus des antichambres et les antichambres des coins de rue. C'est alors que je regrette mes six mois de solitude à Pest, où ne voyant personne, personne ne m'impatientait. On a fait de Vienne une Héraclitopolis ou une Jérémie-stadt. On dépense la sensibilité sur des lettres que l'on croit, et de fausses nouvelles conjectures ; et puis sur ce qui périt à la guerre, comme si c'était la première et qu'on pût la faire sans cela. Et puis encore sur le froid. Comment, dis-je, à ces âmes si apitoyées, ne m'avez-vous pas plaint, lorsque j'ai passé deux hivers à la guerre, dans ce même pays ? Pourquoi n'avez-vous pas eu la même commisération sur le chaud ? Vos officiers malades ou mourants en Smyrnie et dans le Bannat en valaient bien la peine. De 25 000 hommes que j'avais sous mes ordres au siège de Belgrade, il n'y en avait que 5 000 en état de servir. J'y avais une fièvre insupportable. Je la portai à la tranchée. On m'aimait beaucoup, mais alors on n'était pas tourné aux lamentations comme à présent.

*

Les hommes changent moins en vieillissant que les femmes. À trente, quarante et cinquante ans elles sont bien différentes en tout ce qu'elles étaient à vingt. Moins aimables, moins occupées de plaire, elles voient tout d'un autre œil et perdent ainsi sans s'en apercevoir, insensiblement, leur gaieté et leurs premiers aperçus plus justes que les seconds et surtout que leurs troisièmes, mais mon Dieu, qu'elles sont contrariantes !

La première sensibilité sur des individus qui sont chers est assurément bien permise, mais l'autre sur l'humanité en général donne trop à faire, car il n'y a pas un jour où dans les autres parties du monde il ne périsse quelques centaines et quelquefois des milliers d'hommes.

On ne veut pleurer que les victimes de l'ambition effrénée de Napoléon et non celles de l'ignorance des médecins qui tuent tous les ans à l'hôpital tant de milliers d'habitants d'une grande ville, qui périssent sous les yeux de tant de gens sensibles, faute de leurs secours. Il est plus économique de plaindre les malheureux que de les empêcher de l'être. Puisse à propos de ceux de la guerre, le Dieu des armées inspirer l'amour d'une paix éternelle.

*

Je vois et j'aime tous les jours plus celle qui ne voit et n'aime personne et qui, peut-être à cause de cela, veut bien me recevoir et bien traiter (à l'exception des grandes choses). C'est Mme R..., qui en est plus belle et chaque soir plus aimable. Peut-être qu'un peu de réputation qu'on m'a donnée je ne sais pourquoi par un heureux hasard, y contribue. Enfin mon amour (propre seulement) s'en trouve bien.

*

De deux ou trois femmes que je connais, j'en ferais une parfaite, un peu plus de velouté dans le cœur de l'une, plus d'esprit dans la tête d'une autre ; ainsi du reste.

*

Il y a ici les deux plus belles figures du monde, en deux demoiselles de classes différentes et d'un caractère charmant. La fille de la comtesse de Riede et de Mme de Trauwieser, ma dame de la montagne. Quelle harmonie dans leurs tailles, leurs traits, leurs talents !

*

Pauvres Polonais, que je vous plains ! On peut voir dans mon cahier précédent combien j'ai désapprouvé leur proclamation injurieuse contre les Russes qui vont sûrement s'en venger. Que leur empereur fasse son frère Nicolas, prince charmant, roi de Pologne, avec l'ancienne constitution et leur pardonne ! Napoléon sera humilié et attrapé.

*

Ai-je dis que la difficulté à prononcer les noms polonais sauve des indiscrétions. Une charmante femme de ce pays-là me témoigne, un jour que je fis attendre le roi pour dîner, un sentiment vif, tendre, ardent, gai, reconnaissant, sensible dans *tous les sens*. Je lui dis en arrivant : « Sire, pardonnez-moi ; c'est pour une de vos sujettes dont le nom de quatre ou cinq syllabes ne peut se retenir. »

CAHIER XLV

Un charmant trait d'un bon ancien genre français, c'est Achille de Laval à qui je vis faire un nœud dans son mouchoir. « Pourquoi donc, lui dis-je ? — C'est que je dois me battre demain matin : je vais me coucher et je meurs de peur de l'oublier. »

*

Quelle nation légère ! Elle ne l'est qu'en bien quand elle est heureuse, mais dès qu'elle cesse de l'être elle est capable de tout ce qu'il y a de mal.

L'esprit dans chaque pays n'a que la même physionomie. Voyez celle des Chinois, eh bien c'est comme les femmes de plusieurs nations. Celles du Nord l'ont resserrée, de manière que ce qui sort de celles d'une Française, d'une Anglaise, d'une Italienne, ne paraît jamais chez celles qui sont aimables, mais extrêmement dissimulées. Ce n'est qu'un défaut chez celles qui sont bonnes et ce n'est rien de plus chez celles qui ne le sont pas.

*

Si mon cher Charles avait vécu et si mon pauvre Louis n'était pas mort de son vivant par ses rhumatismes qui le rendent perclus et la distance de trois cents lieues, il n'y aurait rien eu dans le monde, plus de bonheur et d'agrément de société que dans ma famille.

*

Ce qui me fait plaisir de n'avoir rien à laisser à personne, c'est qu'au moins on ne commentera pas mon testament, car après s'être fait raconter à quelle heure on est mort, on demande tout de suite à qui l'on a laissé la pendule et surtout la table à thé.

*

Trois Rzewuska sont parties ; la quatrième, Mme Rosalie, ne reçoit plus. Je ne sais où aller quand il n'y a pas quelque pantomime à l'un des trois théâtres du faubourg : c'est alors le seul spectacle où l'on ne dit pas de sottises.

*

J'ai quelque plaisir à voir celle que j'appelle « mon clair de lune ». Si elle était criminelle ce serait un soleil, elle aurait les plus belles couleurs du monde. Je ne lui demande pas de l'être, je veux seulement qu'elle soit un peu coupable. Je ne voudrais pas détruire tout à fait ses bons principes, par bonté et méchanceté tout à la fois, car je ne veux pas qu'un autre soit heureux. L'amour-propre est celui qui dure le plus longtemps. Je suis blasé sur celui qui ne l'est pas, je veux seulement quelque préférence marquée par quelque signe presque innocent. Si j'en attrapais, je ne le dirais ni ne l'écrirais.

Elle est bonne, aimable, elle a de l'esprit, sait quatre langues à merveille, traduit, m'explique. Je ne m'ennuie pas chez elle. Elle croit peut-être que je lui suis utile pour la former ; parce que quelquefois j'ai plus de réputation que je n'en mérite. Ma conversation est une pauvre dot pour elle, mais celui qui aura assez d'esprit pour l'épouser pourra voir par mes soins et mon sentiment qu'elle est faite pour exciter les uns et inspirer l'autre.

Je l'aime beaucoup, en vérité, cette demoiselle, Rose de nom et de figure, si elle m'aime un peu. Pour Mme Rosalie, objet éternel de mon culte, outre mon idolâtrie pour sa beauté, je la vois quand je peux, comme le Père Griffet, un conseiller Wavram, le gros médecin Laugier et quelques célèbres, dont M. de Meilhan[474] est le dernier. Les sculpteurs grecs faisaient des idoles pour les adorer. J'ai trouvé la mienne toute faite dans le plus beau marbre de Paros veiné de couleur de rose.

*

Quelle chienne de guerre ! Six cent mille hommes tués ou morts de froid ou de faim ou de lassitude ! Pour du sucre et du café ! Quelle moisson pour les diables ! On ne peut désespérer du salut de personne, mais quelle apparence que ces pauvres soldats et paysans, aient eu assez de force d'esprit et de corps pour penser à leur âme ! Et moi qui ne suis rien dans tout cela, j'y perds mille ducats de la Russie, autant de la Pologne. Je n'ai plus que dix mille florins de mes gages de maréchal (je ne compte pas les deux mille de capitaine des gardes, car je les dépense pour ma compagnie), quatorze mille de ma souveraineté d'Edelstetten que j'ai vendue au prince Esterhazy et neuf mille que Louis m'envoie des terres que je lui ai abandonnées. C'est juste ce que me coûte ma maison. Je n'ai pas de dettes. J'en faisais pour trente ou quarante mille par an, quand j'avais trois cent mille florins de rente.

*

Comme ceci est respectable ! La femme de Ghislain Alberlachen, mère de mon excellent petit François, aussi affligé qu'était son père, bien près de mourir, a été guérie par mon très bon, très sage, très éclairé Puttmans, mon chirurgien. Dans le moment que son mari la voyait à toute extrémité, il a fait le vœu d'aller pieds nus en pèlerinage à Maria Stülf, à une demi-lieue, et le jour le plus froid, le plus glissant et quelquefois le plus crotté de l'année. Il me prie de le dispenser de mettre les chevaux le soir, je lui dis : « Volontiers, c'est presque le carnaval, allez vous divertir. » Il me dit la raison de sa demande. J'en suis touché aux larmes pour la piété religieuse et la piété conjugale. « Allez », lui dis-je, en retenant un peu mes pleurs. Il en est revenu à neuf heures du soir. Je le fais bien réchauffer, et quand je demande s'il n'est pas malade, lorsque je me réveille, j'apprends qu'il y est retourné de même à cinq heures du matin. Il ne s'en porte que mieux et il est le plus content des hommes. Il y a si peu de personnes capables de sentir tout cela que pour ne pas exposer les soi-disant gens d'esprit à en rire bêtement, et moi à leur en témoigner mon mépris, je ne l'ai presque pas raconté. Ce n'est pas par respect humain, car je le brave à présent, et dans ce bon genre, j'ai malgré cela souvent les rieurs de mon côté.

*

Je l'ai déjà dit vraisemblablement : les mauvaises mœurs finissent d'elles-mêmes. Je n'en ai que tous les quinze jours, la religion reste. On revient quand on s'en est écarté, non en principes, Dieu m'en a préservé, mais en actions. Il y a quelquefois de la sécheresse à côté des bonnes mœurs. Je dis souvent le peu de prières que je sais par cœur, je crains, j'espère. La dévotion véritable épure un cœur qui a commencé par être tendre pour la créature et qui devient tout de feu pour le Créateur.

*

Les femmes voient souvent mieux et plus loin que nous (les hommes). Je me souviens d'une conversation de la P*** avec P** avant la guerre de 1801. Lui, ni personne ne savait que répondre à ses prédications, et au tableau juste qu'elle faisait de notre position politique et militaire.

*

Pourquoi Napoléon chasse-t-il dans les environs de Paris, après avoir chassé l'espace de huit cents lieues ? Pourquoi a-t-il fait semblant d'être gai dans sa fuite en traîneau ? Je n'aime pas les petites charlataneries. Ce redoublement de police et de surveillance dans Paris peut lui être bien funeste.

Avec cette différence que l'empereur Julien s'est fait tuer, il a eu une déroute à peu près semblable à celle de l'armée française. Il alla prendre la capitale de la Perse, gagna une bataille, mais perdit du temps. La mauvaise saison et les vivres vengèrent et sauvèrent cette nation que la fougueuse ambition de cet empereur lui fit attaquer aussi mal à propos. Que ne restait-il à Paris où il résidait souvent ? Je crois que lui avant de mourir, et Napoléon dans ce moment-ci, ont été bien fâchés de l'avoir quitté.

*

Que de morts qui m'ont fait de la peine plus ou moins pour moi et pour les autres, dans l'espace de quelques mois, et surtout ces deux-ci. Le prince Kinski, ma belle-sœur Charles, Mme de Rumbeck, Duras d'Arenberg, l'honnête commandeur Zinzendorff, le prince de Kaunitz, quelques jeunes officiers polonais et français intéressants que je connaissais, et surtout l'abbé de Damas que je regrette pour lui, sa famille, et mon cher Roger, son frère, qui en est inconsolable.

*

Ne voilà-t-il pas encore une femme d'une autre partie du monde, qu'une place à souper à côté d'elle, un genou que j'ai rencontré, et peut-être plutôt les rubans, ont engagée à me bien traiter déjà une fois. Partie par scrupule, partie pour ma santé, je lui ai dit que pour sa réputation, je ne viendrais pas souvent chez elle, puisque je connais quantité de personnes logées dans la même maison. Voyez, lui ai-je dit, comme cela est délicat.

*

Ne voilà-t-il pas Napoléon raccommodé avec le pape ? Ne voilà-t-il pas déjà cent mille hommes qui ont passé le Rhin ? Il est sorcier cet homme que les uns croient un Dieu et les autres un Diable, mais jamais un homme.

Mais qu'il laisse l'Angleterre régner sur l'eau. L'Illyrie à nous, la Pologne à un roi suffragant et barrière de quatre empires. Que peut-il gagner ? Qu'il fasse, au contraire, tous les sacrifices possibles pour la paix ! C'est en perdant qu'il peut encore acquérir la réputation d'un grand homme qu'il a défaite pour n'être qu'un grand capitaine et le tourment du monde.

*

Voilà Narbonne qui arrive. Comme il est aimable ! et comme M... et moi et quelques autres personnes ont beaucoup vécu avec lui ! Cela alarme toute la ville et nous donne à nous-mêmes un peu d'embarras[475], jusqu'à ce qu'il ait fait la conquête de tous les enragés contre la France.

*

Voilà Schwarzenberg qui arrive après sa superbe et difficile campagne. C'est réellement un homme parfait.

*

Pour faire une femme parfaite, en refondre deux, ce n'est pas beaucoup. Ce serait une jeune princesse et une vieille comtesse. Je ne dis pas quand et où je les ai connues. À l'exception de ces deux-là, il en faudrait refondre vingt ou trente pour cela.

*

Si Mlle Rose était née en France, en Pologne ou en Angleterre, il ne lui manquerait rien. Elle aurait la grâce des deux premiers pays et le piquant du troisième. Ce sol-ci est ingrat. La *Freule* dont je parle a de l'esprit, de l'à-propos, de l'amabilité, des vertus et des principes qu'elle suit sans pruderie ni bégueulerie.

*

J'ai rencontré aujourd'hui l'empereur au milieu des inondations où il allait pour faire le bien et moi pour voir le mal. J'étais en petit bateau long et étroit, et quand je me suis mis debout sur une petite planche pour le saluer dans sa voiture d'où il m'éclaboussait il s'est mis à rire de voir mon esquif balancer avec moi.

*

Les sens (surtout celui que je ne veux pas nommer) sont une chose singulière. Par exemple, celui que ma parole presque d'honneur donnée à Mme R... et ma contrition donnée au Père Chrysostome à Prague, m'empêchent d'exercer, s'est réveillé hier pour une nouvelle connaissance et s'endort pour les anciennes. Le cœur, la tête et le corps sont alors comme au baquet de l'électricité où ils tiennent la chaîne. Je tourne tout cela du côté de la préférence que je suis bien aise d'obtenir et qui satisfait au moins mon amour-propre, plus puissant que celui qui ne l'est pas. Jamais une distinction de quatre cours, où j'en ai eu souvent, ne me fera autant de plaisir que d'en avoir de deux personnes dans ce moment-ci.

*

J'ai aimé, désiré et obtenu bien des femmes. Qui aurais-je voulu pour femme ? Je serais encore à chercher si je ne m'étais pas marié avant l'âge de la raison. Faut-il conformité de caractère ou ne le faut-il pas ? Bien des gens sont pour le dernier. Moi je suis pour le premier et ne le trouve pas tout à fait.

*

J'aime les événements et tout ce qu'on n'a pas fait et vu la veille, mais sans accidents ou la possibilité de les réparer. Hier, surlendemain de l'inondation qui m'a amusé, il y a eu du feu dans une cave. L'empereur y était déjà (il faut dire que c'est son devoir). Je lui ai dit : « Je suis charmé de trouver Votre Majesté dans l'eau ou dans le feu. » Il me dit qu'on vient par méprise de murailler la porte d'un homme qui logeait au rez-de-chaussée, au lieu de la cave. Il donne ordre qu'on y remédie. Je vois qu'on y jette du fumier sec qui nourrissait la flamme. Je ris parce que je vois qu'on s'en corrige avec beaucoup d'eau. Je ris en voyant les importants et les paresseux qui faisaient semblant de ne pas l'être. J'ai été là deux heures debout et ensuite quatre heures à la redoute où l'impératrice a été adorable à son ordinaire. Ses yeux ont une étincelle d'esprit ou de la bonté suivant l'occasion. Ils étaient dans ces deux genres, ou pour la conversation, ou pour la manière de regarder cinq ou six mille personnes qui venaient l'examiner. C'est le jeudi gras de 1813.

*

Un masque que je crois être une baronne qui était venue me voir le matin, et à qui j'avais dit que j'avais mal à la gorge pour ne pas *causer* avec elle, m'a donné une rose avec cette petite légende : « *Que n'a-t-elle cette fraîcheur.* » Cela est excellent et bien drôle, puisque celle que j'appelle le « Clair de Lune », à cause de sa pâleur intéressante, m'occupe à toutes les redoutes, et s'appelle Rose, comme on sait.

*

L'impératrice était charmante à la redoute, par ses yeux de bienveillance pour ceux qui la regardaient, par son sourire pour ceux qui la connaissaient et par son parler agréable, séduisant et de si bon goût à ceux qui ont le bonheur de la voir quelquefois.

*

Dix ennuyeux, sur ma chienne de réputation d'obligeance, ce matin ont à peu près forcé ma porte, pour me parler de leurs affaires. Je l'ai peut-être déjà dit, si je revenais au monde, je me ferais dur pour épargner à bien du monde bien de l'ingratitude.

*

N'aimant pas à rester en arrière sur rien, j'ai souvent bu deux bouteilles et demie de vin de Champagne quand c'était à la mode dans la société de M. le duc de Chartres et puis de M. le comte d'Artois. Il y avait des gens assez bêtes qui, pour y entrer, tombaient sous la table à quelque déjeuner de chasse où par hasard ils les rencontraient. Je n'ai jamais été ivre de ma vie qu'un jour, à Vienne, allant jouer le rôle d'Hortensius, chez le prince de Stahrenberg. La fournaise, la cheminée, la précipitation et le froid excessif que j'eus en allant à pied chez moi pour m'habiller, en ont été la cause. Le public, pas trop connaisseur comme on peut le voir par là, crut que c'était de mon rôle de m'appuyer presque dormant contre toutes les coulisses.

*

Conçoit-on mon malheur à la bataille de Leuthen ? Quand sans être ivrognes et mourant de faim depuis deux jours, tous mes camarades et officiers du régiment de mon père, surpris par un petit baril d'eau-de-vie, entrèrent dans le feu ivre morts, et puis morts tout à fait, ils ont été tués ou blessés mortellement[476]. Nous n'étions que trois officiers qui n'ont été ni l'un ni l'autre ; les deux étaient ivres aussi, mais je chargeai deux cadets de ma compagnie d'en faire le service.

*

Je reviens du château de Richard, c'est-à-dire de Deinstein, château du prince de Stahrenberg, où lui et ma cousine nous ont si bien reçus. Petite comédie, petits couplets, bonne chère, tout pittoresque, tout grands souverains. Retour en bateau sur le Danube. C'était charmant ! Quel dommage que Mme R..., qui nous avait promis d'être du voyage, en fasse un dans ce moment-ci, à Maria-Zell ! Il y a une Vierge qui est aussi à la mode dans les environs, d'où Christine et moi nous revenons, et quoique cette belle conscience n'en ait pas besoin, elle aurait mieux fait d'aller à ce pèlerinage, d'où j'ai vu des pèlerins et pèlerines revenir en bateaux, chantant des cantiques bien harmonieux. Oh ! comme la voix de Mme R... se serait prêtée joliment à ces sons religieusement champêtres !

*

Dans un moment où l'on est affecté d'un événement on ne songe pas à écrire. Ainsi je m'aperçois que je n'ai rien dit de la mort de mon pauvre Louis[477]. On a beau dire ! c'est la fin des souffrances, on veut vivre et voir vivre. Malgré cet état douloureux, toute la famille et moi, nous l'avons bien pleuré. Mais la séparation qui ne portait pourtant pas le mot cruel d'éternelle était faite. Nous ne pouvions guère espérer de le revoir. Le pauvre malheureux, jeune homme presque encore, a souffert et est mort pour le service *aussi*, ayant eu les pieds gelés et mené à pied, moitié dégelé, en prison en France depuis le Tyrol.

*

Il a fallu mon bonheur et ma santé pour triompher de mon zèle aussi et des maux qu'il m'a procurés. Je devais bien mourir de ce qu'on appelle la maladie des polders que j'avais gagnée dans les inondations hollandaises et sur ma digue, dans le temps de mon espèce de guerre de l'Escaut ; et puis de ma fièvre de Hongrie.

Elle n'avait pas été gagnée pour le service, je l'avoue, mais pour l'amour. La femme d'un lieutenant-colonel l'avait prise la veille de ses faveurs. Les transports de ma reconnaissance me l'ont communiquée, mais au lieu de songer à la guérir, je me tuai de fatigues à un siège pour bien mériter du souverain et de la patrie, quoique cette expression me déplaise à présent.

*

Ai-je compté dans les fois que j'ai échappé à la mort, un jour que par cette maladie, mon indifférence là-dessus, me fit essuyer trois coups de fusil de Janissaires que j'ai vus me viser du bord de la Save et qui n'auraient pas dû me manquer ?

Ai-je conté un bac qui recule lorsque deux de mes chevaux étaient déjà sur terre ? Une autre fois qu'un bac qui avait perdu sa corde ; une autre fois, en Pologne, que la glace se rompit sous ma voiture ; une autre fois qu'elle fut, au passage d'une rivière, comme une île sur un grand morceau de glace qu'à force d'ouvriers, de pieux et de crochets on fit venir à bord ?

Ai-je raconté que je me suis réveillé étouffant de fumée dans ma tente toute en feu, ainsi que les rideaux et couvertures de mon lit, au camp devant Oczakoff ? Une autre fois dans une machine à feu dans le Borinage où l'on prétendit qu'on voulait étouffer par jalousie de commerce le vicomte des Androins[478] ? Une autre fois à une loge de francs-maçons, à force de rire, etc. ?

*

Je m'amusais bien dans ces loges, à faire peur en saignant avec un cure-dents, faisant boire pour du sang l'eau chaude que je versais sur la prétendue saignée, faisant monter par une poulie bien haut sur une chèvre postiche dont je faisais tenir les cornes, faisant faire une confession générale, des fumigations et toutes sortes de diableries.

*

J'ai appris hier, à propos de quelques-uns des mots de Napoléon, quelquefois bons, un peu brutaux ou heureux ou profonds, un autre fort gai.

On lui présente un jour un officier avec un uniforme superbe.

« Quelle arme, lui dit-il, monsieur ? (C'est une de ses expressions.) — Chasseur, répondit-il. — Quel service ? — Du roi de Hollande, Sire. — Mon frère ? Bon, qu'il ait des pêcheurs, cela lui ira mieux. »

Je sais aussi par des grands et petits personnages qu'il s'avise même aussi d'être souvent très aimable et toujours bon dans son intérieur.

CAHIER XLVI

Mon pauvre Louis, à moitié mort depuis quatre ans, l'est tout à fait. J'en apprend la fausse nouvelle et la vraie presque en même temps. La première, la certitude d'un état que je ne savais pas aussi malheureux, n'avait déjà que trop fait son effet ; à peine en étais-je remis que la seconde, quoique moins frappante, est venue m'accabler. Quoique nous fussions séparés pour toujours, la certitude d'une séparation éternelle est affreuse à prononcer.

*

Deux peines qu'éprouvent des gens qui m'intéressent sont venues faire diversion à la mienne. Celle de la famille la plus respectable, du comte de Woyna, d'un M. Boissier, augmente, diminue ou s'identifie à ma douleur. Ce tableau présent de la leur se mêle au tableau personnel mais éloigné de la perte que je fais, et console et désole mon cœur à la fois. Pauvres parents ! Je viens de les voir, et pour eux, pour ma famille et pour moi, nous sommes bien à plaindre. Je meurs de peur de mourir pour les anges à qui j'ai donné le jour. Pauvre Christine ! Je vous pleure pour les pleurs que je vous ferai verser.

Peut-être, chère Rosalie, que vous en répandrez aussi un peu : cette idée est consolante. Eh bien ! pleurez ensemble, mais j'exige que ce ne soit qu'un jour. Dites-vous : il est sorti de cette vallée de larmes et il dort pour une éternité bienheureuse dans le sein du Créateur qui lui a pardonné ses deux ou trois péchés dont, à la vérité, il ne se corrige guère.

*

Il faut qu'il y ait un grand caractère imprimé de la crainte et de la Majesté de Dieu, même devant le ministre de ses autels, pour qu'on ne lui dise qu'en tremblant, dans son confessionnal, ce qu'on dit à ses amis par confiance ou par fatuité et ce qu'on fait entendre même aux femmes pour leur faire voir que puisqu'on a plu à d'autres on peut ou doit leur plaire aussi.

*

Pauvre Louis ! Malheureux par quelque imprudence. Vos jours ont commencé brillamment. Les bontés de la reine qui vous a placé dans son régiment et dans sa société d'où votre crainte de la dépendance vous faisait échapper, malgré elle et malgré moi. Avec votre genre de jolie figure distinguée et votre drôle de genre d'esprit taquin, piquant, gai, bon et juste comme votre cœur ! Vous étiez né sous les plus heureux auspices.

*

Me voici de huit jours dans ma soixante-dix-neuvième année. Cela pourrait-il encore aller onze ans ? Quand je me rappelle les derniers onze ans, mon Dieu, que cela va vite !

*

L'esprit de parti augmente tous les jours ; on devient injuste, cruel, humoriste. L'amour, l'amitié tout s'en ressent. Que de gens entendent, disent et jugent de travers à présent. Autrefois nos bons bourgeois de Vienne ne lisaient que les affiches du théâtre de Gasper[479] ; à présent, il leur faut des gazettes.

*

Je connais ici deux hommes laids qui disent que chacun est le plus laid des laids et ils ont raison tous les deux.

*

Ai-je raconté une étourderie, une indiscrétion, une fatuité infâme ? Ne voyant pas sur mon würst où il y avait sept à huit officiers, parmi lesquels était un mari capitaine au régiment de T..., je leur dis : « Pardon, messieurs, si je vous ai fait attendre (je les menais à l'exercice), c'est que j'arrive à pied et j'ai couru comme un fou de chez Mme une Telle qui a eu des bontés pour moi. » On rit, je me retourne, je découvre le monsieur. « Ah ! Ah ! lui dis-je, n'est-ce pas que vous avez eu peur ? J'ai voulu vous inquiéter un petit moment. »

*

Napoléon, par quinze jours d'entêtement à Moscou a perdu l'année passée la moitié de l'Europe ; et cette année-ci l'autre pour quinze jours d'entêtement à Dresde. J'ai écrit dans un autre ouvrage[480] mes prophéties dont aucune ne s'est vérifiée. Qui pouvait croire cinq fautes principales que j'ai détaillées ? Les méchants sont-ils donc aussi punis dans ce monde ? Je ne l'appellerais pas ainsi, s'il avait eu de la religion, car ce qui est ambition, ravage, est diabolique, à la vérité, mais est de l'inhumanité humaine.

*

Comment ne pas se faire rire soi-même dans l'occasion ? Les autres en fournissent si peu ! Par exemple, voilà encore ce qui court et qu'on me pardonnera puisque par l'événement, ce qui aurait été faute sans l'entêtement de Napoléon dont j'ai parlé plus haut, la charmante grande-duchesse C… m'a dit que l'empereur Alexandre venait de recevoir l'ordre de la Jarretière ; et je crois aussi, lui dis-je, l'ordre du Bain, ainsi qu'aux deux autres monarques, car voilà six semaines qu'ils sont à Tœplitz.

*

Je suis bien triste aujourd'hui 16 janvier 1814. Louis de Saint-Priest[481] vient de partir. Quelle perfection ! esprit, talents, sagesse, ni exagération française, ni russe ; juste surtout, penseur et puis après enfant, riant d'un rien. Que Dieu nous le conserve et le préserve de l'effet ou continuation de ses blessures.

*

Ma maison est le collège des quatre nations : il y a six mois toute française, puis russe, à présent anglaise et un peu napolitaine. Six femmes anglaises et douze Anglais : ceux-ci tous les soirs.

*

Encore un petit bonheur, sans séduction et sans conclusions, car on est parti pour... Mlle de... (je ne dirai pas son nom) me dit qu'elle est malheureuse. Je vois des larmes. Elle me les cache en mettant sa jolie tête sur mon épaule gauche. Je ne puis pas m'empêcher de porter des lèvres incertaines, je ne sais où ; elles rencontrent les siennes. Le soir elle me dit tout bas qu'elle avait tant entendu parler de moi, et m'avait tant suivi quand je parlais, sans me parler elle-même, que c'est à cela que je devais attribuer sa confiance. Un corridor, un escalier ont été témoins des deux marques pareilles qu'elle m'en a données. Hélas ! la dernière a été la plus prolongée et la plus triste, car en descendant de chez moi, avec une autre femme je crus ne pouvoir que tenir, serrer, baiser sa main, et en se penchant sur moi qui étais au haut du degré, sa jolie bouche me prouva doublement que, par un effet extraordinaire, je l'intéressais un peu. Nous nous sommes donné deux lettres bien tendres. L'étourdie en a perdu une qui est tombée entre les mains, par je ne sais quel hasard, de la comtesse..., Polonaise, belle, bonne et aimable. Elle s'amuse à me menacer de la montrer. Elle n'en fait rien, et je commence à être tranquille. Mais la reverrai-je, cette charmante et intéressante C... ?

*

Il me prend quelquefois des bouffées de conscience. Je crois, ne l'ai-je pas dit, que le curé trop allemand et trop peu latin du Kaltenberg à qui j'ai fait, après quarante ans d'indévotion, une confession générale, ne l'a pas assez comprise, car il m'aurait bien plus grondé. Je puis compter trois ou quatre jolis crimes affreux, sans parler des gros péchés dans le même genre, puis deux ou trois abus de confiance. Je fais ici, comme le chevalier Bayard qui s'accusait tout haut, en mourant. C'était à son valet de chambre et moi c'est à la postérité. J'en parlerai plus sérieusement un de ces jours, sans en attendre le dernier, à notre sage et bon supérieur militaire Chrysostome ou au plus vertueux des prêtres, le Père Antonin.

*

J'ai bien du plaisir à voir Mme R..., plus adorée des femmes mêmes et des hommes tous les jours. Elle me fait trouver de l'esprit. Je disais hier que j'étais le télescope qui avait découvert ce bel astre. On me demande comment j'étais avec elle. — Je suis aux Limbes, répondis-je, séjour des innocents. Ni moi, ni personne à ce ciel-là, mais par ma façon d'aimer, pas en Enfer non plus, comme elle m'a converti. Sa grand-mère la princesse... me voyant à la messe m'a dit: «Tout chemin mène à Rome.» C'est excellent, et bien dans son genre! Il y a vingt traits de conversations d'elle à citer tous les jours. Il y a plus de mérite ici qu'en France. Il n'y a pas de tamis pour renvoyer la balle. On ne la ramasse pas. J'ai cité je crois quatre: Mmes de Boufflers, de Luxembourg, de Chaulnes, de Créquy, de Coigny, du Deffant, Geoffrin, mais à Vienne, bon Dieu!... quels couvents! quels collèges! quelles académies!

*

La princesse de Ligne, ma tante (celle de la princesse de Lorraine[482] aussi), qui demeurait au pavillon de Flore, était aussi souvent excellente en définitions, et en mots qui lui échappaient avec négligence. C'est comme celui-là qu'on lui a pardonné parce qu'elle était paresseuse et un peu indifférente pour ceux qui n'étaient pas ses amis.

Un évêque, en visite chez elle, tomba mort d'apoplexie sur sa chaise. Elle sonne et elle dit : « Ôtez-moi donc cet évêque. » À la manière dont elle voyait qu'on se déconsidérait à Versailles, et de ce qu'elle apprenait de toutes les cours de l'Europe, devinant la Révolution, elle me disait : « Les souverains sont donc las de trônes ! »

*

Je pense sans cesse aux deux hommes que j'aimais et regrette le plus après ce malheureux, loyal, brave prince Poniatowski, mort, à la vérité, comme un héros, et mon cher, excellent, obligeant, plein d'esprit et de bonhomie (sans qu'on l'ait reconnu assez généralement), Narbonne. Je regarde chaque soir à la place qu'il occupait sur ma banquette auprès de la cheminée. Quelle différence de ceux qui s'y asseyent à présent ! Puissent toutes mes conjonctures être aussi fausses qu'elles l'ont été jusqu'à présent !

*

Nous lisons tous les jours des paquets de lettres de Joseph II qui sont toutes piquantes, ou intéressantes, ou sensibles. Ai-je dit que je l'ai vu quelquefois près de m'aimer ? et s'arrêtant là-dessus par la méfiance de l'ingratitude qu'il avait souvent éprouvée. J'ai raconté, je crois, la sublime qu'il écrivit à Manfredini[483] ; ai-je raconté la merveilleuse au sujet de mes portraits de l'adorable reine dont j'en ai retrouvé un, au moment qu'on m'en avait volé un autre[484] ?

*

Mme R... se fait adorer des femmes comme des hommes. Elle donne des thés brillants, des spectacles charmants et tout cela sans faire un sol de dettes. Quelle sagesse en tout genre ! Économie pour pouvoir donner ! Quelle supériorité en tout genre ! Elle oblige par se manières à la lui pardonner.

*

Pardonnez, chère madame de Staël, je viens de vous écrire que votre imagination a la jaunisse, en la donnant dans votre charmant ouvrage (à cela près) aux Allemands. Je lui dis : « Prosterné devant votre divine Majesté, quand je me relève je ne vois pas le Souabe, le Bavarois, le Prussien, le Saxon, l'Autrichien ressembler à un Provençal ni à un gondolier de Venise, et que je suis comme Moïse à qui les cornes en viennent, après avoir vu Dieu dans le buisson ardent. » J'ajoute : « Vous m'avez quitté, vous êtes le pigeon voyageur à qui le... a voulu casser une aile ou une patte au moins à votre esprit » et autres bêtises pareilles qui l'impatienteront et la feront rire d'abord auprès de mon impertinence.

CAHIER XLVII

Il est plus aisé d'avoir de la superstition que de la dévotion, et de la dévotion que de la piété. Je n'en suis point encore à ces deux-là malheureusement, mais voici ce qui m'arrive. J'ai trouvé, et même volé, je crois, un petit livre de prières manuscrites. Dès que je l'ouvre, j'en trouve toujours à saint Jean Népomucène dont il y a une statue au coin de ma rue, tout près de celui de ma maison. Cela m'a paru fait pour y avoir recours plus particulièrement qu'à un autre, en passant vis-à-vis tous les jours. Voilà ce que j'improvise :

« Mon bon patron adoptif, ainsi que celui dont je porte le nom et notre sainte et bienheureuse Vierge Marie, par les mérites de Notre-Seigneur Jésus-Christ dont vous tenez en mains le signe des glorieuses souffrances, grand saint Jean Népomucène, intercédez pour m'exempter de celles que j'ai méritées dans ce monde et des éternelles bien méritées aussi. Priez ce Dieu bienfaisant que j'aime, que j'adore, que je crains, que je remercie des bienfaits continuels dont je jouis, de me pardonner mes crimes d'actions, pensées, omissions, séductions, scandales, mauvais exemples et péchés absous peut-être trop légèrement, ainsi que je les ai accusés, afin que réconcilié avec votre sainte loi, ô mon Dieu, à l'heure de la mort, je puisse dormir dans votre sein pendant la bienheureuse éternité. Ainsi soit-il ! »

Il est sûr que j'ai toujours sur le cœur cette confession générale du curé de ma montagne, car il ne savait pas assurément le français et n'aura pas entendu ma prononciation latine.

*

Si je puis m'empêcher d'aller voir un demi-castor hongrois que l'on dit ressembler comme deux gouttes d'eau à Mme R., je ne vois plus pour moi de péchés à commettre ; et le jour de son départ pour la Pologne, qui est pour moi un coup bien funeste, j'irai purifier mon âme chez le Père Chrysostome, et mon corps au bain de Diane.

*

Pauvre jeune, intéressant Louis…[485], prisonnier, pauvre Emmanuel, son frère, homme parfait, toi ; pauvre leur respectable père qui ne le sait pas encore ! Mon Dieu, que Mme R*** et moi nous souffrons de tout cela ! Et elle va partir, grand Dieu !… que ferai-je ? Où irai-je ? J'aime ses adorateurs à Mme R***, par exemple un qui est un excellent homme, bien gentil, homme anglais, instruit, avec bien de l'esprit et d'honneur. J'en ai tous les jours une douzaine chez moi le soir. Ils ont tous de cela plus ou moins, et ne font et ne disent rien de vulgaire. Plusieurs ont de la pudeur comme des demoiselles et de la pruderie comme des femmes.

*

Hier, j'ai reçu une invitation des États et de la noblesse de mon ancien gouvernement pour y revenir. C'est très aimable. Je leur ai écrit que je montrerais la lettre à l'empereur s'il accepte les Pays-Bas et j'ai ajouté : « Messieurs, vous me ressuscitez, vous me rajeunissez, et quoique résolu à ne plus me mêler de rien, je serai volontiers à vous deux ou trois fois par an. »

*

Eh bien ! J'ai succombé ! Cette ressemblance de Mme R… m'a rendu bien heureux ; c'est bien fini mon honorable et joyeuse carrière ! Comme je serais trop troublé au départ de la véritable qui s'en va mercredi prochain 4 mai 1814, trois ans jour pour jour, après qu'elle est revenue ici, je viens de me confesser du péché dont elle est la cause bien innocente. Est-ce cynisme de dire sa confession ? Est-ce fatuité ou vanterie de crime ou d'orgueil ? Non, c'est plutôt bon exemple, en faisant voir que je me repens d'en avoir donné de mauvais à mes deux fils, à mes gens et au public. J'ai confessé outre cela une quinzaine de péchés qui n'étaient pas si incurables que la ressemblance dont je viens de parler. Deux dimanche que j'ai manqué la messe et un peu de médisance. Voilà tout. Je ne compte pas répéter les trois premiers articles. Je ne réponds pas du dernier. Il faut être chartreux pour ne pas écouter un peu de mal de son prochain, surtout de sa prochaine, et n'en pas dire un petit mot sans malice. À Dieu ne plaise que je n'en dise qui apprenne ce qu'on ne sait pas, ou ce qui n'est qu'indifférent, sans déshonorer personne.

Je suis un peu distrait aux messes d'obligation. Mon imagination est un peu vagabonde. Mais je tâche de recueillir mes idées à l'offrande, à l'élévation et à la communion. Le reste est-il péché ? Je n'en sais rien. Peut-être un peu véniel ?

*

Voici un des moments les plus déchirants que j'ai eus. (Je ne parle pas de celui d'un autre genre) ; deux autres à peu près pareils, mais où il y avait eu toutes les charmantes folies de l'amour, en avaient approché. Mais celui-ci, par la supériorité de Mme R. sur toutes les femmes qui ont jamais existé, me rend bien malheureux. Cette haute dévotion qui la nourrit des anciens et des nouveaux Pères de l'Église ne se porte que sur l'indifférence des plaisirs, mais point sur celle de son cœur. Elle les méconnaît, les méprise, et n'a point recours à sa vertu pour des combats? J'avoue que je n'aime pas la vertu, mais n'avoir pas d'amour et seulement un peu de préférence est d'un bien bon genre et bien piquant.

*

Elle est partie hier pour la Pologne. Nous sommes le 5 mai 1814. Hier un déjeuner superbe où le comte de St *** avait prié des gens qu'on croyait indifférents et nous (c'est-à-dire vingt personnes qui l'aimons plus ou moins), était une vraie fête funéraire. Les vingt autres pleuraient presque autant que nous. Je ne puis pas soutenir le mot terrible d'adieu: je me jette dans la voiture et me voilà parti.

*

Pourquoi me vole-t-on si souvent à tous mes maisons de mes montagnes entre les paysans voisins et quelques-uns de mes gens? Ai-je dit que les six que j'ai, sur l'une, une sur l'autre, une au pied et trois en ville, retournent après moi à leurs vrais propriétaires? Hélas! la fille de celle du Kaltenberg, la plus jolie du monde presque, est à la mort. Cela me fait bien de la peine.

*

Voilà une lettre que j'écrivis, le 1er de l'an 1800, à une Majesté Impériale[486].

« Votre Majesté Impériale

« Daignera me pardonner la confiance d'un chevalier et la franchise d'un soldat qui cherche à le redevenir. Comme j'ose m'adresser directement à Elle, cela lui persuadera aisément que je ne sais point ici me servir de canaux subalternes. Ce n'est point au plus puissant des monarques que je prends la liberté d'écrire : c'est au restaurateur de la chevalerie et au soutien de l'honneur. Je donne ma parole d'honneur que personne ne sait et ne saura ma démarche. Je supplie Votre Majesté Impériale de n'en parler à personne, de ne rien me faire dire à ce sujet, et de faire là-dessus ce que ses lumières aussi étendues que son Empire lui inspireront.

« Je n'ai pas pu être employé cette guerre-ci, malgré mes instances réitérées avant l'ouverture de chaque campagne, malgré les marques de bonté et d'estime de mon auguste souverain. Je ne me suis adressé qu'à Lui. Connaissant plus que personne le maréchal Souwaroff et les braves armées russes, avec lesquelles j'ai eu l'honneur de servir, je crois que, n'y eût-il que quatre mille Autrichien sous ses ordres, je pourrais être de quelque utilité. Ce n'est point un corps que j'ose solliciter : c'est un prétexte pour être employé à l'armée de Votre Majesté Impériale, en qualité d'Autrichien. Je me jette à ses pieds pour qu'elle daigne m'y demander, soit à la tête de nos troupes, soit comme ami du maréchal, chargé de l'harmonie, de la correspondance, des détails que l'on voudra : pourvu que je serve les deux Empires, tout m'est égal. Je suis revenu des honneurs, mais point de l'honneur et le mien souffre depuis longtemps.

« Je demande pardon à Votre Majesté Impériale de l'entretenir autant de moi. Qu'elle m'excuse en faveur de la confiance que j'ai en sa discrétion et en moi-même pour quelque utilité dont je serai peut-être à la bonne cause qui doit enflammer toutes les grandes âmes.

« Il ne me reste plus qu'à lui renouveler les assurances de mon ancien attachement personnel, de ma nouvelle reconnaissance et du respect profond avec lequel je suis, de Votre Majesté Impériale, le très humble et très ami et fidèle sujet, etc. »

Vienne, le 1er de l'an 1800.

APPENDICES

C'est à un de mes secrétaires nommé Leygeb que je dois la partie dernière de ces petites époques trouvées dans des papiers : guerre de Sept ans, 1757, 58, 59, 60, 61, 62, 63.

En 1763, mon voyage en Suisse, Italie, etc.

En 1764, à Francfort, au couronnement.

Paris (le guet, la police, le diable, etc.); Vienne (etc.).

En 1765, la petite vérole.

En 1766, camp d'Iglau.

En 1767, comme un cheval échappé. Voyage en Angleterre, etc.

En 1769, Gand, plaisirs, confréries, président d'un procès et de la Commission économique.

En 1770, camp de Neustadt, etc.

En 1771, mon régiment. Fêtes. Plaisirs. Manœuvres. Luxembourg.

En 1772. Le plus jeune chevalier de la Toison, nommé le plus jeune des généraux. Mon assassinat en Hollande.

En 1774, Spa, Belœil, Paris.

En 1775, ma liaison avec le comte d'Artois à Valenciennes et puis avec la reine.

*

Trois années bien heureuses par un amour réciproque et plusieurs séjours à la campagne. Plaisirs doux et tranquilles sans un seul nuage.

En 1773. La représentation de mon opéra de *Céphalide*. Je crois en avoir déjà parlé.

La même année je fis une tournée charmante avec M. le duc d'Orléans à Spa, etc. Je le menai ensuite à Belœil, encore des fêtes, des chasses, etc.

*

Et puis à Luxembourg à mon régiment. Fêtes militaires. Du punch avec de l'eau-de-vie, ne trouvant plus d'eau chez moi. Toutes les garnisons françaises voisines soupant, dansant, buvant avec nous.

*

En 1778 *et* 79, guerre avec la Prusse.

En 1783, le voyage de M. le comte d'Artois à Belœil dont j'ai parlé ailleurs, ainsi que du mien, dans les provinces méridionales.

En 1784, mon commandement de l'armée à exercer qui dure encore presque toute l'année de 1785, dont le reste se passe à l'ordinaire, ainsi qu'en 1786 un voyage de Vienne, de Paris ou plutôt de Versailles, de Belœil, de revues, d'exercice à feu et des bals et soupers de 2 ou 300 officiers tant Anglais, Hollandais, Français et autres nationalités qu'Autrichiens.

*

En 1786, encore, mon départ de Bruxelles pour Paris, Munich (où je me suis bien amusé en passant), Vienne, Léopol, Kiew.

En 1787 (en ai-je parlé ?) la Tauride, Moscou.

En ai-je parlé ? Pétersbourg, Élisabeth Gorod, etc.
En 1788, Oczakoff.

*

Encore en 1791. Ma prise de possession de mon gouvernement civil du Hainaut. J'en parle ailleurs. Ai-je dit que des hommes attelés me traînèrent un quart de lieue ? Je crois qu'oui.

*

En 1792, beaucoup de plaisir au Kaltenberg et à Mon Refuge. Une vie bien douce. Au milieu de cela c'est ce second 14 dont j'ai parlé. Ce fut celui de septembre et le 26, je crois qu'après un rêve que j'en fis, et l'avenir dans des cartes...

*

En 1793, les États de Mons à y présider. Président au Conseil. Enthousiasmes renouvelés, mêlés d'aigreur et d'esprit de vengeance de ce que seul je fusse pour les intérêts de l'empereur, etc.

Mon triste état le jour de mon arrivée à Belœil où pour caver au plus fort et attaquer ma douleur presque mortelle, j'allai chercher la sépulture, sans pouvoir la trouver...

Ma maison de traiter patriotes belges et français, c'est-à-dire ceux qui avaient été pour eux l'année d'auparavant. Grande représentation. Cinquante couverts presque tous les jours à dîner et à souper à Belœil. Les aimables et jolies émigrées. Les braves émigrés. Pressentiments en partant de là que je ne le reverrais plus.

Diablerie à la porte de ma chambre à l'hôtel du Gouvernement, apparemment par la malice de ceux qui voulaient m'en dégoûter; fuite du soi-disant spectre. Vie douce au village. Quand le grand monde partit, espèce de petit amour. Enfin, départ pour Vienne.

*

1794 Perte de ma fortune, de mes terres et, ce qu'il y a de pis, de mes espérances *de gloire*, n'étant pas employé.

Et de même qu'en 1795, 96, 97, 98, 99, 1800, 1801, 1802 (histoire de Ratisbonne), 1803 (prise de possession d'Edelstetten), 1804, toujours ou trois mois, ou quatre, ou cinq ou six à Tœplitz. Vie charmante par ma Christine et variée par toute l'Europe qui y passe ou s'y baigne. Plus de douze voyages à Dresde pendant ce temps-là, surtout par eau, ce qui est bien agréable.

Une grande passion en 1795. Une petite en 1798 ou 99.

*

Une passionnette; ensuite beaucoup de passades. Quelques aventures heureuses ou même malheureuses intéressantes et toujours amusantes. Sentiment par quelque part et un autre qui ne l'est pas, marchant toujours à la même hauteur.

À présent, par exemple, celui-là pour une veuve charmante qui ne peut inspirer que ce qu'elle est elle-même, et en même temps celui-ci pour la plus belle créature que j'aie jamais vue de ma vie.

Outre ces occupations-là, sites superbes, montagnes, cascades; chasses, billard, spectacles de société.

Mes ouvrages copiés ou par Christine, ou que je lui dicte, pour les envoyer à l'impression à Dresde.

Mes matinées avec elle qui me rend tout ce qu'il y aurait eu de plus heureux au monde sans... mais dont l'amitié et le charme ainsi que les agréments d'Euphémie et de Flore font partout le bonheur de ma vie !

*

Je viens de me donner la peine de compter, dans le journal de M. Leygeb, mes voyages. J'en trouve trente-quatre de Bruxelles à Vienne, passant toujours par Paris ; douze de l'armée à Vienne pendant trois guerres ; et outre cela dix-huit de Belœil à Paris, jusqu'à l'année 86, la guerre turque et les révolutions qui ont fixé mon séjour à Vienne depuis treize ans.

*

Dans mes *Contes immoraux* où il n'y a qu'une partie de mes confessions, il y a Mme de Prié, ma première aventure, Mme de Porta, de Königsegg, de Siribensky, Clarke, Schœnfeld, Bartenstein, Mme Du C..., Pappini, Ko. Fa. Lu. Rohault, Montglas, d'Espinol, Castillon, Eugénie, Natalie, Mimi, Dommeldanges, amours, L. mère, L. fille, V.D., une femme fort jolie, Ita. K.J., Hélène.

Passion An., Au., M. Pachta, Für.

*

Je laisse encore quelques pages, comme on voit, parce que je compte vivre jusqu'en 1820. Nous verrons. On m'a prédit que ce serait tant que j'aurai un cheveu noir dans ma queue. Je m'examine : il me paraît qu'il y en a très peu de gris. Enfin, comme je viens de dire, nous *verrons*.

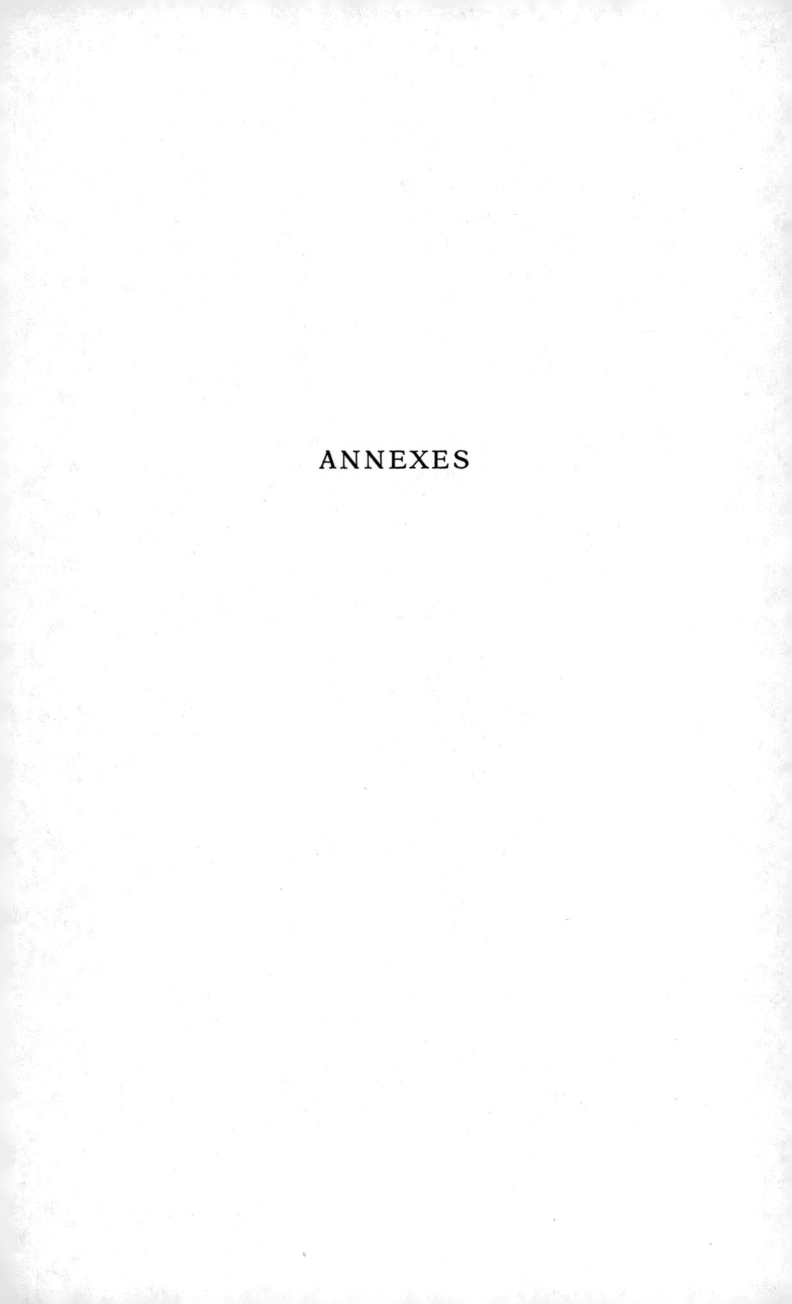

ANNEXES

NOTES

1. La généalogie des Ligne remonte au début du XIe siècle. Les manuscrits de la bibliothèque de Bourgogne permettent de faire remonter la généalogie des Ligne au commencement du XIe siècle, à Fastré, surnommé d'*Alsassen* ce qui confirme les documents des archives privées de la famille, d'après lesquelles les Ligne sont issus d'Héribrand d'Alsace qui, s'étant établi en Hainaut et ayant hérité du chef de sa mère la terre de Ligne, en prit le nom et brisa les armes d'Alsace en changeant les couleurs.

2. Claude-Lamoral Ier (1618-1679).

3. Antoine (mort en 1532) avait épousé Philippotte de Luxembourg, décédée en 1525.

4. Alexandre Farnèse, prince de Parme (1546-1592).

5. François-Léopold, mort à Bruxelles le 6 janvier 1771, à l'âge de sept ans. Ligne a publié dans ses *Œuvres légères*, tome I, p. 105-109, une *Ode à la mort* en tête de laquelle il a écrit : « J'avais perdu un fils qui aurait dix ans et que j'aimais beaucoup et pour distraire mon cœur aux dépens de mon esprit je fis cette ode... Je m'étais sauvé à la campagne et j'entendis pendant que j'écrivais les cloches de son arrivée et de son enterrement. »

6. Louise-Marie-Christine (1728-1784), chanoinesse du chapitre de Remiremont.

7. Marie-Josèphe (1730-1783) prévôte du chapitre souverain d'Essen.

8. La capitulation d'Anvers eut lieu le 16 juin 1706 ; le siège de Belgrade dura du 29 juin au 18 août 1717.

9. La princesse mourut le 27 décembre 1739, à 37 ans.

10. Ferdinand (1683-1755).

11. Emmanuel, du de Croy, maréchal de France (1718-

1787), résidait dans son château de l'Hermitage, à Condé-sur-Escaut, à trois lieues de Belœil, où il avait créé des jardins remarquables.

12. Charles-Joseph est né à Bruxelles le 23 mai 1735, et l'acte de sa naissance est bien enregistré à la paroisse de Sainte-Gudule. Par licence spéciale, le baptême se fit à l'hôtel de Ligne par l'aumônier du régiment du prince, sans la formalité ordinaire de l'imposition du nom réservée pour une solennité ultérieure, l'Empereur Charles VI ayant accepté d'être parrain et ayant prié sa sœur l'archiduchesse Marie-Élisabeth, gouvernant des Pays-Bas, de tenir lieu de marraine.

13. Dettigen, ville de Bavière, sur le Main, victoire de l'armée anglo-autrichienne sur l'armée française (1743).

14. Fontenoy, village sur la rive droite de l'Escaut : victoire des Français sur les Anglais, Autrichiens et Hollandais coalisés (1745).

15. Ces divers sièges ont eu lieu en 1746.

16. *Histoire générale des conjurations, conspirations et révolutions célèbres, tant anciennes que modernes*, dédiée à S.A.R. le duc d'Orléans, premier prince du sang, Paris, 1754.

17. 27 juillet-26 décembre 1742.

18. Le manège du château de Belœil est une pelouse entourée d'eau, située à proximité de l'avant-cour. Le souvenir personnel consigné ici par le prince n'est sans doute pas étranger à la description de cet endroit telle qu'il la donne dans son *Coup d'œil sur Belœil*, où en parlant d'une petite place entourée d'arbres toute proche du manège il dit « qu'on peut y voir les exploits des garçons, l'espièglerie des enfants et les petites malices des filles qui commencent à chercher des amants ou des maris. »

19. Le Frère François Cilienne, récollet.

20. Jeanne-Marie de la Motte-Guyon (1648-1717), commentatrice de la Bible.

21. François-Philippe Mézanguy (1677-1763), janséniste.

22. *Histoire des variations des Églises protestantes* de Bossuet, 1688.

23. Louis Molina (1535-1600), jésuite espagnol, fondateur du molinisme. Miguel de Molinos (1640-1697), mystique espagnol, auteur du quiétisme.

24. Mystique espagnole (1602-1665).

25. Marguerite-Marie Alacoque (1647-1690), religieuse béatifiée en 1864 dont la vie mystique a particulièrement provoqué la dévotion au Sacré-Cœur de Jésus.

26. Notre Dame de Hal, sur la route de Bruxelles à Belœil.

27. Jean-Charles, chevalier de Folard (1669-1752), auteur d'un *Commentaire formant un corps de science militaire.*

28. L'asile pour les daims se trouvait à l'emplacement du Waux-Hall et de la rue ducale. Il abritait alors une centaine de daims.

29. Vaudeville en un acte de Favart (1741). Le nom de «chercheuse d'esprit» est resté dans la langue pour désigner une jeune fille encore innocente qui commence à éprouver le désir de perdre sa simplicité.

30. Horace, *Odes*; Virgile, *Bucoliques*; Ovide, *Tristes*.

31. La terre de Dormans, à vingt-cinq kilomètres d'Épernay, avait appartenu aux Conti et était passée aux Ligne par alliance avec la maison de Chaligny et de May. La terre de Clösterneubourg, près de Vienne, avait été apportée en mariage au prince Claude par la princesse de Salm qui la tenait de sa mère, née princesse de Dietrichstein.

32. François Ier (1708-1765), époux de l'impératrice Marie-Thérèse d'Autriche.

33. Portefaix du canal.

34. Le 1er décembre 1753, dans le bois de Stambruges.

35. Antoine-Joseph-Ghislain, mort le 9 août 1750.

36. Mlle de Nieuverkerke de Nyvenheim.

37. Maurice, comte de Lacy (1725-1801), feld-maréchal.

38. Jean-Charles, prince de Dietrichstein (1728- 1808).

39. Château des rois de Saxe, fameux pour ses fêtes grandioses.

40. Charles-Joseph, comte Bathyany (1697-1772).

41. Charles-Nicolas-Othon, prince de Nassau Usingen (1745-1805), célèbre aventurier qui servit successivement la France, l'Espagne et la Russie.

42. Ainsi nommée en l'honneur de la fille du prince Flore, par la suite baronne de Spiegel.

43. Angélique Dhannetaire, fille de Jean-Nicolas Sevandoni Dhannetaire, directeur du théâtre de Bruxelles.

44. Charles-Alexandre, duc de Lorraine et de Bar (1712-1780), gouverneur des Pays-Bas autrichiens.

45. Le 31 janvier 1768.

46. *Marketender*: vivandier.

47. Louis-Eugène, prince puis duc de Wurtemberg (1731-1795).

48. Kolin, en Bohême, sur l'Elbe. Victoire des Autrichiens sur les Prussiens (17 juin 1757).

49. Auguste, prince d'Arenberg, comte de La Marck (1753-1833).

50. Le mariage fut célébré le 6 août 1755. Le prince avait vingt ans, sa femme quatorze.

51. Maximilien van Spitael, lieutenant colonel au régiment de Ligne-infanterie, se distingua au combat de Hastenbeek, dans le Hanovre, le 26 juillet 1757.

52. Petite ville de la Basse-Autriche, résidence d'été des princes de Liechtenstein.

53. Jeanne-Madeleine, duchesse de Saxe-Weissenfels (1708-1760).

54. Marienthal sous Tuntigen (grand-duché de Luxembourg), où se trouvait un couvent de dominicaines.

55. Comte Émeric Esterhazy (1726-1792).

56. Béatrix de Choiseul-Stainville, duchesse de Gramont (1730-1794), sœur du duc de Choiseul.

57. Madeleine-Angélique de Neufville-Villeroy (1707-1787), veuve du duc de Boufflers, épouse en secondes noces de Charles-François-Frédéric de Montmorency-Luxembourg.

58. Frédéric-Henri-Louis de Prusse (1726-1802), frère de Frédéric le Grand.

59. Patrice-François, comte de Neny (1716-1784), trésorier général et président du Conseil d'État des Pays-Bas.

60. Au XVIe siècle, lors de la révolution religieuse, la maison de Ligne resta fidèle au catholicisme et à la dynastie autrichienne.

61. Cabaret-taverne à matelots.

62. Parent au sixième degré par sa bisaïeule paternelle Claire-Marie de Nassau.

63. De 1345 à 1634, quatre membres de la maison de Ligne se sont distingués en combattant contre les Hollandais. Michel fut tué en 1345 dans la guerre contre les Frisons ; Jacques battit les Gueldrois à Zittart, en 1546 ; Jean V fut tué, en 1568, après avoir percé Jacques de Nassau de son épée ; Albert-Henri assiégea Bréda, en 1634, et Claude Lamoral Ier fit lever le siège de Venloo au prince d'Orange. Les biens que les Ligne possédaient en Hollande avaient d'ailleurs été confisqués au XVIe siècle.

64. « D'accord ! ».

65. Henri, comte de Bruhl (1700-1764), premier ministre d'Auguste III, électeur de Saxe et roi de Pologne.

66. C'est à un souper à Hetzendorf (petit château impérial à cinq kilomètres de Vienne), auquel assista l'empereur, le

5 juin 1755, que Ligne parut ainsi déguisé en Mlle de Turheim pour faire une «niche» au comte Joseph de Saint-Julien.

67. Chantilly aux Condé, Villers-Cotterêts au duc d'Orléans. L'Isle-Adam au prince de Conti.

68. Prince Charles-Anselme de Thurn et Taxis (1733-1805).

69. 21 novembre 1759.

70. Georges-Adam, prince de Stahrenberg (1724-1807), ambassadeur d'Autriche à Versailles en 1756, plénipotentiaire auprès du gouverneur général des Pays-Bas en 1770.

71. Par Frédéric II, en 1760.

72. Le marquis de Létorières, officier aux gardes, passait pour le plus bel homme de Paris; il ruina quantité de femmes et fit les dépenses les plus folles. Étant de service à Versailles, il gagna la petite vérole de Louis XV et en mourut.

73. Marie-Antoinette écrit à sa mère, le 14 septembre 1776: «Le prince de Ligne est à son régiment. Je lui ai fait savoir les intentions de ma chère maman. Quoiqu'il soit très aimable et très aimé ici, je connais sa légèreté.»

74. François-Henri de Franquetot, duc de Coigny (1737-1821). Charles-Philippe, comte d'Artois (1757-1836), frère de Louis XVI. De Lamberti, officier des gardes françaises. Jean Axel, comte de Fersen (1755-1810). Georges, prince de Hesse-Darmstadt (1754-1830). John-Frédéric-Germain Sachville, duc de Dorset (1745-1799). Francis Seymour Conway, marquis d'Hertfort (1719-1794). Strativen (ou Strathavon).

75. Armand-Jules François, duc de Polignac (1745-1817). Pierre Victor, baron de Bésenval (1723-1791). Joseph François, comte de Vaudreuil (17?-1817). Édouard, comte Dillon (1751-1839). Valentin Joseph Hallewyl, comte Esterhazy.

76. Guy-André-Pierre de Montmorency-Laval (1723-1793).

77. Charles-Marie, marquis de Créqui (1737-1831).

78. Jean-Léopold, comte Palfy d'Erdood (1728-1791).

79. Joseph-Marie Colloredo (1735-1818).

80. Charles-Henri-Othon, prince de Nassau-Siegen (1745-1808).

81. Anne, comtesse de Cosel (1680-1765), favorite du roi de Pologne Auguste II (1670-1733), dit le Fort.

82. Le prince cite ici *Saxe galante, ouvrage curieux* (Amsterdam, 1734), plagiat de *La Princesse de Clèves* de Mme de La Fayette, par le baron Charles-Louis de Poellnitz (1692-1775). Cet auteur a publié un *État abrégé de la Saxe sous le règne d'Auguste III, roi de Pologne* (Francfort, 1734).

83. Village à 50 kilomètres de Prague.

84. Frédérique-Sophie-Wilhelmine (1709-1758), sœur de Frédéric II.

85. Christian VII (1749-1808).

86. Le 17 janvier 1775.

87. Aujourd'hui rue de Lille.

88. Marie-Thérèse était morte le 28 novembre 1780. Ligne avait porté un des cordons du poêle à ses funérailles.

89. Oui, au cahier III. La mémoire de Ligne doit être ici en défaut. Lorsqu'il visita l'Italie en 1763, aucune mère de doge n'était en vie. Le doge Marco Foscarini (1696-1763) était décédé le 31 mars 1763. Alvisio Mocenigo (1701-1778), 119e doge fut élu le 19 avril 1763. La mère de Foscarini, Eleanora Loredan, mariée à Foscarini en 1652 était décédée en 1752. Quant à la mère de Mocenigo, Paolina di Piero Balver, mariée en 1685 à Alviso III Mocenigo, elle était aussi morte en 1762. Peut-être Ligne a-t-il voulu désigner la mère du sénateur Jacques Gradenigo, dont la famille a donné plusieurs doges à la république.

90. Cette aventure s'est passée à Mons et Ligne l'a contée d'une plume alerte et quelque peu polissonne dans une trentaine de pages inédites sous le titre *L'Anglaise à Mons*. C'est au grand théâtre de Bruxelles qu'eut lieu le rendez-vous auquel il fait ici allusion.

91. Louis-Philippe Ier, duc de Chartres puis d'Orléans (1725-1785).

92. Léopold-Joseph-Marie, comte de Daun (1705-1766), généralissime des troupes impériales pendant la guerre de Sept Ans, bat en 1757 Frédéric II à Kolin, est défait à Leuthen, bat de nouveau Frédéric à Hockchirchen (1758), prend Dresde (1759) et est battu à Torgau (1766).

93. Louis-Alexandre, comte Narischkin (1733-1799), chambellan de Catherine II.

94. Pierre III, empereur de Russie (1728-1762), époux de Catherine II, assassiné par les frères Orloff, le 17 juillet 1762.

95. Nikita-Ivanovitch, comte Panin (1718-1783), prit part à la conspiration contre Pierre III.

96. Résidence d'été de la famille impériale, sur la côte méridionale du golfe de Finlande, en face de Cronstadt.

97. Claude-Carloman de Rulhière (1735-1791), historien français, auteur des *Anecdotes sur la révolution de Russie en l'année 1762* (1797).

98. Charles-François Philibert Masson (1762-1807), publia

des *Mémoires secrets sur la Russie et particulièrement sur la fin du règne de Catherine II et celui de Paul Ier*, 1800-1802, en 3 volumes.

99. Pierre-Nicolas Chantreau (1741-1808), publia un *Voyage philosophique, politique et littéraire fait en Russie dans les années 1788 et 1789* (Paris, 1794).

100. Ivan VII (1740-1764), héritier du trône, assassiné le 5 octobre 1764 à Schlusselbourg.

101. Pierre Semenowitch, comte Soltykov (1700-1772); Grigory Grigorewitch Orlov (1724-1783); Alexandre Semenowitch Wassiltchikov (1741-1772); Grégorie Alexandrowitch, prince Potemkin (1739-1791); Pierre Savadowsky; Général Soritzch; Michel Rimskoi Korsakow (1754-1840); Alexandre Dimitriwitch Lanskoi (1758-1784); Alexandre Petrowitch Jermolov (1754-1838); Alexandre Mateewitch, comte Mamonow (1758-1803); comte Platon Zoubow (1767-1822).

102. Forteresse de Tauride, prise le 1er octobre 1787.

103. Louis-Philippe, comte de Ségur (1753-1830), ambassadeur de France à Pétersbourg.

104. Jean-Louis-Joseph, comte de Cobenzl (1753-1809), ambassadeur à la cour de Russie.

105. Alleyne Fitz-Herbert (1753-1839), baron de Saint-Helens, ambassadeur d'Angleterre à Pétersbourg.

106. Armand-Louis de Gontaut, duc de Biron, auparavant duc de Lauzun (1753-1794).

107. Henriette-Philippine de Noailles, marquise de Duras, dame d'honneur de la reine dès 1767.

108. Adrien-Louis, comte de Bonnières puis duc de Guines (1735-1806).

109. Marguerite Brunet, dite de Montansier (1730-1820), dernière directrice des spectacles de la cour.

110. Un mouvement de foule fit un nombre considérable de victimes lors du feu d'artifice des Tuileries (16 mai 1770), à l'occasion du mariage de la dauphine.

111. Marie-Thérèse de Savoie-Carignan, princesse de Lamballe (1749-1793).

112. Sœur du comte Roger de Damas, dame d'honneur de la reine.

113 Marthe-Marguerite de Vilette de Murçay, marquise de Caylus (1673-1729).

114. Élisabeth-Charlotte d'Orléans (1652-1722).

115. Antoine-Louis-Marie, duc de Guiche puis de Gramont (1755-1836).

116. Béatrix, duchesse de Gramont-Guiche, née Choiseul-Stainville (1739-1793).

117. Belle-sœur de la duchesse de Polignac, née d'Esparbès de Lussan.

118. Nicolas, chevalier de Lisle (1735-1783).

119. Comtesse de Wallis, épouse du commissaire impérial en Bohême.

120. Léopold II, empereur (1747-1792), couronné à Francfort le 30 septembre 1790.

121. Marie-Ludovique de Hardegg-Glatz, épouse du comte François de Paule de Hardegg ou plutôt la comtesse Louise Canal qui avait épousé le 25 octobre 1768 le comte Jean-Franz Hardegg, chambellan de l'archiduc Ferdinand.

122. François Ier, empereur (1786-1835).

123. Parodie d'une ariette du *Maréchal ferrant*, opéra-comique, 2 actes en prose, paroles de Quétant et Anseaume, musique de Philidor (1761).

124. Marie-Caroline d'Autriche (1752-1814).

125. À la bataille de Jemmappes où le prince Louis était aide de camp du maréchal de Clerfayt.

126. Du 25 mai au 27 juillet 1793 par le maréchal-prince de Cobourg.

127. Jean-Frédéric Phélyppeaux, comte de Maurepas (1701-1781).

128. Jean-Charles-Philippe, comte de Cobenzl (1712-1770).

129. Marie-Wilhelmine de Neipperg, princesse d'Auersperg (1738-1775).

130. Pièce en un acte de Le Sage (1773).

131. Jeanne Bécu, comtesse du Barry (1743-1793), maîtresse de Louis XV à partir de 1769. Elle quitta la cour à la mort du roi et se retira au château de Louveciennes, que Louis XV avait fait construire pour elle. Elle fut arrêtée et guillotinée lors de la Révolution.

132. Certainement un nom de code pour désigner Mme du Barry, fondé sur le nom « Louveciennes ». Voir note 131.

133. Charles, duc de Fitz-James, duc de Berwick, maréchal de France (1712-1787).

134. Alliette dit Etteila (1730-1791), cartomancien et alchimiste en vogue et très critiqué.

135. Jean-Marie Collot d'Herbois (1751-1796), acteur, conventionnel.

136. Ignace, comte Potocki (1751-1809).

137. Euphémie-Christine-Philippine-Thérèse, née en 1773, épousa le comte Jean Palfy le 11 septembre 1798.

138. Flore (1775-1849) épousa le baron de Spiegel.

139. François-Xavier, prince de Rosenberg-Orsini (1723-1796), ministre et premier chambellan sous Joseph II, Léopold II et François Ier.

140. Quosdanovitch, Beaulieu, Alvinczi, Wurmser : quatre feld-maréchaux battus en 1796 et 1797, à Castiglione, Lodi, Arcole et Rivoli, Mantoue.

141. Club dont les jeunes membres se déguisaient en mendiants et passaient la nuit dans les tavernes.

142. La Gilde souveraine d'arquebusiers, couleuvriniers et canonniers, dite chef-confrérie de Saint-Antoine à Gand, a été fondée en 1489. Un grand nombre de personnages illustres figurent sur les registres de la confrérie, entre autres Charles de Lorraine, la duchesse de Lorraine, le comte de Murray, l'archiduc Charles-Louis d'Autriche, le comte de Metternich.

143. Ligne étant venu, en 1792, visiter à Ath les réfugiés français, des habitants de cette petite ville détellent ses chevaux et veulent se mettre à leur place pour le mener jusqu'à Belœil.

144. La paix de Teschen, le 13 mai 1779 met fin à la guerre de la succession de Bavière entre la Prusse et l'Autriche.

145. Ministères des comtes de Colloredo et de Cobenzl.

146. 1797.

147. Bruck an der Leitha, à 40 kilomètres de Vienne.

148. Albert-Joseph, comte de Murray de Melgum (1718-1802).

149. Ferdinand, archiduc d'Autriche (1754-1806), troisième fils de François Ier et de Marie-Thérèse, général commandant de la Lombardie. Il avait épousé Marie-Béatrice d'Este (1759-1829).

150. Charles-Guillaume-Ferdinand, duc de Brunswick (1755-1806), généralissime des armées d'Autriche et de Prusse dans la première coalition contre la France.

151. Jean-Amédée François, baron de Thugut (1736-1810), ministre des Affaires étrangères de 1794 à 1800.

152. Frans, baron de Lauer (1735-1803), feld-maréchal-lieutenant (1795) directeur général du génie (1797) puis chef d'état-major.

153. Thomas Greenville (1755-1846), ambassadeur d'Angleterre à Vienne en 1797.

154. Comte de Castel-Afer, ministre du roi de Sardaigne à Vienne.

155. Victor-Amédée III (1726-1796).

156. Morton Eden, baron Henley (1752-1830), ambassadeur d'Angleterre à Vienne de 1793 à 1799.

157. André-Cyrille, prince Rasumoffsky (1752-1836), ambassadeur de Russie à Vienne.

158. Nussdorff an der Donau, bourg de la Basse-Autriche, à cinq kilomètres d'Hernals, sur la rive droite du Danube. Ligne y possédait une petite maison.

159. Sauveur Legros (1754-1834).

160. Henri-Charles Nicolas Van der Noot (1731-1827), avocat à Bruxelles, chef du mouvement révolutionnaire contre les édits de Joseph II.

161. Michel Ney, duc d'Elchingen, prince de la Moskowa (1769-1815).

162. Adalbert-Xavier est mort à Bruxelles le 23 mai 1771, à l'âge de 4 ans.

163. Manuel Godoy (1767-1851), duc d'Alcudia, homme d'État espagnol, conclut à Bâle, la paix avec la France (1795).

164. François II, empereur d'Allemagne (1768-1835).

165. Don Juan de Bragance, duc de Lafœns (1719-1806), général au service de l'Autriche pendant la guerre de Sept Ans.

166. Victor-Amédée, prince d'Anhalt-Bernbourg-Schaumbourg (1744-1790), lieutenant général au service de sa cousine Catherine II.

167. Baron de Spielmann, conseiller d'État.

168. James-Harris, comte de Malmesbury (1746-1820), diplomate anglais.

169. Élisabeth-Wilhelmine-Ludovique, princesse de Wurtemberg (1767-1790), première femme de l'empereur François Ier.

170. Henri Griffet (1688-1771), jésuite français réfugié à Bruxelles.

171. Michel-Lavrinovitch-Golemnitchef Koutousof (1745-1813).

172. Ligne avait ramené de la guerre contre les Turcs deux dromadaires qu'il utilisait pour faire visiter les jardins de Belœil. Ils furent saisis en 1794 et conduits à la ménagerie nationale à Paris (Jardin des Plantes).

173. Comédie-vaudeville de Sedaine, musique de Grétry.

174. De Hainaut, à Mons.

175. Ferdinand-Alvarez de Tolède, duc d'Albe (1508-1582), gouverneur général des Pays-Bas.

176. Charles-Louis, archiduc d'Autriche (1771-1847), frère de l'empereur François II.

177. Jean-Baptiste-Joseph-Fabien-Sébastien, archiduc d'Autriche (1782-1859) septième fils de l'empereur Léopold II, battu par Moreau à Hohenlinden.

178. François de Créqui, duc de Lesdiguières (1624-1671), maréchal de France; après avoir été défait à Consarbrück (11 août 1675), il se releva glorieusement et battit le duc Charles de Lorraine.

179. Jean-Victor Moreau (1763-1813).

180. Ferdinand, comte puis prince de Trauttmansdorff (1749-1827), grand maître de la cour, puis ministre.

181. Louis-François-José, prince de Conti (1734-1814).

182. Sorte de fromage « mal étouffé ».

183. Galettes faites avec la farine de sarrasin (bouquette).

184. *L'Étourdi ou les Contretemps*, comédie en cinq actes et en vers de Molière (1655). Acte Ier, sc. VI.

185. Le Hainaut.

186. Louis-Engelbert, duc d'Arenberg (1750-1820). Il avait perdu la vue à la suite d'un accident de chasse.

187. Mooregem, village de la Flandre orientale, à trente et un kilomètres de Gand.

188. Constantin-Ghislain-Charles van Hoobroeck, dit baron d'Asper (1754-1809), général belge au service de l'Autriche. En 1770, il était enseigne au régiment de Ligne.

189. L'inauguration à Luxembourg eut lieu le 6 août 1781.

190. Charles-Paul-François de Beauvilliers, comte de Busançais, né en 1746.

191. Charles-François-Frédéric II de Montmorency, duc de Luxembourg, maréchal de France (1702-1764).

192. Au comte Antoine Montecuculli.

193. Guillaume-Reinhard, comte Neipperg (1684-1774).

194. Charles VI, empereur (1685-1740).

195. Charles-François, prince de Commercy, feld-maréchal, mort en 1702.

196. François-Ferdinand, comte Schrattenbach (1707-1785).

197. Charles-Maximilien de Schorlemmer (1731-1769).

198. Charles-Wencelas Wrbna-Freudenthal (1716-1757).

199. Françoise de Mailly, marquise de la Vrillière, duchesse de Mazarin.

200. Fille d'un porteur d'eau de Strasbourg soupçonnée d'être rongée d'un vilain mal.

201. Lady Sarah Bunbury (sœur du duc de Richmond et de lady Holland, mère de Charles Fox), célèbre pour sa beauté.

202. La vicomtesse de Cambis (sœur du prince de Chimay et de Mme de Camaran) fut successivement la maîtresse de Louis XV et du duc de Lauzun.

203. Anne-Gabrielle de Beauveau-Craon, seconde femme du duc de Mirepoix, dame du palais de la reine Marie Leczinska.

204. Femme d'Antoine de Quelen, duc de La Vauguyon, gouverneur des enfants de France, née duchesse de Béthune.

205. Soldats du régiment d'infanterie de Licca, formé en 1763.

206. Joseph Balsamo, dit comte de Cagliostro (1745-1795). En 1780, il opéra à Strasbourg quelques « cures » merveilleuses sous les yeux du cardinal de Rohan, évêque de cette ville.

207. Pierre-Louis Dubus, dit Préville (1721-1790). Joua avec Aufresnes la comédie de Ligne, *Colette et Lucas*, au château de Belœil, lors du mariage du prince Charles.

208. Jean Rival, dit Aufresnes (1728-1806).

209. Henri-Louis Lekain (1728-1778).

210. Chanteur italien, mort en 1800.

211. François-René Molé (1734-1802).

212. Comédie en cinq actes et en vers de Dorat, représentée à Paris en 1776. Le rôle du duc de Semours est tenu par Molé.

213. 14 octobre 1758.

214. Poème en six chants du « roi-poète », Frédéric II, chant Ier, vers 7-8.

215. Comédie en 3 actes et en prose de Marivaux (1727).

216. La Diète de Ratisbonne avait accordé au prince l'abbaye d'Edelstetten, en Souabe, près de Gunzbourg, comme indemnité pour sa seigneurie de Fagnolle dont la paix de Lunéville l'avait dépossédé.

217. Turc haut de six pieds fait prisonnier à la bataille d'Ismaël et donné par Potemkin au prince Charles. Il servit Charles-Joseph avec le plus grand dévouement jusqu'à sa mort. Le marquis de Bonnay fit son épitaphe.

218. Louis-Eugène, prince puis duc de Wurtemberg (1731-1795).

219. Louise de Mecklembourg-Strélitz, reine de Prusse (1776-1810).
220. La princesse de la Tour et la princesse de Solms.
221. Principauté de Franconie qui appartint au roi de Prusse de 1791 à 1806.
222. Frédéric-Guillaume II (1770-1840).
223. Maximilien-Joseph, électeur puis roi de Bavière (1756-1825). Il avait servi dans l'armée française jusqu'à la Révolution.
224. Ewald-Friedrich, comte de Hertzberg (1725-1795), Karl-George-Heinrich Hoym (1739-1807), Johan-Eustache, comte Görtz (1737-1821), Charles-Auguste, baron puis prince de Hardenberg (1750-1822), Marquis Girolamo Lucchesini (1751-1825), Comte Henri de Möllendorf (1724-1816), Émile-Frédéric, comte de Kleist-Nollendorf (1762-1823), Frédéric-Louis, prince de Hohenlöhe-Ingelfingen (1746-1813), Samuel, comte de Schmettau (1684-1751), Bernard-Wilhem von Göltz (1730-1795).
225. Gustave-Calixte de Biren-Wartenberg, lieutenant général prussien gouverneur de la forteresse de Glatz (1789-1821).
226. Aucune chanteuse de ce nom n'a existé à Vienne. Il s'agit peut-être de la célèbre chanteuse viennoise Pauline Hauptmann (1785-1838).
227. Otto-Magnus, comte de Stackelberg (1736-1800), ambassadeur de Russie à Varsovie.
228. Christian-Emmanuel de Zimmermann (1730-1815).
229. Charles-Théodore, électeur de Bavière.
230. Emmanuel-Louis, comte d'Antraigues (1755-1812). Ce diplomate français entra au service de la Russie en 1803.
231. François II, empereur d'Allemagne, devient François Ier, empereur d'Autriche (1806).
232. Imbécile.
233. F... mère.
234. Petite mère, nom donné à l'impératrice par les paysans russes.
235. Jean-Népomucène, prince de Liechtenstein (1760-1836), feld-maréchal autrichien. Il fit la guerre en Turquie et aux Pays-Bas, et négocia les traités de Presbourg et de Vienne.
236. Charles-Philippe, prince de Schwarzenberg (1771-1820), feld-maréchal autrichien.
237. Charles-Joseph, prince de Clary et Aldringen (1777-1831).
238. Antoine-Fortuné de Brack (1789-1850), lieutenant

puis général sous Louis-Philippe. Écrivain militaire, il fut l'amant de la célèbre actrice Mademoiselle Mars.

239. Fanny-Christine-Claudine, née le 4 janvier 1786 à Mons, fille naturelle du prince Charles de Ligne et de Adélaïde Nones, dite Fleury, dite d'Ellignies, actrice au Grand Théâtre de Bruxelles.

240. Sidonie, fille du prince Charles et d'Hélène Massalsska, née le 8 décembre 1786 à Paris.

241. Roger, comte de Damas (1765-1823), officier français au service de la Russie.

242. Frédéric-Guillaume-Charles, prince de Prusse (1783-1851), troisième fils de Frédéric-Guillaume II.

243. Henri-Frédéric-Charles, prince de Prusse (1781-1846), second fils de Frédéric-Guillaume II.

244. Charles-Auguste, prince de Hardenberg (1750-1822), ministre des Affaires étrangères de Prusse.

245. Sir Georges Rumbold (1764-1807), ministre anglais auprès des villes hanséatiques, fut arrêté à Hambourg en 1804. Devant les protestations de toute l'Europe et surtout celles de la Prusse, Napoléon fit libérer le diplomate.

246. Gustave-Adolphe IV (1778-1837), détrôné en 1809.

247. François-Léopold, comte de Nadasdy-Fogaras (1708-1783).

248. Anne-Robert-Jacques Turgot, baron de l'Aulne (1721-1781).

249. Pierre-Louis-Moreau de Maupertuis, mathématicien français (1698-1759).

250. Guilbert de Préval, médecin de la Faculté de Paris, prétendait avoir trouvé un préservatif infaillible contre le virus vénérien. Il en fit plusieurs « démonstrations » publiques avec des prostituées malades en 1777. La Faculté le fit rayer du tableau.

251. Maison de rendez-vous du jeune duc de Fronsac, depuis duc de Richelieu.

252. Avocat fameux en son temps, plaida pour Mesmer.

253. Rousseau.

254. Pierre-Laurent-Buyrette de Belloy (1727-1775), auteur de pièces de théâtre dont *Le Siège de Calais* (1765).

255. À la princesse son épouse.

256. Louis épousa, le 27 avril 1803, Louise Van der Noot, comtesse de Duras, baronne de Carloo.

257. Charles, comte O'Donnel (1715-1771).

258. Guillaume-Florentin-Frédéric, prince de Salm-Kyrbourg, né en 1769.
259. Le chevalier de Saint-Maurice ne fut pas gouverneur de Bergues-Saint-Winoc, mais il fut attaché pendant quelque temps au gouvernement de cette place.
260. Opéra-comique en trois actes, musique de Witztumb et Cifolelli.
261. *La Partie de chasse de Henri IV*, pièce de Collé (1776), scène XI.
262. Marie-Adélaïde de France (1732-1800) et Victoire-Louise-Marie-Thérèse de France (1733-1799).
263. Charles-Clément, comte Pellegrini (1727-1796), feld-maréchal.
264. Prince.
265. Jean-Baptiste Albertas, marquis de Bouc, comte de Ners, seigneur de Gémenos (1716-1790).
266. Gémenos, près d'Aubagne (Bouches-du-Rhône).
267. *Le comte d'Essex*, tragédie en cinq actes et en vers de Thomas Corneille (1678), acte II, sc. 8.
268. Pièce en trois actes de Collé.
269. Madeleine-Sophie Arnould (1744-1803) ; Marie-Madeleine Guimard (1743-1816) ; Rosalie Duthé (1752-1820).
270. Nom raturé et illisible.
271. Charles de Rohan, prince de Soubise (1715-1787).
272. Charles-Maurice de Talleyrand-Périgord (1754-1838).
273. Louis, comte de Narbonne-Lara (1755-1814).
274. Marie-Gabriel, comte de Choiseul-Gouffier (1752-1815), ambassadeur de France à Constantinople.
275. César-Gabriel, comte de Choiseul puis duc de Praslin (1712-1785).
276. Louis XVIII (alors comte de Provence) avait épousé, le 14 mai 1771, Louise-Marie-Joséphine de Savoie, fille de Victor-Amédée III, roi de Sardaigne.
277. Sœur du marquis de Pezay, maîtresse du comte de Maillebois.
278. Jacques Necker (1732-1804).
279. Adrien-Louis, comte de Bonnières, duc de Guines (1735-1806).
280. Nicolas, prince Repnin (1734-1801).
281. Omer Joly de Fleury (1715-1810).
282. François-Joachim de Pierre de Bernis (1715-1794).
283. Charles Gravier, comte de Vergennes (1717-1787).
284. Henriette-Anne-Eugénie de Mézières (1710-1787),

épousa en 1729 Claude-Lamoral-Hyacinthe, marquis de Dormans puis prince de Ligne.

285. Avant son départ pour l'Amérique, La Fayette avait vainement aimé la très jolie comtesse de Nolstein, épouse d'un colonel d'infanterie. Dès son retour, elle fut son amante et en eut un enfant.

286. Louis-Frédéric-Christian, prince de Prusse (1772-1806).

287. Emmanuel-Armand de Wignerot du Plessis-Richelieu, duc d'Aiguillon (1720-1782).

288. Chevaux, dans le dialecte picard parlé à Belœil.

289. La mer de Stambruges était un grand étang, dans la forêt de Belœil. Il a été comblé et boisé en 1872 par le petit-fils du prince Charles-Joseph.

290. *Épître au chevalier de Bouillon* (1704).

291. Victoire de Frédéric II sur les Autrichiens en Silésie (16 août 1762).

292. Ignace, baron Koch, ministre des Affaires étrangères.

293. Marie-Caroline Murray (1750-1832).

294. Félicité-Stéphanie Ducrest de Saint-Aubin, comtesse de Genlis (1746-1830).

295. Marie-Madeleine Pioche de la Vergne, comtesse de La Fayette (1634-1693).

296. Marie-Jeanne de Laboras, dame de Riccoboni (1713-1793).

297. Antoinette de Ligier de la Garde, dame Deshoulières (1637-1694).

298. Henriette de Coligny, comtesse de la Suze (1618-1673).

299. Anne Lefèvre, Madame Dacier (1654-1720).

300. Charles-André, comte Pozzo di Borgho (1764-1842), en Russie Charles Ossipovitch.

301. Comtesse Joséphine de Velderen, que le prince appelait aussi « Zéphine ».

302. François Pignatelli, prince de Strongoli (1732-1812).

303. La guerre dite de la Succession de Bavière venait d'éclater entre la Prusse et l'Autriche. L'armée autrichienne était divisée en deux corps : l'un commandé par Joseph II et le maréchal Lacy, l'autre par le maréchal Loudon. Le prince père servait avec Loudon ; son fils travaillait à fortifier les positions de Lacy, derrière les rives de l'Elbe.

304. Ignace Massalski, prince-évêque de Wilna.

305. *La fausse magie*, opéra de Grétry, paroles de Marmon-

tel (première représentation : 1er janvier 1775, au théâtre de la Comédie-Italienne). Malgré les charmes de la musique l'ensemble du spectacle fut fort mal reçu.

306. Cosaques de la mer Noire.

307. Habitants du versant nord du Caucase qui n'étaient pas encore sujets russes à cette époque.

308. Théodore, baron de Rouvroy (1727-1789), blessé à la poitrine.

309. Joseph Poniatrowsky, lieutenant-colonel et aide de camp de l'empereur d'Allemagne.

310. Sophie de Witt (1766-1822), dite « la Belle Fanariote », épouse du général Joseph de Witt. Elle fut chargée de missions politiques par Potemkin. En secondes noces (1798), elle épousa le comte Stanislas Potocki.

311. Giuseppe Sarti (1729-1802), compositeur italien que Catherine II avait fait venir à Saint-Pétersbourg.

312. Marolles, capitaine du génie, protégé de La Fayette.

313. Menno, baron de Coëhorn (1641-1704), ingénieur militaire, défendit Namur contre Vauban dont il était le rival.

314. Louis-Jean-Baptiste Vigée (1768-1820), auteur de la comédie en un acte et en vers *Les aveux difficiles* (1783). Il en avait « emprunté » le titre et le sujet au baron d'Estat.

315. En turc, « coupé la tête ».

316. Armand-Emmanuel Duplessis, duc de Richelieu (1766-1822).

317. « Son fils ! Ah ! Le brave jeune homme ! Il est blessé. »

318 et 319. Officiers wallons au régiment de Ligne.

320. Mousseaux ou Monceau, maison de campagne du duc d'Orléans à l'extrémité du faubourg du Roule et touchant le mur « des fermiers généraux », avec vue sur la campagne.

321. Philippe-Henri, marquis de Ségur (1724-1801).

322. Jean-Baptiste Caprara (1733-1810), nonce à Cologne et à Vienne, cardinal en 1792.

323. Guillaume-Marie-Anne Brune (1763-1815).

324. Charles, comte de Haugwitz (1758-1832). Ministre prussien.

325. Le prince Auersperg (1740-1822), feld-maréchal-lieutenant, avait été traduit devant un conseil de guerre pour se justifier des insuffisances qui avaient affecté la défense de Vienne (1805). L'intervention du prince Jean de Liechtenstein lui permit de n'être condamné qu'à une peine légère.

326. Pierre Ivanovitch, prince Bagration (1765-1812).

327 Nicolas-Charles Oudinot, duc de Reggio (1767-1847).

328. Antoine-François, comte Andreossi (1761-1828).
329. Henri-Jacques Clarke, comte d'Hunebourg et duc de Feltre (1765-1818).
330. Augustin-Daniel, comte Béliard (1769-1832).
331. Louis-Vincent-Joseph Le Blond, comte de Saint-Hilaire (1766-1809).
332. Charles-Antoine-Alexis, comte de Morand (1771-1835).
333. Louis, comte Schœnfeld, ministre de Saxe à Vienne.
334. Louis-Nicolas Davout, prince d'Eckmühl (1770-1823).
335. Jean-Nicolas de Dieu Soult, duc de Dalmatie (1769-1851).
336. Louis-Charles Belgiojoso comte de Barbiano (1728-1802).
337. Résidence du comte Vincent Potocki.
338. Tragédie d'Otway (1682). Un des familiers du prince, Pierre-Antoine de la Place (1707-1793), en fit une traduction qui obtint du succès, en 1747.
339. Nom raturé, illisible.
340. Gaetano-Apolino-Balthazar Vestris (1729-1808).
341. *Mémoires du baron de Besenval*, publiés par François Barrière. Paris, Didot, 1846.
342. Le mot a été raturé. On peut conjecturer « Scheisslach ».
343. 1805 (note de Ligne, en marge du manuscrit).
344. Une ligne et demie raturée et illisible.
345. Jean-Baptiste Oudry (1686-1765).
346. Eisenberg, à sept kilomètres de Görkau. Résidence du prince Lobkovitz, en Bohême.
347. En Bohême, sur un affluent de l'Elbe, la Biela.
348. Petite colline entre Tœplitz et son faubourg de Schönau, où le prince de Ligne avait établi une petite résidence.
349. Charles, baron de Mack (1752-1828).
350. Sur la Vistule.
351. 1805.
352. Collenbach, Colloredo, Cobenzl. Henri-Gabriel, baron de Collenbach (1763-1805), conseiller à la chancellerie d'État et bras droit de Cobenzl. Joseph, comte de Colloredo (1735-1818), ministre de la Guerre de 1809 à 1814.
353. Alexandre Romanowitch Woronzof (1741-1805), ministre des Affaires étrangères ; Arcadi Ivanowitch, comte Markoff, ambassadeur russe à Paris.
354. Sir Arthur Paget (1771-1840).
355. Vers 789-790 (acte III, scène 1) de la tragédie de Racine (1673).

356. Spinn am Kreutz.
357. Jean Sobiesky (Jean III, roi de Pologne) (1624-1696).
358. Léonce Léontievitch, comte Bennigsen (1745-1826).
359. Théodore Fedorovitch, comte Buxhœvden (1758-1811).
360. Frédéric-Charles, prince de Furstenberg (1774-1856).
361. «Je n'aime les moutons que quand ils sont à moi»: vers de Voltaire dans une *Épître à Mme Dubois* sur l'agriculture (1761).
362. Gérard-Christophe-Michel Duroc, duc de Frioul (1772-1813).
363. Deux mots biffés.
364. Jeu de palet.
365. C'est dans l'église des Augustins, à Vienne, qu'Albert-Casimir de Saxe-Teschen a fait élever à sa femme l'archiduchesse Marie-Christine (1742-1798), gouvernante générale des Pays-Bas, un monument par Antoine Canova (1757-1822).
366. Frederick Howard, comte Carlisle (1748-1825).
367. En 1807.
368. Bains militaires.
369. François-Joseph Lefebvre, duc de Dantzig (1755-1820).
370. Copenhague fut bombarbé par les Anglais en 1801 et en 1807.
371. Pie-Auguste de Bavière épousa, le 26 mai 1807, Amélie-Louise-Julie, duchesse d'Arenberg.
372. Essai sur la réformation de Luther, par Charles de Villers (1765-1815).
373. Pour l'Église grecque, le Saint-Esprit procède du Père seulement, d'après la doctrine du symbole nicéo-constantinopolitain, tandis que pour l'Église latine il procède du Père et du Fils.
374. Fille de la princesse Lubomirska, guillotinée le 12 messidor an II, confiée le 2 fructidor an II à une de ses parentes qui la ramena en Pologne, Rosalie Lubomirska y épousa son cousin le comte Rzewuski.
375. Rénier, frère de François II.
376. Louis, frère de François II.
377. Maximilien, frère de l'archiduc Ferdinand.
378. Joseph, palatin de Hongrie.
379. Rodolphe, coadjuteur de l'archevêque d'Olmütz.
380. François-Joseph-Jean, fils de l'archiduc Ferdinand.
381. Marie-Élisabeth, sœur de François II.

382. Marie-Béatrice d'Este, fille d'Hercule III, dernier duc de Modène, veuve depuis le 24 décembre 1806.

383. Khan Salim Gherray, dernier souverain de la lignée de Gengis Khan.

384. Joham-Wilhelm Lombard (1767-1812), rendu responsable des défaites de la Prusse en 1806.

385. Une ligne illisible.

386. Une ligne et demie illisibles.

387 Rivière de Bavière, affluent du Danube.

388. Joseph, comte de Ferraris (1726-1814).

389. Joseph, baron d'Alvinczy (1735-1810).

390. Wilhelmine-Frédérique-Caroline, fille du prince héréditaire de Baden.

391. *Mélanges*, t. XXXII, p. 203 à 217.

392. Deux mots raturés, illisibles.

393. André II le Hyérosolomitain, roi de Hongrie de 1204 à 1235, promulgua en 1222 la *Bulle d'or*, base des droits de la noblesse hongroise.

394. 1809.

395. Ignace, comte Gyulay (1765-1831).

396. Jean-Gabriel-Joseph-Albert, marquis du Chasteleer (1763-1825).

397. Vincent-Frédéric, baron de Bianchi, duc de Casalanza (1768-1855).

398. Victoire d'Eugène de Beauharnais sur les Autrichiens (14 juin 1809).

399. Baron Pierre Devaux (1762-1815).

400. Vaste plaine au nord et à l'est de Vienne sur la rive gauche du Danube.

401. 1809.

402. Un mot illisible.

403. Henri, comte de Bellegarde (1756-1845).

404. Ferdinand, comte de Bubna-Littiz (1768-1825).

405. Douze lignes illisibles.

406. *Le Père de famille,* drame en prose de Diderot (1758) : « Oh qu'il est cruel !... Qu'il est doux d'être père ! »

407. Ignaz Duvivier (1758-1834).

408. Nom raturé.

409. Jean-Philippe, comte Stadion, ministre des Affaires étrangères.

410. Deux noms rendus illisibles par Ligne qui les a rem placés par « X et X ».

411. Ligne fut puni par un jour d'arrêts.

412. Antoine-Jean-Auguste, comte Durosnel (1771-1849).
413. Les autres lettres de ce nom sont raturées.
414. Six lignes illisibles.
415. Louis-Alexandre Berthier, prince de Wagram et de Neufchâtel, duc de Valengin (1753-1815).
416. Comtesse Lazansky, née comtesse Falkenhayn.
417. Rapports.
418. « Je serai demain dans mes avant-postes à la pointe du jour. » Cette phrase, d'une construction allemande mauvaise, n'est qu'une traduction littérale du français. Ligne reconnaît qu'il a traduit fautivement « au point du jour » par *in Spitz des Tags*, au lieu de l'idiotisme allemand *Anbruch des Tags*. *Spitz* est non seulement une traduction littérale de *pointe*, mais une orthographe fautive pour *Spitze* qui signifie sommet, extrémité, bout. *Spitz* (sans e) a notamment le sens de « légère ivresse ».
419. Comédie de L. Picard (1807). Le rôle de Lafleur est celui d'un valet de chambre.
420. Le 1er juillet 1810, au cours d'une fête à l'ambassade d'Autriche à Paris, un courant d'air provoqua un incendie. Plusieurs personnes furent tuées, entre autres Pauline Schwartzenberg, 36 ans, belle-sœur de l'ambassadeur, la femme la plus à la mode de Vienne.
421. Louis Bonaparte.
422. Charles-Bernhard, duc de Saxe-Weimar (1762-1862), deuxième fils de Charles-Auguste.
423. François-Frédéric Léopold, duc de Dessau (1740-1817).
424 et 425. Noms raturés.
426. Une ligne et demie raturée.
427. Comtesse de Pachta, née Canade.
428. Marianne d'Eybenberg, épouse du prince Henri XIV de Reuss, amie de Gœthe.
429. Sophie, femme du baron Ferdinand-Wilhelm von Grotthus, capitaine au service du roi de Prusse, amie de Rachel Levin, de Regina et de Mme de Frohberg.
430. Nom raturé.
431. Nom raturé.
432. Regina Frohberg (1783-1845), romancière d'origine juive, née Salomon, épousa le juif Friedlander. Marianne Saaling (née en 1786), sœur de Regina.
433. Quatre lignes raturées.
434. Une ligne raturée.

435. Alexandre-Louis-Joseph, comte de Laborde (1774-1842).

436. Catherine, née comtesse Skawronska (1783-1856), veuve du général russe Pierre Iwanovitch Bagration.

437. Ignaz Duvivier (1758-1834), peintre de batailles et de paysages, élève de Casanova (frère du célèbre séducteur vénitien).

438. Marie-Antoinette-Monique, comtesse de Zeil-Wurzbach, troisième épouse du prince Hermann-Frédéric-Otto de Hohenzollern-Hechingen.

439. Quatre lignes illisibles.

440. Jean, comte O'Donnel (1762-1828).

441. Nom raturé.

442. Cinq lignes illisibles.

443. Regina Frohberg (voir cahier XL).

444. Rachel-Antonia Levin (1771-1833) dite Rachel Robert, dite Rachel Levin. Elle épousa en 1814 Charles-Auguste d'Ense.

445. Une ligne raturée.

446. Femme du comte David-Maximovitch d'Alopeus (1748-1822), ministre de Russie à Berlin.

447. Née Françoise, marquise de Roisin (1778-1845), femme de Nicolas Esterhazy.

448. Trois lignes biffées.

449. Chambellan de l'empereur de Russie.

450. Voir Cahier XIX.

451. Le régiment de Royal-Vaisseau tenait garnison à Condé-sur-Escaut, résidence du maréchal duc de Croy.

452. Voir Cahier XVII.

453. Guillaume Ier, landgrave de Hesse-Cassel (1743-1821).

454. Sickingen, chambellan, ami intime de l'empereur François.

455. Trois mots raturés.

456. Charles-Irénée Castel, dit l'abbé de Saint-Pierre (1658-1743), auteur d'un *Projet de paix perpétuelle* (1713) dont Ligne parle à plusieurs reprises.

457. Anne-Robert-Jacques Turgot, baron de l'Aulnes (1727-1781). Madame Lobereau, directrice du théâtre de Lyon.

458. Quatre lignes raturées.

459. Le nom de la marquise est effacé.

460. Née de Guéhéneuc, décédée en 1856. Femme de Jean Lannes, duc de Montebello (1769-1809).

461. Femme de Hugues-Bernard Maret, duc de Bassano (1763-1839).

462. Une demi-ligne raturée.
463. Nom raturé.
464. Thérèse, princesse de Mecklembourg-Strelitz, femme du prince Charles-Alexandre de la Tour et Taxis.
465. Paul-Antoine, prince Esterhazy, épousa en 1812 la princesse Marie-Thérèse de la Tour et Taxis, fille du prince Charles-Alexandre.
466. « Comme une biche soupire après des courants d'eau, ainsi, ô Dieu, mon âme soupire après toi » (*Psaumes*, Livre II, Cantique des fils de Koré).
467. Dans les quatre derniers cahiers, rapportés par un autre copiste, la plupart des noms ne sont pas transcrits et Rosalie n'est plus désignée que par la première lettre de son nom.
468. Allusion au *Nouveau Recueil de lettres* publié à Weimar, en 1812.
469. Le poète anglais Young (1681-1765), auteur des *Nuits*.
470. La princesse Gabrielle d'Auersperg, née Lobkovitz, nièce du prince Charles d'Auersperg, suscita une vive passion chez l'empereur Alexandre lors du Congrès de Vienne.
471. Épouse du comte Ernest-Henri de Schimmelmann, ministre des Affaires étrangères en 1814.
472. Anna-Pauline, baronne de Posch (1757-1843), épouse du baron Conrad de Puffendorf, conseiller intime d'État.
473. Baron François Hager von Altensteig, feld-maréchal-lieutenant (1760-1816).
474. Gabriel Sénac de Meilhan (1736-1803).
475. Les rapports des espions de l'empereur François Ier, conservés aux archives du ministère de la Police de Vienne, confirment l'importance que la cour et la ville attachaient aux relations de Ligne et de Narbonne. Celui-ci passe toutes ses soirées à l'hôtel de Ligne et les deux amis suivis par la police de l'empereur dans leurs sorties les plus intimes.
476. Le 5 décembre 1757, à la bataille de Leuthen, le régiment de Ligne perdit sept officiers.
477. Le prince Louis est mort le 10 mai 1813. Voir le début du Cahier XLVI.
478. Probablement à Baudour. Le vicomte des Androins, propriétaire des mines d'Anzin, avait précédé Ligne dans les faveurs d'Angélique d'Hannetaire.
479. Guignol viennois. Gasperlé (Casperley ou Kasperl) est un type comique analogue à Guignol et à Polichinelle.
480. *Ma Napoléonide*.

481. Emmanuel-Louis Guignard, vicomte de Saint-Priest. Colonel au service de la Russie, il fut fait prisonnier en Champagne par des partisans français en 1814.

482. Louise-Julie-Constance de Rohan (1734-1815), mariée à Charles de Lorraine, prince de Lambesc, cousin de Ligne. Elle était, au dire de celui-ci, « la dernière grande dame de France et d'Europe ».

483. Federigo Manfredini (1743-1829).

484. Voir Cahier XX.

485. Louis de Saint-Priest. Voir Cahier XLVI.

486. Paul Ier, empereur de Russie.

REPÈRES CHRONOLOGIQUES

Charles-Joseph, prince de Ligne (1735-1814)

1735. 23 mai : naissance à Bruxelles de Charles-Joseph, prince de Ligne. Fils de Claude-Lamoral II, sixième prince de Ligne, et d'Élisabeth, princesse de Salm. Sa famille est l'une des plus anciennes du Hainaut, connue depuis le XIe siècle. L'enfant a pour parrain et marraine l'empereur Charles VI et son épouse.

1739. 27 décembre : mort de sa mère. Charles-Joseph sera élévé par son père et son oncle, le prince Ferdinand, et différents précepteurs.

1740-1750. Enfance au château familial de Belœil, en Hainaut.

1749. Au cours d'une réception offerte à Belœil au prince Charles de Lorraine, gouverneur général des Pays-Bas autrichiens, par son père, le jeune prince tient un rôle dans une allégorie dramatique.

1750. M. de La Porte, un homme d'Église, devient son précepteur.
Premier ouvrage de Charles-Joseph, un *Discours sur la profession des armes*.

1751. Premier voyage à Vienne ; il est présenté par son père à l'empereur François et à l'impératrice Marie-Thérèse. Il est nommé chambellan de l'Empereur.

1752. Entre comme enseigne au régiment de Ligne-Infanterie, qui appartient à son père. Part en garnison à Mons.

1755. Mariage à Vienne avec Françoise-Marie-Xavière, princesse de Liechtenstein, née le 25 novembre 1740, qu'il ne connaît pas. Nommé capitaine. Début de la guerre de Sept Ans.

1757. 17 mai : baptême du feu à Kolin. Il participe ensuite activement aux batailles de Breslau et de Leuthen.

Après la défaite de Leuthen, retraite vers la Bohême avec l'armée autrichienne.
26 mai : naissance de son premier enfant, la princesse Christine.

1758. Bataille de Hochkirch ; Charles-Joseph est promu colonel.

1759. En novembre, après la victoire autrichienne de Maxen sur Frédéric II, il est envoyé à Versailles pour annoncer officiellement ce succès à Louis XV. Il découvre la France à cette occasion. Naissance de son fils, le prince Charles.

1760. Fait partie du corps autrichien qui occupe Berlin avec les Russes.

1763. Paix de Hubertsbourg. Nombreux séjours à Vienne et à Paris.

1764. 3 avril : assiste au couronnement impérial de Joseph II à Francfort. Nommé général-major, il reçoit à son camp d'Iglau le futur roi Christian VII de Danemark. Voyage à Venise. Au retour, visite à Ferney, chez Voltaire, puis Paris.
3 novembre : naissance de son fils, le prince François-Léopold.

1766. Son père meurt le 7 avril ; Charles-Joseph devient chef de la maison de Ligne, septième prince du nom. Il hérite de tous les titres et de la fortune des Ligne. Pendant vingt ans, séjour à Paris chaque année, à l'hôtel de Rome, rue Jacob. Fréquente les salons de Mme du Deffand et de la maréchale de Luxembourg.
26 août : naissance de son fils, le prince Adalbert-Xavier. Séjour en Angleterre.

1768. Voyage à Amsterdam.

1769. À Bruxelles, il protège les comédiens et devient l'amant de deux actrices ; il participe à la création de la Société Littéraire.

1770. Devient franc-maçon, à Mons. Écrit à Jean-Jacques Rousseau et lui offre un asile contre la persécution. Rousseau rend visite au prince de Ligne à Paris, rue Jacob. En septembre, au camp de Neustadt, Charles-Joseph assiste à l'entrevue de Joseph II avec Frédéric le Grand.

1771. Promu lieutenant-général et nommé colonel-propriétaire du régiment de Ligne (parement couleur de rose et boutons d'or).

1772. Reçoit la Toison d'or. Voyage à Amsterdam.

1773. 18 juillet : naissance de sa fille, la princesse Euphémie. Continue sa « carrière » maçonnique ; devient vénérable de la « Loge équitable ».

1774. Publication des *Préjugés et Fantaisies militaires*, imprimés à Paris, et d'un ouvrage de critique dramatique, *Lettres à Eulalie sur les spectacles*. Voyages à Spa, Paris, Vienne. Aide Beaumarchais à passer en Angleterre.

1775. 18 novembre : naissance de sa fille, la princesse Flore.

1776. En juin, sur l'invitation du comte d'Artois, le prince de Ligne séjourne à la Cour de Versailles. Il y passera désormais cinq mois chaque année, jusqu'en 1786.

1778. Nommé gouverneur militaire de la ville de Mons (18 000 florins par an).

1779. Le 25 juillet, Louis XVI signe le contrat de mariage du fils du prince de Ligne, Charles, avec la princesse polonaise Hélène Massalska. À l'occasion des fêtes données ensuite à Belœil pour les jeunes époux, on représente une petite comédie mêlée d'ariettes, *Colette et Lucas*, écrite par prince lui-même.

1780. Voyages à Vienne, Prague, Dresde, Berlin. Le prince de Ligne rend visite à Frédéric II.
Premier voyage en Russie, le prince de Ligne est présenté à Catherine II. Il quitte Saint-Pétersbourg muni d'un brevet de colonel russe.

1781. Publication de *Coup d'œil sur Belœil*, description du château familial et essai sur diverses résidences et jardins princiers en Europe. L'empereur Joseph II est reçu à Belœil.

1786. Naissance de Christine (« Titine »), fille naturelle du prince Charles, légitimée en 1810. Dernier séjour du prince de Ligne en France. En dépit de ses liens d'amitié avec la reine Marie-Antoinette, le prince a beaucoup fréquenté les deux figures principales de l'opposition aristocratique, le duc d'Orléans et la marquise de Coigny. Il a fait la connaissance de Sophie Arnould, de Mesmer. Voyages : Bruxelles-Paris-Munich-Vienne-Kiev-Saint-Pétersbourg-Vienne.

1787 Invitation de Catherine II, second voyage en Russie. Avec l'impératrice, son ministre Potemkin et tout le corps diplomatique, il descend le Dniepr en bateau et parcourt la Crimée. Il reçoit de l'impératrice des terres à Nikita et Parthenizza, près de Yalta. Retour à Moscou par Saint-Pétersbourg (26 juillet). À la fin de l'année, le prince de Ligne passe au service de la Russie.

1788. Au siège d'Oczakow, sur la mer Noire (juillet), le prince de Ligne seconde Potemkin. Il établit son quartier à Yassi, auprès du maréchal Romanzow.

1789. L'empereur Joseph II lui confère la dignité de grand maître de l'artillerie, à Zemun (juin).
Dans l'armée autrichienne, en guerre avec la Turquie, il participe au siège de Belgrade. Après la prise de la ville, il est nommé commandeur de l'ordre de Marie-Thérèse.

1789-1790. Soulèvement des Pays-Bas autrichiens contre Joseph II. Un faux bruit court: le prince de Ligne se rangerait aux côtés des opposants. En fait, le prince de Ligne désapprouve l'événement mais ne dissimule pas son amour de la patrie. Il ne prend aucune part au mouvement et garde une fidélité exemplaire à l'empereur. Il est cependant assigné à Belgrade, puis autorisé à retourner à Vienne. Il assiste ensuite, à Francfort, au couronnement de l'empereur Léopold II (30 septembre 1790), puis regagne Bruxelles.

1791. 20 mai: le prince de Ligne est nommé grand bailli et capitaine-général de la province du Hainaut. Il administre cette province au civil et au militaire au nom de l'empereur Léopold II. Entrée solennelle à Mons (8 août).

1792. 14 septembre: son fils Charles est tué par un boulet français, en Argonne, dans les rangs de l'armée de Brunswick.

1794-1814. Chassé de son château du Hainaut après la défaite autrichienne de Fleurus, infligée par les Français (26 juin 1794), le prince de Ligne vit à Vienne sur le Mölkerbastei ou dans les villes d'eaux de Bohême, notamment à Tœplitz, demeure familiale de ses parents par alliance, les Clary (sa fille Christine a épousé le prince Clary-Aldringen, seigneur des lieux). Il possède également des résidences de campagne, l'une sur le Leopoldberg, une autre sur le Kahlenberg, dans une ancienne chartreuse.

1795. Publication des premiers tomes des *Mélanges militaires, littéraires et sentimentaires* (trente-quatre volumes, chez les Frères Walther, à Dresde, 1795-1814). Se sépare de ses terres de Crimée.

1803. Incorporé au cercle de l'Empire, le prince de Ligne obtient de la France, en compensation de la principauté de Fagnolles, le territoire d'Edelstetten, en Souabe (12 mai).

1804. Revend au prince Nicolas Esterhazy la principauté d'Edelstetten (19 juin) ainsi que sa voix d'électeur. Le séquestre de Belœil est levé, mais le prince abandonne complètement le domaine à son fils Louis, officier de la garde impériale de Napoléon, ainsi que toutes ses autres possessions dans le Hainaut.
Voyage en Prusse.

1805. Reste à Vienne, occupée par l'armée napoléonienne.

1807. Voyage à Karlsbad. Rencontre avec Goethe. Nommé capitaine des trabans de la garde impériale par François Ier (poste honorifique). À Dresde, il voit Napoléon.

1808. Lors de son séjour à Vienne, il fréquente Mme de Staël. Nommé feld-maréchal (comme l'avait été son père). Il est exaspéré par les défaites successives de l'Autriche face à Napoléon. Assiste au couronnement de François II comme empereur d'Autriche à Pressbourg (27 septembre).

1809. Les Français s'emparent de Vienne ; Charles-Joseph se réfugie à Pest. Rentré dans la capitale, il reçoit la visite de Mme de Staël qui publie à Paris, en deux volumes, un choix de ses *Lettres et Pensées*. Publication des *Œuvres choisies* en trois volumes (Genève-Paris) par Malte-Brun et Propiac.

1812. À Toeplitz, il revoit Goethe et rencontre Beethoven.

1814. Le prince de Ligne paraît au Congrès de Vienne. Il meurt à Vienne le 13 décembre 1814. Il sera inhumé dans le petit cimetière sur le Kahlenberg où il séjournait volontiers dans un petit ermitage. Ses obsèques sont suivies par un parterre d'empereurs, de rois, de ministres et d'ambassadeurs, ainsi que par les 6 000 hommes d'infanterie du régiment de Ligne.